D1678013

»Andere machten Geschichte, ich machte Musik.«

»Andere machten Geschichte, ich machte Musik.«

Die Lebensgeschichte des Dirigenten Kurt Sanderling
in Gesprächen und Dokumenten

*Erfragt, zusammengestellt und aufgeschrieben
von Ulrich Roloff-Momin unter Mitarbeit
von Dr. Christine Fischer-Defoy*

© 2002 Parthas Verlag GmbH, Berlin
Satz & Layout: Ann Katrin Siedenburg
Gesamtherstellung: H& P Druck, Berlin
Umschlag: Ann Katrin Siedenburg
ISBN 3-932529-35-9

Inhalt

- **8** Annäherung
- **20** Erzählte Biographie
- **278** Gespräche
- **358** Stimmen
- **384** Dokumente

Anhang

- **394** Aufführungsverzeichnis
- **399** Diskographie
- **422** Register
- **429** Abbildungsnachweis
- **430** Danksagung

Offizielles Künstlerportrait, Ende der 70er Jahre

Annäherung

Annäherung

»... und darf Ihnen deshalb im Namen des Bundespräsidenten das Große Bundesverdienstkreuz am Bande überreichen.«
Viele solcher Zeremonien hatte ich im Laufe meiner Amtszeit als Berliner Kultursenator schon absolviert, diese am Abend des 30. September 1993 war jedoch eine besondere.
Da war der Ort: das obere Foyer der Berliner Philharmonie am Rande des Tiergartens und gegenüber der wachsenden Skyline auf dem Potsdamer Platz, jahrzehntelang Niemandsland zwischen Ost und West, nur besonderen Veranstaltungen vorbehalten. Die bisherigen Chefdirigenten des Berliner Philharmonischen Orchesters wachten hier – in Bronze verewigt – über den Geist des Hauses. Hans von Bülow, der Gründungschef des Orchesters blickte ebenso streng wie sein Nachfolger, Arthur Nikisch, von seinem Sockel, beide im Ausdruck der ungebrochenen Tradition deutscher Bildhauerkunst zu Beginn unseres zwanzigsten Jahrhunderts dargestellt. Dagegen wirkte die von Alexander Archipenko geschaffene Büste des vor, während und – mit einer kurzen Unterbrechung – auch nach dem Ende des Dritten Reiches wirkenden Chefdirigenten, Wilhelm Furtwängler, geradezu revolutionär. Archipenko zeigte den dirigierenden Furtwängler in einem Moment höchster musikalischer Emotion und Konzentration. Das Portrait Herbert von Karajans, der Furtwängler nach dessen Tod 1956 gefolgt war, stand zwischen Bülow und Furtwängler. Sah man von den fehlenden Leo Borchard und Sergiu Celibidache ab, die, obschon nicht vom Orchester als Chefdirigenten gewählt, doch auch unmittelbar nach dem Kriegsende jeweils – wenn auch nur für kurze Zeit – die Geschicke des Orchesters in ihren Händen gehalten hatten, war die Tradition des Orchesters seit seiner Gründung 1882 durch alle Zeiten in den Personen seiner Chefdirigenten in diesem Raume spürbar.
Ich hatte mir die Büste von Furtwängler als Hintergrund der Ordensverleihung ausgesucht. Er, der gefeierte Maestro, war während der nationalsozialistischen Schreckensherrschaft nicht dem Beispiel vieler seiner berühmten Kollegen gefolgt, die Deutschland verlassen hatten, sondern hatte sein Dirigentenamt bis zum bitteren Ende 1945 ausgeübt, war dabei immer wieder in verhängnisvolle Nähe zu den braunen Machthabern geraten und hatte damit zugelassen, daß die Propaganda des Dritten Reiches sich seiner bemächtigte. Anderseits war Furtwängler nach 1945 auch von jüdischen Musikern gelobt worden als einer, der manchen Kollegen vor dem Konzentrationslager oder gar dem Tode gerettet hatte. So schien sein Portrait mir angemessen, um die drastischen Brüche der

jüngsten deutschen Geschichte widerzuspiegeln und war deshalb der passende Hintergrund für die anstehende Ordensverleihung.

Da war der Rahmen: Nicht in irgendeinem Amtszimmer sollte die Auszeichnung überreicht werden. Der Laureat hatte gewünscht, das Abschlußkonzert der Berliner Festwochen 1993 als Anlaß der Verleihung zu wählen. An diesem Ort, an dem er erst 1988 sein Debüt als Dirigent gegeben hatte – wie so oft in seinem Leben, war auch hier von der Politik Regie geführt und ein vorheriges Auftreten in der anderen Hälfte seiner Heimatstadt verhindert worden –, hatte er Triumphe gefeiert und die Verehrung eines fürwahr verwöhnten Publikums gewonnen. Auch heute abend war vor allem seine Interpretation der Dritten Symphonie von Sergeij Rachmaninow bejubelt worden. Die Kritik schrieb tags darauf: »Der Dirigent ließ sein Orchester in den großen Melodienbögen schwelgen, doch spürte er ihnen in höchst ausdifferenzierten, dynamischen Linien nach. Das war Klangsinnlichkeit pur.«

Und dann war da dieser Dirigent, dem ich gleich die Ordensinsignien an das Revers heften sollte, der dieser Zeremonie eine für mich ganz besondere Bedeutung gab: der 81-jährige Kurt Sanderling. Schnell blätterte ich noch einmal in meinen Unterlagen, um mich auf die kleine Rede, die bei solchen Anlässen üblich war, einzustimmen. Zwar hatte ich Sanderling schon zu seinem 80. Geburtstag in dem anderen repräsentativen Konzertsaal der Stadt, im Schauspielhaus am Gendarmenmarkt, das jetzt Konzerthaus hieß, eine kleine Geburtstagsrede gehalten, aber die Lebensdaten dieses Mannes waren so faszinierend, daß man sie immer wieder lesen konnte:

Am **19. September 1912** als einziges Kind des jüdischen Sägewerkverwalters Ignaz Sanderling und seiner Frau Recha in Arys (ehemals Ostpreußen) geboren und dort bis zu seinem 10. Lebensjahr aufgewachsen. Gymnasium in Lyck und Königsberg.

1928   Umzug nach Berlin
1930   Abitur am Rheingau-Gymnasium
1931   Anstellung als Korrepetitor an der Städtischen Oper Berlin bei Carl Ebert
1933   Berufsverbot durch die Nazis; Mitarbeit im Jüdischen Kulturbund
1935   Emigration in die Tschechoslowakei zu seinem Vater; Ausbürgerung aus Deutschland
1936   Emigration in die UdSSR; Korrepetitor am Moskauer Rundfunk-Symphonieorchester

Annäherung

1937 Chefdirigent der Staatlichen Philharmonie in Charkow; Erstes Konzert als Gastdirigent mit dem Staatlichen Leningrader Philharmonischen Orchester; Annahme der sowjetischen Staatsbürgerschaft
1941 bei Kriegsausbruch Evakuierung nach Alma Ata; Heirat mit Nina Schey, geb. Bobath; Reise nach Nowosibirsk zu den dorthin evakuierten Leningrader Philharmonikern; Ständiger Dirigent der Staatlichen Leningrader Philharmoniker
1942 Geburt des Sohnes Thomas
1944 Umzug mit dem Orchester nach Leningrad
1956 Erste Reise nach dem Krieg mit dem Orchester nach Deutschland, Gastspiele in der DDR, in Berlin-West und der Bundesrepublik; Weitere Gastspiele im Ausland, u.a. in Japan
1960 Übersiedlung nach Berlin-Ost, dort Chefdirigent des noch jungen Berliner Sinfonie-Orchesters (BSO)
1961 Nach dem Bau der Berliner Mauer Neuformation des Orchesters, künstlerische Aufbauarbeit
1964 Chefdirigent der Dresdener Staatskapelle unter Beibehaltung seiner Aufgaben beim BSO; Erste Auslandsreisen mit der Staatskapelle
1967 Aufgabe der Chefposition in Dresden; Weitere Auslandsreisen mit dem BSO
1971 Erstes Konzert mit dem BSO in der Bundesrepublik
1972 Vertretungsweise Übernahme eines Konzerts des Philharmonia Orchestra London für Otto Klemperer; Internationale Verpflichtungen nehmen zu
1977 Aufgabe der Chefposition beim BSO; Internationale Karriere: Verpflichtungen zu allen großen Orchestern der Welt; Ehrenmitglied des Philharmonia Orchestra London

Kurt Sanderling lebt mit seiner zweiten Frau Barbara in Berlin. Seine drei Söhne sind ebenfalls Musiker. Thomas Sanderling – aus seiner ersten Ehe mit Nina – ist Dirigent und lebt in London. Stephan Sanderling ist Generalmusikdirektor in Mainz, Michael Sanderling ist Cellist.

Das war die dürre Aktenlage. Natürlich hatte ich auch Zeitungsausschnitte und Konzertkritiken gelesen, die etwas mehr Farbe in dieses Bild brachten. Er sei einer der letzten großen deutschen Dirigenten in der Tradition von Otto Klemperer, Hermann Abendroth und Carl Schuricht, hieß es da. Seine Aufbauarbeit am Berliner Symphonie-Orchester (BSO) wurde eingehend gewürdigt, sein Eintreten für die Werke des sowjetischen Komponisten Dmitrij Schostakowitsch, die Freundschaft zwischen den beiden, die Sanderlings Interpretationen der Werke von Schostakowitsch etwas Authentisches verliehen, was ihn gegenüber anderen großen Dirigenten auszeichne. Über seine 19 Jahre mit den Leningrader Philharmonikern hatte ich allerdings fast nichts gefunden, was wohl an der großen Zeitspanne lag, die seitdem verflossen war, oder daran, daß über das damalige sowjetische Musikleben, ja, über das Leben dort überhaupt, im Westen wenig bekannt war.

Und noch etwas hatte ich gelesen, etwas, das auch den Einfluß der politischen Zeitläufe auf Sanderlings Leben und Wirken illustrierte: 1971 war er das erstemal mit seinem Orchester, dem BSO, in der Bundesrepublik aufgetreten, und zwar auf Einladung der 1968 als politische Nachfolgerin der unter Adenauer 1956 verbotenen KPD gegründeten Deutschen Kommunistischen Partei. Das konnte in dieser Zeit nicht gut gehen. Die Bundesregierung Brandt/Scheel hatte zwar im Zuge ihrer neuen Ostpolitik 1970 mit der Sowjetunion und Polen Verträge abgeschlossen, diese wurden jedoch von der Opposition und mit ihr von weiten Teilen der Presse heftig bekämpft. Die DDR war noch nicht anerkannt, sie wurde als staatliches Phänomen behandelt und, wenn überhaupt, dann nur in Gänsefüßchen genannt. Das Echo in der Presse war dann auch dementsprechend ausgefallen: Während die DKP-Zeitung »Unsere Zeit« über die »Sinfonien für Arbeiter« jubelte, mäkelte die sonst eher linksliberale »Frankfurter Rundschau« unter der Überschrift »Beethoven und der Klassenkampf«: »In den prasselnden Applaus nach Beethovens Fünfter Sinfonie schwangen sich die aus der DDR-Hauptstadt zu zwei Konzerten in Duisburg und Hamburg angereisten Musiker mitsamt ihrem Chefdirigenten Kurt Sanderling zur gedanklich seichten Triumph-Geste des Vorspiels zum Dritten Akt von Wagners »Lohengrin« auf.« Und weiter heißt es dort: »Was soll es, ein proletarisches Publikum zum spottbilligen Einheitspreis in die nicht numerierte Bestuhlung eines Konzertsaals zu holen, ihm dort die Musik vorzusetzen, die es in beiden Teilen Deutschlands auch in normalen Konzerten hören kann?« Von einer künstlerischen Würdigung kein Wort.

Ein Jahr später war ein erneuter Auftritt des BSO der »Süddeutschen Zeitung« nur noch eine Randnotiz ohne inhaltliche Würdigung wert, die »Frankfurter

Annäherung

Allgemeine Zeitung« überschrieb ihre Kritik mit der Zeile: »Gastspiel der DDR-Sinfoniker« und die »Bonner Rundschau« titelte: »Ostberliner Sinfoniker spielten in Bonn.« Kurt Sanderling und sein Orchester waren damit abgestempelt und wurden nicht als künstlerisch zu bewertendes Orchester, sondern vielmehr als politisch agierendes Instrument eines abgelehnten Regimes wahrgenommen. Bei dem Urteil über Sanderling und seine Leistung standen nicht die Musik, nicht das künstlerische Vermögen oder Unvermögen im Vordergrund, sondern politische Maßstäbe. Der Kalte Krieg machte auch vor der Kultur nicht halt. Und heute sollte er, der seinerzeit das öffentliche Musikleben der DDR wesentlich mit gestaltet hatte, eine der höchsten Auszeichnungen erhalten, die die Bundesrepublik, ihr früherer Gegner im Kalten Krieg, vergeben konnte.
Mittlerweile hatte sich das Foyer gefüllt, Freunde und Verehrer warteten auf den Maestro. Als Sanderling mit seiner Frau Barbara hereinkam, sah man dem 81-jährigen die Anstrengungen des vorangegangenen Konzerts nicht mehr an. Von großer, etwas untersetzter Statur, das noch volle Haar korrekt gescheitelt, strahlte er eine heitere Gelassenheit aus. Er mußte wohl schon viele solcher Feiern über sich ergehen lassen, schoß es mir durch den Kopf, als ich ihn sah. Wir standen direkt unter der Büste von Wilhelm Furtwängler, als ich in meiner kleinen Laudatio seine Verdienste um den Aufbau des Konzertlebens in der DDR und Berlin-Ost würdigte, seine frühe Emigration in die Sowjetunion, die dortige Arbeit neben Jewgenij Mrawinski in der Leitung des Leningrader Philharmonischen Orchesters erwähnte, die Rückkehr nach Deutschland, in die DDR, und schließlich seine Erfolge, die er in allen Erdteilen nach 1977 gefeiert hatte. Sein bisheriger Lebenslauf war für mich ein Spiegelbild unseres zwanzigsten Jahrhunderts: geboren im letzten deutschen Kaiserreich, aufgewachsen in der Weimarer Republik, geprägt durch die Erfahrung, im eigenen Vaterland plötzlich gemieden, ausgeschlossen und verfolgt zu sein, emigriert in ein fremdes Land, das noch dazu einem völlig anderen Kulturkreis angehörte; geflüchtet, um zu überleben und dort dann eine der höchsten musikalischen Positionen zu erklimmen. Und, wieder zurückgekehrt in ein anderes Deutschland, als er es verlassen hatte, beginnt er erneut von vorn mit dem Aufbau eines Orchesters und führt dieses zu künstlerischen Erfolgen nicht nur in der DDR, sondern auch im Ausland, um dann, mit 65 Jahren selbst noch eine internationale Karriere als Gastdirigent aller großen Orchester dieser Welt zu starten: welch ein Lebensmut, ja, Lebenstrotz muß diesem Mann inne gewesen sein.
Als ich ihm dann den Orden anlegte, lächelte Sanderling verschmitzt und, statt nun seinerseits zu einer langen Erwiderung anzusetzen, sagte er schlicht und bescheiden nur, er fühle sich geehrt und nehme die Auszeichnung mit großer

Dankbarkeit an. Im Laufe der anschließenden Unterhaltung fragte ich ihn, ob es denn eine Biographie über ihn gäbe, vielleicht sogar von ihm selbst verfaßt, in der die Stationen seines Lebens etwas ausführlicher beschrieben seien. Ja, die gäbe es, antwortete er, vor Jahren sei in der DDR ein kleines Büchlein über ihn erschienen, wenn es mich interessiere, könne er es mir schicken. Ich nahm das Angebot gern an, und als ich auf dem Weg nach Hause über den Abend nachdachte, hatte ich das Gefühl, einem ganz besonderen Menschen begegnet zu sein. Dann schlug der Alltag wieder über mir zusammen, und ich vergaß Kurt Sanderling.

Erst als ein schmales Bändchen mit dem Titel »Zur Person: Kurt Sanderling«, 1987 von Hans Bitterlich verfaßt, auf meinem Schreibtisch lag, erinnerte ich mich wieder, fand auch die Zeit zum Lesen und war erneut fasziniert von dieser Persönlichkeit. Aber auch in diesem Buch stand nur wenig mehr als das, was ich schon wußte. Wahrscheinlich war es 1987 in der DDR gar nicht möglich gewesen, den Lebensweg Sanderlings ausführlicher und deutlicher zu schildern, oder Papiermangel hatte kein umfangreicheres Buch gestattet.

Meine Neugier war endgültig geweckt. Vor allem schien es mir wichtig zu sein, die Erinnerungen Kurt Sanderlings für spätere Generationen zu überliefern, sein authentisches Zeugnis vom Überleben in weltanschaulich so unterschiedlichen Systemen wie dem Nationalsozialismus und dem Stalinismus, der DDR und später der Bundesrepublik der Nachwelt zu erhalten. Er konnte aus eigener Erfahrung all die Fragen beantworten, die sich für jeden, der seinen Lebenslauf gelesen hatte, wie von selbst ergaben:

Wie war das Leben an der Städtischen Oper Berlin vor und nach dem 30. Januar 1933? Was hatte sich geändert, wer war plötzlich ein anderer geworden?

Wieso emigriert jemand in die Sowjetunion, wenn er Musiker und kein parteipolitisch links engagierter Mensch ist? Wie war der Alltag in einem Land, in dem Wochen vor seiner Immigration mit der ideologischen Verdammung von Schostakowitsch eine drastische Verschärfung der ideologischen Einflußnahme auf die Kultur begonnen hatte und in dem die ersten Säuberungsprozesse, denen später auch deutsche Emigranten zum Opfer fallen sollten, gerade begonnen hatten? Wie hatte er die Verhaftungswelle vieler deutscher Emigranten überstanden? Hatte er Kontakte zu den Politemigranten in jenem berühmt-berüchtigten Hotel Lux gehabt?

Was empfand ein deutscher Emigrant, als mit dem Abschluß des deutsch-sowjetischen Nichtangriffspaktes plötzlich eine politisch-ideologische Kehrtwende eintrat und die Gefahr einer Auslieferung an das Deutsche Reich mit Händen greifbar schien? Weshalb hat Sanderling die sowjetische Staatsbürgerschaft ange-

Annäherung

nommen? Wie hat er den Kriegsbeginn, die Evakuierung nach Alma Ata und schließlich die Ankunft in Nowosibirsk bei den Leningrader Philharmonikern erlebt? Wie war es möglich, daß ein emigrierter deutscher Jude nach dem deutschen Überfall auf die Sowjetunion zum renommiertesten Orchester des überfallenen Landes geholt wird, um dort gemeinsam mit dem Chefdirigenten in der Leitung zu arbeiten? Wie war das Leben während des Krieges in Sibirien, wie funktionierte das Musikleben in Nowosibirsk? Wie war das Verhältnis zwischen Mrawinski und Sanderling? Eigentlich ist es doch undenkbar, daß sich zwei Dirigenten ein Orchester teilen, noch dazu ein solches, ohne daß es dabei zu Reibereien und Konflikten kommt?

Mit welchen Gefühlen erlebte Sanderling die Kehrtwende von Stalingrad und dann das Kriegsende, wie lebte er in Leningrad? Was trug er zur musikalischen Entwicklung des Orchesters und des Musiklebens in Leningrad oder gar darüber hinaus bei? Änderte sich im Laufe der Jahre sein Verhältnis zu Mrawinski und zum Orchester? Wie verhielt sich das sowjetische Publikum zu ihm? Wie begann seine Freundschaft zu Schostakowitsch? Wie wirkte sich der zunehmende Antisemitismus in der Sowjetunion nach dem Krieg auf sein Leben aus? Weshalb ging Sanderling 1960 in die DDR und nicht in die Bundesrepublik? Die Folgen der Errichtung der Berliner Mauer im Westen der Stadt waren mir zwar geläufig, ich hatte sie seit 1962 selbst erlebt, aber welche Konsequenzen brachte der Bau der Mauer für das Berliner Sinfonie-Orchester, ja, für das ganze Musikleben in der DDR mit sich? Hatte der Kalte Krieg zwischen Ost und West auch Einfluß auf den Musiker Sanderling? Welche Stellung hatte Sanderling – der weder in der Sowjetunion noch in der DDR je in einer Partei gewesen war – im öffentlichen Leben Ost-Berlins und bei der politischen Führung des Landes? Und schließlich: Wie hatte jemand wie er die Wende 1989 erlebt? Wie fühlte er sich nun heute, im »fünften Deutschland« seines Lebens, nach Kaiserreich, Weimarer Republik, NS-Zeit und DDR?

Diese und noch viele andere Fragen, die die Lektüre des Büchleins nicht hatte beantworten können, waren mir noch bewußt, als ich Sanderling wieder traf. »Sie müssen Ihre Biographie schreiben«, sagte ich zu ihm. »Ich kenne niemanden, der in so unterschiedlichen Staaten und Gesellschaftssystemen gelebt und etwas derartiges durchgemacht hat wie Sie. Sicher sind viele Deutsche vor den Nazis in die Sowjetunion geflüchtet, aber das waren meistens parteipolitisch motivierte Emigranten. Ein Künstler, nicht Mitglied in einer Partei, hat doch ganz andere Erfahrungen, die aber doch mehr über den tatsächlichen Alltag Auskunft geben können als die jener Politemigranten. Außerdem haben Sie 19 Jahre neben Mrawinski in der Leitung des sowjetischen Prestige-Orchesters gearbeitet und damit tiefen Einblick in das sowjetische Musikleben gewonnen. Das muß der Nachwelt überliefert werden.« Er reagierte ablehnend: »Wen interessiert das schon? Es gibt viel wichtigere Menschen als mich, die das gleiche durchgemacht haben.«

Ich hatte schon viele Gespräche mit deutschen Emigranten geführt und dabei immer wieder festgestellt, daß sie über ihre Zeit im Ausland nur ungern Auskunft gaben. Besonders auffallend war dies immer dann gewesen, wenn es sich um jüdische Emigranten gehandelt hatte. War es eine aus heutiger Sicht kaum vorstellbare Scham oder ein nicht weniger nachvollziehbares schlechtes Gewissen gegenüber den Daheimgebliebenen, die ermordet wurden, während sie selbst überlebten, die sie daran hinderte, über ihre Erlebnisse während der Emigration offen und ehrlich zu reden?

Oder war Sanderling einfach nur zu bescheiden? Ich ließ nicht locker. Jedesmal, wenn ich ihn traf, nach Konzerten, in der Oper oder auf Empfängen, bat ich ihn, seine ablehnende Haltung aufzugeben und seine Lebenserinnerungen aufzuschreiben. Er lehnte immer höflich aber bestimmt ab, meist noch mit einem kleinen Scherz oder einer Anekdote als Zugabe. Schließlich hatte ich doch Erfolg. Nach der Feier zum hundertsten Geburtstag von Paul Hindemith 1995 in der Berliner Philharmonie drängte ich ihn wieder, seine Erinnerungen schriftlich festzuhalten, diesmal von seiner Frau Barbara unterstützt.

Und diesmal brach das Eis: »Wenn Sie auf der anderen Seite des Tisches sitzen, tue ich es.« Ich willigte sofort ein, um diese Chance nicht ungenutzt vorübergehen zu lassen, und wir vereinbarten, im Sommer 1996 mit den Arbeiten zu beginnen, vorher war er durch zahlreiche Konzert-Verpflichtungen zu sehr in Anspruch genommen. Es wurde dann noch ein Jahr später, bevor ich das erste Mal, ausgerüstet mit einem Tonbandgerät und vielen Kassetten, bei ihm zu Hause auf der anderen Seite des Tisches saß.

Seitdem liegen unzählige Stunden intensiver, offener und vertrauensvoller Gespräche mit Kurt Sanderling hinter mir; dazu sind Nachforschungen in den Archivunterlagen des Kulturministeriums, des Zentralkomitees, des Komponistenverbandes und der Künstleragentur der untergegangenen DDR, des Berlin Document Centers, der Akademie der Künste Berlin und des Berliner Landesarchivs gekommen. Ich habe im heutigen St. Petersburg in der Philharmonie nach seinen Spuren gesucht, mit vielen Orchestermitgliedern, die noch unter ihm gearbeitet haben, gesprochen, in Deutschland, Rußland und England mit Musikern, Orchesterintendanten, Kritikern und Weggefährten über den Menschen und Künstler Kurt Sanderling diskutiert, und konnte mir so nach und nach ein Bild machen, das den Lebensweg einer großen Künstlerpersönlichkeit

Annäherung

zwischen Erfolg und Niederlage, zwischen Todesangst und Lebensfreude in mal düsteren, mal hell leuchtenden Farben beschreibt.
Doch davon war ich noch weit entfernt, als ich ihn das erste Mal aufsuchte. Das war in Berlin-Pankow, in dem von einem kleinen Garten umgebenen zweistöckigen Einfamilienhaus. Wir saßen im Wohnzimmer, das von einem Flügel dominiert wurde: Sanderlings Arbeitsplatz. Ich hatte mir ein Konzept gemacht, wonach ich die einzelnen Stationen seines Lebens nacheinander mit Fragen zu allen Umständen seines Lebens abarbeiten wollte. Das gab ich ihm, ob er damit einverstanden sei. Nein, war er nicht. Überhaupt habe er wieder Zweifel bekommen, ob es richtig sei, seine Lebenserinnerungen aufzuschreiben. Dazu käme noch etwas anderes: Wenn er heute über seine Zeit in der Sowjetunion rede, müsse er selbstverständlich auch Negatives über sein Leben dort sagen, über die Angst, die er ausgestanden habe in den Jahren des Stalin'schen Terrors, über die Entbehrungen während des Krieges, über den Antisemitismus nach dem Krieg. Das wolle er aber eigentlich gar nicht, schließlich habe ihm die Sowjetunion das Leben gerettet. »Wenn die Sowjetunion mich nicht aufgenommen hätte, wäre ich in Auschwitz umgebracht worden.« Wenn er heute Negatives über dieses Land sage, käme ihm das wie Verrat vor. Und außerdem wolle er vor allem über Musik reden und nicht über Jahreszahlen und politische Ereignisse. Um Politik habe er sich nie gekümmert, das werfe er sich zwar heute vor, aber so sei es gewesen. »Die anderen machten Geschichte, ich machte Musik.«
Wir haben lange miteinander gerungen – dieser Ausdruck ist hier wirklich angebracht! –, und ich mußte meine ganze Überredungskraft einsetzen, bis wir mit den Gesprächen beginnen konnten. Eigentlich wollte ich mit seinen Erinnerungen an die Kindheit anfangen, er aber kam spontan auf etwas anderes zu sprechen: »Als ich daran dachte, daß wir heute mit den Gesprächen über mein Leben beginnen wollen, habe ich eine für mich bestürzende Entdeckung gemacht: Ich habe mich mein Leben lang als Deutscher gefühlt, als deutscher Jude, aber leider weniger als Jude, mehr als Deutscher. Erst jetzt wird mir richtig klar, wie ich durch mein Judesein eigentlich geprägt wurde, nämlich von frühester Kindheit an immer Außenseiter zu sein. Ich mußte mir immer die Akzeptanz erzwingen, und ich mußte mich oft damit abfinden, es nicht zu können. Das war ›Ausgegrenztsein‹. Jetzt, wenn ich so darüber nachdenke, stelle ich fest, wie sehr mich das geprägt hat, wie sehr ich also durch mein Judesein geprägt wurde.«
Er schwieg. Ich hatte den Eindruck, daß er soeben die beiden Konstituanten beschrieben hatte, die sein weiteres Leben beherrschen sollten. Alles, was er mir von jetzt an über sein Leben erzählen würde, müßte unter diesen beiden Vorzeichen gesehen werden: Deutscher sein zu wollen und nicht nur nicht akzep-

tiert, sondern ausgegrenzt und vertrieben zu werden, in der Fremde, in der Sowjetunion dann zwar eine beispiellose Karriere zu machen, aber auch dort nicht wirklich dazuzugehören, sich selbst später als Beutegut für einen Krieg zu empfinden, den er nicht zu verantworten hatte und, nach Deutschland zurükkgekehrt, unter Umständen zu leben und zu arbeiten, die als die Folge eben dieses Krieges auch sein Leben weiter bestimmten.
Was hatte Sanderling mir immer wieder entgegengehalten, wenn ich ihn drängte, seine Biographie zu schreiben: »Das ist doch nicht wert, der Nachwelt überliefert zu werden.«
Ich hatte es nie geglaubt.

131 Komponisten

15 DDR - Komponisten

32 Sowjetische Komponisten   } 70

29 Komponisten des 20. Jahrhunderts

52 Uraufführungen von 33 Komponisten

Erzählte Biographie

Erzählte Biographie

Kindheit im Geburtsort Arys

Welche Erinnerungen habe Sie an Ihr Elternhaus in Arys?

Für damalige Verhältnisse war es in Arys d i e Villa. Ich war 1958 wieder in dem Haus, als ich mit den Leningrader Philharmonikern in Warschau war und mit vielen Mühen um die Erlaubnis bettelte, in meinen Heimatort fahren zu dürfen. Es war alles schrecklich klein, die Straße, die zu unserem Anwesen hinunter führte, hatte ich mit hohen Apfelbäumen in Erinnerung, das war nun alles anders. Ich entsinne mich an drei Räume unten, ein Eßzimmer, ein Herrenzimmer und ein Musikzimmer, und oben war das Schlafzimmer meiner Eltern, mein Schlafzimmer und noch zwei kleine Gästezimmer, also: das ist für normale Verhältnisse nichts Übermäßiges, aber damals in Arys ...
Arys hatte damals ungefähr 3000 Einwohner. Zu unserem Haushalt gehörte selbstverständlich immer ein Hausmädchen, manchmal auch zwei und in guten Zeiten, in früheren Zeiten auch so eine Art Mamsell, für damalige Verhältnisse lebten meine Eltern auf großem Fuß, was meine Stellung unter meinen Altersgenossen nicht erleichterte. Es stellte mich ein bißchen außerhalb. Ich wollte so gerne einer von ihnen sein. Nicht weit von uns entfernt war das Haus, in dem ein großer Teil der Arbeiter des Sägewerkes wohnte, die bei meinem Vater beschäftigt waren. Da waren natürlich viele Kinder, und ich wollte genauso sein wie sie, ich wollte keine langen Haare tragen, ich wollte kahl geschoren sein wie sie, ich wollte mit ihnen zusammen Weihnachten feiern und nicht Chanukka. Wenn ich heute sage, ich habe mich immer als Deutscher gefühlt, dann denke ich zwar, daß der Satz richtig, aber doch gleichzeitig auch eine Fiktion war.

Erfuhren Sie diese Ausgrenzung durch die Eltern dieser Kinder oder durch die Kinder selber oder wie hat man sich das vorzustellen?

Dadurch, daß ich nicht die Hühner hüten durfte wie die. Es ist wie die Situation bei Tom Sawyer: was die machen mußten, hätte ich gerne gemacht. Die Mitschüler haben gesagt: »Für einen Herrensohn gehört sich das nicht.«, das war ja das Schlimme. Meine Eltern haben das auch nicht sehr gern gesehen, das war natürlich aus deren Sicht ein unpassender Umgang, der Ton war viel rüder, und es gab Worte, die man nicht sagte, aber ich kann nicht sagen, daß meine Eltern sich in dieser Frage unvernünftig oder häßlich benommen hätten. Es war die Ausgrenzung, die ich durch die Schüler erfuhr, die ich dann überkompensierte, indem ich der wildeste unter den Fußballspielern war. Später, im Gymnasium, überkompensierte ich das dann mit über den Durchschnitt hinausgehendem Intellekt.

Hatten Sie einen Freund, von dem Sie so aus der Erinnerung sagen können, das war mein Freund dort in Arys?

Nein, das konnte auch nicht sein. Das hätte schon ein toller Zufall sein müssen. Die heutigen Kinder und auch die Eltern gehen ja ganz locker miteinander um, da kommt man zum Abendbrot, dann bleibt man über Nacht oder so, das war damals undenkbar. Die Freundschaft begann vor dem Gartentor oder vor dem Haustor und endete dann dort auch, oder im Stall oder auf dem Lagerplatz, wo die Bretter alle lagen, beim Rumtollen. Ich erinnere mich auch, daß ich mit Vergnügen mit den anderen Kindern zusammen Kartoffeln geerntet habe. Ich weiß nicht mehr, ob es Kartoffeln des väterlichen Anwesens waren oder ob ich bei den anderen mitgemacht habe. Es war durchaus eine Jungengemeinschaft, aber ich war immer ein bißchen außerhalb.

Haben Sie das damals empfunden, daß Sie als Jude ausgegrenzt werden oder haben Sie einfach nur gedacht, die sind ja alle doof, die wollen nicht mit mir spielen?

Nein, eindeutig als Jude. Das war auch damals ein alltäglicher Antisemitismus, mir wurde häufig, um nicht zu sagen immer gezeigt, daß ich nicht dazu gehöre, ich gehöre zu denen, die unseren Jesus Christus getötet haben, das war sozusagen Nationalreligion. Prügeleien hat es natürlich auch gegeben, aber da habe ich eine Geschicklichkeit entwickelt, mich dem irgendwie zu entziehen, also so richtig blau und wund geschlagen wurde ich nie. Gute Erinnerungen habe ich übrigens an meine Lehrer dort. Die haben diese Tendenzen nicht verstärkt, aber sie konnten dem auch gar nicht entgegen wirken.

Erzählte Biographie

Nun stelle ich mir vor, Kinder spielen zusammen und einer fühlt sich ausgegrenzt, mit welchem Vokabular gehen die Kinder da miteinander um, um dieses Gefühl auszudrücken?

Sehen Sie, das war ja keine 24-stündige Ausgrenzung. Wir haben auch zusammen gespielt, zusammen gelacht und zusammen Streiche gemacht, aber es gab dann immer Momente, wo ich daran erinnert wurde, ich möchte fast so sagen: Ich hatte den Makel, Jude zu sein. Als ich in die Sowjetunion kam, 1936, hatte ich zum ersten Mal in meinem Leben das Gefühl, ich kann sagen, ich bin Jude, so wie ich sage, ich habe blaue Augen. Das war ein falsches Gefühl, wie sich später herausstellte, aber damals konnte ich, so wie sich Politik und gesellschaftliche Umgebung verhielten, dieses Gefühl haben.

Darf ich nochmals ein bißchen nachbohren. Sie haben gesagt, die Ausgrenzung habe nicht 24 Stunden am Tag stattgefunden, sondern nur bei bestimmten Anlässen. Welche Anlässe waren das?

Na, zum Beispiel war ich nicht dabei, wenn Religionsunterricht war. Die anderen waren unglücklich, daß sie diese Stunde hatten, und ich war unglücklich, daß ich sie nicht hatte. Mir wurde wieder einmal gezeigt, daß ich nicht dazu gehöre. Allerdings, die Erziehung, die man als Jude genoß, war auch ein bißchen so nach dem Motto:»Zeig es nicht besonders, verbirg es«. Ein Moment von Unehrlichkeit, von Unredlichkeit war schon dabei, wobei man keinen Eltern einen Vorwurf daraus machen konnte und durfte und sollte. Es war eben so.

Wie groß war die jüdische Gemeinde in Arys?

Sie kann nicht sehr groß gewesen sein. Nach jüdischem Ritus müssen zum Beten immer zehn Männer, über 13 Jahre alt, anwesend sein. Ich erinnere mich, ich war zwölf Jahre alt, da waren an einem hohen Feiertag nur neun Männer anwesend, so daß man nicht hätte beten können; da wurde ich dazu genommen.

Kommen wir zu Ihren Eltern: Wie sah das Familienleben in Arys aus?

Meine Mutter war für ihre Verhältnisse, für ihre Zeit und ihre Umgebung intellektuell unglaublich interessiert. Sie kam aus einem gläubigen jüdischen Haus, wollte Schauspielerin werden und hat mich von frühester Jugend an mit Rezitationen von Gedichten und vor allem Balladen gefesselt. Sie hat sich meiner Entwicklung und Erziehung mehr gewidmet als mein Vater, wenn man das überhaupt nach Graden bemessen kann. Ich habe trotzdem meinen Vater, obwohl er ganz unintellektuell war und auch ganz unmusikalisch – ich glaube, er hat in seinem Leben kein Buch gelesen – vielleicht nicht nur mehr bewundert, sondern auch mehr geliebt. Er war für mich etwas Nacheiferungswürdiges, er war aufgrund seiner Stellung in der Stadt – obwohl er Jude war –, Vorsitzender vom Turnverein, vom Jagdverein und vom Gesangverein, das hat auf mich kolossalen Eindruck gemacht. Wenn er mich mal auf die Jagd mitnahm, das war natürlich etwas Ungeheures, etwas, was mir meine Mutter niemals bieten konnte. Er fuhr auch Auto!

Wollten Sie mal so werden wie er? Was haben Sie denn geantwortet, wenn man Sie gefragt hat: Was willst du mal werden?

Lokomotivführer! Denn direkt hinter unserem Haus lagen die Gleise der Eisenbahn mit einem Stellwerkhäuschen. Wie oft habe ich da sehnsüchtig hinauf geguckt zu den Beamten, die dort mit der Bahnmütze saßen, die Gleise gestellt und die Signale gegeben haben. Ich wußte natürlich, wann die Züge kommen, ob sie pünktlich sind, ob das Signal schon auf Einfahrt steht und alles dies. Das hat natürlich längere Zeit meinen Wunsch, Lokomotivführer zu werden, konserviert.

Sie haben sich nie gesagt: Ich will die Mühle übernehmen? Oder anders gefragt: Hat Ihr Vater denn irgendwelche Versuche gemacht, Sie zu seinem Nachfolger zu erziehen?

Nein, ich habe auch erst später erfahren, daß sie gar nicht meinem Vater gehörte, sondern er nur praktisch der Verwalter war. Sie gehörte allen Erben meines Großvaters. Aber das wußte ich damals gar nicht. Für mich war er der Eigentümer.

Erzählte Biographie

Hat auch er Ihre musischen Neigungen wohlwollend unterstützt? Oder hat Ihre Mutter Sie zum Klavier hingeführt? Hat Ihre Mutter selbst musiziert oder ist ein Klavier angeschafft worden, als Sie den Wunsch geäußert haben?

Mein Vater hat meine Mutter darin unterstützt. Das Klavier war schon da, die höheren Töchter hatten ja damals Klavierspielen zu lernen, so hatte meine Mutter das auch gelernt. Und in jedem besseren Haushalt hatte ein Klavier zu stehen. Was meine Begegnung mit der Musik anlangt, da muß ich etwas ausholen. Arys war der zweitgrößte Truppenübungsplatz des ehemaligen Kaiserreiches und ist es auch während der Weimarer Republik geblieben. Es gab also immer viele Truppen, und es gab viel Militärmusik. Frühe Erinnerungen sprechen davon, daß ich häufig von meinen Eltern vom Exerzierplatz zurückgeholt wurde, nachdem sie mich überall ge-sucht hatten: Ich war mit der Militärkapelle davongelaufen, da war ich so ungefähr vier Jahre alt. Noch heute zuckt es mir in den Gliedern, wenn preußische Märsche gespielt werden. Die Musik ist wirklich gut. Am Klavier saß ich schon so lange, wie ich eigentlich denken konnte und denken kann. Ich habe mich selbst hingesetzt, das war doch interessant, das Ding aufzuschlagen und auf die Tasten zu drücken. Damals gab es kein Radio, in Arys gab es an kulturellen Ereignissen nur ein Kino, das einmal alle zwei Wochen Sonnabend und Sonntag spielte. Das war das gesamte kulturelle Angebot von Arys. So daß sich, wie überhaupt in jener Zeit, das kulturelle Leben vielmehr im Familienkreis und in der Wohnung abgespielt hat. Ich erinnere mich durchaus, daß mein Vater mit meiner Mutter zusammen musizierte, sie hat ihn begleitet, und er hat Volkslieder gesungen.

Also war er doch selbst auch etwas musikalisch?

Ja, er hat gesungen, und er war auch Vorsitzender des Gesangvereins. Er hatte nur mit dem, was wir Kunstmusik nennen, nichts am Hut gehabt. Volkslieder singen war sein Vergnügen. Einmal lag auch ein Klavierauszug vom »Schwarzwaldmädel« da. Das hatte mein Vater mit meiner Mutter zusammen in Königsberg gesehen, meine Mutter hat sich die Noten gekauft und daraus gespielt. Es wurde nicht Kammermusik im engeren Sinne gemacht, mit wem auch in Arys, aber es wurde gesungen und auch gespielt. Ich wurde sehr früh, weil ich wollte und Neigungen hatte, zu Fräulein Kirchhof, der Klavierlehrerin von Arys, geschickt. Ich lernte Klavierspielen, so gut man das bei ihr lernen konnte.

Wenn man von Arys ins Theater, in die Operette oder gar in die Oper gehen wollte, dann fuhr man nach Königsberg?

Ja, wobei die Mehrzahl der Einwohner von Arys niemals in Königsberg war und ein großer Teil nicht mal in der Kreisstadt Johannesburg, 24 Kilometer entfernt.

Stammte Ihre Mutter aus einem gebildeten jüdischen Haus?

Nein, gebildet kann man nicht sagen, mein Großvater mütterlicherseits, er hieß Abraham Graebler, ist noch aus der Nähe von Lemberg eingewandert, angefangen hat er so mehr oder weniger als Hausierer mit fünf Kindern. Die Kinder hatten es nicht leicht, er hatte es furchtbar schwer, weil das ein verächtliches Leben ist. Später war er wohlhabend und hatte ein Abzahlungsgeschäft am Oranienburger Tor, das Haus steht übrigens nicht mehr.
Alle Ostjuden haben damals in der Gegend am Oranienburger Tor gewohnt, da kannte man jemanden, da hatte man von jemandem gehört. Mein Großvater väterlicherseits ist auch aus der Nähe von Lemberg. Er ist direkt nach Arys gekommen, da war er schon sowas wie Holzhändler. Meine Mutter war eines von sechs Kindern, drei Töchter und drei Söhne waren es, die beiden älteren Söhne sind in die Fußstapfen ihres Vaters getreten und nur der letzte Sohn, der durfte studieren, übrigens anfangs Musik – als einziges Familienmitglied – Geige an der Berliner Hochschule für Musik bei einem Assistenten und Schüler von Joseph Joachim. Nach zwei oder drei Jahren hat er das allerdings aufgegeben, weil er sagte, Zweiter Geiger in einem mittelmäßigen Orchester zu werden, sei nicht sein Ziel. Er hat dann Wirtschaftswissenschaften studiert, und vor wenigen Jahren ist er als Professor in Los Angeles gestorben. Der war aber der einzige, der diesen Sprung gewagt hat. Die älteste Tochter – meine Mutter war die zweite – mußte mit 16 aus dem Haus und den Prokuristen von meinem Großvater heiraten. Bei meiner Mutter habe ich es nie erfahren, aber ich habe fast das Gefühl, das war auch so eine jüdische Heiratsvermittlung. Ich glaube, daß sie in Arys todunglücklich war, sie hatte sich das anders vorgestellt mit Land und »Herrin sein« und kam dann in dieses wirklich verstaubte, reaktionäre und kleinstbürgerliche Milieu in Arys. Ich glaube, sie war sehr unglücklich, obwohl meine Eltern äußerlich so gut miteinander lebten, aber sie haben sich dann auch später auf Betrei-

ben meiner Mutter getrennt, als ich in Berlin schon ins Gymnasium ging. Ich war in der Obersekunda. Da hieß es, sie kommt zu mir und lebt mit mir und zieht mich sozusagen groß. Das muß der Moment der äußerlichen Trennung gewesen sein.

Aber Sie können sich, solange Sie in Arys waren, nicht daran erinnern, daß es da Zwistigkeiten gab?

Nein, die hat es auch später nicht gegeben, zumindest nicht so, daß es jemand merkte. Das galt auch damals als sehr ordinär, miteinander in der Ehe zu poltern, bei Juden gab es das schon gar nicht, da ist die Ehe doch eine heilige Institution. Es hat ja auch unter den Juden, unter den gläubigen Juden, was ja meine Großeltern noch ganz sicher waren und mein Vater bis zu einem gewissen Grad auch noch, wenig das gegeben, was man »Seitensprünge« nennt – erstens aus Mangel an Gelegenheiten, wenn man in so einem kleinen Dorf wohnte, da konnte man das nicht so unbemerkt machen. Und wenn man in die Kreisstadt fuhr, um seine Waren loszuwerden, ich weiß nicht, ob man da in einen »Puff« ging, aber ich glaube es nicht, dazu war man wieder viel zu sparsam. Es war unter dieser Sorte Juden nicht üblich. Später schon, meine Onkel, die haben ganz lustig gelebt.

Und Ihr Vater, war er denn ein sehr spröder Mann?

Nein, gar nicht, er war nur ganz unintellektuell. Er war vielleicht streng, er wollte der strenge Vater sein, aber nicht spröde. Also, ich habe durchaus seine Zuneigung und Liebe gespürt. Er war vielleicht ein bißchen gehemmt dadurch, daß er meine wesentlichen Interessen nicht teilen konnte. Ich erinnere mich noch – das sind so kleine Dinge –, er kam dann mal nach Berlin während meiner Opernzeit. Ich hatte die gedruckten Probepläne und da stand unten immer »Bühnendienst: Sanderling«. Da war er ganz stolz.

Zwischenspiel: Aufenthalt im Internat

Waren Sie ein guter Schüler? In der Volksschule und später?

In der Volksschule schon eher, weil das ganz mühelos vor sich ging, im Gymnasium überall dort, wo man nicht unbedingt Vokabeln lernen mußte, also Physik, Mathematik, Deutsch, Erdkunde.

Nach der Grundschule sind Sie aufs Gymnasium gekommen?

Nein, dann kam erst ein kurzes Zwischenspiel in einem damals berühmten Internat, der Freien Schulgemeinde Wickersdorf in Thüringen. Das war, wie ich nachträglich erfahren habe, ein Ort, wo Kinder aus gescheiterten Ehen hinkamen. Ich war dort, weil ich ins Gymnasium sollte, aber keines in erreichbarer Nähe war. Meine Mutter sagte, wenn schon, denn schon, dann schon an einen Ort, wo eine wirklich interessante Erziehung gewährleistet ist. Wickersdorf war eine private Schule mit ausgesuchtem Lehrerstand, es waren ausgesuchte Leute. Die Wurzeln dieser Schule lagen übrigens in der deutschen Jugendbewegung, denn einer der Führer der deutschen Jugendbewegung, ein gewisser Wyneken, hatte das Internat gegründet, später wurde er dann verhaftet wegen homosexueller Verfehlung, sein Stellvertreter führte das Internat weiter.

War es ein reines Jungeninternat?

Nein, eine Schule für Mädchen und Jungen, aber in dieser Hinsicht sehr streng, wenn da irgend etwas vorkam, dann mußte einer, wenn nicht gar beide die Schule verlassen, sonst war es dort aber für damalige Verhältnisse ganz außergewöhnlich liberal. Das Judentum spielte dort übrigens absolut keine Rolle, das Problem existierte dort nicht. Ich kann auch gar nicht sagen, wie hoch der Anteil der jüdischen Internatsschüler und -schülerinnen war. Religionsunterricht gab es nach meiner Erinnerung nur für die, die ihn haben wollten. Es waren nicht sehr viele. Es gab einige Eltern, die darauf Wert legten, aber ich erinnere mich nicht, jüdischen Religionsunterricht dort gehabt zu haben.

Erzählte Biographie

Gab es militärischen Drill in dieser Gemeinschaft?

Nein, ganz im Gegenteil. Demokratische, freie Selbstbestimmung von Sexta bis Oberprima, das war das Motto, aber dann eben auch Unterordnung: In einem Schlafsaal mit zwanzig anderen leben, Betten machen, Schuhe putzen, was sicher sehr positiv, aber für mich unerträglich war. Jeden Morgen mußte stehend ein Präludium aus dem »Wohltemperierten Klavier« von Bach angehört werden.

Haben Sie damals schon Klavier gespielt?

Ja. Ich habe schon gespielt, aber ich konnte noch kein Präludium spielen. Und ich erinnere mich nur, daß es manchmal mühevoll war zu stehen. Ein Präludium und eine Fuge dauern unter Umständen bis zu fünfzehn Minuten, wenn es sehr lang war, vor dem Frühstück, der Tisch war schon gedeckt, es standen alle auf, und es wurde das gespielt, Morgen für Morgen, statt einer Morgenpredigt, statt Gebet. Es war für mich sehr, sehr schwer. Ich bin auch nach drei Monaten ausgerückt. Oder genauer, nach den Ferien habe ich mich standhaft geweigert, wieder zurückzufahren. Ich war Einzelkind, wenn auch nicht verhätschelt, aber immerhin einziges Kind in einer jüdischen Familie. Ich war immer Einzelgänger in meiner Umgebung aufgrund des Judeseins, und plötzlich kam ich in eine Gemeinschaft, wo zwar mein Judesein absolut keine Rolle spielte, aber wo ich eine Nummer unter vielen war und mich unterzuordnen hatte, wozu ich nicht erzogen war. Ich war damals erst neun Jahre alt.

Gymnasium in Lyck, zur Kur auf Föhr und in Agnetendorf im Riesengebirge, hier Begegnung mit Gerhart Hauptmann

Also kam ich dann nach Lyck auf das Gymnasium, eine Zeitlang zum Rabbiner F. in Pension, der es dann aber nicht verantworten konnte, daß ich am Sonnabend schon nachmittags nach Hause fuhr, anstatt erst am Abend zu fahren. So fuhr ich schließlich jeden Tag mit dem Zug von Arys nach Lyck. Es war hart, der Zug ging so um 6.30 Uhr in der Früh. Ich mußte aufstehen, wenn noch niemand im Hause auf war und kam erst nachmittags um vier Uhr nach Hause, das war für damalige Zeiten sehr viel und sehr lang. Dann mußte ich Schularbeiten machen. Ich war gesundheitlich immer so ein bißchen anfällig, es war eine sehr rauhe Gegend. Ich hatte einen ständigen Bronchialkatarrh, deshalb wurde ich dann nach Wyk auf Föhr in ein Kinderheim geschickt, wo auch unterrichtet wurde, damit ich also die herbe Nordseeluft genießen konnte. Das war wieder einsam und schwer für mich, aber ich war in einer mir gewohnteren Umgebung. Dort gab es keine Demokratie unter den Schülern, und ich wurde nicht von meinen Mitschülern erzogen, sondern nur von den Erziehern.

Aus welchem Grunde ich dann nach einem halben Jahr ins Riesengebirge, nach Agnetendorf, auf eine andere Schule geschickt wurde, weiß ich nicht mehr. Da hatte ich eine denkwürdige Begegnung mit Gerhart Hauptmann. Er kam mir eines Tages zufällig entgegen, und ich verbeugte mich tief und sagte: »Guten Tag, Herr Hauptmann«. Er sagte: »Guten Tag, mein Junge«. Davon habe ich jahrelang gelebt, von dieser Begegnung mit Hauptmann.

Sie wußten also damals, wer Gerhart Hauptmann war? Hatten Sie etwas von ihm gelesen?

Natürlich hatte ich von ihm gehört, bevor ich nach Agnetendorf kam. Hauptmann galt als der Goethe unserer Zeit damals, aber gelesen hatte ich von ihm noch nichts. Meine Mutter hat gesagt, du kommst nach Agnetendorf, da lebt übrigens der Gerhart Hauptmann. Sie kannte ihn, denn sie bezog die »Literarische Welt«, die einmal in der Woche erschien und das »Berliner Tageblatt« mit einer Literaturbeilage und einer Musikbeilage, die mit einem Tag Verspätung ankam. In unserem Haus gab es zwei Königsberger Zeitungen, dann das »Berliner Tageblatt«, das »Johannesburger Kreisblatt« und die »Aryser Zeitung«, weil man wissen mußte, was im Jagdverein los ist.

Wann wurde das alles gelesen? Und haben Sie auch in den Zeitungen gelesen?

Meine Mutter hatte nicht viel anderes zu tun. Ich las mal dies, mal jenes. Ich erinnere mich, daß ich auch irgendwie mit zwölf Jahren den »Faust« gelesen und nichts verstanden habe, aber ich habe ihn gelesen. Dann kam ich zurück nach Arys, bekam ein Vierteljahr Privatunterricht, damit ich die Aufnahmeprüfung für die Quarta im Königsberger Hufengymnasium bestehe.

Gymnasium in Königsberg, Sanderling gibt sein ganzes Taschengeld für Noten und Opern- und Konzertbesuche aus, der elterliche Betrieb geht Konkurs

Das Hufengymnasium war ein verrufenes linkes Institut, was man damals unter links verstand, aber immerhin unterrichtete dort so jemand wie Ernst Wiechert. Damals engagierte der Direktor noch seine Lehrer selber. Es waren ausgesuchte Lehrer dort, wenn auch einige sehr reaktionäre dabei, aber das Format des Gymnasiums war doch insgesamt sehr fortschrittlich. Ernst Wiechert als Deutschlehrer, das war etwas für jemanden wie mich, der gewisse musische und intellektuelle Interessen hat. Unglaublich! Erdkunde und Geschichte hat er auch unterrichtet, aber das war nicht in meiner Klasse.

Hat er Sie geprägt?

Er hat alle geprägt, weil er auch so bewußt anders war. Ich weiß nicht, ob man heute noch ermessen kann, was das damals geheißen hat, in Königsberg eine offizielle Rede zu beginnen mit den Worten: »Meine lieben Freunde, es ist mir schwer, mich von Ihnen zu trennen, wir sind so viele Jahre zusammengewesen. Ich könnte jetzt diese kleine Feier mit einem Choral beginnen, möchte Ihnen und mir das aber ersparen«. Uns allen ist das unvergeßlich. Er gehörte zu den Lehrern, die nie disziplinarische Schwierigkeiten hatten mit der Klasse. Es gab auch einen tollen Musiklehrer, Hugo Hartung, der gegen den Widerstand aller anderen Lehrer einen Schulchor zusammenstellte, er probte zweimal in der Woche nachmittags. Ich habe dort auch die »Johannespassion« mitgesungen. Er war ebenfalls eine sehr markante Persönlichkeit.

Und dann begann es meinen Eltern sehr schlecht zu gehen. Die Frage stand im Raum, daß ich vom Gymnasium zurück muß nach Arys. Ich war todunglücklich, denn mir war damals schon klar, das wäre mein Ende gewesen, dann hätte ich bestenfalls nur noch das Sägewerk übernehmen können, und da wußte ich schon, daß da nichts mehr zu übernehmen war.

Erzählte Biographie

Weshalb war da nichts mehr zu übernehmen? Die Wirtschaftskrise ...?

Mein Vater hat während der Inflation die Zeichen der Zeit absolut nicht verstanden. Ich erinnere mich noch, daß es Billionen gab als Scheine, er ist dann auch richtig formell in Konkurs gegangen. Ich war wirklich verzweifelt.

Königsberg war für mich ein Ort größter Kultur, Königsberg war die Stadt, in der alle Künstler übernachteten, die nach Rußland und später in die Sowjetunion fuhren, nach Leningrad, als Dirigenten, als Künstler, als Schriftsteller. Nach Königsberg fuhr man von Berlin aus einen ganzen Tag, da übernachtete man, und am nächsten Tag fuhr man weiter. Es hatte ein vorzügliches Theater, eine Oper und ein Sinfonieorchester. Ich war dort etwa zwei Jahre, hatte mittlerweile einen Schülerkreis, in dem ich zwar auch den Antisemitismus sehr spürte, denn viele Offizierswitwen hatten ihre Kinder auf das Gymnasium geschickt. Und diese Offizierswitwen waren im Grunde genommen in ihrer Gesinnung viel schlimmer als die Offiziere selbst. Ich erinnere mich noch, wie ich einmal einen Mitschüler zuhause besuchte und seine Mutter mir ins Gesicht sagte, ja wenn mein Mann geahnt hätte, daß hier mal so jemand wie Sie in unserem Haus sein würde ...

Sind Sie in Königsberg viel in Theater, in die Oper und in Konzerte gegangen?

Ja, soweit es der Geldbeutel erlaubte. Ich glaube, ich bekam zehn Mark Taschengeld, davon mußte ich aber alles bestreiten, auch meine Schulhefte. Da war also nicht viel Geld, aber ich habe mich mit dem Dritten Kapellmeister an der Oper bekannt gemacht, Hans Lichtenstein. Er hat mich dann mitgenommen und hat mich in den Orchesterraum gesetzt, wenn »Lohengrin« gespielt wurde oder anderes. Ich weiß nicht, wie ich ihm gegenüber meiner Begeisterung für Musik Ausdruck gegeben habe, aber irgendwie muß ich es getan haben, denn er hat mich so ein bißchen unter seine Fittiche genommen.

Sind Sie zu jeder Vorstellung gegangen oder haben Sie ausgewählt? Nach welchen Kriterien haben Sie damals, 12- oder 13- jährig, ausgewählt?

Je nachdem, wie offen der Geldbeutel war, ich erinnere mich aus der Zeit, ich hatte einen Onkel, der war Spediteur in Prosken, nicht weit von Arys, den habe ich einmal brieflich angebettelt, er möge mir doch zehn Mark schicken, ich hätte die Gelegenheit, vier Klavierauszüge antiquarisch zu kaufen. Ich weiß nicht, ob es die »Götterdämmerung« war. Er war ein Opernfanatiker, schwärmte aber mehr so für »Tosca« und wo die Tränen fließen können, aber er wußte mit dieser Leidenschaft etwas anzufangen, denn sonst war er furchtbar geizig, wie diese Sorte Juden gern gewesen sind, aber er hat mir die zehn Mark geschickt. Manchmal hat mir mein Vater, wenn ich von den Ferien wieder zurück nach Königsberg mußte, noch verschämt ein Fünf-Mark-Stück in die Hand gedrückt, das waren dann die zusätzlichen Quellen, die es mir ermöglichten, auch mal diese oder jene Noten zu kaufen oder auch ins Theater zu gehen. Auch von der Schule wurde sehr viel organisiert, für die klassischen Vorstellungen im Stadttheater gab es immer Schülervorstellungen, ich glaube für eine Mark oder 80 Pfennige, die habe ich alle »mitgenommen«.

Außerdem habe ich furchtbar viel gelesen zu der damaligen Zeit. Mit dreizehn Jahren bekam ich von einem Onkel, der auch so ein bißchen »aus der Reihe« geraten war, die Cotta'sche Erstausgabe von Friedrich Schiller. Ich habe damals gar nicht gewußt, was das bedeutet. Ich habe die nachher zurücklassen müssen, aber ich verschlang Schiller von vorn bis hinten, ohne das meiste überhaupt zu verstehen oder es auch würdigen zu können, es war unglaublich fesselnd. Und noch heute finde ich die »Maria Stuart« ein aufregendes Werk. Und noch heute kann ich die »Jungfrau von Orleans« nicht ausstehen. Daran hat sich wenig geändert. Und noch heute finde ich den »Wallenstein« eine der Großtaten deutscher Kultur.

Sie sprachen vom »Lohengrin«, von der »Götterdämmerung«: Hat Wagner Sie damals fasziniert?

Ja, natürlich, unglaublich. Zu der damaligen Zeit ging das gar nicht anders, in den meisten Musikerkreisen galt Brahms als ein trockener akademischer Komponist. Wagner war das große deutsche Allroundgenie.

Der Wagner'sche Antisemitismus hat Sie nicht abgeschreckt?

Den kannten wir im Grunde genommen gar nicht. Seine Werke waren so faszinierend. Wen hat interessiert, daß Balzac politisch ein ausgesprochener Reaktionär war? Niemanden, seine Bücher sind noch heute aufregend. Genauso war es mit Wagner. Ja, natürlich wußte man, da soll er irgendwas auch aus Feindschaft gegen Mendelssohn geschrieben haben, aber das war ja nicht interessant. Interessant war der »Lohengrin«. Und auch die aus heutiger Sicht durchaus reaktionären Tendenzen in seinen Werken haben wir damals überhaupt nicht empfunden. Außerdem, vielleicht muß ich das zu meiner Schande gestehen, aber ich sage es ohne Scham, wollte ich es den Deutschen gleichtun, ich wollte ihr Idol auch lieben und verehren. Eine Kritik an Wagner war für mich damals überhaupt nicht denkbar.

Haben Sie in Königsberg den »Ring« gehört?

Nein, den »Ring« nicht, ich glaube, gehört habe ich nur die »Walküre« dort, der »Ring« war schon an der Grenze dessen, was Königsberg bieten konnte. Mozart hörte man, »Fidelio«, sehr viel Verdi, also Gängiges und vieles, was an Neuem damals gespielt wurde, was heute gar nicht bekannt ist, wer kennt schon von Hans Gál »Die heilige Ente«?

Hatten Sie Vorlieben, bestimmte Komponisten, die Sie bervorzugten?

Alles wollte ich hören, aber ich konnte es nicht. Entschieden hat es der Geldbeutel. Hatte ich mal Geld, dann konnte ich es mir leisten, in die »Walküre« zu gehen, die gerade auf dem Spielplan stand.

Und bei den Modernen?

Ja wissen Sie, so jung, wie ich damals war, man hatte immer einen Schwarm. Eine Zeitlang war Hindemith mein Schwarm, sehr lange Richard Strauss, niemals das, was wir jetzt als die Zweite Wiener Schule bezeichnen, die war mir immer fremd, und da fühlte ich mich nicht angesprochen.

Umzug nach Berlin, Gymnasialzeit, seine Verwandtschaft »füttert ihn durch«, er musiziert in privaten Kammerorchestern und dirigiert das Schulorchester, er genießt das kulturelle Leben in der Stadt, schließt die Schule mit dem Abitur ab

Als meine Eltern nicht weiter konnten und ich zurück nach Arys sollte, hat meine Mutter an meine Verwandten geschrieben, an meinen Großvater, wir können nicht mehr, könnt ihr nicht – wenn Kurt nach Berlin kommt – für ihn die Patenschaft übernehmen. So wurde beschlossen, daß ich im Dezember 1926 nach Berlin kam, mein Großvater zahlte 75 Mark im Monat, davon blieben, nach Abzug der Miete für das möblierte Zimmer, 55 Mark zum Leben. Ich wohnte in der Pfalzburger Straße. Die Verwandten haben in meinem späteren Leben die Elternstellen übernommen, bei denen habe ich zu Mittag gegessen, und zu Abend bekam ich von denen Stullen mit. Der Onkel, der es sich hätte am meisten leisten können, der zahlte nichts. Und der, der es sich auch hätte leisten können, aber eben sehr geizig war, bei dem durfte ich alle zwei Wochen am Sonntag Mittag essen, und bei einem anderen Onkel durfte ich die anderen Sonntage Mittag essen. So lebte ich bis zum Abitur.

Was hat das für Sie bedeutet, Ihren Verwandten auf der Tasche zu liegen?

Sicher war es nicht angenehm, aber als schrecklich habe ich eher empfunden, daß ich zu wenig Geld hatte, als daß es von den Verwandten kam. Verwandte sind dazu da, daß man einander hilft. Jeden Monat brachte ich meine Wäsche und Bettwäsche zu meinen Großeltern in die Oranienburger Straße, damit sie dort gewaschen wurde. Ich erinnere mich, daß ich mit meiner ersten Freundin im Theater war. Es war das Theater am Schiffbauerdamm, und ich hatte nicht mehr das Geld, 10 oder 20 Pfennige, um mit der Straßenbahn nach Hause zu fahren. Da bin ich von dort zu Fuß zum Bayerischen Platz gelaufen. Es ging mir schon recht dreckig, gemessen an meinen Ansprüchen.

Erzählte Biographie

Als Sie nach Berlin gekommen sind, wie haben Sie die Stadt empfunden?

Als unglaubliches Glück, das kulturelle Angebot ebenso wie auch den Umgang mit meinen Mitschülern. Ich bin in Friedenau auf das Rheingau-Realgymnasium gegangen, das war die einzig mögliche Fortsetzung des Hufengymnasiums; es gab kein anderes entsprechendes Gymnasium in Berlin. Ich hätte nicht plötzlich in ein klassisches Gymnasium gehen können. Ich habe Englisch, Französisch und von Untersekunda an Latein gelernt. Großes Glück hatte ich, daß in diesem Gymnasium der Präsident des Tonkünstlervereins, der Komponist Arnold Ebel, Musiklehrer war. Wir schlossen sofort Freundschaft. Ich spielte mit wirklicher Hingabe, übrigens nicht, um mich einzuschmeicheln, sondern mit wirklicher Hingabe seine Klavierkompositionen, und ich durfte das Schulorchester dirigieren – »Zweites Brandenburgisches Konzert«, im Schulorchester ein Mozart-Konzert spielen und zur Eröffnung des neuen Schuljahres mal eine Chopin-Ballade. Es war für mich ein Glücksfall, dieses Gymnasium.

Hat der Musikunterricht und der musische Teil dieser Bildung bis zum Abitur Sie weiter beeinflußt oder nur etwas gefestigt?

Durch die praktischen Möglichkeiten, die ich dort hatte, hat es mich doch sehr weiter gebracht in meiner Überzeugung für die Musik, nur das. Ich erinnere mich übrigens an einen vorzüglichen Deutschlehrer, ein komischer Mann, Dr. Mauermann, der immer darauf zurückkam, daß er seine Doktorarbeit über das Requisit in den Dramen von Ibsen geschrieben hatte. Solche Lehrer waren dort und nicht trockene Furzer. Dann habe ich Abitur gemacht, und wurde – da konnte man noch wählen – in Musik und Deutsch geprüft. Schriftlich brauchte ich nichts zu machen, weil ich eine Studienarbeit vorgelegt hatte über die Formentwicklung in den ersten vier Sinfonien von Gustav Mahler, alles fleißig abgeschrieben natürlich. Daraufhin war ich befreit von den schriftlichen Prüfungen in Deutsch. Im Mündlichen durfte ich wählen und sprach über die Deutsche Romantik. »Was können Sie uns über die Blaue Blume der Romantik sagen?« Ich weiß nicht mehr, was ich gesagt habe, ich bekam eine »Zwei« dafür, aber all die Fächer, wo ich hätte reinfallen können, die waren mir eben erspart geblieben.

Und die Prüfung in Musik? Die haben Sie mit »links« gemacht?

Da mußte ich die Beethoven-Sonate Opus 109 spielen, dann stellte mir mein Lehrer ein paar Fragen. Das Lehrerkollegium hat sich dabei fleißig gelangweilt, aber das war kein Problem. In der Nacht vor meinem Abitur haben wir bis vier Uhr früh Skat gespielt, daraus können Sie ersehen, wie ernst ich das genommen habe.
Insgesamt war Berlin eine unglaubliche Anregung, allerdings auch begrenzt durch meine geringen Geldmittel. Schulbücher gab es umsonst, wenn es auch immer der erniedrigenden Prozedur des Antragstellens bedurfte. Mal hat der eine Onkel zehn Mark geschenkt, dann gab es Geburtstage, wo ich mir vorsorglich nur Geld gewünscht hatte; was sollte ich mit einer silbernen Tabakdose. Es war vor allem hart, weil Noten so teuer waren. Ich konnte mir Partituren nur zu ermäßigten Preisen kaufen, übrigens in einer Notenhandlung, die es noch jetzt gibt und die ich noch jetzt frequentiere, »Riedel« in der Uhlandstraße, jetzt beim Enkel, früher beim Großvater.

Sie mußten also auswählen zwischen den kulturellen Angeboten?

Sehr, selbst wenn jemand viel Geld hatte, mußte er das. Ich erinnere mich noch, daß ich, auch wenn nicht in der Premiere, so doch in der ersten Einstudierung der »Dreigroschenoper« war. Ich habe das Stück gesehen, das die Lotte Lenya bekannt gemacht hat. Ich habe – unvergeßlich – den Albert Bassermann gesehen, wenn der auf die Bühne kam, da war es ganz egal, wie das Stück hieß, da hatte ich zum ersten Mal, ohne die Formulierung zu kennen, verstanden, was Theater ist: Ein Brett mit zwei Beinen drauf.

Welche Theater- oder Musikerlebnisse aus dieser Zeit sind Ihnen noch in stärkster Erinnerung?

Ich muß gestehen, ich habe aus meiner Schulzeit mehr Theatererinnerungen als musikalische Erinnerungen, aber da hatte ich so viel kennenzulernen, daß das einzelne gar nicht bleiben konnte. Die »Heilige Johanna« bei Max Reinhardt war schon was. Selbst die »Fledermaus« bei Reinhardt mit Hans Moser als Frosch und der Helene Thimig, obwohl sie kaum singen konnte, das waren doch bleibende Erinnerungen. Man verklärt alles. Wenn ich heute manchmal Schallplatten aus der Zeit höre, zum Beispiel von Bruno Walter, so dürfte man das doch heute gar nicht mehr machen, aber in der Verklärung war das großartig, es war rein quantitativ vom Angebot her eine Zeit, wie sie nicht wiederkommen wird.

Gingen Sie oft in die Philharmonie?

Das war kaum bezahlbar, die billigsten Karten am Sonntagvormittag an der Seite 2,20 Mark, das konnte ich mir nicht sehr häufig leisten, aber doch ab und zu, und dann wurde ich manchmal mitgenommen von dem oder jenem. Ich habe schon während der Schulzeit sehr fleißig Kammermusik gemacht, meist mit Amateuren, aber darunter war auch ein Studiengenosse meines Onkels, der war Solocellist unter Bruno Walter an der Städtischen Oper in Berlin. Erst machte ich Kammermusik und dann begleitete ich ihn. Er hat übrigens auch meine Karriere auf dem Gewissen, denn er hat mich an die Dirigenten dort empfohlen mit der Bitte, sie sollten mich nur mal anhören. Da fiel mal hier und mal da ein Freibillet ab. Es war aber mehr oder weniger alles zufällig, es war nicht so, daß ich sagen konnte oder gesagt hätte, das muß ich jetzt sehen.

Ihre Mutter kam 1929 nach Berlin?

Ich hatte eine sehr schwere Lungenentzündung und lag drei Monate im Krankenhaus mit Rippenfellentzündung. Damit so etwas nicht wieder passiert, mußte ich unter Kuratel gestellt werden. Wahrscheinlich war der eigentliche Grund, daß sie sich von meinem Vater trennen wollte, aber das war sozusagen zumindest die offizielle Variante. Wir mieteten zwei Zimmer, auch in derselben Gegend am Bayerischen Platz. Sie arbeitete als Sekretärin, damit hat sie sich bis zu ihrer Ausreise nach England, 1938 muß das gewesen sein, ernährt.

Haben Sie zu dieser Zeit oft Kammermusik gemacht?

Ich habe einen Kammermusikkreis unter wohlwollender Hilfe des Direktors eingerichtet. In einem anderen Kreis, bei meinem Onkel, der anfangs Geige studiert hatte, spielte ich auch. Dort traf ich übrigens den Solocellisten Silberstein, der mich dann später an die Städtische Oper vermittelt hat.

Sind Sie in dieser Zeit schon öffentlich aufgetreten?

Nein, nur in der Schule, bei Schulkonzerten, dort auch als Dirigent. Ich erinnere mich, eine meiner ersten Dirigierleistungen war eine Spielmusik von Hindemith, »Ein Jäger aus Kurpfalz«. Das Lied hatte er instrumentiert, das war extra für Schulorchester so gemacht, daß jeder, der wollte, mitspielen konnte, es war für alle etwas da. Ich weiß noch, daß ich mir das Geld für die Noten dafür von irgendeinem Onkel schnorren mußte.

Erzählte Biographie

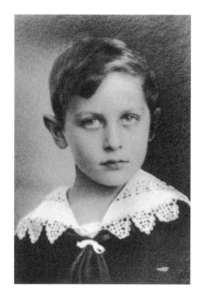

Kurt Sanderling als Fünfjähriger, 1917

Kurt Sanderling als Schüler in Arys, 1920

Lehnt ein Jurastudium ab, wird zunächst Volontär und nach drei Monaten Korrepetitor bei Paul Breisach an der Städtischen Oper, das kulturelle Leben in Berlin, die berühmten Dirigenten und Instrumentalisten, das Verhältnis der Opernhäuser untereinander

Nach dem Abitur erhebt sich normalerweise die Frage des Studiums, wie war das bei Ihnen?

Ich wollte natürlich um jeden Preis Musiker, Dirigent, werden, aber ich wußte, das ist nicht jedem beschieden. Es hätte durchaus sein können, daß ich ewig Korrepetitor geblieben wäre oder daß es vielleicht nur für Kammermusik gereicht hätte. Ich war, so glaube ich, ein nicht so schlechter Liedbegleiter, wer mit mir gearbeitet hat, hat mich immer wieder gerufen, auch das hätte etwas werden können. Ich wollte Dirigent werden, aber das war nicht wie heute, daß man Dirigieren studiert und dann wird man als Generalmusikdirektor nach Frankfurt bestellt, das ist ein Wahnsinn heute. Der selbstverständliche Weg damals war, man wurde am Ende des Studiums Korrepetitor, bestenfalls an einem mittleren Hause. Dann nach zwei Jahren, wenn man Glück hatte, kam man als Dritter Kapellmeister irgendwo hin, während nach weiteren zwei Jahren, wenn man wieder Glück hatte, man als Erster Kapellmeister irgendwo unterkam, dann ging man nach weiteren zwei Jahren als Zweiter Kapellmeister nach Frankfurt, und irgendwann konnte man an der Lindenoper landen. Das war der Weg, der sich einem anbot, wenn man Glück hatte. Wenn man Pech hatte, blieb man irgendwo stecken, und wenn man noch mehr Pech hatte, dann kam man gar nicht in ein Opernhaus hinein.

Schon in der Unterprima hatte ich den Cellisten Silberstein kennengelernt, er hat mit mir dann viel später auch öffentliche Konzerte gemacht und mich auch auf Konzertreisen mitgenommen. Auf der letzten gemeinsamen Reise erreichte mich die Nachricht, daß ich ausgebürgert worden sei, daß ich nicht wieder zurück nach Deutschland dürfe. Wir waren zusammen auf dem Piz Lagalb bei Pontresina, es war eine für mich unvergeßliche Bergbesteigung. Silberstein stellte mich einem der drei Kapellmeister der Städtischen Oper vor, einem gewissen George Sebastian. Er prüfte mich, sehr nett und sogar wohlwollend, aber eingehend und sagte, ja, ich würde sie gerne als Assistenten hier nehmen, aber im Moment steht die Frage meiner weiteren Verpflichtung hier an und ist noch nicht entschieden. Sebastians Vertrag wurde nicht verlängert, er ging nach Moskau, wo ich ihm dann zufällig wieder begegnete. Bevor er ging, stellte er mich seinem Nachfolger vor, Paul Breisach. Der kam übrigens aus Mainz und hat die Stelle gehabt, die jetzt mein Sohn Stephan inne hat.

Breisach hat mich nicht aus Interesse geprüft, sondern weil er das dem Sebastian nicht abschlagen konnte. Als ich zum Vorspielen kam, lag ein Stapel Klavierauszüge und Partituren auf seinem Flügel, und er sagte, nehmen Sie mal das, spielen Sie und singen Sie. Ich erinnere mich, es war die Partitur von »Walküre« 2. Akt, das war Fall eins. Es folgten Auszüge aus »Othello«, dem »Figaro« und irgendwie wurde er dann doch interessiert. Ich hatte das Gefühl, ich habe den schon rum, da sagte er, hier ist noch Beethoven, »Fidelio«. Er schlug die Leonoren-Arie auf. Nun muß ich einfügen, daß die Leonoren-Arie im Klavierauszug so notiert ist (Sanderling summt die Töne vor sich hin.). In der Partitur für das Orchester heißt es aber so (Er summt wieder.). Das ist so gemacht, damit man es besser spielen kann, das Horn ist einfach eine Oktave höher gelegt. Ich kannte das – ich weiß nicht, ob zufällig oder nicht zufällig – und spielte es richtig. Er sagte, wieso spielen Sie das denn falsch. Ich dachte mir, schön Herr Erster Kapellmeister, aber ich sagte nur: »Herr Breisach, das ist doch das Zweite Horn, das ist falsch im Klavierauszug geschrieben.« Da lachte er und sagte: »Wissen Sie, vor vielen Jahren bin ich über diese Stelle beim Franz Schalk in Wien gestolpert.«

Sie müssen sehr viel geübt haben? Sie kannten alles, Sie kannten die Stelle in der Leonoren-Arie? Sie kannten die »Walküre« ...

Das mit der Leonoren-Arie muß doch mehr oder weniger Zufall gewesen sein. Das andere kannte ich nicht, das habe ich vom Blatt abgespielt. Ich muß die Prüfung wohl nicht zuletzt wegen dieses kleinen Intermezzos bestanden haben, denn er sagte mir, es kommt jetzt ein neuer Intendant, ein gewisser Carl Ebert aus Darmstadt, der muß einverstanden sein, dann können Sie bei mir als Assistent anfangen. Ebert war Intendant in Darmstadt gewesen, und er war Sozialdemokrat, was in der damals sozialdemokratisch regierten Stadt offensichtlich ein Einstellungskriterium war.

Das soll es heute auch noch geben.

Ja, das kennen wir, das war damals ganz genauso. Ein weiteres Kriterium war, ob man Jude oder Nicht-Jude war. Es gab drei Erste Kapellmeister an der Städtischen Oper in Berlin; als der schweizer Dirigent Robert F. Denzler 1932 ausschied, war ganz klar, an seine Stelle konnte nur ein Nicht-Jude kommen, denn die anderen beiden waren Juden. Das konnte nur so sein. Und wenn es, was weiß ich, der liebe Gott persönlich gewesen wäre, der sich beworben hätte, wenn er nicht Jude war, dann ja, aber wenn der liebe Gott Jude war ...

Die Entscheidung zog sich hin, ich bekam erst nach drei Monaten einen regulären Vertrag, aber das war damals nicht vorauszusehen. Ich ging also zu meinem Großvater, und der sagte mir, wenn du Jura studierst, dann finanziere ich dir dein Studium, wenn du zur Musik gehst, dann bekommst du keinen Pfennig. Da habe ich ihm gesagt, paß mal auf, ich habe die und die Möglichkeit, vielleicht kannst du es nicht ermessen, aber das ist ein solches Glück in der jetzigen Zeit, das ist so unaussprechbar, es kann nicht daran scheitern, daß ich kein Brot habe, nicht nur nicht die Butter auf dem Brot. Da hat er seine Zahlungen von 75 Mark weiter geleistet. Den Rest habe ich mir dazu verdient. Nach drei Monaten bekam ich, wenn auch gemessen an meinen Kollegen, einen miesepetrigen Vertrag, ich glaube, es waren 175 Mark im Monat, und davon konnte man damals als alleinstehender Mensch bescheiden leben. Ich war der glücklichste Mensch auf der Welt.

Wie außergewöhnlich das in Berlin war, daß ein junger Mann von der Schulbank in die Berliner Oper als Korrepetitor kommt und dazu noch Jude ist, das mag folgende kleine Geschichte illustrieren: Es mußte einen geheimen Grund geben, weshalb ich diese Stelle bekommen habe. Der Grund war folgender: Paul Breisach war in jüngeren Jahren Assistent von Richard Strauss in Wien gewesen. Ich wurde also zum unehelichen Kind von Richard Strauss, das untergebracht werden mußte. Es mußte irgendeinen außerordentlichen Grund haben. Den, den es gab, konnte es nicht geben.

Hat man Ihnen dann das Gerücht über fünf Ecken zugetragen?

Ja, natürlich, selbstverständlich. Ich habe es lachend meiner Mutter erzählt, sie sagte, sie kann sich an nichts erinnern. Diese Stelle war übrigens nicht mein einziges Eisen im Feuer, ich war auch zur Bühnenvermittlung gegangen. Ich weiß nicht, wer da ein gutes Wort für mich einlegte, jedenfalls bekam ich einen Vertrag als Korrepetitor nach Halberstadt für 75 Mark im Monat. Den hatte ich aber glücklicherweise nicht unterschrieben, sonst wäre ich als Korrepetitor nach Halberstadt gegangen und säße vielleicht noch heute in Wittenberg – ach nein, heute läge ich wohl in Auschwitz.

Wie sah Ihr Arbeitstag aus?

Wir hatten in der Städtischen Oper in Berlin der Abonnements wegen alle drei Wochen eine Premiere herauszubringen. Alle drei Wochen eine Premiere oder eine Reprise aus einer sehr lange zurückliegenden Saison! Bei Klemperer – durch die Liaison mit der Volksbühne gesichert – hatte man zwei oder drei Monate Zeit für die Vorbereitung einer Oper. Das war für damals unglaublich. Im Kulturbund hatten wir später auch fast drei Monate. Aber im normalen deutschen Opernbetrieb eine Oper wie die »Götterdämmerung« herauszubringen, bedeutete zwei Hauptproben, Generalprobe und für jeden Akt eine Orchesterprobe. Das sind sechs Proben und noch zwei Proben für das Orchester allein, wenn es das seit Jahrzehnten nicht mehr gespielt hatte. Schluß, das sind acht Proben. Das braucht heute der Regisseur für zwei Akte.

Berlin hatte drei Opernhäuser, die Staatsoper, die Städtische Oper und die Kroll-Oper, zu welchem Haus gingen Sie am liebsten?

Ich habe herrliche Vorstellungen in unserem Haus gesehen, einen unvergeßlichen »Macbeth«, einen »Maskenball« mit Fritz Busch, mit Gustaf Gründgens eine Offenbach-Operette – »Banditen« –, die mir noch heute im Ohr und im Auge ist. Es war unglaublich. Es war alles aus dem Moment geboren, es war phantastisch.

Gründgens wanderte sozusagen als Gastregisseur von Haus zu Haus, solange er noch nicht sein eigenes hatte?

Ja, das kam dann erst zur Nazizeit. Klemperer hat ihn sehr geschätzt, er hat dann mit ihm noch »Così fan tutte« und den »Rosenkavalier« gemacht, und zwar an der Staatsoper. Für mich war die eindeutige Präferenz: Kroll-Oper, durch die überragende Persönlichkeit von Otto Klemperer. Um das zu illustrieren, erzähle ich gern ein Beispiel: Später, beim Jüdischen Kulturbund, war ein sehr guter, gediegener österreichischer Kapellmeister, Joseph Rosenstock hieß er, wir waren alle seine Assistenten, und ich erinnere mich an eine Einstudierung der »Verkauften Braut«. Regie führte der Neffe von Kurt Singer, ein gewisser Kurt Baumann. Die beiden hatten einen Disput auf offener Szene und im Verlauf dieses Disputes sagte der Baumann: »Da steht eben Meinung gegen Meinung.« Da sagte Rosenstock: »Aber ich dirigiere.« So war das eben damals. Klemperer hat die tollsten Leute geholt, Gustaf Gründgens, er hat mit Jürgen Fehling gearbeitet, mit Caspar Neher als Bühnenbildner, aber geprägt hat das Haus der Klemperer mit all seinen Fragwürdigkeiten, aber es war der Klemperer.

An welche Aufführung erinnern Sie sich noch?

Ach, da habe ich so viel Schönes gesehen. Das Schönste war vielleicht der »Figaro« mit Gustaf Gründgens, das war umwerfend. Dann erinnere ich mich an »Hoffmanns Erzählungen«, das hat nicht er dirigiert, sondern Alexander Zemlinski, ich weiß nicht, wer Regie geführt hat, aber die Bühnenbilder waren von Moholy-Nagy aus dem Bauhaus. Dann erinnere ich mich an eine sehr schöne »Butterfly« dort, an einen sehr interessanten »Fidelio« und an »Mathis der Maler«.

Welches der drei Opernhäuser war denn Ihrer Meinung nach künstlerisch, musikalisch höher qualifiziert?

Die Staatsoper war eben das Haus mit der längsten Tradition, den besten Gagen, die gezahlt werden konnten; damals war die Staatsoper noch eine Klasse, eine gute Klasse über der Philharmonie. Das Staatsopernorchester Berlin war das beste Orchester, vielleicht im ganzen deutschen Raum. Da war so ein Mann wie Leo Blech Erster Dirigent. Ich habe neulich zufällig den Briefwechsel zwischen Gustav Mahler und Richard Strauss durchgeblättert, da schreibt Strauss über die Aufführung seiner »Feuersnot« in Berlin, die Erstaufführung sei sehr schön gewesen, sehr schön auch die zweite Aufführung, die Leo Blech dirigierte, obwohl er sie nicht einstudiert hatte. Man stelle sich das vor, da setzte sich ein Leo Blech hin und dirigierte eine neue Oper von Strauss, die er gar nicht zu betreuen hatte. Das war das Kaliber der Leute früher.

Die weitaus reichste war die Lindenoper. Sie konnte also die weitaus glänzendere sein. Aber zu Eberts Zeiten gab es eben in der Städtischen Oper eine Reihe Vorstellungen, von denen die Lindenoper nur träumen konnte, denn die Städtische Oper war die Erbin der Kroll-Oper, was Regietheater betrifft. Die Lindenoper war in dieser Hinsicht altmodischer. Da lieferte ein Oberspielleiter anständig und ordentlich seine Vorstellungen ab mit wunderbaren Dekorationen, mit den besten Leuten, die es gab. Aber es war eben ein Musiktheater in dem Sinne, daß die Musik die absolute Präferenz hatte, eine Vorstellung wurde aus dem Geist der Musik heraus geboren. Das Wunderbare an Ebert war, daß er – präpariert von Goldschmidt – eben viel Respekt vor der Musik hatte, das Stück aber doch als Theater inszenierte. Das hat es auch in der Kroll-Oper gegeben, ich erwähne noch mal den unvergleichlichen »Figaro« mit Klemperer und Gründgens, das war eine Revolution in ganz Berlin, weil man diese Sorte Regieoper, Regietheater in der Oper noch gar nicht kannte. Aber auch da stand eben ein Klemperer, der im entscheidenden Moment sagen konnte, so nicht, das geht nicht. Während heute häufig die Dirigenten die Korrepetitoren für die Regisseure sind. Die Kroll-Oper war mehr Regie-Oper, nicht viel weniger als heute bei Harry Kupfer, aber mehr als in der Staatsoper. Die Staatsoper war von der Regie her meist etwas konventionell. Damals stand die Regie nicht so im Vordergrund, wenn es musikalisch in Ordnung war, wenn das Bühnenbild stimmte und die Sänger gut singen konnten, war eigentlich die Vorstellung schon gelaufen. Ich würde mir wünschen, heute wäre es auch so. Das Wort Konzeption habe ich erst in der Sowjetunion kennengelernt.

Wie würden Sie denn das Miteinander der Opern in Berlin beurteilen, übereinander, gegeneinander, untereinander, je nachdem, wie man es klassifizieren will? Gab es damals die Unart, die ich jetzt in den letzten Jahren häufig beobachtet habe, daß eine Gruppe, die der einen Oper zugeneigt ist, in die andere Oper geht und dort nach Ende der Vorstellung gnadenlos buht, also quasi ein Buh-Krieg zwischen zwei Opernhäusern?

Es herrschte schärfste Konkurrenz in der Sache, war aber zuvorkommend in der Form. Buhen war damals überhaupt nicht so sehr häufig. Heute habe ich fast den Eindruck, wenn nicht richtig gebuht wird, dann gibt es gar keinen Erfolg. Das gab es damals nicht. Buh-Rufe waren etwas doch sehr Unangenehmes. Ich erinnere mich nur an einmal, es war eine »Troubadour«-Neueinstudierung, und es wurde dafür ein Tenor aus Hamburg geholt, der wurde regelrecht ausgebuht.

Wie waren denn die Mißfallensäußerungen damals? Weil Sie sagen, buhen gab es nicht, aber wenn es den Leuten nicht gefallen hat, was haben sie dann gemacht?

Lautstark hat man nur seinem Gefallen Ausdruck gegeben. Seinem Mißfallen gab man dadurch Ausdruck, daß man wegging und seinen Bekannten empfohlen hat, diese Vorstellung nicht zu besuchen. Ich glaube, ganz früher hat man in deutschen Landen auch nicht gebuht, es wurde in Italien furchtbar gebuht, Italien war dafür bekannt und berüchtigt, aber in Deutschland gehörte es sich einfach nicht, es war nicht üblich. Es gab nur ab und zu Skandale bei neuer Musik.

Aber die Uraufführung der »Bürgschaft« wurde zum Beispiel sehr akklamiert, weil auch die Aufführung sehr eindrucksvoll war. Es war durchaus zu bemerken, daß einige Leute rausgingen, aber die gingen eben stumm raus. Da denke ich an die berühmte Geschichte von dem Mann, der vorzeitig aus dem »Tristan« rausging und dann zur Garderobiere sagte, geben sie mir meinen Mantel, ich kann hier nicht lachen.

Aber die Kritik dieser Tage war nun alles andere als zurückhaltend, wenn man an Kerr denkt und andere, nicht nur bei der Oper, auch beim Schauspiel, die war sehr auf den Punkt gebracht, teilweise sogar ungeheuer sarkastisch und teilweise auch ungeheuer verletzend direkt. Oder täusche ich mich da?

Nein, aber auch das Gegenteil fand statt, ich lese heute nie Formulierungen, wie sie Kerr etwa gegenüber Elisabeth Bergner geschrieben hat: »herrlich, wunderbar, was für eine Schauspielerin«. Die heutige Kritik kommt mir immer ein bißchen so vor wie der Lehrer in der Schule: Ich kann gerade noch eine Zwei geben. Daß ein Kritiker die Kritik mit seinem Herzblut schreibt wie der Kerr – ich fand es manieriert, ich habe es gar nicht gemocht – aber es war mit unglaublichem Wissen und mit unglaublichem Temperament und unglaublicher Teilnahme geschrieben. Ähnlich war, wenn auch etwas trockener, der Musikkritiker Alfred Einstein, der auch unglaublich kompetent geschrieben hat, auch mal geschrieben hat: »Was für ein wunderbarer Abend.« So was lese ich heute gar nicht mehr. Insgesamt war die Kritik damals so, daß man das Gefühl hatte, Zuschauer und Zuhörer waren in der Vorstellung und nicht Lehrer, die Zensuren geben. Bei Kerr flogen manchmal die Fetzen und von Hanslick in Wien wollen wir schweigen. Ich könnte mir vorstellen, daß heute Kritiker sich diese Seite als Vorbild nehmen, das heißt, das Recht und die Fähigkeit und vielleicht auch die Pflicht, zu sagen, das war scheußlich, wobei gewöhnlich Hanslick auch dazu gesagt hat, weshalb er es scheußlich fand. Heute lese ich meist nur allgemeine Formulierungen: »Er schöpfte den lyrischen Gehalt dieses Werkes nicht aus.« Schluß und aus, das besagt gar nichts. Wenn wir schon über Kritiker sprechen: Das konnte Kerr wunderbar, zu unterscheiden zwischen dem, was ein Regisseur gewollt und wie er das Gewollte durchgesetzt hat. Wenn ein Kritiker – ich erinnere mich, wie ich das erste Mal hier die Zweite von Beethoven spielte –, schreibt, ich wurde diesem köstlichen Werk nicht gerecht, kann ich nur sagen, ich habe es gar nicht »köstlich« machen wollen. Ich halte es für kein köstliches Werk. Der Kritiker hätte sagen können, das ist ein köstliches Werk, offensichtlich hat Sanderling etwas anderes gewollt, und das war falsch.

Aber dann hätte er begründen müssen, weshalb es ein köstliches Werk ist und das konnte er vielleicht nicht?

Ja, und er muß unterscheiden können zwischen dem, was ich gewollt habe und wie ich das Gewollte gezeigt habe und ob das Gewollte seinem Empfinden nach gut oder schlecht, oder angemessen ist. Ich lese selten Kritiken, bei denen ich das Gefühl habe, das ist eine sachliche Kritik, oder mehr noch, eine persönliche Kritik. Zum Teufel noch mal, es soll mal einer schreiben, wie wunderbar war es gestern abend und nicht alles einfach zerpflücken oder umgekehrt: »Leider ließ der Abend in mir eine öde Wüste zurück.« Das tut mir furchtbar leid, wenn ich der Urheber dieser Wüste war, aber das akzeptiere ich. Dieses Halbwissen, das war ein bißchen nicht so und so, das scheint mir verdächtig zu sein.

War der Magistrat bei Premieren in der Oper vertreten?

Oft. Ich erinnere mich allerdings nicht, den Oberbürgermeister höchstselbst gesehen zu haben, aber wie weit er zu Max Reinhardt ins Theater ging, weiß ich nicht. Danach hat man auch damals nicht so sehr gefragt.

Der Magistrat war dazu da, Geld zu geben, und die Autonomie des Intendanten war viel größer als heute. Natürlich hatte er auch Rücksicht zu nehmen. Wenn von drei Kapellmeistern der nichtjüdische entlassen werden mußte, weil er nicht genügte, war klar, es mußte wieder ein nichtjüdischer Kapellmeister auf diese Stelle. Drei jüdische Kapellmeister, das ging nicht. Diese Rücksicht hatte er zu nehmen, auch wenn ihm Bruno Walter angeboten worden wäre. Dann hätte er vielleicht Bruno Walter genommen und einen der anderen jüdischen Dirigenten entlassen müssen. Insofern war niemand frei in seinen Entscheidungen, aber ich glaube nicht, daß ihm sehr reingeredet wurde.

Können Sie sich an kulturpolitische Debatten in der Öffentlichkeit damals erinnern?

Kulturpolitische Debatten hat es zum Beispiel im Fall der Schließung der Kroll-Oper gegeben, sie war den politisch Verantwortlichen ein Dorn im Auge, und die wurde eben dann geschlossen als Sparmaßnahme. Im Grunde genommen war es ein rein politischer Akt. Otto Braun war damals Ministerpräsident. Ein hochgebildeter und sehr anständiger Kulturpolitiker war Leo Kestenberg. Das war jemand, mit dem man ruhig diskutieren konnte, aber in einer solchen Frage konnte auch er als Jude gewisse Dinge nicht machen. Aber er hat doch sehr vieles getan, er hat die Kroll-Oper überhaupt erst mal ins Leben gerufen. Das war eine wunderbare Konstruktion, zusammen mit der Volksbühne.

Verhältnis zu verschiedenen Dirigenten: Blech, Klemperer, Kleiber, Furtwängler

Wie standen Sie zu Leo Blech, haben Sie Blech in vielen Opern gehört? Was hat Sie an ihm am meisten beeindruckt?

Im guten Sinne des Wortes: die Routine. Wie er alles beherrscht hat. Ich wußte, daß er bei jeder Vorstellung eine bis anderthalb Stunden vor Beginn in seinem Zimmer in der Oper saß. Er hatte die Partituren bei sich, studierte, gab letzte Anweisungen, auch wenn es zum achtundzwanzigsten mal in dieser Saison die »Carmen« war, die er über fünfhundertmal in seinem Leben dirigiert hat. Blech war kein herausragender Dirigent, aber er konnte eine Vorstellung tragen und organisieren, er war ein hochgebildeter Musiker, alle Traditionen kennend und könnend, also für die Oper ein fast unersetzlicher Mann.

Hatten Sie persönlichen Kontakt zu ihm?

Zu ihm nicht, aber zu seiner Tochter Liesel. Sie hat die »Susanne« im »Figaro« gespielt, als ich Korrepetitor an der Städtischen Oper war. Ich gab ihr Korrepetitionsunterricht bei ihr zu Hause. Blech saß während der Stunden immer hinter der Tür und hörte zu, ob ich auch die Tempi richtig nahm. Mißfallen hat es ihm offensichtlich nicht, denn sonst hätte ich nicht wiederkommen dürfen. Selbst gesehen habe ich ihn dort aber nicht.

Leo Blech war dann später unter den Nazis wohl gelitten?

Ich glaube, er war es, über den Göring sagte: »Wer Jude ist, bestimme ich.« Er war schon seit 1901 oder 1902 Kapellmeister in Berlin gewesen. Er wurde sozusagen als Ehrenkapellmeister geduldet, ich will nicht mal sagen, gehalten. Soweit ich orientiert bin, soll Goebbels verzweifelte Versuche gemacht haben, ihn zu kippen. Aber Göring unterstand die Staatsoper. So wurde er bis ungefähr 1937/1938 gehalten, dann mußte er doch seinen Hut nehmen und ging nach Stockholm, von dort nach Riga, wo ihn der Krieg überraschte. Als die Deutschen Riga eroberten, ermöglichten sie ihm die Ausreise nach Stockholm.

Hatten Sie zu Erich Kleiber Kontakt? Was hat Sie an ihm am meisten beeindruckt?

Den kannte ich nicht persönlich. Ich habe ihn erst in Moskau kennengelernt, als er zu Gastspielen dort war. Aber ich habe einiges von ihm von Berlin gehört. Es fällt mir furchtbar schwer, Ihnen zu sagen, was mich an ihm beeindruckt hat. Das dirigentische Leben des damaligen Berlin spielte sich auf so einem hohen Niveau ab; er hat mich niemals so persönlich beeindruckt, wie es Klemperer und Furtwängler taten, die ja auch ganz herausragende Persönlichkeiten waren. Kleiber war ein wunderbarer österreichischer Musiker, dem die Musikgeschichte viel zu verdanken hat, so hat er z.B. gegen unglaubliche Widerstände die Uraufführung des »Wozzeck« von Alban Berg durchgesetzt, an dem damals wohl sieben Monate probiert wurde.

Haben Sie Klemperer und Furtwängler nur am Pult erlebt, oder hatten Sie auch persönlichen Kontakt?

Furtwängler habe ich niemals persönlich kennengelernt, Klemperer bin ich einige Male ganz flüchtig begegnet. Man hätte sich gar nicht getraut, in Gegenwart von Furtwängler oder auch Klemperer den Mund aufzumachen. Man schwieg.

Waren Klemperer und Furtwängler Ihre großen Vorbilder und haben sie Sie geprägt? Wie muß man sich das vorstellen?

In der Musik lernt man doch wesentlich durch Vorbilder. Welche Vorbilder man hat, das prägt einen Menschen, wobei Klemperer und Furtwängler Antipoden waren. Damals hätte ich Klemperer vielleicht unbedenklich an die erste Stelle gestellt, heute weiß ich, daß man so nicht gegeneinander werten kann.

Wovon haben Sie denn am meisten profitiert, von der Werkauffassung, vom Dirigierstil, von der Art, das Orchester zu führen, was hat Sie an diesen Persönlichkeiten fasziniert?

Werk und Interpret, das Verhältnis Werk und Interpret, wobei uns Furtwängler als der Romantische erschien und auf der anderen Seite als der Philosoph unter den Dirigenten. Bei ihm hatte man das Gefühl, er hat das

Stück vorgedacht auf dem Podium. Klemperer war der unbedingte Realisator des bereits Gedachten, aber das sind alles Formulierungen, die besagen im Grunde genommen nichts. Ich erinnere mich an eine »Eroica« unter Klemperer in der Kroll-Oper, die werde ich mein Leben lang nicht vergessen. Ich weiß nicht, ob sie mich heute so beeindrucken würde, nachdem ich sie selbst kenne und viel gehört und dirigiert habe. Damals war es ein umwerfender Eindruck, so mit diesem Werk umzugehen, so bedingungslos und nicht anders.

Generalintendant Heinz Tietjen, das war wie der Mehltau, der sich über die Opernlandschaft gelegt hat, oder wie kann man das beschreiben?

Ich mag das nicht beurteilen.

Sie waren damals ein aktives Mitglied der Musikszene. Sie müssen doch eine Meinung gehabt haben?

Ich war so eingebaut und eingebuddelt in meine Arbeit in der Städtischen Oper, daß ich die Generalintendanten-Tätigkeit nur am Rande mitbekommen habe.

Wie haben Sie denn zu dieser Zeit Ihre Umwelt, die politische Umwelt wahrgenommen?

Dumm.

1933, der große Bruch. Wie Sanderling den 30. Januar erlebte, der Arbeitsalltag an der Städtischen Oper, Reaktionen des Publikums und der Kollegen

Als ich versuchte, darüber nachzudenken, ist mir als erstes eingefallen, daß sich gewöhnlich historische Daten für ein Individuum und vielleicht auch für die gesamte Gesellschaft nicht mit einem Donnerschlag ankündigen, sondern meist stellt man erst nachher fest, daß es ein historisches Datum war. So ist es mir mit dem 30. Januar 1933 ergangen. Wenn ich jetzt in meiner Erinnerung zurückgrabe, so habe ich mehr in Erinnerung, wie ich das Westend-Krankenhaus in Charlottenburg nach einer Operation verlassen habe und nach Hause fuhr, als wie ich die Ereignisse des 30. Januar erfahren und auf sie reagiert habe. Ich glaube aber, daß meine Reaktion für einen großen Teil der Bevölkerung und insbesondere auch der jüdischen Bevölkerung nicht untypisch war. Daß da etwas im Busche war, merkte man ja schon wochenlang, um nicht zu sagen monatelang. Die Situation in der damaligen Republik Deutschland war so gespannt und so unsicher, daß es mir jetzt fast wie eine Idylle vorkommt, was wir im Moment hier erleben. Die erste Reaktion, die ich hatte, als ich es erfuhr, ich glaube durch einen Telefonanruf, war: »Also hat er es doch geschafft.« Denn es ging darum, wird er zur Regierungsverantwortung eingeladen oder nicht.

Ich muß kurz historisch repetieren, denn dies ist vor 60 Jahren geschehen, und nicht allen ist gegenwärtig, wie damals die Situation war. In den letzten Jahren waren die Nazis wie ein Komet von Wahl zu Wahl hochgestiegen. Merkwürdigerweise oder, besser gesagt, nicht merkwürdigerweise war die letzte Wahl im November 1932 eine Enttäuschung für die Nazis. Die Anzahl der Wählerstimmen war energisch zurückgegangen, und es waren wohl alle damals, das kann man nachträglich sagen, in einer politischen Zwangslage, die Nazis wollten um jeden Preis und um jeden Kompromiß an die Macht kommen, obwohl sie vermutlich den Zenit ihres Ruhms und Rufes überschritten hatten. Die rechten reaktionären Kreise, ich wage es so zu formulieren, ich nenne die Namen Hugenberg, ja auch Hindenburg natürlich, die sahen in den Nazis den vielleicht letzten Retter vor dem Bolschewismus, wobei zu erinnern ist, daß die Kommunistische Partei von Wahl zu Wahl mehr Stimmen einsammelte und in der letzten Wahl eine bedrohlich hohe Stimmenanzahl hatte. Für diese beiden Gruppierungen bestand also fast eine historische Notwendigkeit aufeinander zuzugehen, die einen wollten versuchen, mit den anderen auszukommen. Der Generalfeldmarschall mag sich gedacht haben, na, diesen Feldwebel werde ich schon bändigen. Und die andere Seite stand da mit dem Gefühl, wenn wir es jetzt nicht schaffen, wenn wir jetzt nicht die Macht an uns reißen und das Beste daraus machen, dann kommt diese Chance nie oder nicht so bald wieder.

Dieses Spielchen wurde nun schon wochenlang getrieben, es fielen immer neue Namen für einen Reichskanzler. Es war eine ganz kurze Zeit ein – wenn man so sagen darf – fortschrittlicher General, Schleicher hieß er, der für die Ultrarechten schon dadurch verdächtig war, daß er Beziehungen zur und vielleicht auch Sympathien für die Gewerkschaft hatte. Aber Sie können sich vorstellen, was sich abgespielt haben muß im damaligen Deutschland, wenn ein General eine solche Allianz eingehen will. Dieses Spielchen ging hin und her, auch wenn Sie sich erinnern an den Namen von Papen, der genauso unrühmlich endete, wie er gewirkt hat. Sie trieben ein Spielchen um den intellektuell nicht besonders hoch entwickelten, sondern auch schon vergreisten Reichspräsidenten Hindenburg, um ihn zu veranlassen, diesen neuen Mann, Hitler, der so großartige Reden schwingt und so viele Leute hinter sich weiß, an die Macht zu bringen. Und das erste Gefühl, an das ich mich so erinnern könnte, ich weiß nicht, ob sofort bei der Nachricht oder beim Nachdenken über diese Nachricht, war: Also hat er es doch geschafft, um Gotteswillen, was wird das bringen. Aber niemand, glaube ich, kaum jemand konnte auf den Gedanken kommen, sich auch noch vorzustellen, was dann wirklich geschah.

Wissen Sie noch, wo Sie waren, was Sie taten, als Sie die Nachricht hörten?

Das kann nur zu Hause gewesen sein, es kann eigentlich nur durch einen Telefonanruf gekommen sein, daß ich davon erfahren habe, denn damals gab es kein Fernsehen, es gab also keine »Tagesschau«, und ich erinnere mich nicht an die Tageszeit, zu der das verkündet wurde. Erst am nächsten Tag sahen wir Fotos und Berichte von einer jubilierenden SA-Menge, die am Reichskanzlerpalais vorbeizog, und sahen Bilder vom die Hand zu seinem Gruße erhebenden Hitler, der die Parade seiner Gefolgsleute abnahm. Der Kaiserdamm in Charlottenburg war nicht das richtige Pflaster für grölende SA-Horden, so daß sich äußerlich eigentlich an dem

Tage dort, wo ich wohnte und wo ich war, gar nichts verändert hatte. Wir wohnten damals am Kaiserdamm 108, direkt am Lietzensee, im vierten Stock. Das Haus steht noch.

Wir wohnten in Untermiete, meine Mutter und ich in zwei Zimmern, bei Frau Buchsbaum. Meine Mutter hat sie übrigens nach dem Krieg noch besucht. Irgendwie haben sie es durchgestanden, obwohl es auch eine halbjüdische Familie war. Aber so schrecklich, wie es nachher kam, haben wir das nicht empfunden, und ich sage mit Bedacht wir, denn ich glaube, die Gefühle der Mehrheit der bürgerlichen Bevölkerung wiederzugeben. Die einen, die schon heimlich oder nicht heimlich Nazis waren, haben natürlich gejubelt; aber das war im Straßenbild im Westen von Berlin keineswegs eine Mehrheit.

Wer hat Hitler denn gewählt? Kann man ein allgemeingültiges Psychogramm des Wählers der Nazis zeichnen?

Sicher könnte man das, ich kann es nicht. Nach meiner Vorstellung sind es im wesentlichen Leute gewesen, die am Rande oder schon jenseits des Existenzminimums waren und sich sagten, die jetzt am Ruder sind, schaffen es nicht, also wollen wir mal sehen, ob die Nazis das besser können. Er hat das Blaue vom Himmel runter versprochen und an jedem Ort etwas anderes, in München etwas anderes als in Hamburg, in Hamburg etwas anderes als in Berlin. Er hat im Grunde genommen alles versprochen, und es gab nur ein rotes Band, mit dem er immer alles zusammengeschnürt hat, das war der Antisemitismus. Und damit traf er, wie ich Ihnen vielleicht doch erzählen muß, nicht auf taube Ohren. Als ich daran dachte, daß ich Ihnen heute referieren muß über mein Empfinden des 30. Januar, habe ich eine für mich bestürzende Entdeckung gemacht: Ich habe mich mein Leben lang als Deutscher gefühlt, als deutscher Jude, aber Jude eigentlich leider weniger, mehr als Deutscher. Erst jetzt wird mir richtig klar, wie ich durch mein Judesein eigentlich geprägt wurde, nämlich von frühester Kindheit an immer Außenseiter zu sein, immer die Akzeptanz erzwingen müssend und nicht immer könnend.

Haben Sie plötzlich gemerkt, da ändert sich etwas unterschwellig oder sogar ganz lautstark? Oder hat das schon Jahre im Untergrund gekocht? Wie haben Sie das wahrgenommen?

Ich sagte Ihnen schon: »dumm«. Damit war ich aber nicht allein. Ich war so ein typischer bürgerlicher, nicht allzu ausgesprochener Linksintellektueller. Die »Weltbühne« war meine Lektüre, wobei, wenn ich jetzt zurückdenke, ich auch in der »Weltbühne« mehr von Tucholsky und seinen Pseudonymen gelesen habe. So wirtschaftspolitische Dinge, die da von einem gewissen Kurt Hiller abgehandelt wurden, habe ich eigentlich nicht gelesen, sie lagen mir fern. Sehen Sie, ich stamme aus einer Zeit, wo es noch sehr ausgeprägt war zu sagen: Laßt uns unsere Kunst machen, und die Politiker sollen Politik machen. Es ist in meinem Leben das Verdienst der Sowjetunion, daß mir vielleicht die Augen geöffnet wurden, welches die wirklichen Kräfte sind, die unser Leben bestimmen, und daß es nicht Richard Strauss und Gustav Mahler sind, die sind Ausdruck gewisser Dinge, aber die wirklichen Kräfte, das sind andere. Das wurde einem sehr gründlich in der Sowjetunion gelehrt, das mußte ich lernen. Das gehört zu den Dingen, an die ich mit Dankbarkeit zurückdenke.

Aber in der Berliner Zeit, wenn ich es irgendwie charakterisieren soll, war ich meinem politischen Verständnis nach linke Boheme mit Furcht vor den Kommunisten. Was sie wollten, habe ich verstanden, aber wie das politisch durchzusetzen sei und was zu geschehen hatte, war mir unklar. Das, was man den Kommunisten heute oder in jüngster Vergangenheit unterstellt, ist harmlos gegenüber dem, was man damals über Kommunisten dachte. Kommunist sein war etwas verwerfliches; das sind die, die uns alles wegnehmen wollen. Über die Sowjetunion sagte man, da sind die Frauen sozialisiert, das verstand man damals unter Kommunismus. Ich kann von mir sagen, daß ich diesen Grad der Verurteilung nicht geteilt habe, aber die Reserviertheit dem gegenüber, die war da. Und zwar aus Angst, mein Brot zu verlieren, aus Angst, meinen Lebensinhalt riskieren zu müssen. Ich habe es immer abgelehnt, in linken Schülerorganisationen mitzuarbeiten, obwohl ich mehrfach dazu aufgefordert wurde, nicht so sehr aus Überzeugung, wie aus Angst, mein Lebensprogramm nicht realisieren zu können.

Aber unpolitisch waren Sie nicht?

Nein, nicht in dem Sinne, daß ich sagte, es geht mich nichts an. Das konnte man als Jude auch nicht sein, man konnte falsch liegen, man konnte ungeschickt sein, man konnte feige sein, aber unpolitisch konnte man als Jude nicht sein. Ihnen wurde ständig ihre Abhängigkeit von der

Gesellschaft vor Augen geführt, was einem Straßenbahnschaffner mit Pensionsberechtigung niemals vor Augen geführt wurde. Er hat sein Leben lang gearbeitet, nun bekommt er seine verdiente Pension, und die da oben sollen sehen, was sie machen. Schlimm wurde es, als alles teurer wurde. Geradezu katastrophal wurde es, als Millionen von Arbeitslosen auf der Straße waren. Das war nicht wie heute. Es gab keine Arbeitslosenversicherung. Das war damals ganz anders, die Lage war viel explosiver.

Kannten Sie Rosa Luxemburg?

Dem Namen nach. Ich hatte einen Freund, der vor ein paar Jahren gestorben ist, der war sehr links engagiert. Obwohl wir sehr eng befreundet miteinander waren, sprachen wir darüber aber nicht. Vielleicht habe ich auch nicht bis zu Ende gefragt. Jetzt erst, bei einem unserer letzten Treffen erzählte er mir, daß er zu einer Gruppe gehört hatte, die in letzter Minute eine Annäherung zwischen Sozialdemokraten und Kommunisten erzielen wollte, um die braune Gefahr fern zu halten. Die haben ihr Leben dafür eingesetzt. Was ich damals nicht wußte: Er hatte in meinem Namen Bücherpakete verschickt. Durch ihn war mir der Name Rosa Luxemburg ein Begriff.

Worum drehten sich die Gespräche zu dieser Zeit in den Kreisen, in denen Sie sich bewegten?

Vor dem 30. Januar drehten sie sich um Musik, um Kunst, um Fragen des Kunstbetriebes, wer welche Stelle hat, das waren sehr wichtige Themen. Politischen Themen ging man aus dem Weg. Von der Wichtigkeit der Politik haben wir nichts verstanden, nichts gewußt, und vielleicht wollten wir es auch gar nicht wissen.

Aber Ossietzky und Tucholsky haben Sie gelesen?

Doch, aber selbstverständlich. »Dolle Schweinerei, was man mit dem gemacht hat. Leider Gottes typisch für diesen Staat«, so hat man damals gedacht. Damit hatte es sich aber, aktiv dagegen zu sein, den Schritt haben wir nicht vollzogen.

Kann das als repräsentativ gelten für Musiker, gar für die Intelligenz generell zu dieser Zeit? Auch für die jüdische Intelligenz?

Die musikalische Intelligenz, auch die jüdische, war noch nicht soweit. Ich weiß nicht, wo diese schöne Formulierung erfunden worden ist: Was ist gut für die Juden? Das war die Fragestellung. Als Hitler kam, war allen klar, das ist nicht gut für die Juden, aber niemand hat auch nur im Entferntesten geahnt, wie es dann geworden ist. Die einen hat es früher und die anderen hat es später getroffen, und die einen hat es sehr schwer getroffen, die anderen hat es kaum getroffen, ich dürfte mich überhaupt nicht beklagen. Ich dürfte jetzt nicht vor Ihnen sitzen und darüber reden, denn da gibt es zu viele andere, die haben teuer bezahlt. Ich habe nichts bezahlt. Ich habe im Grunde genommen ...

Ja, aber Sie haben Ihre Heimat aufgegeben.

Ich habe meine Heimat aufgeben müssen, ja. Aber damals habe ich das nicht so empfunden. Damals habe ich es als Glück empfunden, dem entronnen zu sein.

Wie änderte sich vom 30. Januar an das Klima in der Oper?

Es war natürlich bedrückend, zunächst mal bis zum 15. März, als die ganze Leitung abgesetzt wurde, inklusive Berthold Goldschmidt. Mein Chef Paul Breisach sagte später, wir sind die »Iden des März«. Ich war der einzige, der durchrutschte, ich war nicht so hoch in der Hierarchie angesiedelt, daß ich zur Leitung gehörte. Aber Carl Ebert, die jüdischen Dirigenten, ein Dramaturg, Berthold Goldschmidt, also alle Juden und die politisch sehr Belasteten, wie Ebert, wurden am 15. März abgesetzt. Man hatte vorher andere Sorgen. Wir alle haben doch geglaubt, daß alles kann ja nicht länger als höchstens sechs Wochen dauern. Dann haben wir es auf drei Monate erweitert, dann haben wir es auf sechs Monate erweitert, wer ahnte denn ...

Es gab doch sicher auch unter den Bediensteten der Städtischen Oper – ob künstlerisch oder nicht künstlerisch – bekennende Nazis. Ist Ihnen das aufgefallen, daß die am 30. Januar mit einem anderen Gesicht in das Haus gekommen sind?

Ja, zum Teil in SA-Uniform, wobei ich sagen muß, die bekennenden Nazis waren nicht die Schlimmsten, denn das waren Leute, die vorher aus ihrer Haltung keinen Hehl gemacht haben. Am schlimmsten waren die, die plötzlich vom Paulus zum Saulus wurden. Sehr anständig hat sich eine Frau benommen, von der ich angenommen hatte, die wird jetzt die Chefnazistin, sie war die Schwester von Baldur von Schirach, Rosalind von Schirach, sie war Sängerin an der Oper, mit der ich sehr viel zu tun hatte. Nicht mit einem Wort hat sich etwas geändert an ihrer Verhaltensweise, an ihrer Höflichkeit mir gegenüber, während ihre Kollegin, eine gewisse Konstanze Nettesheim, es ablehnte, weiter mit mir zu arbeiten. Sie wurde übrigens daraufhin zum neuen Intendanten gerufen, einem Gentleman, Max von Schillings, Komponist der »Mona Lisa«. Der hat ihr dann gesagt: »Sie arbeiten mit jedem Korrepetitor, der bei uns angestellt ist.« Es gab auch einen Chordirektor, einen gewissen Lüdecke, der – wenn er nicht gar Mitglied war – große Sympathien für die Partei hatte. Etwa zwei oder drei Wochen nach der Machtübernahme begann er demonstrativ, mich zu sich nach Hause einzuladen. Also das hat es auch gegeben, während viele Neunazis es nun richtig zeigen mußten. Und dann gab es natürlich die üblichen Schlagworte für Juden. Das hat man schon gar nicht mehr gehört. Das war für mich nichts Neues, aber ich war doch erstaunt von dem Ausmaß, wobei ich mich auch Illusionen hingegeben habe.

Im April 1933 trat das »Gesetz zur Wiederherstellung des Berufsbeamtentums« in Kraft, was bedeutete das für Sie?

Was dieses Gesetz betraf, so passierte hier wieder eine unerwartete Anständigkeit: Nach dem Gesetz mußte, wer staatlicher Angestellter war, bis Ende seines Vertrages 75% seines Gehaltes bekommen. Der damalige Verwaltungsdirektor hat uns Juden, es waren noch zwei oder drei Sänger dabei, schnell noch Verträge ausgefertigt, obwohl die schon vorher gestoppt waren, damit wir die 75% bekommen konnten.

Was haben Sie um die Jahreswende 1932/33 und dann im Januar 1933 genau gearbeitet in der Oper, was waren Ihre Aufgaben?

Ich war Korrepetitor und Assistent des Dirigenten Paul Breisach, dazu gehörte auch die Organisation der Proben. Ich hatte die Sänger rechtzeitig für die Bühne vorzubereiten, ich hatte Bühnenmusik zu dirigieren –

so es welche gab, waren das meine großen Momente –, ich hatte im Orchester Klavier oder Celesta zu spielen. Es lief übrigens gerade eine Oper, bei er ich mit einem Kollegen eine große Aufgabe als Klavierspieler hatte, es war die »Bürgschaft« von Kurt Weill, und Caspar Neher war der Bühnenbildner. Das war eine Oper, die unglaublich einschlug. Sie hatte ihre Uraufführung am 10. März 1932 und dann in einer Saison, in der einzigen Saison, in der sie gespielt wurde, elf Reprisen gehabt. Das war für die damalige Zeit unerhört, denn eine neue Oper wurde in der Regel viermal gespielt, zur Premiere und dreimal für alle Anrechtsinhaber, danach war es aus. Aber bei diesem Werk gab es ein großes Interesse, es war auch ein sehr interessantes Stück, das politisch außerordentliches Mißfallen erregte, es ging um das Thema »Geld regiert die Welt«. Wer Geld hat, hat die Macht und übt sie aus, ein musikalisch übrigens nicht so sehr gutes Stück. Der Dirigent war Fritz Stiedry, der in den 60er Jahren an der Met pensioniert wurde, und mein Korrepetitor-Kollege war Hans Udo Müller. Es war natürlich unglaublich, daß man in einer Oper so ein Thema überhaupt abhandelt, und das in einem Haus, wo »La Traviata«, »Rigoletto« und »Troubadour« das tragende Repertoire waren. Das war schon unerhört. Das Publikum war sehr gefesselt, weil es eine unglaubliche Aufführung war, wie überhaupt jede Aufführung, die Ebert als Regisseur betreute, unglaublich war. So wurde dieses Stück zur Zielscheibe der Gegenpropaganda der Nazis und wurde dann auch abgesetzt. Der eigentlich sehr korrekte und sehr feine Intendant Max von Schillings machte daraus bei der ersten großen Betriebsversammlung – er sprach über die Zukunft des Hauses – ein Bonmot, indem er sagte, es wird alles so weitergehen, wie es war, gewisse Werke würden aber nicht mehr gespielt werden, dafür übernehme er die Bürgschaft.
Eberts musikalischer Berater war Berthold Goldschmidt, der jetzt in den letzten Jahren hier ein solches Comeback erlebt hat. Ebert hat sich als unglaublich phantasievoller Opernregisseur gezeigt ohne alle Mätzchen, ohne alle Gags. Er hat Opern als Theater inszeniert, das verstand er. Er hat einige Aufführungen gemacht, die damals in der Pressereaktion durch die ganze Welt gingen, einen »Maskenball« mit Fritz Busch, einen »Macbeth« von Verdi, der so was wie eine Verdi-Renaissance in Berlin einleitete. Ebert war der Regisseur und Goldschmidt hat ihn – hinter den Kulissen – beraten. Auf der Bühne, während der Bühnenproben hat er dann nur mit den Händen in den Hosentaschen herumgestanden und sich allgemeinen Unmut zugezogen. Ebert konnte nicht mal Noten lesen. Ihm

mußte also alles erklärt und gezeigt werden, aber die Theaterpersönlichkeit war natürlich er. Goldschmidt war der musikalische Mentor.

Wie würden Sie Ihren Status innerhalb der Struktur der Städtischen Oper beschreiben?

Ich war Korrepetitor und Assistent meines Dirigenten, dem ich anvertraut war. Ich glaube, man hatte mich ganz gerne. Damals, ich weiß nicht, wie es heute ist, damals war der Korrepetitor meist nicht nur derjenige, der mit den Sängern die Partien einstudierte, sondern der auch die Vorstellungen insgesamt betreute. Ich hatte die »Rheintöchter« im »Rheingold« auf der Bühne zu dirigieren, ich hatte die Bühnenmusik in der »Bohème« zu dirigieren. Ich hatte in den Vorstellungen dabei zu sein und für die nächste Vorstellung in Ordnung zu bringen, was heute nicht in Ordnung war. Ich glaube, man hatte damals sehr viel mehr Verantwortung. Heute studiert man bestenfalls die Sänger ein, meistens ist es gar nicht nötig, denn sie kommen einen halben Tag vor der Generalprobe studiert ins Haus. Das war damals doch anders. Ich erinnere mich, daß ich vor der ersten Premiere, die der Ebert in Berlin machte – »Die Soldaten« eines gewissen Manfred Gurlitt nach dem Stück von Lenz, eine schlechte Oper, aber wie alles bei Ebert, eine unglaubliche Vorstellung –, daß ich die letzten 72 Stunden vor der Premiere nicht aus dem Haus gekommen bin. Irgendwo in einem Zimmer, ich glaube in dem Zimmer meines Chefs, habe ich ein paar Stündchen auf der Chaiselongue geschlafen. Man hatte ein ganz anderes Verhältnis zu seinem Haus. Es war nicht ein Dienstverhältnis, sondern es war die Heimat. Ich war Mädchen für alles, inklusive Würstchen holen für den Dirigenten.

Wieviel Korrepetitoren gab es an der Städtischen Oper?

Es mögen allerhöchstens acht gewesen sein, ich habe es nicht mehr so genau in Erinnerung. Ich weiß nur, daß durch mein Engagement – es hat mir einen Stich gegeben, aber ich habe es hingenommen, so ist das Leben –, ein anderer entlassen wurde. Ich kam hin Ende August 1931, und ich bekam meinen Vertrag irgendwann im November oder Anfang Dezember. Am 31. Dezember wurde ein anderer gekündigt, das war bitter, das war hart.

Erzählte Biographie

Haben Sie auch für Carl Ebert direkt gearbeitet?

Nur, wenn er mit meinem Chef inszenierte, zum Beispiel die »Entführung aus dem Serail«. Zur »Entführung« muß ich übrigens eine Geschichte erzählen, die so seltsam ist, daß man gläubig werden könnte: Die erste Oper, für die ich als Korrepetitor ganz allein zuständig zeichnete, denn gewöhnlich wurden zwei Korrepetitoren für ein Stück eingesetzt, war die »Entführung«, das war im Frühjahr 1932, ungefähr ein gutes halbes Jahr, nachdem ich dort begonnen hatte. Das erste Stück, das ich in Moskau dirigierte, war die »Entführung« am 12. Januar 1937. Das erste Stück, das ich in meinem ersten Konzert in der Leningrader Philharmonie dirigierte, war die Ouvertüre zur »Entführung« am 12. Januar 1941. Das erste Stück, das ich nach dem Krieg in Moskau wieder dirigierte, war die Reprise der »Entführung aus dem Serail« am 12. Januar 1946. Also dieser 12. Januar und die »Entführung« geistern durch mein Leben. So dürfte es nicht verwundern, daß ich zu dem Konzert, das hier zu meinem 75. Geburtstag veranstaltet wurde, zwei Sinfonien spielte, an den Anfang aber die Ouvertüre zur »Entführung aus dem Serail« setzte.

Sie haben gesagt, das Klima hat sich nach dem 30. Januar 1933 nicht sofort geändert, aber es schlich sich doch mit der Zeit ein anderer Ton ein?

Der schlich sich ganz deutlich ein. Es gab für mich in diesen Wochen und Monaten Höhen und Tiefen. Ein sehr schöner Moment, obwohl ich von vornherein wußte, es wird nicht zum Tragen kommen, war, als mich dieser neue Intendant Max von Schillings zu sich bat und mir nichts anderes sagte als: »Ich möchte, daß Sie wissen, daß so lange ich am Haus bin, Sie hier ruhig werden arbeiten können.« Ich nehme an, Arnold Ebel, mein ehemaliger Musiklehrer am Rheingau-Gymnasium, ein guter Bekannter von Schillings, hat ihn angerufen und gesagt, hör mal, da ist der und der, achte mal ein bißchen auf den. Ich könnte sonst keinen Grund finden, warum er das mit mir machte, denn er hat es mit den jüdischen Sängern, die dort waren, und die von ihrem Können her durchaus hätten bleiben können, nicht gemacht. So habe ich dies oder jenes erlebt, sehr viele kleine Sympathiezeichen, wenn zum Beispiel plötzlich der Bühnenportier, der gewöhnlich nicht sehr freundlich war, als er mich mal kommen sah, aus seiner Loge herauskam und mir die Hand drückte. Nie hat er mir vorher die Hand gedrückt. So etwas habe ich auch erlebt und registriert.

Ist Ihre Sensibilität diesen Dingen gegenüber größer geworden oder war die schon immer groß?

Seit meiner Kindheit ist sie ständig gewachsen, denn ich war als Jude sehr benachteiligt in vielen Dingen, so hätte ich zum Beispiel niemals eine Stelle in Stettin bekommen können, nach Stettin kam kein Jude. Auch an anderen Stellen war es so, aber im persönlichen Umgang, sowohl innerhalb der Oper wie auch sonst im allgemeinen Leben, habe ich eigentlich nichts Böses erfahren. Das mag individuell verschieden gewesen sein. Andere mögen anderes erfahren haben. Parteigenosse sein oder nicht, spielte in diesen Monaten 1933 in der Oper noch nicht diese Rolle. Vielleicht hatte man als Parteigenosse schon damals gleich gewisse Privilegien. Ich glaube es nicht mal. Es traten natürlich viele in die Partei ein, weil sie sich sagten, das könnte mir nützlich sein. Ich habe einen sehr berühmten Kollegen, der vor wenigen Jahren gestorben ist, der gleich an zwei Stellen in die Partei eingetreten ist, ganz sicher nicht aus Überzeugung.

Sie meinen Karajan?

Ja. Ganz sicher nicht aus Überzeugung, weil er für das nationalsozialistische Ideal schwärmte, sondern aus reinem Opportunismus. Das hat es ziemlich oft gegeben. Ich weiß eigentlich gar nicht, was schlimmer ist, ob es nicht doch schlimmer ist, in diese Partei aus Opportunismus einzutreten statt aus Überzeugung. Das mag ich nicht entscheiden. Beides ist nicht sehr appetitlich, aber aus Opportunismus sind viele eingetreten. Es lag damals etwas in der Luft, wovon ich nicht weiß, ob man das heute nachvollziehen kann. Bei einer Bevölkerung von etwas über 60 Millionen Menschen waren sechs Millionen arbeitslos. In dieser Situation haben viele gesagt, es muß sich alles ändern, so geht es nicht weiter. Es muß sich radikal ändern, irgend etwas muß geschehen. Viele haben auch gesagt, na gut, mit dem Antisemitismus, das ist eine unappetitliche Sache, aber wenn der Mann es sonst schafft, soll es uns recht sein. Das war die Einstellung von sehr vielen Menschen, ich möchte fast sagen, der überwiegenden Anzahl der Menschen, mit denen ich es zu tun hatte. Bei den

Juden natürlich nicht, aber quer durch die christlichen Konfessionen und die Parteien. Schon damals fiel auf, daß Hitler allen alles versprochen hat, den einen Sozialismus, den anderen fette Verdienste, er hat jedem etwas versprochen, und jeder pickte sich das heraus, was er hören wollte und sagte sich, die Situation ist so schlimm und so unsicher, es wird mit jedem Tag schlimmer, soll man ihn mal ruhig lassen, obwohl das ein rüder Bursche ist. Aber die Herren da, die werden ihn schon zügeln, die Herren, mit denen er sich die Macht teilt, und vielleicht gelingt es ihm wirklich, den Karren aus dem Dreck zu ziehen. Und so haben viele mit ihm paktiert, die zwar die unappetitliche Seite bemerkten, sie aber in Kauf genommen haben. Mit der unappetitlichen Seite meine ich vor allem den Antisemitismus, aber auch die rüde Art, mit der er mit seinen Gegnern umging, denn das darf man nicht vergessen, daß er seine Gegner erbarmungslos vernichtete mit allen, auch unerlaubten Mitteln. Aber auch das verzieh man ihm in den bürgerlichen Kreisen, bei den Arbeitern mag es anders ausgesehen haben, obwohl ich annehmen möchte, daß es auch da dieses Gefühl gab, laß den Mann mal ran, mal sehen, was er kann. Schlimmer kann es eigentlich nicht werden. So waren nicht alle charakterlos, die sich vor diesen Karren spannen ließen, sondern vielen erschien das als ein Ausweg aus einer sonst ausweglosen Situation.

Wie haben Sie sich selber gefühlt?

Ich kann nur sagen: dumm. Ich war derselben Meinung, die sehr viele, besonders unter den Juden, hatten: Man muß es nur überstehen und aussitzen. Dieser Wahnsinn und Unsinn kann nicht lange dauern, nicht nur nicht ewig, sondern der kann nicht lange dauern. Wir haben zuerst geglaubt, ein paar Wochen, dann haben wir geglaubt, ein paar Monate, na und dann Jahre. Insofern war auch der Jüdische Kulturbund, in dem ich war, im Grunde genommen ein Institut zum Überwintern, den Winter mußte man überstehen. Irgendwann wird es sich schon totlaufen. Und dann gab es eine ganz unsinnige Hoffnung, an die erinnere ich mich noch sehr gut: Die Alliierten werden solche Dinge gar nicht zulassen. Wir waren vielleicht nicht so dumm zu hoffen, aber im Grunde haben doch alle gewünscht, daß irgendwann einmal auch von außen gesagt wird: Stop.

Aber die Zeiten wurden immer schlimmer, und dieses Gefühl muß sich doch irgendwann aufgebraucht haben?

Sie wurden natürlich viel schlimmer für die Juden, aber sie wurden nicht schlimmer für die arbeitende Bevölkerung. Ganz im Gegenteil, Hitler holte, mit welchen Mitteln auch immer, sehr viel Leute von der Straße in Arbeit, und er organisierte Dinge, an die früher nicht zu denken war, wie zum Beispiel Massenurlaube durch die Organisation »Kraft durch Freude«. Er warf der Bevölkerung schon Trinkgelder hin. Für die breite Bevölkerung wurde es nicht schlechter, für die Juden ist es von Tag zu Tag schlimmer geworden.

Trotzdem haben Sie nach wie vor daran geglaubt, irgendwann wird Schluß sein.

Ja, aber es war ein Wunschtraum, der Verstand konnte einem das nicht sagen, es war einfach der Wunsch, es möge sich erschöpfen und möge zu keinem schrecklichen Ende kommen. Eins hat mir immer wieder in der Seele wehgetan: Bis heute bewundere und verehre ich Kurt Tucholsky, der hellsichtig war, klug war, eine Sorte Witz hatte, die ich sekundiere, und der ein paar reizende Novellen geschrieben hat. »Rheinsberg« ist immer noch ein lesenswertes Buch, »Schloß Gripsholm« ebenfalls. Ich habe ihn immer sehr geliebt und verehrt und letztlich die »Weltbühne«, so lange sie erschien, seinetwegen gelesen und nicht Ossietzkys wegen. Aber als dann seine Briefe zugänglich wurden und ich in den Briefen mehrfach wütende Ausfälle gegen die Juden gelesen habe, die so charakterlos seien, nicht einfach alles stehen und liegen zu lassen und abzureisen aus diesem Land, das hat mir doch in der Seele wehgetan, denn ich habe am eigenen Leib erfahren, was es heißt, alles stehen und liegen zu lassen. Wenn man so klug war wie er und politisch so weitsichtig, konnte man so etwas vielleicht sagen, aber das waren wir nicht, wir waren nicht nur politisch nicht klug, wir waren überhaupt nicht klug. Wir haben überhaupt erst in späteren Jahren – ich in der Sowjetunion – die Bedeutung von Politik kennengelernt. Es ist furchtbar leicht, als Kurt Tucholsky mit einigen Rükklagen und einigen Tantiemen im Ausland zu leben, aber den Juden, die Familie und Kinder hatten und keine Rücklagen, vorzuwerfen, sie seien würdelos, weil sie in einem Land leben, wo sie bespuckt werden, das tut mir weh.

Erzählte Biographie

Sie haben gesagt, der Antisemitismus in der Oper war Ihnen gegenüber ambivalent, manche waren herzlich, manche waren weniger herzlich. Wie war es denn in Ihrem sonstigen Leben?

Ich habe kein sonstiges Leben gehabt. Ich hatte ein Zuhause. Ich wohnte in Untermiete bei einer jüdischen Familie, also da habe ich keine Schwierigkeiten gehabt.

Sie meinen, Sie hätten kein Privatleben außerhalb der Oper gehabt, die Oper war Ihr Leben? Freunde außerhalb der Oper hatten Sie nicht?

Wenige. Ich hatte eine Freundin, die nicht in der Oper war, die Tochter eines Bankdirektors von der Dresdner Bank. Mein »Schwiegervater« war selbst kein Jude, aber mit einer jüdischen Frau verheiratet, er wurde deshalb, so lange ich hier war – später muß es anders geworden sein – nicht angefaßt, wenn auch nicht befördert, und hat sich sehr anständig verhalten. Man legte ihm nahe, sich scheiden zu lassen, aber er hat das abgelehnt, obwohl er schon Jahre, um nicht zu sagen Jahrzehnte, im Grunde genommen keine Ehe geführt hatte.

Wie haben Sie Ihre Freundin kennengelernt, wie hieß sie, wenn ich das fragen darf?

Ruth Rabmund. Sie lebt jetzt in San Francisco. Sie ist ein Jahr jünger als ich, sie holt mich jetzt also ein. Irgendwie trafen wir uns, und ich verliebte mich in sie. Da muß ich achtzehn gewesen sein, ich war Oberprimaner.

Wenn die Oper mehr oder weniger Ihr zu Hause war, konnte das sehr zwiespältig sein, wenn man lieber bei der Freundin sein wollte als bei der Arbeit?

Na ja, da gab es schon manchmal Probleme. Zu Silvester wünschte mein Chef, der ein sehr schwieriges Eheleben hatte, daß ich am Abend mit ihm zusammen bin. Ich war dann eben bei ihm und kam dann zu ihr irgendwann um ein Uhr nachts oder so. Der Dienst ging vor, das gehörte einfach zu meinem Job. Einmal bin ich nach der Vorstellung schnell weggegangen und habe nicht erst mit ihm ein Glas Wein getrunken, da sagte er: »Aha, heute ist mal wieder Minnedienst.« Es wurde als selbstverständlich erachtet, daß ich mich auch seinen persönlichen Belangen widmete, außerdem wurde dienstlich sehr viel erwartet, nicht nur von mir. Ich hatte auch Angst vor dem Verlust des Arbeitsplatzes, und außerdem ist es herrlich, sich eine Oper zu seiner Heimat zu machen. Wollen wir nicht so tun, als sei das nur eine Last.

Wie viele Stunden haben Sie denn am Tag im Schnitt in der Oper verbracht?

Also im allgemeinen am Vormittag etwa vier Stunden, meist am Nachmittag noch einmal so zwei oder drei Stunden, aber nicht immer. Das hing davon ab, ob Bühnenproben waren. Wenn der Regisseur nachmittags seine Proben hatte, mußte ich halt da sein und spielen, und dann abends zu den Vorstellungen, wenn ich Bühnendienst hatte. Jeder Korrepetitor hatte seine Opern, bei denen er Bühnendienst hatte. Gottseidank hat meine Freundin dafür Verständnis aufgebracht, das es ihr ermöglichte, mit mir auszuharren.

War sie musikalisch, welchen Beruf hatte sie, was hat sie gemacht?

Sie hatte im Grunde genommen keinen Beruf. Sie war höhere Tochter, allgemein begabt, sehr kunstinteressiert, kunstbeflissen. Eine Diskrepanz zwischen uns war, daß sie eben aus sehr gutem Hause kam und ich natürlich finanziell sehr begrenzt war, so daß ich mir durchaus nicht alles leisten konnte, was sie sich leisten konnte. Aber ich glaube, das ist nicht zu einem Problem geworden.

Sie waren sicher auch bei ihren Eltern zu Hause? Hat man Sie anerkannt oder waren Sie geduldet oder vielleicht sogar nur gelitten?

Für die damalige Zeit war es ein unglaublich offenes Verhältnis. Sie bewohnte ein Zimmer im ersten Stock, gegenüber waren Gästezimmer, die Eltern wohnten unten. Ich schlief eben, wenn ich dort war, im Gästezimmer. Die Eltern wußten Bescheid. Der Vater unternahm vieles, um uns zu trennen, aber nicht in böser Weise. Einmal ermöglichte er ihr bei irgendwelchen Geschäftsfreunden in Moskau einen dreimonatigen Aufenthalt, um uns zu trennen, aber auf der anderen Seite erlaubte er, was für die damalige Zeit unglaublich war, diesem achtzehn oder neunzehn Jahre alten Mädchen, mit mir im Sommer zu verreisen. Sie können sich gar nicht vorstellen, was das damals bedeutete. Also insofern muß ich mit einer gewissen Achtung von den Eltern sprechen.

Erzählte Biographie

Abschied von der Oper im Juni 1933, weitere Besuche in der Oper

Wie ging es mit Ihrer Arbeit nach 1933 an der Oper weiter?

Ich war dort nur noch ein halbes Jahr. Irgendwann im Frühjahr kam dieses berüchtigte »Gesetz zur Wiederherstellung des Berufsbeamtentums«, wonach Juden an staatlichen Institutionen nicht tätig sein durften. Damit entfiel auch automatisch die Verpflichtung, die der Intendant Max von Schillings freiwillig und so nett übernommen hatte. Es wurde mit jeder Woche schwieriger, weil natürlich die charakterlosen Elemente mehr und mehr wurden, sie sahen, was im ganzen Land und auf allen Gebieten vor sich ging. Es wurde bald zu einem Schlagwort, von der »verjudeten Kunst« zu sprechen. Bis zum letzten Tage habe ich dort zwar ruhig arbeiten können, habe auch Sympathien erfahren, aber die Situation wurde schwieriger und schwieriger, und die Atmosphäre wurde immer vergifteter. Es braucht Ihnen gar nichts persönlich zu passieren, aber wenn Sie von Tag zu Tag von immer mehr Mitarbeitern mitleidig angesehen werden, ach du armes Würstchen, jetzt soll es dir wohl an den Kragen gehen, dann sinkt die Stimmung ins Bodenlose. Ich erinnere mich, mit welcher Wehmut ich – wissend, daß es das letzte Mal war – noch einmal durch das ganze Haus gegangen bin.

Sind Sie durch das ganze Haus gegangen, um sich innerlich zu verabschieden? Was haben Sie empfunden? Wut, Trauer?

Wehmut ja, Wut nein.

Sie haben sich gefügt?

Na ja, was sollte ich denn tun?

Und die Kollegen, von denen Sie sich verabschiedet haben?

Ich glaube, ich habe mich von niemandem verabschiedet. Wer es verstand, der drückte mir im Vorübergehen die Hand, aber speziell habe weder ich mich verabschiedet, noch hat sich jemand von mir verabschiedet. Aber etwas anderes war viel problematischer: Nachdem meine Chefs alle entlassen waren und auch Hausverbot hatten, bat mich Paul Breisach, ich möge ihm einige persönliche Papiere bringen, die er im Schreibtisch in seinem Zimmer hätte liegen lassen. Als ich zu seinem ehemaligen Zimmer kam, um diesen Auftrag zu erfüllen, patrouillierte ein SA-Mann auf dem Gang. Der machte immer eine ganz bestimmte Runde. Ich merkte mir das und fand so den Moment raus, in dem ich aller Wahrscheinlichkeit nach unbemerkt in das Zimmer hineinkam. Das ist mir dann auch gelungen. Als ich in Breisachs Wohnung kam, war dort gerade eine Versammlung von all denen, die herausgeschmissen worden waren. Breisach wollte ganz genau wissen, wie das Leben in der Oper inzwischen weitergegangen ist. So war eben die Mentalität der Rausgeworfenen, man hing noch immer an der alten Arbeitsstätte, an der Heimat, und wollte den Ernst der Situation einfach nicht wahrhaben. Eine Geschichte mit Bruno Walter mag das illustrieren: Walter war auf erniedrigende Weise in Leipzig als Gewandhaus-Kapellmeister rausgeschmissen worden. Ich habe ihn ganz zufällig im Jahre 1935 in der Schweiz getroffen. Ich gastierte mit dem Cellisten Silberstein in St. Moritz und Bruno Walter lebte gerade in Sils Maria. Silberstein fragte bei Walter an, ob wir ihn besuchen dürften. Der sagte, ja, natürlich sehr gern. Und die erste Frage, die er dann stellte, lautete: »Sagen Sie, Silberstein, wann glauben Sie, können wir wieder zurückkommen?«

Wer war damals in der Wohnung von Breisach, als Sie ihm die Papiere gebracht haben?

Alle, Carl Ebert, Fritz Stiedry, Paul Breisach und Berthold Goldschmidt. Da saßen sie nun mit traurigen und wehmütigen Augen, nicht mit Wut, sondern mit Wehmut.

Sie wurden von dem Arbeitsplatz verjagt, Sie verloren Ihren Unterhalt und Ihre künstlerische Heimat. Wie fühlten Sie sich dann? Hatten Sie dann nur Wehmut?

Wut kam dann auch dazu, Wut über die Ungerechtigkeit, die mir widerfahren ist. Wenn ich rausgeschmissen werde wegen mangelnder Qualität, habe ich das hinzunehmen. Ich kann mich schrecklich ärgern, ich kann es eventuell als ungerecht empfinden, aber das ist ein Grund. Aber wenn ich herausgeschmissen werde, ohne es aufgrund meiner Arbeit verdient

Erzählte Biographie

zu haben und auch nicht, weil eine ökonomische Notwendigkeit dafür bestanden hätte, da kommt dann doch Wut hinzu. Aber das vorrangige Gefühl, wenn ich mich versuche zu erinnern, war Wehmut. Mit jedem Tag kamen doch neue Erniedrigungen hinzu. Wenn man hörte, daß am Wannsee auf den Bänken angepinselt wurde: »Juden und Hunden ist das Baden verboten«, und laufend solche Dinge passierten, dann wird man natürlich verstört.

Wie hat sich das geäußert?

In Enttäuschung. Wenn ein erfolgreicher Liebhaber eines Tages abrupt von seiner Angebeteten zurückgewiesen wird, dann haben Sie ungefähr die Gefühle, die mich und sicher viele andere auch damals bewegten, ein Gemisch aus Wehmut, Wut, Unverständnis, Nicht-wahrhaben-wollen, auch das, ein Gemisch von allem.

Was haben Sie in den folgenden Tagen gemacht?

Ich war mit meiner Freundin auf der herrlichen Insel Bornholm.

Wie hat Ihre Freundin das überhaupt aufgenommen? Wie ist das in ihrer Familie kommentiert worden?

So wie wir alle darüber dachten: Es liegt im Zug der Zeit, ich war einer von vielen. Und darin, daß ich alles nur aus meiner persönlichen Sicht darstellen kann, liegt übrigens die Angst begründet, daß alles, worüber ich berichte, einseitig individuell ist und in keiner Weise dem entspricht, was eine Mehrheit empfunden haben mag und empfunden hat. Man lebt sein eigenes Leben und reagiert auf seine Weise auf alle äußeren Einwirkungen und muß vorsichtig sein zu sagen, es war so und so. Das ist auch einer der Gründe, weshalb ich mich Ihnen so zögerlich gestellt habe.

Welche Gefühle hatten Sie auf Bornholm hinsichtlich Ihrer Arbeit, Ihrer künstlerischen Identität, Ihres künstlerischen Weiterkommens?

Ich war, verglichen mit vielen anderen, in einer wunderbaren Situation: Ich hatte noch ein Jahr lang etwa 75 % meiner Bezüge, die mir staatlich garantiert waren. Ich weiß nicht mehr, wieviel ich verdient habe, aber auch mit 75% brauchte ich keinen Hunger zu leiden. So genoß ich den Aufenthalt auf Bornholm, es war ein Stückchen Freiheit, ich brauchte keine Angst zu haben. Auch die paar Deutschen, die wir dort kennenlernten, waren alle nett und verständnisvoll, niemand hat sich von mir zurückgezogen, obwohl ich immer erwähnte, daß mir das und das widerfahren sei als Jude.

Waren Sie denn nach Ihrer Entlassung noch einmal als Zuhörer in der Oper?

Ja, drei- oder viermal, wenn Ivar Andresen gesungen hat. Aber dann habe ich beschlossen, nie wieder hinzugehen, weil ich die Art und Weise als tief beleidigend empfand, wie viele Leute aus dem Hause entweder an mir vorbeigeschaut haben oder es ihnen an ihrer Grußart anzusehen war, daß sie es als unerhörte Taktlosigkeit empfanden, daß ich das Haus noch einmal betrete. Auch in Opern oder Konzerten in anderen Häusern war ich wesentlich seltener als früher, wenn, dann war ich im Sprechtheater, weil man mich dort nicht kannte.

Erzählte Biographie

Sanderling als Liedbegleiter im In- und Ausland, Mitarbeit im Jüdischen Kulturbund

Was haben Sie nach Ihrer Rückkehr von Bornholm gemacht, Sie wollten weiter Klavier spielen und musizieren?

Zunächst betreute ich Ivar Andresen, einen damals sehr berühmten Bassisten an der Städtischen Oper. Er brauchte tägliche Begleitung, die er normal bezahlte. Ich glaube mich zu erinnern, daß ich für die Stunde vier Mark bekommen habe. Ein paar Schuhe haben acht Mark gekostet, für einen guten Anzug habe ich selten mehr als 40 Mark ausgegeben, das war also nicht schlecht bezahlt. Nachdem ich an der Oper entlassen worden war, wurde ich, fast möchte ich sagen, Kind im Hause Andresen. Was ich früher an Privatleben wegen der Arbeit an der Oper nicht haben konnte, hatte ich nun auch nicht, weil ich ständig bei Andresen sein mußte, der zu den Menschen gehörte, die auch beim Essen nie allein sein konnten. Es kam schon vor, daß er, wenn er auf der Durchreise war, mich um sieben Uhr früh anrief: »Komm sofort auf den Anhalter Bahnhof, ich will frühstücken.« Er hat mich zeitlich sehr in Anspruch genommen, und ich habe mich darüber sehr gefreut, denn er hat es demonstrativ gemacht. Deshalb wurde er dann auch zu seinem neuen Intendanten Wilhelm Rhode gerufen, der ihm sagte: »Wir sehen das gar nicht gerne, daß du dich mit einem jüdischen Korrepetitor einläßt.« Andresen hat gekontert: »Ich bin Ausländer, was ich privat mache, ist meine Privatangelegenheit. Sanderling kann leider mit mir hier in Deutschland nicht auftreten, was ich bedaure, aber akzeptieren muß. Aber im Ausland kann ich machen, was ich will, und hier kann ich arbeiten, mit wem ich will.« Wir waren mehrfach in Skandinavien, ich habe ihn bei Liederabenden begleitet. Später, als ich im Jüdischen Kulturbund arbeitete, konnte ich mich ihm zwar nicht mehr so viel widmen, aber für meine Reisen mit ihm hat mir der Kulturbund Urlaub gegeben.

Der Jüdische Kulturbund wurde gleich im Sommer 1933 von Kurt Singer gegründet. Wie sind Sie zum Kulturbund gekommen?

Sie suchten einen Korrepetitor. Ich nehme an, Kurt Singer wollte mich nicht haben, weil ich für ihn ein Repräsentant der Nach-Singer-Zeit in der Städtischen Oper gewesen bin, aber seine damalige Frau, die Sängerin Margarethe Pfahl-Wallenstein war sehr befreundet mit einer jüdischen Sängerin in der Oper, Emma Zador, mit der ich wiederum sehr gut befreundet war. Und diese Emma Zador muß wohl der Frau von Singer gesagt haben: Hör mal, da ist der und der, paß mal auf den auf. Es gab ein Probespiel, und jeder der Aspiranten mußte die Sänger begleiten, als sie bei der Probe gesungen haben. Ich habe gar nicht das Gefühl gehabt, daß das so etwas Besonderes war, was ich da geleistet habe. Jedenfalls gehörte ich zu den zweien, die genommen wurden als Korrepetitoren für die Oper und als Begleiter. Ich habe dort sehr viele Künstler auf Konzerten begleitet. Es gab im Kulturbund immer einen Monat Schauspiel und Konzert und einen Monat Oper. Und in den Konzerten gab es sowohl Sinfoniekonzerte als auch Solokonzerte.

Haben Sie Singer selbst oft gesehen?

Ja, ich habe ihn ziemlich oft gesehen, schon vor seiner Entlassung an der Städtischen Oper, wenn er dort Inszenierungen machte und ich auf der Bühne gespielt habe. Eines sehr unangenehmen Kontakts erinnere ich mich deutlich: Er war nicht ganz unaktiv als Mann, und bei meinem ersten Aufenthalt mit Andresen in Schweden war ich in einem Laden, in dem Taschenkalender verkauft wurden. Die Tasche heißt auf schwedisch »Fickan«, die Kalender hießen »Fickkalender«. Da dachte ich, von dieser Reise mußt du ihm was mitbringen, kaufte einen »Fickkalender« und schenkte ihm den in meiner zwanzigjährigen Naivität. Ein oder zwei Tage später bekam ich den Kalender mit einem Zettel zurück: »Ich möchte Sie bitten, sich das nächste Mal etwas offizieller zurückzumelden.«

Was war er für ein Mensch? Wie würden Sie ihn aus ihrer Zusammenarbeit mit ihm beurteilen?

Er war als Intendant imposant, als Regisseur nicht so bedeutend. Er stellte etwas dar und wußte sich auch darzustellen. Es war eine historische Leistung, daß er den Kulturbund aufgebaut und organisiert hat. Diese Idee lag durchaus nahe, Juden durften nicht mehr in das Theater gehen, Juden lagen brotlos auf der Straße, und zu organisieren, daß die Juden wieder einen Ort hatten, wo sie hingehen konnten und damit noch einem Teil der zahlreichen arbeitslosen jüdischen Künstler Brot zu geben, das waren

Erzählte Biographie

naheliegende Gründe. Ich persönlich hätte nie geglaubt, daß das klappen könnte. Als Mensch war er sehr empfindlich gegen Kritik, von den Sängern auf den Proben durfte ihm keiner widersprechen. Ihm wurde natürlich auch von allen Seiten geschmeichelt. Von ihm hing unglaublich viel ab, von ihm hing ab, ob ich weiter mein Brot habe oder nicht. Es war nicht so, daß ich sagen konnte, Herr Singer kann mir mal den Buckel runterrutschen, ganz im Gegenteil.

Haben Sie ihm beim ersten Mal selbst vorgespielt?

Nein, seinem Musikdirektor, Joseph Rosenstock. Wir waren drei Korrepetitoren, Dr. Hugo Strelitzer als Studienleiter und außer mir noch ein anderer Korrepetitor. Ich war von der pianistischen Seite her die Nummer Eins dort. Neben den Korrepetitorenaufgaben mußten wir auch begleiten. Dafür gab es extra Geld. Ein- oder zweimal habe ich auch einen sehr berühmten jüdischen Bassisten, Alexander Kipnis, der als Gast kam, begleitet.

Gab es im Kulturbund damals etwas, das man Aufbruchstimmung nennen könnte, oder gab es mehr Resignation darüber, daß man nun die Arbeit quasi im Ghetto fortführen mußte?

Das Gefühl von Ghetto hatten, glaube ich, alle mit Recht, aber durchaus auch das Gefühl von Dankbarkeit, daß man das überhaupt noch machen kann. Aber alle Versuche, es hochzustilisieren als Tempel der Kunst, das ist, glaube ich, nicht ganz richtig; es ist doch vor allem als wunderbare Möglichkeit empfunden worden, seinen Beruf, wenn auch unter unwürdigen Umständen, so doch irgendwie weiterzuführen und zu überwintern, zu warten, bis es auch mal wieder anders kommt, wobei ich eben nur die guten Jahre, nur die leichten Jahre des Kulturbundes erlebt habe. Die Schwierigkeiten begannen erst später. Es wurde sehr anständig und hochprofessionell gearbeitet. Ich erinnere mich an ein Versehen, das mich fast meine Stellung gekostet hätte. Es gab »Fidelio«, und am Schluß kommt dieses herrliche C-Dur, ich stand hinter der Szene, um dem Vorhangmann das Zeichen zu geben, jetzt den Vorhang fallen zu lassen, war aber so hingerissen, daß ich das vergessen habe. Alle standen auf der Bühne und warteten, aber der Vorhang fiel nicht. Es gab ein fürchterliches Donnerwetter, fürchterlich, mit Recht natürlich.

Wie war, vor allem im Hinblick auf die Politik draußen, die Stimmung im Kulturbund? Was war der Kulturbund für Sie, eine Arbeitsstätte oder ein Zuhause, wie es die Oper vorher gewesen war?

Der Kulturbund war der einzige Ort auf der Welt, wo man sagen konnte: Hier bin ich Mensch, hier darf ich es sein. Nirgends sonst in der Welt, in der deutschen Welt, konnte man das sagen. Insofern war es schon, trotz aller räumlichen und materiellen Beschränktheit, ein Zuhause. Er war für alle ein Stück Heimat, wo man sozusagen gefahrlos über die Straße gehen konnte, um diese Metapher zu gebrauchen.

Hatten die Nazis Spitzel im Kulturbund? Haben Sie sich diese Frage gestellt?

Ich möchte annehmen, daß es dort Spitzel gab. Aber die Frage habe ich mir niemals gestellt, weil in dem Sinne auch nicht über Politik gesprochen wurde. Es wurde über das schwere Schicksal der Juden gesprochen und gejammert, hast du das gehört und hast du jenes gehört, aber niemand hätte gesagt: Hitler ist ein Verbrecher.

Tatsächlich nicht? Weshalb nicht?

Aus Angst. Es war die Linie im Kulturbund, nur keine Politik zu betreiben, jede Äußerung oder Betätigung von Politik hätte schwerwiegendste Folgen, nicht nur für einen persönlich, sondern auch für das Schicksal des Kulturbundes gehabt. Als ich mich 1935 entschied, nach dem Urlaub nicht wieder nach Berlin zurückzukommen, habe ich einen Brief an Kurt Singer geschrieben: »Ich komme nach dem Urlaub nicht zurück, bitte glauben Sie mir, daß es dafür keinerlei politische Gründe gibt.« Um ihn zu entlasten, aber auch, damit er nicht etwa glaubt, ich hätte damit eine kulturbundfeindliche Aktion unterstützt. Das war nicht feige, ich hätte es nicht zu schreiben brauchen, mir hätte sowieso nichts passieren können. Aber ich glaubte, ihm das schuldig zu sein.

War Singer für Sie eine Art Übervater?

Natürlich, für alle, mit viel mehr Macht als irgendein Intendant in anderen Häusern besaß.

Erzählte Biographie

Er konnte entlassen und damit stand man nicht nur auf der Straße, sondern hatte dann eben auch wieder ein Stück Heimat verloren?

Vor allem stand man auf der Straße, das war das Vordringlichste.

Haben Sie miterlebt, daß er jemanden entlassen hat?

Ich kann mich nicht erinnern. Ich glaube, wenn so etwas stattgefunden hätte, daran könnte ich mich erinnern, aber auf der anderen Seite, lassen Sie mich in guter jüdischer Weise die Gegenfrage stellen: Warum sollte er, er schadete innerbetrieblich, wie man heute sagen würde, seinem eigenen Ruf, wenn er das tat. Seine Macht brauchte er nicht auszuüben. Er hatte sie.

**-Kulturbund Deutscher Juden
Künstlerhilfe der Jüdischen Gemeinde**

Sonder-Konzert

**Montag, den 11. März 1935, abds 8 ¼ Uhr
im Bach-Saal, Lützowstraße 76**

Andreas Weissgerber

(Erstes Auftreten im Kulturbund)

Am Flügel: **Kurt Sanderling**

Mozart: D-dur Konzert für Violine   Bach: Chaconne für Violine
Stravinski: Pergolesi-Suite   Stücke von: de Falla, Achron, Kreisler u. a.

Gutscheine auch für Abwechsler zur Verlosung RM 1.50
bei den gleichen Zahlstellen wie auf Seite 19

Sonstige Karten durch die Künstlerhilfe der Jüdischen Gemeinde zum
Preise von RM 3,— und 2,— (Originalkarten ohne Verlosung) bei:

Kastellan der Synagoge Fasanenstraße 79-80 / Hauswart der Jüdischen Gemeinde, Oranienburger Straße 29 / Buchhandlungen: Kedem, Dohlmannstraße 8; Ernst Wolff, Prager Platz 4; Lachmann, Bayerischer Platz 13

Einladung des »Kulturbundes Deutscher Juden« zu einem Konzert 1935, aus: »Monatsblätter des Kulturbundes deutscher Juden«, 2/35

Ausbürgerung der Familie Sanderling, Urlaub in den Dolomiten 1935 und Konzertreise in die Schweiz, erste Gedanken an eine Emigration, Angebot des Onkels aus Moskau und Angebot für die New Yorker Met, letztes Treffen mit der Familie und der Freundin in Genf

1935 lebte meine Mutter noch in Berlin. Mein Vater war ein gescheiterter Kaufmann und hielt sich so ein bißchen über Wasser, indem er heimlich für den einen oder anderen im Ort die Bücher führte, alles sehr heimlich, denn er war der Jude. Er war aber sehr beliebt, so haben die Leute auf diese Art und Weise das Angenehme mit dem Nützlichen verbunden. Von einem dieser Leute hatte er einen Tip bekommen: »Hör mal, fahr weg, wir können dich nicht weiter beschützen.« Daraufhin nahm er seine wenigen Sachen, die er noch hatte und fuhr zu Verwandten in die Tschechoslowakei, im Raum Ostrau. Von dort aus teilte er mir im Sommer 1935 mit, daß unsere Familie laut »Reichsgesetzblatt« ausgebürgert sei. Er, meine Mutter und ich waren namentlich aufgeführt. Das war damals üblich, denn mein Vater war mit seiner ganzen Familie 1918, nach dem Ersten Weltkrieg, als ehemaliger Österreicher wie alle jüdischen Soldaten in Deutschland eingebürgert worden. Die Nazis hatten nun ein Gesetz gemacht, welches im wesentlichen gegen diesen Typ Juden gerichtet war, wonach alle diejenigen, die nach einem bestimmten Stichtag, das war irgendwann 1917, eingebürgert worden waren, ohne Angabe von Gründen wieder ausgebürgert werden konnten. Obwohl er schon seit Anfang des Jahrhunderts in Deutschland lebte, wurde die ganze Familie ausgebürgert. Und obwohl man es eigentlich zu erwarten hatte, war es doch eine Überraschung. Daraufhin beschloß ich, nicht wieder nach Deutschland zurückzukehren.

Bis dahin waren Sie im Kulturbund?

Ja, und ich habe darauf gewartet, daß sich die Zeiten bessern, dummerweise. Ich habe natürlich Zeitung gelesen, aber im Grunde genommen die wesentlichen Dinge nicht verstanden. Noch heute verstehe ich die Wurzeln des Antisemitismus nicht, um wieviel weniger damals. Heute glaube ich, wenigstens etwas mehr von den bewegenden Kräften innerhalb der menschlichen Gesellschaft zu verstehen. Ich weiß nicht, wie die Künstler heute sind, aber ich glaube, so unpolitisch, wie wir damals waren, ist man heute nicht mehr; man hat gelernt, auch durch die Nazis gelernt: Politik das ist etwas, was unser Leben bestimmt. Das haben wir nicht gewußt. Wir lebten nicht im Elfenbeinturm, sondern in einer Welt der Kunst, es war weitaus interessanter, zu wissen, welcher Dirigent wo Chef wurde, als welcher Staatsmann Reichskanzler geworden ist.

Waren Sie noch mit Ihrer Freundin zusammen? Was hat sie gesagt, als Sie ausgebürgert wurden? Sie wollten und konnten nicht mehr nach Deutschland zurück, wie hat Ihre Freundin reagiert?

Wir waren 1935 zusammen im Urlaub in den Dolomiten, als ich diese Nachricht bekam. Und sie sagte: »Mach, was du für richtig hältst.« Weil ganz klar war, daß sie nicht bei mir bleiben würde. Wir waren dort drei oder vier Wochen zusammen während der Theaterferien. Das Leben war dort unglaublich billig. Als dann dieser Brief aus der Tschechoslowakei von meinem Vater ankam, schrieb ich überall hin: »Paßt auf, helft mir, ich sitze jetzt hier fest und kann nicht zurück.« Denn zurückgehen, soviel war mir klar, zurückgehen hieß, im Gefängnis zu landen.

An wen haben Sie alles geschrieben?

An meine Verwandten in Moskau, an meinen ehemaligen Chef Paul Breisach, der in Wien war, genauso arbeitslos wie ich, dann noch an drei oder vier Leute, aber das weiß ich wirklich nicht mehr so genau. Ich bekam schon sehr bald Antwort von meinen Verwandten aus Moskau. Sie hatten in früheren Jahren in Berlin schon so etwas wie die Elternstelle angenommen, als es meinen Eltern so dreckig ging. Die haben sofort geantwortet, es sei sehr schwer, ein Visum mit einer Arbeitserlaubnis zu bekommen. Wenn ich das bekäme, dann sei Arbeit in Moskau kein Problem, und wohnen könne ich erst mal bei Ihnen. Sie hatten eine Zweizimmerwohnung, zwar klein, aber für damalige Verhältnisse ein Palast. Mein Onkel wollte sich um das Visum kümmern. Er war Ingenieur an einem Forschungsinstitut, war als deutscher Spezialist zwei oder drei Jahre vor Hitler dorthin engagiert worden zu sehr günstigen Bedingungen.

Auf der anderen Seite hatte ich, als ich nach dem Dolomitenaufenthalt mit Silberstein auf Konzertreise in der Schweiz war, ich glaube, es war in

St. Moritz, nach einem Konzert einen Zettel ins Künstlerzimmer geschickt bekommen, da stand drauf: »Wenn Sie sich ein Affidavit verschaffen und nach Amerika einreisen können, melden Sie sich bei mir, ich will, daß Sie als Korrepetitor bei mir arbeiten.« Unterschrieben war der Zettel mit Arthur Bodanzky, das war der damalige Chef der New Yorker Metropolitain Opera, er war zufällig in dem Konzert gewesen. So hatte ich theoretisch die Auswahl, praktisch aber nicht, denn da ich niemanden in den Staaten kannte, war an ein Affidavit gar nicht zu denken. So wie sich die Verhältnisse dann gestaltet haben, war das ein Glück, denn in Amerika mußte man damals etwas sein, und in der Sowjetunion konnte man etwas werden. Ich wäre in Amerika wahrscheinlich als Korrepetitor an der Met gestorben. Für ein Nichts von zweiundzwanzig Jahren gab es keine Chance. Selbst Klemperer ist dort nichts geworden.

Ich traf mich dann mit meinen Moskauer Verwandten in der Schweiz. Bevor sie einen Antrag auf Einbürgerung in die Sowjetunion stellten, machten sie eine letzte Reise durch Europa, wir trafen uns in Genf. Meine Mutter kam aus Berlin und meine Freundin auch, übrigens mit ihren Eltern, was ich furchtbar nett fand. In Genf lebte damals der Bruder meiner Mutter, Leo Graebler, der als Wirtschaftswissenschaftler beim Völkerbund angestellt war. Er war schon kurz nach Hitlers Machtergreifung ausgewandert und hatte dort wegen seiner guten Beziehungen eine Stelle bekommen. Früher war er Wirtschaftsredakteur gewesen, er war Berliner Vertreter der Wirtschaftsredaktion der »Frankfurter Zeitung«. Bei ihm trafen wir uns für wenige Tage.

Erzählte Biographie

Aufenthalt bei seinem Vater in der Tschechoslowakei, beantragen eines Visums nach Moskau, in Wien warten auf die Einreisegenehmigung, Vorstellungen von der Sowjetunion

Meine Moskauer Verwandten fuhren anschließend weiter nach Wien und von Wien zurück in die Sowjetunion. Ich fuhr über Linz nach Prag und von Prag weiter nach Ostrau, wo mein Vater bei seiner Familie lebte und mir geschrieben hatte: Erst mal kannst du bei uns unterkommen, wir werden das schon irgendwie regeln. Das war wirklich die Hilfsbereitschaft der Mischpoche, ich kann nicht mal sagen Familie, und die war phantastisch. Sie lebten sehr arm und bescheiden. Bei den einen schlief, bei den anderen aß ich zu Mittag und bei den dritten zu Abend. Es war mit meinen Moskauer Verwandten verabredet, daß ich in Prag auf der sowjetischen Botschaft einen Antrag auf Einreise in die Sowjetunion stellen sollte, die notwendigen Papiere hatten sie schon mitgebracht. Als ich nun in Prag auf die Botschaft kam, sagten sie, wir nehmen keine Anträge an, gehen Sie zu »Intourist«. Davor hatten mich meine Verwandten gewarnt, in keinem Fall über »Intourist« einzureisen, es sei kein Fall bekannt, in dem jemand, der über »Intourist« eingereist war, die Erlaubnis bekommen habe, ständig dort zu wohnen und zu arbeiten. Alle seien erbarmungslos zurückgeschickt worden. Ich fuhr also nach Ostrau zurück und telefonierte mit meinen Verwandten in Wien. Mein Onkel sagte: »Ruf morgen oder übermorgen wieder an.« Er ist dann in Wien auf die Botschaft gegangen und hat die Zusage erreicht, daß man meinen Antrag entgegennehmen würde. Ich mußte also nach Wien fahren. Wie es der Zufall wollte, traf ich im Zug dorthin Fritz Stiedry, den Kapellmeister, den ich einige Jahre zuvor in Berlin kennengelernt, und der dann in der Sowjetunion gearbeitet hatte. Ihm erzählte ich, weshalb ich nach Wien fahre. Er schrieb mir sofort eine Empfehlung für das Radiokomitee in Moskau. Das ist Anfang September 1935 gewesen. Mitte Januar 1936 habe ich mir dann das Visum in Wien abgeholt, meine Sachen geordnet und mir dann ein Billett nach Moskau gekauft. Während dieser Zeit wurde ich durchgefüttert von meinen Verwandten.

Was hat Ihnen Stiedry über die Sowjetunion erzählt?

Abenteuerliche Dinge für unsere Ohren: Wie unpünktlich, wie unkorrekt, wie unvoraussehbar alles sei, aber daß es irgendeinen großen Atem hat, den man selbst nicht definieren kann. Und was für wunderbare Leute sie dort kennengelernt haben. Das habe ich dann auch selbst erlebt, denn die sowjetische Intelligenz von damals, um vorzugreifen, war etwas Außerordentliches, etwas, was ich vorher nicht gekannt habe.

Erzählte Biographie

Ankunft in Moskau 1936, Bruch mit der deutschen Freundin

Wenn der 30. Januar 1933 ein Datum war, dessen Bedeutung sich erst allmählich erwies, so war der 2. Februar 1936 ein Datum, wo sich mein Leben schlagartig von heute auf morgen wendete. Nachts war der Zug Warschau-Moskau durch den großen berühmten Torbogen an der Grenze gefahren, auf dem stand: »Proletarier aller Länder vereinigt euch«. Ich hatte zwar rausgeguckt, um das zu sehen, aber es war schon dunkel, trotzdem war ich mir der Bedeutung dieses Momentes bewußt. Früh am nächsten Morgen stand mein Onkel am Weißrussischen Bahnhof in Moskau und holte mich in seine Wohnung. Von diesem Morgen an war alles anders, als ich es gewohnt war.

Sie sind von Österreich oder von der Tschechoslowakei aus eingereist?

Ich bin von Bogumin aus über Warschau gefahren. In Warschau mußte ich umsteigen, hatte Schwierigkeiten mit dem Schaffner, als der meine drei Koffer sah, drei Riesenkoffer, daran erinnere ich mich noch gut. Er wollte mir verständlich machen, daß ich das Gepäck aufzugeben habe. Da habe ich so getan, als wenn ich ihn nicht verstehen könnte. In Bogumin habe ich einen schluchzenden Vater zurückgelassen. Seine letzten Worte dort an mich waren: »Vergiß mich nicht.«
Ich habe ihn nie wieder gesehen, wir haben dann noch korrespondiert, er ist später zuerst nach Polen und dann nach Dänemark gejagt worden. Das letzte halbe Jahr, bevor der Krieg ausbrach, konnte ich ihm dorthin Freßpakete schicken, denn die hatten dort nichts. Aus Moskau Freßpakete schicken, das war eine solche Genugtuung.

Wie waren denn die Kontrollen an den Grenzen?

Mühelos, da ich ein russisches Visum hatte. Eine andere, spätere Kontrolle war erheblich schärfer: Als ich 1946 von einer Konzertreise von Finnland nach Leningrad zurückkam, hatte ich meinen Kofferschlüssel verlegt. Als die Kontrolle kam, sagte ich: »Machen Sie, was Sie wollen, ich habe meinen Kofferschlüssel verloren.« Dann gingen sie weg, und kurz danach fand ich den Schlüssel wieder. Als sie zurückkamen, sagte ich:

»Ich habe ihn inzwischen gefunden.« Das war nun noch verdächtiger. Sie durchwühlten den Koffer und fanden zwei Bände »Zauberberg« von Thomas Mann, die ich als Lektüre nach Finnland mitgenommen hatte. Nur die Tatsache, daß in dem einen Band ein Stempel war, aus dem ersichtlich war, daß ich ihn in Moskau antiquarisch gekauft hatte, hat dann dafür gesorgt, daß ich durchgekommen bin und der Zug mit einiger Verspätung weiterfahren konnte nach Leningrad.

Was war 1936 in den Koffern drin?

Persönliche Sachen, Kleidungsstücke, ich hatte mich noch mal eingekleidet, Noten mitgenommen, auf die ich nicht verzichten wollte, es gibt gewisse Noten, die haben mich nie verlassen. Der Band mit den vier Brahms-Sinfonien, Gustav Mahlers »Lied von der Erde«, die neun Beethoven-Sinfonien, um nur die wichtigsten zu nennen.
Literatur nicht, das wäre sehr erschwerend gewesen. Der alte Dirigent Oskar Fried, der mit zu den ersten gehörte, die als Gastdirigenten in die Sowjetunion fuhren, erzählte immer mit Häme und Genugtuung, wie er zum ersten Mal auf persönliche Einladung von Lenin, das muß so etwa 1922 gewesen sein, nach Moskau gefahren ist, im Gepäck die neun Beethoven-Sinfonien mit dem Orchestermaterial. Er sollte mit dem Orchester des Bolschoi-Theaters einen Zyklus von allen neun Beethoven-Sinfonien machen. Bei der sehr sorgsamen Kontrolle entdeckte man in der neunten Sinfonie einen Text, woraufhin man sagte: »Das kann nicht durchgehen.« Der Zug mußte über zwei Stunden warten, weil man mit Lenin telefonierte, ob man ihn mit dem Text durchlassen darf. Als ich in Moskau ankam, war es kalt, Schnee, Frost, es müssen so um die zehn oder zwölf Grad unter Null gewesen sein. Mein Onkel sagte mir: »Heute ist es nicht ganz so kalt.«

Wo haben Sie in Moskau gewohnt?

Ziemlich zentral, in der Nähe eines berühmten Krankenhauses, das hieß Sklivanowskaja Walnitza, das war das Unfallkrankenhaus, zwei Ecken von dort. Die Straße war eine kleine Gasse, sie hieß Kopjelski Perinuso, die Magistrale, die ganz in der Nähe war, hieß Retinka. Diese Retinka führte nach ungefähr fünfzehn Minuten Fußweg auf die Lubljanka, das ist der Platz, an dem das große Gebäude des Geheimdienstes GPU, des späteren

Erzählte Biographie

NKWD stand. Aber die Bedeutung dieses Gebäudes war mir damals nicht klar. Das Haus, in dem mein Onkel wohnte, war ein Neubau, in dem im wesentlichen Vertreter der Intelligenz, vor allem Ingenieure wohnten. Die großen Wohnungen hatten zwei Zimmer mit Küche. Mein Onkel hatte eine solche Wohnung, die war für zwei Personen ein Palast, sie hatten keine Kinder. Mein Onkel war um die zwanzig Jahre älter als ich, er war in irgendeinem wissenschaftlichen Institut beschäftigt, sein Spezialgebiet, in das er dort vom Ministerium berufen worden war, hieß »Fußböden in Industriegebäuden«. Er muß etwa im Frühjahr 1932 dorthin gegangen sein. Aber er besaß nach wie vor die deutsche Staatsbürgerschaft.

Ist es nicht erstaunlich gewesen, daß ein solcher Mann, der selbst noch nicht lange dort war, erreicht, daß Sie mit einer Arbeitserlaubnis einreisen dürfen?

Es waren auch alle erstaunt. Er war jedoch ein Mann von ungewöhnlicher Energie, der sich nicht abweisen ließ. Er war unglaublich charmant. Er hat sechzehn Empfehlungsschreiben beigebracht. Von wem im einzelnen, weiß ich nicht mehr, nur ein Fall ist mir im Gedächtnis geblieben; einen dort sehr berühmten Tenor, Iwan Koslowski, hat er mal im Club der Ausländer gehört. Nach dem Konzert ging er dann einfach zu ihm und hat ihn solange bekniet, bis er geschrieben hat. Mein Onkel war von unglaublicher Naivität und von festem Glauben, daß das Richtige und Gerechte sich durchsetzt. Diesen Glauben hat er mit zehn Jahren Lager gebüßt, später.

Hatten Sie noch Kontakte zu Deutschland?

Meine Freundin hat mich noch zweimal in Moskau besucht. Aber als ich sie das zweite Mal in den Zug setzte, da wußte ich, das ist das Ende, obwohl wir verabredetet hatten, sie wird nachkommen, wenn ich mich erst dort etabliert habe. Das war eine wahnwitzige Idee, denn wir wären beide verhaftet worden. Zu dieser Zeit hatte ich schon ein eigenes Zimmer gemietet und verdiente auch eigenes Geld. Aber ich habe die Zeichen der Zeit dort absolut nicht verstanden. Ich weiß nicht, warum ich Ihnen so mein Innenleben ausbreite, aber es gehört dazu. Sie hat mir dann kurze Zeit später geschrieben, ich erinnere mich noch sehr gut an die Formulierung: »Du weißt, daß mir niemals im Leben jemand so nahe gestanden hat, wie Du, aber jetzt für mich eine solche Entscheidung zu treffen, mich so an Dich zu binden, wie ich dort an Dich gebunden wäre, verzeih mir, aber das kann ich nicht.« Das hat mich furchtbar getroffen, aber es war die klügere Entscheidung und die richtige. Ich habe die Beziehung mit ihr dann abgebrochen, ich antwortete: »Dann wollen wir aufhören, das ist richtig.« Sie hat nach ungefähr einem Jahr geschrieben: »Das ist doch unsinnig, warum sollen wir nicht miteinander bekannt bleiben?« Bis zum Krieg habe ich die Beziehung noch aufrechterhalten, dann wurde es undenkbar. Aber das war ein unglaubliches Risiko, dieses Aufrechterhalten dieser brieflichen Beziehung, ein unglaubliches Risiko.

Erzählte Biographie

Motive für die Emigration in die Sowjetunion, Vorstellungen von einem Leben dort

Welche Gefühle hatten Sie denn, als der Zug in Moskau eingefahren ist?

Ich hatte eine Riesenerwartung. Ich wollte ein neues Leben beginnen, mir eine neue Heimat erobern, aber auch ein bißchen Furcht, was wird nun werden, denn die Sowjetunion war damals immer noch ein Buch mit sieben Siegeln. Nur die Tatsache, daß ich Verwandte dort hatte, die sich sozusagen dafür verbürgt haben, daß es mir dort gut gehen würde, das hat mich ruhig gemacht. Aber sonst fuhr man in die Sowjetunion eher mit der Furcht, was wird einem dort widerfahren.

Was wußten Sie vorher von der Sowjetunion?

Im Grunde genommen nichts. Ich wußte, daß die Berichte über die Sowjetunion unglaublich widersprüchlich waren, je nach politischer Position. Einige Dinge habe ich zwar als seltsam empfunden, aber eigentlich erst später registriert, daß ich das so empfunden habe. Strassbergs, die sehr links orientiert waren, ohne Parteimitglieder zu sein, hatten in früheren Jahren in Berlin häufig Besuch von Intellektuellen aus der Sowjetunion, die auch ich kennenlernte. Wenn ich sie jetzt in Moskau fragte, was machen die und jene, kam immer nur verlegenes Schweigen oder die Antwort: »Die gibt es nicht mehr.« Also mit einem Wort, ich fand heraus, die sind von der Bühne des Lebens, des Moskauer Lebens, verschwunden. Das hat mich seltsam gerührt, denn es waren alles Prokommunisten gewesen, das waren nicht irgendwelche Regime-Gegner. Aber daran gewöhnte man sich allmählich, daß auch und vielleicht sogar gerade die Prokommunisten verschwanden.

Darf ich dies als eine Art Unvoreingenommenheit, Offenheit, Neugierde auf die Sowjetunion sehen?

Neugierde und der heiße Wille, alles schön zu finden. Ich war damals politisch willens, alles positiv zu sehen.

Wie war denn Ihr politisches Selbstverständnis damals? Sie waren links eingestellt, ohne aber Kommunist zu sein?

Ja, wie man eben ein Linker ist, wenn man gar kein politischer Linker ist. Ich habe dort alles erst lernen müssen. Es hat mich vorher überhaupt nicht interessiert, wie viele andere Dinge auch nicht. Ich habe auch dort nie gefragt und nie erfahren, wie zum Beispiel die Staatsfinanzen funktionieren, eine so wichtige grundlegende Frage war ganz außerhalb meines Interessenkreises. Man bekam sein Gehalt, manchmal kam das Geld drei Tage später, dann bekamen wir eben drei Tage später Gehalt, aber woher das Geld kommt und wieso das so ist, hat mich nicht interessiert. Erst als ich dann Jahrzehnte später in Berlin selbst Chef eines Instituts wurde, mußte ich das lernen. Aber dort hat es mich nicht interessiert, obwohl ich belehrt wurde, was das Primat im Leben ist, das Primat der Politik, das Primat der Ökonomie, ist es nicht soweit gegangen, daß ich mir oder gar anderen diese doch ganz primitive Frage gestellt hätte.

Was haben Sie sich denn für Vorstellungen gemacht von der Sowjetunion?

Gar keine, das konnte man sich nicht vorstellen. Heute weiß man über alles Bescheid, wenn Sie heute nach Neuseeland fahren, wissen Sie bereits vorher über Neuseeland Bescheid. Das war damals ganz anders, es gab nur parteiliche Literatur, das heißt, entweder Apologetik oder schärfste, manchmal schmutzigste Ablehnung. Beides nahm man zur Kenntnis. Die Ablehnung verwarf ich sofort, und die Apologetik las ich nach dem Motto: Na, wollen wir mal sehen, hoffentlich stimmt es. Über die Sowjetunion war in Deutschland nichts bekannt, außer Dingen, die zum Teil schwer zu glauben waren, wenn sie überhaupt zu glauben waren, oder die eindeutig gefärbt waren. Berichte aus der Sowjetunion waren immer politisch gefärbt.

Für die deutsche Rechte war die Sowjetunion auch ein Feindbild.

Das machte sie uns schon sympathisch.

War das für Sie ein Motiv?

Motiv war, ich mußte mir ein Leben und eine Heimat suchen. Ich hätte es auch in Amerika getan, wenn ich …

Dabei wäre es zweitrangig gewesen, ob das die Sowjetunion oder Amerika gewesen wäre?

Es wäre zweitrangig gewesen, und es wäre sogar akzeptabel gewesen, wenn ich im nördlichen Schweden als Notenverkäufer in einer Notenhandlung hätte arbeiten können.

Die Tatsache, daß Sie Verwandte in Moskau hatten, war letztlich der ausschlaggebende Punkt?

Ja, die hätten mich sonst gar nicht reingelassen.

Wenn die am Polarkreis gesessen hätten, dann …?

Ja, wenn sie mich geholt hätten, wäre ich auch dorthin gegangen.

Was war für Sie die erste beeindruckende Erfahrung in Moskau?

Ich habe viele Leute aus der Intelligenz kennengelernt, die ganz außergewöhnlich waren, aber genauso außergewöhnlich wie das war auch etwas, was ich so bisher nicht gekannt hatte, das unglaublich positive Verhältnis der breiteren Bevölkerung zu ihren Künstlern. Ein Schauspieler vom Künstlertheater wohnte bei uns im Haus, vor dem ging man auf die Knie und zog den Hut. Das war natürlich unglaublich beeindruckend für mich.

Anstellung am Moskauer Rundfunk bei George Sebastian, Arbeitsbedingungen in Moskau, Lebensbedingungen als Ausländer, Begegnung mit Klemperer, Arbeit mit Gilels

Was haben Sie in den ersten Tagen in Moskau gemacht? Mußten Sie sich als Ausländer bei Ihrer Ankunft melden? Wie ist man mit Ihnen umgegangen? War die Aufenthaltsgenehmigung beschränkt?

Ich mußte mich sofort am nächsten Tag polizeilich melden. Die Aufenthaltsgenehmigung war immer beschränkt, es gab nur das sogenannte Gegenwartspapier, eine Erlaubnis, die gewöhnlich für ein halbes Jahr galt, sie mußte immer wieder verlängert werden, was gar kein Problem war, so lange man Arbeit hatte. Wie es war, wenn man keine Arbeit hatte damals, weiß ich nicht mehr, später wurde es sehr schwer. Nach zwei Wochen ging ich mit dem Empfehlungsschreiben von Stiedry, den ich zufällig getroffen hatte, zum Moskauer Rundfunk-Orchester und traf dort George Sebastian, dem ich vor Jahren in Berlin an der Städtischen Oper vorgespielt hatte. Er war jetzt dort musikalischer Chef. Sebastian machte gerade einen Zyklus von Mozart-Opern in Konzertaufführungen, das war dort absolut unbekannt, und da war ihm so jemand wie ich, der diese Opern alle als Korrepetitor schon aus dem »Effeff« kannte, natürlich höchst erwünscht. So wurde ich sofort engagiert. Der Rundfunk hatte zwei Orchester, kein eigenes Opernensemble, aber ein eigenes Sängerensemble, das dann für die jeweilige Oper zusammengestellt wurde. Die Opernaufführungen fanden im Haus der Gelehrten statt, in einem kleineren Saal für etwa 800 bis 1000 Leute mit einer dazugehörigen Bühne, da fanden auch viele Konzerte des Rundfunkorchesters statt. Da habe ich auch zum ersten Mal im Leben dirigiert, die »Entführung aus dem Serail«, das war dort die erste Oper, die ich selbständig einstudiert habe.

Wieviel haben Sie verdient?

Ich weiß zufällig noch die Summe, es waren 650 Rubel, 150 Rubel mehr als das normale Korrepetitorengehalt am Rundfunk. Man konnte das mit mir machen, für Ausländer gab es irgendwelche speziellen Möglichkeiten, und ich sagte – da habe ich gelogen, ich muß es bekennen – ich habe gesagt: »Ich muß für meine Wohnung bei meinem Onkel soundsoviel

Miete zahlen, 150 Rubel.« Der Onkel war entsetzt, als ich ihm das sagte. Aber ich bekam anstandslos 650 Rubel, was ein Gehalt war, von dem man, so wie ich dort lebte, leben konnte.

Wie waren Ihre russischen Sprachkenntnisse?

Ich habe zunächst lange auf das Visum gewartet, diese Zeit habe ich damit verbracht, die Beethoven-Sinfonien zu studieren, die ich noch nicht kannte und stur russische Grammatik gepaukt. Als ich nach Moskau kam, konnte ich besser Russisch sprechen als die allermeisten Emigranten, die ich dort kennengelernt habe. Allerdings hatte ich überhaupt keinen Sprachschatz, aber da ich am Rundfunk bis auf wenige Ausnahmen darauf angewiesen war, Russisch zu sprechen, habe ich es sehr schnell gelernt, und nach wenigen Jahren habe ich fast akzentlos gesprochen, was in Russisch nicht ganz leicht ist, zumindest in der ersten Hälfte des Tages, in der zweiten, wenn ich müde wurde, dann ließ das etwas nach.

Hat Sie das nicht verdächtig gemacht als Ausländer?

Nein, zu der Zeit war ein Ausländer in Moskau eine exotische, hoch interessante Persönlichkeit. Als Ausländer hatten wir gewisse Privilegien. Wenn man im Hotel ein Zimmer wollte, und man sprach gebrochen Russisch und wies darauf hin, man sei Ausländer oder ehemaliger Ausländer, dann war es leichter, ein Zimmer zu bekommen, als wenn man als normaler russischer Bürger gekommen wäre. Im täglichen Leben war es damals noch erleichternd, Ausländer zu sein.

Wurde Ihre künstlerische Entwicklung in erster Linie durch Ihre Arbeit am Rundfunk bestimmt?

Meine Entwicklung fand nicht durch die Arbeit im Rundfunk statt, sondern vor allem durch das, was ich außerhalb des Rundfunks kennenlernte, auch musikalisch. Ich kam aus einem nicht nur musikalisch unglaublich chauvinistischen Land; Deutschland verstand sich als Mittelpunkt der Welt, auch kulturell, und war es damals vielleicht auch, aber ich hatte keine Ahnung davon, daß Rimski-Korsakow siebzehn Opern geschrieben hatte, von denen dort ungefähr zehn im Repertoire waren. In Deutschland galt Rimski-Korsakow als der Komponist der »Scheherazade«, die wurde ab und zu mal in Konzerten etwas leichterer Art gespielt, und sowjetische Komponisten gab es in deutschen Konzertprogrammen gar nicht. Wann hätte ich in Deutschland jemals was von Panejew gehört, dessen Erste Sinfonie ich später jahrelang sogar auf Auslandsgastspielen der Leningrader Philharmonie mit Vergnügen und nicht ohne Erfolg dirigiert habe. Glasunow kannte man damals in Deutschland fast gar nicht. Diese Dinge mußte ich mir alle aneignen. Ich wußte, daß Tschaikowsky die Vierte, Fünfte und Sechste Sinfonie geschrieben hat, ich hatte sie auch irgendwann gehört, aber ich mußte sie erst einmal zu dirigieren lernen. Ich kannte paradoxerweise die russische Literatur besser als die russische Musik. Gustav Mahler hatte doch gesagt, für einen Musiker sei Dostojewski wichtiger als der Kontrapunkt. Das haben wir natürlich mit Freuden beherzigt, ich weiß nicht, wie viele Sowjetbürger soviel von Dostojewski gelesen haben wie ich.

War Dostojewski denn damals in der Sowjetunion frei zugänglich?

Er war immer frei zugänglich, er wurde nur nicht gefördert. Er stand ideologisch auf der anderen Seite, aber er gehörte zur großen russischen Tradition, und die wurde gepflegt. Er war zugänglich, seine Werke erschienen auch in Gesamtausgaben, wenn auch seltener als Tolstoi und noch seltener als Puschkin. Es gehört zu meinen erstaunlichen Erlebnissen, daß jeder Schulabgänger dort seinen »Eugen Onegin« auswendig kannte. Wenn sie in die Oper gingen, um »Eugen Onegin« von Tschaikowsky zu hören, so haben sie den Text von Puschkin verstanden. Ich wüßte bei uns in Deutschland nichts Adäquates. Wer hätte hier damals auch nur ein Drama von Schiller einigermaßen erzählen können, meine Mitabiturienten vermutlich nur das, was gerade einmal in der Schule durchgenommen wurde und, wenn überhaupt, dann »Wilhelm Tell«, denn »Maria Stuart« wurde schon nicht mehr durchgenommen.

Wie lange haben Sie dann am Rundfunk gearbeitet?

Bis 1938, da lief mein Vertrag aus und wurde nicht erneuert, weil ich ehemaliger Ausländer war, noch nicht, weil ich Jude war, aber weil ich ehemaliger Ausländer war. George Sebastian hat schon 1937 nicht wiederkommen dürfen. Man hat allen Gastdirigenten, die dort ständig engagiert waren, das waren Fritz Stiedry in Leningrad, George Sebastian in Moskau, Zenkar an der Moskauer Philharmonie und ein gewisser Adler in Kiew, denen hat man gesagt: »Wenn ihr weiter hier arbeiten wollt, müßt ihr die Staatsbürgerschaft annehmen. Das Hin- und Herreisen geht nicht mehr.« Ich weiß noch, ich saß mit ihnen zusammen im Hotel National, kurz bevor sie alle wegfuhren, alle mit dem Gefühl, das ist alles Quatsch, die können doch gar nicht ohne uns, wen sollen sie nehmen. Keiner von ihnen ist wiedergekommen. Mit einem Schlag hieß es: Nein. Das war die große Stunde für eine Reihe sowjetischer Dirigenten, die dann etwas später mit Recht berühmt und anerkannt wurden, vor allem für Mrawinski in Leningrad, bis dahin ein unbekannter Ballettdirigent an der Kiewer Oper, für Nathan Rachlin in Kiew, ein ganz junger Mann, unglaublich begabt, und etwas später auch für mich; das ist unsere große Chance geworden.

Wie sah Ihre Arbeit mit dem Rundfunkorchester aus? Waren Sie wieder »Mädchen für alles«?

Nein, das hätte ich nicht sein können, ich hätte zum Beispiel nicht die Autos bestellen können. Man arbeitete dort nicht so viel wie hier. Wenn ich meine vier Stunden Korrepetition am Tag hinter mir hatte, war mein Tagewerk eigentlich erledigt, so daß ich noch viel Zeit hatte. Wenn es mal sechs Stunden waren, war es ein sehr schwerer Tag. Ich ging sehr viel in Konzerte und in Theater, in die Oper, was insofern leicht war, als es etwas gab, was mich damals auch zutiefst beeindruckt hat: Theaterkarten gab es unentgeltlich über das Gewerkschaftsbüro. So habe ich viele Vorstellungen im Künstlertheater oder im Bolschoi-Theater gehört, ohne einen Pfennig dafür zu bezahlen. Jeder Mitarbeiter konnte das. Das hörte dann allerdings sehr bald auf, denn es war für den Staat nicht mehr bezahlbar. Plötzlich war man darauf angewiesen, daß man das zahlende Publikum herein bekam.

Wann war denn das erste Dirigat in Moskau?

Am 12. Januar 1937 mit der »Entführung aus dem Serail«. Später, als der Sebastian nicht mehr zurückkommen durfte, übernahm ich die Oper in ihrem laufenden Spielplan, es wurde »Don Giovanni« gegeben, »Figaro«, dann hatte ich auch ein Jugendkonzert mit dem Staatsorchester, was meine erste Begegnung mit ihm war. Die anderen Orchester habe ich später alle durch meine Filmarbeit kennengelernt. Ich war für die kein neuer Mann, aber ich war auf dem Podium in Moskau als Konzertdirigent natürlich neu.

Sie waren im Rundfunk Mitglied eines Kollektives, das doch auch sicher politische Aufgaben hatte, zum Beispiel die Teilnahme bei Sympathiekundgebungen oder bei Aufmärschen. Waren Sie dabei?

Da war ich immer dabei, das war ganz ausgeschlossen, nicht dabei zu sein, es sei denn, man war krank, doch dann auch nur mit Attest. Ich kam im Februar dorthin, und im Mai war meine erste Demonstration. Als wir über den Roten Platz an der Tribüne vorbei zogen, wo die Führung aufgereiht stand, ergriff man plötzlich links und rechts meine Hände, und wir gingen Hand in Hand über den Platz. Ich fragte:»Was ist los?« »Ja, das ist eben so.« Später habe ich dann erfahren, das wurde gemacht, damit man die Hand nicht zum Schießen frei hatte. Ich weiß nicht, ob das nur in diesem Kollektiv so war, aber ich möchte annehmen, das war eine allgemeine Regel.

Alle Zivilpersonen, die dort über den Platz gezogen sind, haben sich an den Händen gefaßt?

Ja, alle, deshalb habe ich mich so gewundert. Außerdem wurden vor den großen sowjetischen Feiertagen immer die Schreibmaschinen versiegelt, man könnte etwas drucken. Ich habe die Sekretärin einmal gebeten, einen Brief zu schreiben, und sie sagte:»Nein, heute sind die Maschinen bereits versiegelt.« In den Anfangsjahren fand jeden Monat einmal ein Vortrag über die internationale Lage für das ganze Sängerkollektiv statt. Das war nur zum Teil die internationale Lage, wie sie von dort gesehen wurde und zum anderen, größeren Teil die Politik der Sowjetunion im Zusammenhang damit. Das war obligatorisch, man ging da hin, man separierte sich davon nicht, weil einen das sofort verdächtig machte. Die Agitatoren, die da sprachen, gehörten nicht immer zu den interessantesten Persönlichkeiten und lasen meist offiziöse Texte ab. Man wurde nicht unbedingt zum Denken angeregt. Da ging man hin, wie viele nicht religiöse Menschen jeden Sonntag in die Kirche gehen.

Hat man Sie in irgendeiner Art und Weise aufgefordert oder genötigt, in die Partei einzutreten?

Nie. Weder dort, noch später in der DDR. In der DDR mit Absicht, glaube ich, weil sie vielleicht nicht zu Unrecht gesehen haben, daß ich ihnen als Parteiloser vielleicht viel mehr diene als Aushängeschild.

Erzählte Biographie

Bekanntschaften mit dem deutschen Kommunisten Alfred Kurella und mit Hans Rodenberg, Gesprächsthemen, politische Stimmung in der Sowjetunion zur Zeit der großen stalinistischen Säuberungen und Schauprozesse, Lebensbedingungen, die »jüdische Frage«

Hatten Sie in Moskau auch Kontakt zu den politischen Emigranten im »Hotel Lux«? Kamen die auch in Ihre Konzerte?

Sie sollten wissen, daß bei den Politikern die Liebe zur Kunst nicht die hervorstechende Eigenschaft ist, auch die politischen Emigranten waren mehr an Politik und – wie wir jetzt wissen – an Intrigen gegeneinander interessiert und in Sorge um ihr eigenes Leben. Ich bin nie im »Hotel Lux« gewesen, obwohl ich sehr häufig dort vorbei gegangen bin. Wir wußten, da wohnt die politische Prominenz der Komintern, aber wer das im einzelnen war, das war uns unklar. Kennengelernt habe ich in dieser Zeit nur Alfred Kurella, er war politischer Emigrant. Ich weiß nicht, wann er für ein ständiges Leben nach Moskau kam. Ich weiß, daß er sich immer damit rühmte, einer der ersten gewesen zu sein, die zu Lenin vorgedrungen waren oder geschickt wurden von Deutschland. Die Nazis hat er, glaube ich, nicht erlebt, da war er schon in Moskau, vielleicht nicht mit der Absicht, dort ständig zu leben, aber das ergab sich dann. Er wohnte damals bereits nicht mehr im »Hotel Lux«, bis Kriegsausbruch wohnte er in einer Privatwohnung. Man kennt Kurella hier in Deutschland zu Recht als extremen Dogmatiker, der er auch war, aber daneben war er ein hochgebildeter Mensch mit großer Liebe zu allen Künsten. Ich habe später erfahren, daß er in seiner Jugend Maler war, bevor er sich entschied, Schriftsteller zu werden, der er im Grunde genommen auch nie geworden ist, was sein großes Trauma war. Er liebte auch die Musik. Ich habe ihm später viele Fragen gestellt und ihm sehr gut zugehört, es war für mich hochinteressant, so jemandem zuzuhören, der auf diesem intellektuellen Niveau versuchte, mir politische Anfangsgründe beizubringen. Er ist es wahrscheinlich gewesen, der Ende der 50er Jahre in der DDR initiiert hat, daß man mich aus Leningrad loseiste. Kurella beneidete mich darum, daß ich nur ein Talent hatte und nicht siebzehn. Ich war für Kurella vielleicht derjenige, der seine künstlerischen Ambitionen, wenn man es so nennen will, in seinem Leben verwirklichen konnte und verwirklicht hat, ohne nach rechts und links zu sehen. Er selbst fühlte sich in die Politik gedrängt – halb zog es ihn, halb sank er hin –, aber er war immer der Meinung, die Politik und die Beschäftigung mit der Politik habe seine künstlerischen Potenzen, ich will nicht sagen, lahmgelegt, aber nicht entfalten lassen. Kurella habe ich kennengelernt, als ich von Sebastian, der ins Ausland fuhr, im Frühjahr 1937 die »Entführung aus dem Serail« übernahm, da war er in der Vorstellung. Danach war ich mit meinen Verwandten noch in einem Restaurant essen, und da sagte meine Tante, die im »Club der Ausländer« Mitglied war: »Ach, da sitzt der Kurella.« Sie begrüßte ihn, und er kam an unseren Tisch und sagte zu mir: »Sie sind doch der Kurt Sanderling, ich habe sie heute abend gehört.« So ergab es sich, daß er sich zu uns setzte. Es war zuerst eine verhältnismäßig flüchtige Bekanntschaft, aber er kam mehr und mehr zu meinen Konzerten. Was unsere, wenn ich es Freundschaft nennen darf, oder ein zueinander Hingezogensein erklärt, war die Tatsache, daß ich in Moskau kein Klavier hatte, und er hatte eins und sagte: »Kommen Sie doch zu uns spielen, wir würden uns freuen, spielen Sie, was Sie wollen, wir setzen uns daneben und lesen.« So war ich einmal wöchentlich wenigstens in seiner Wohnung und spielte mir so vier bis fünf Stunden die Seele aus dem Leib, danach gab es Tee, und es wurden jüdische Witze erzählt, was er wunderbar konnte, obwohl er kein Jude war. So saßen wir dann oft bis morgens um drei Uhr zusammen.

Und wann hat er begonnen, Sie, wie Sie sagen, in die politische Materie einzuführen?

Es ergab sich so allmählich, wobei über Tagespolitik in dem Sinne nicht gesprochen wurde. Es war für ihn sowieso alles wunderbar, was geschah. Wir lebten in der besten aller Welten. Mit der Zeit öffnete er mir die Augen über größere Zusammenhänge zwischen Kunst und Gesellschaft, Ökonomie und Kunst und anderes. Nicht, indem er mir Lektionen vorlas, sondern so in unseren Gesprächen.
Es ist bemerkenswert, wie wenig überhaupt über politische Tagesfragen gesprochen wurde. Das prinzipielle Einverständnis mit der Politik des Landes war vorausgesetzt, sonst konnte man gar nicht existieren, und über Einzelheiten wurde nicht gesprochen, zum Beispiel über das, was allen auf der Seele brannte, über die Verhaftungen, später die Prozesse, alle diese Dinge, darüber wurde nicht gesprochen.

Erzählte Biographie

Haben Sie auch über Deutschland gesprochen?

Ziemlich viel, wobei er derjenige war, der in seinen Sympathien deutscher war als ich. All diese Politemigranten haben damit gerechnet, eines Tages wieder in Deutschland zu sein und ein richtiges Deutschland aufzubauen. Ich hatte damals eigentlich mit Deutschland abgeschlossen. Deutsche Kultur ja, immer und an erster Stelle. Aber mit Deutschland und mit den Deutschen, mit denen hatte ich abgeschlossen. Das kam dann erst allmählich wieder, nachdem die Nazis weg waren.

Mit dem Grenzübertritt haben Sie Ihr Deutschsein aufgegeben? Oder mit dem Entschluß, wegzugehen?

Sie setzen mir das Messer auf die Brust, natürlich habe ich das nicht eines Tages beschlossen, ich habe nur eines Tages festgestellt, daß ich das hinter mir gelassen habe und daß mir Tucholsky dann doch sehr nahe stand, als ich bei ihm las: Mit den Deutschen habe ich abgeschlossen. Heimweh habe ich dann später bekommen, aber wonach sollte ich damals Heimweh haben. Ich hatte Heimweh nach einem Heim, und das suchte ich mir mit allen Kräften dort einzurichten, bis ich aus vielen Gründen merkte, das wird nie meine Heimat.

Bekamen Sie überhaupt Informationen über das, was in Deutschland in dieser Zeit geschah?

Im wesentlich nur über die Presse, die selbstverständlich gesteuert war. Aber ich hatte vieles noch mit eigenen Augen gesehen, deshalb war mir vieles schon klar, ich habe an einigen Dingen aus der Presse gar nicht gezweifelt. Kurella und die meisten seinesgleichen gingen davon aus, daß der Nationalsozialismus nichts Ewiges sei und bei der erstbesten wirklichen Belastung zusammenbrechen würde. Dann kommt unsere Stunde, so dachten sie ungefähr. Wir alle, die wir dort gewesen sind, hatten diese Hoffnung. Irgendwann sind uns diese Hoffnungen ausgetrieben worden.

Die Schauprozesse hatten noch nicht angefangen, aber wie haben Sie die politische Stimmung in der Sowjetunion empfunden?

Das ganze Leben und – wenn ich das Wort benutzen darf – auch die Seelen der Menschen waren überzogen mit einer Staubschicht der Heuchelei. Wie kann ich das erklären, was ich meine? Sehen Sie, wenn Sie in unserem Land hier das Grundgesetz achten und nicht zu sehr links und nicht zu sehr rechts sind, können Sie existieren, sind wohlgelitten, und man verlangt von Ihnen nicht mehr. Dort wurde ununterbrochen das Bestätigen der Ideologie und der Macht verlangt. Ich hatte dort ständig zu sagen, daß ich in der besten aller Welten lebe, die geleitet und angeleitet wird von den größten und bedeutendsten Wissenschaftlern, Kriegsmännern und Politikern aller Zeiten. Das ist so übergegangen in den Tagesgebrauch, daß es lange Zeit gedauert hat, bis ich erkannt habe, daß es Heuchelei war. Mir schien, daß es den Menschen zwar schlecht gehe, aber sie waren ihrem Staat gegenüber positiv eingestellt. Hinzu kam, daß ich persönlich Frieden haben wollte. Also kam es mir sehr gelegen, eine Gesellschaft vor mir zu sehen, die positiv war, und dies auch einem im Prinzip sehr positiven Ziel gegenüber. Als ich die nationalsozialistische Gesellschaft verlassen hatte, gab es auch ein weitgehendes Einverständnis, weit größer, als man es heute zugeben mag, aber man konnte sich dieses Einverständnisses nicht erfreuen, weil es das Einverständnis mit einer Ideologie war, die etwas absolut Inhumanes zum Ziel hatte. Das war dort genau umgekehrt. Als ich dieses scheinbare Einverständnis mit einem Ziel sah, das mir instinktiv als sehr erstrebenswert erschien, war ich sehr glücklich. Was ich sonst gesehen habe, na gut, das waren die berühmten Späne, die eben fallen, wenn man hobelt. Das, was ich in meiner Umgebung erfuhr, hat mich erst allmählich dazu gebracht, diesen Nebel der allgemeinen Heuchelei zu durchschauen. Die Prozesse haben wir absolut nicht verstanden. Wie war das möglich, daß jemand, der eine politische Überzeugung vertritt, selbst wenn er zu dem Schluß gekommen wäre, diese Überzeugung war falsch und schädlich, sich dann hinstellt und sagt: Wir sind der Abschaum der Menschheit. Man muß uns vernichten und zertreten, wie das prominente Gegner von Stalin am Ende dieser Prozesse gemacht haben.

Es gab keine Kritik am System oder an Personen, das war absolut undenkbar. Man konnte sich eigentlich nur verständigen über Andeutungen. Wenn man sagte, das ist für uns eigentlich unverständlich, ohne die

Rechtmäßigkeit in Frage zu stellen, dann war das schon sehr viel. Wobei, auch das muß man berücksichtigen, die gelernten Sowjetbürger, die die Sowjetunion seit 1917 miterlebt und viele Dinge gesehen hatten, die wir nur aus Büchern frisiert kennengelernt hatten, die haben eben in Leningrad miterlebt, wie dieser Lenin mit einer Handvoll Soldaten die ganze Duma hat verhaften lassen. Die haben vor allem einen Bürgerkrieg miterlebt, der bis 1922 dauerte, heute die Weißen, morgen die Roten, heute wurden die erschossen, morgen dafür andere. Die haben auch die ganze Verlogenheit miterlebt. Es gibt eine ganz berühmte Anekdote dort aus späterer Zeit, die ich ganz herrlich finde und die eigentlich alles sagt. Als sich Chruschtschow und Kennedy in Wien getroffen haben, erzählte man, hätten sie auf dem Gelände der amerikanischen Botschaft in Wien einen Wettlauf veranstaltet. Darüber wurde dann in der Sowjetunion so berichtet: »Gestern hat der Führer der Sowjetunion Nikita Chruschtschow auf dem Gelände der Botschaft einen Freundschaftsdauerlauf mit dem Präsidenten der USA veranstaltet. Der Präsident der USA wurde vorletzter, Chruschtschow belegte einen ehrenvollen zweiten Platz.« Das ist die Berichterstattung, die wir erst später durchschauten. Meine Freunde, die mich sehr oft belächelt haben ob meiner Blauäugigkeit in den ersten Jahren, haben das natürlich alles schon gekannt, gesehen, gewußt, sie haben diese Presse schon zwanzig Jahre erlebt. Mit mir hat das eben einige Zeit gedauert. Bei meinen Verwandten wurde außer der »Iswestija« die »Deutsche Zeitung« für die Deutschen der Wolga-Republik gehalten, das war ein unglaublich provinzielles Käseblatt, politisch wurde mit ein oder zwei Tagen Verspätung alles das nachgedruckt, was in der »Prawda« gestanden hatte. Plötzlich lese ich jeden Tag, um wieviel Prozent welche Kolchose den Plan in der Ernte erfüllt hat. Ich lese das einen Tag, den zweiten Tag, den dritten Tag, ich frage mich plötzlich, wieso ist denn das so wichtig, wann hätte ich jemals hier etwas Ähnliches gelesen. Das sind die Dinge, aus denen sich, wie man damals vielleicht dort gesagt hätte, die Umformung meines Bewußtseins herausgebildet hat.

Haben Ihre Freunde, Ihre Bekannten, Ihre Gesprächspartner Ihr Umdenken beeinflußt oder haben sie – Sie haben es schon angedeutet – es mehr oder weniger durch Auslassung und Hinterfragen gefördert?

Sie haben es erst lange Zeit belächelt: Dem ist sowieso nicht zu helfen. Nun hatte ich denen meine Erfahrungen mit dem Faschismus voraus, an die sie dort gar nicht so recht geglaubt haben; sie haben geglaubt, das ist auch so eine Sorte Propaganda, wie hier alles Propaganda ist. Das war sozusagen die Kehrseite. Es hieß: Wir kennen doch die Deutschen von 1918, als sie die Ukraine besetzt hatten, die haben dort erst mal Ordnung, Anstand und Sicherheit gebracht. Wenn ich dann Einzelheiten erzählte, die mir geläufig waren, zum Beispiel über Konzentrationslager, damit konnte ich denen nicht imponieren, aber die Sache mit Wolfgang Langhoff, dann sagten sie:»Na ja, sowas mag passiert sein, aber das ist doch nichts im Vergleich zu dem, was hier passiert ist und was du gar nicht so richtig weißt.« Das Wissen von dem, was gewesen ist, kam erst allmählich, aber das Erlebnis dessen, was ist, das war jeden Tag da. Von dem Nachbarn meines Onkels, mit dem ich viele Abende Schach gespielt habe, hieß es eines Tages: Der ist gestern abend verhaftet worden. Das hat Schrecken ausgelöst. Ich habe, nachdem ich bei meinen Verwandten ausgezogen war, die ganze Zeit bis 1941 dort zu Mittag gegessen und wenn ich mich danach verabschiedete und nach Hause ging, haben wir uns gefragt: »Sehen wir uns morgen noch wieder?« Wir haben es nicht ausgesprochen, aber gedacht haben es alle.

Also gab es doch eine Atmosphäre der Angst?

Eine furchtbare Angst, weil es unberechenbar war. Wenn ich in Deutschland zur Nazi-Zeit gelebt habe und ich nicht Kommunist und nicht Sozialdemokrat und nicht Jude war, was ein Sonderfall war, so konnte ich eigentlich damit rechnen, morgens in meinem Bett aufzuwachen. In der Sowjetunion gab es absolut keine Spielregeln. Prominenteste Kommunisten, nicht prominente Kommunisten, normale Ingenieure, Arbeiter, wenn auch sie seltener, wurden plötzlich verhaftet. Mein Onkel wurde zu Beginn des Krieges in seinem Institut verhaftet, und er ist nach zehn Jahren wiedergekommen und hat meiner Tante erzählt, was ihm vorgeworfen worden war: Als er in die Sowjetunion ging, hatte er mit einer deutschen illustrierten Zeitung, ich glaube, sie hieß »Arbeiter-Illustrierte«, einen Vertrag geschlossen, er wird dort Fotos machen, sie zur Veröffentlichung nach Deutschland schicken und dafür etwas Geld bekommen. Das hat er auch gemacht. Selbstverständlich ging jedes Foto durch die Zensur, und es stand »Freigegeben für die Veröffentlichung« darauf. Das ging die ganze Zeit anstandslos, so lange diese Zeitung existierte. Als wir Moskau fluchtartig am 18. Oktober 1941 verlassen mußten,

Erzählte Biographie

ließen sie ihre Wohnung zurück, so wie sie stand. Jeder von uns konnte nur zwei Koffer nehmen, die er tragen konnte. Die Hausangestellte, die in der Wohnung zurückblieb, angelte sich als Hausfreund einen Milizionär. Als die so stöberten, fanden sie im Schreibtisch meines Onkels Fotos von Fabriken und allen möglichen Dingen. Das waren die von der Zensur freigegebenen früheren Fotos für die »Arbeiter-Illustrierte«, aber das hatte plötzlich gar keine Bedeutung mehr, er wurde verhaftet, die Verhandlung im Gericht hat fünf Minuten gedauert, er ist als Spion zu zehn Jahren Haft verurteilt worden, wirklich für nichts, für etwas, was ganz offiziell war. Er hat wenigstens danach erfahren, weshalb, aber in der Regel erfuhr man das ganz und gar nicht. Es war diese Ungewißheit, wenn jemand anderes verhaftet wird, können auch wir verhaftet werden. Wenn ich es gekonnt hätte, wäre ich wieder weggegangen. Ich konnte es nicht, weil ich keine Papiere hatte, keinen Paß. Bei der Einreise hatte ich zwar einen Paß, der war mir aber von der Deutschen Botschaft weggenommen worden, als ich ihn verlängern lassen wollte. Es war keine schöne Zeit, es war eine schwere Zeit, sowohl psychisch als auch physisch. In Deutschland fühlte ich mich als Jude verfolgt, wenn auch nicht physisch, und hier fühlte ich mich als ehemaliger Ausländer diskriminiert und eigentlich verfolgt. Ich habe Leute gesehen, die in die nächste Haustür einbogen, wenn sie mir entgegen kamen, um mich nicht grüßen zu müssen. Das Schlimme daran ist nicht, daß sie sich so verhalten haben, sondern daß sie glaubten, Grund zu haben, sich so zu verhalten, daß sie nämlich des Kontaktes mit einem Spion bezichtigt werden könnten, wenn es jemand beobachtet hätte, der mich beobachtete.

Hatten Sie russische Freunde zu dieser Zeit?

Es gab ganz wenige Sänger, die zu mir ein enges persönliches Verhältnis hatten. Ich erinnere mich an einen Tenor und an eine Sopranistin, aber das konnte nie über einen bestimmten Grad hinausgehen, denn wir waren einander im Grunde genommen fremd, mit anderer Erziehung, sie waren klüger als ich, was das Verstehen der Dinge betrifft, und auch zu der Zeit, als ich schon klüger war, waren die immer noch klüger als ich, denn sie hatten mir zwanzig Jahre Erfahrung voraus. Dann erinnere ich mich an eine gute Bekanntschaft, das war der Vater des Dirigenten Roshdestwenski, auch ein Dirigent namens Nikolai Pawlowitsch Tonosow, in dessen Haus ich viele Abende verbracht habe, wir haben viel vierhändig musiziert. Er hat mich in die russische Musik eingeführt, er hat fließend deutsch und französisch gesprochen, denn sein Vater war Diplomat gewesen. Mit ihm war ich gut bekannt, befreundet ist schon zu viel gesagt – schon deshalb, weil ich dann eine Freundin hatte, die er hätte haben wollen. Mit Freundschaften ist es dort sowieso sehr schwierig.

Hatten Sie jüdische Freunde?

Als ich in die Sowjetunion kam, hat mich eine Besonderheit des damaligen Lebens unglaublich berührt: Es gab diese jüdische Frage nicht. Es gab sie nicht, zumindest nicht in den Kreisen, mit denen ich es zu tun hatte. Es gab sie nicht in der Politik, was daran abzulesen war, daß es auf den höchsten Positionen viele Juden gegeben hat, und es gab sie auch nicht, wo ich mich bewegte. Ich möchte annehmen, daß es unterschwellig, vor allem bei der breiteren Bevölkerung, schon einen angeborenen Antisemitismus gegeben hat – nicht angeboren, aber einen in Jahrzehnten vom früheren Regime gezüchteten und geduldeten und sogar propagierten Antisemitismus.

Haben Sie den bemerkt?

Überhaupt nicht, weil ich zu einer Zeit in die Sowjetunion kam, als es die offizielle politische Linie war, in keiner Weise zu zeigen, daß es eine Hegemonie der Russen gibt. Es war für die Karriere viel besser, Ukrainer oder Kasache zu sein, nicht unbedingt Jude, aber da die Juden dort als Nationalität gewertet wurden und nicht mit ihrem Glaubensbekenntnis, deshalb fielen auch sie unter die Rubrik »nicht zu diskriminieren«. Das machte sich natürlich auf allen Gebieten unglaublich bemerkbar. Wenn mich damals jemand, was undenkbar war, in der Straßenbahn oder in der Metro in Moskau mit einem Wort wie »Saujude« bedacht hätte, er wäre umgehend verhaftet und wegen Rassendiskriminierung zu einigen Jahren Verschickung verurteilt worden. Das wurde zumindest in Moskau, aber sicher auch in anderen großen Städten, ziemlich konsequent durchgeführt, so daß der Antisemitismus, den es gegeben haben mag, der persönliche Antisemitismus von Nicht-Jude zu Jude, nicht gezeigt wurde. Es war einfach zu gefährlich, denn er wurde unterdrückt, wie jede Äußerung von Rassendiskriminierung oder gar Rassenhaß. Das war für mich ein unglaubliches Erlebnis: Zum ersten Mal spielte es gar keine Rolle, daß ich

Erzählte Biographie

Jude war! Weder hat mir das Vorteile gebracht, noch hätte es irgendwelche Nachteile gehabt, ganz besonders natürlich nicht in Kreisen, mit denen ich es zu tun hatte, in Kreisen der künstlerischen Intelligenz, aber auch für die Mitbewohner im Haus war das einfach ein uninteressantes Thema. Das war es auch zum ersten Mal in meinem damaligen dreiundzwanzigjährigen Leben. Zum ersten Mal war die Frage, daß ich Jude bin, eine uninteressante Frage, nicht nur belanglos, es war keine Frage, das war ein Punkt in meiner Enquete wie Name, Vatername, Geburtsort, Augenfarbe, Nationalität.

Stand in Ihrem Paß als Nationalität »Jude«?

Ja, ich konnte es mir auswählen, als ich die sowjetische Staatsbürgerschaft und damit einen sowjetischen Paß bekam. Ich hatte eigentlich dazu geneigt, »Deutsch« zu schreiben, denn ich fühlte mich natürlich weitaus mehr als Deutscher, und da ich nicht gläubig war, nicht religiös war, fühlte ich mich auch nicht als »Jude«. Aber mein Onkel, der klüger war als ich, sagte: »Weißt du, das Wort ›Deutsch‹ hat im Moment hier keinen guten Klang.« Es war der Höhepunkt der Nazizeit. Ich habe also »Jude« geschrieben, und es fiel mir innerlich in keiner Weise schwer, in diesem Augenblick nicht »Deutsch« zu schreiben. Auch für uns alle hatte das Wort »Deutsch« einen sehr ominösen Beigeschmack, deutsch waren die Faschisten, die Nationalsozialisten. Wie heißt es in den »Meistersingern«: »Was deutsch und echt« – das hatte keinen Kurswert.

Wann sind Sie sowjetischer Staatsbürger geworden? Was bedeutete das für Sie?

Mein deutscher Paß war mir abgenommen worden, weil er abgelaufen war, und da meine Familie ausgebürgert war, bekam ich nicht einmal einen Staatenlosen-Paß, sondern ich bekam eine Aufenthaltserlaubnis, aus der hervorging, daß ich staatenlos war. Ich stellte deshalb einen Antrag auf die Staatsbürgerschaft der Sowjetunion, der mir beim ersten Mal verwehrt wurde, man wollte aus Spionagehysterie nach Möglichkeit keine ehemaligen Ausländer bei sich haben, wir waren ja alle potentielle Spione. Nach der gebührenden Zeit, ich glaube, es war ein halbes Jahr, stellte ich wieder einen Antrag, und der wurde dann akzeptiert. Ich war überglücklich, wieder einen Paß in der Hand zu haben, als Person auf dieser Welt wieder existent zu sein. Vorher war ich noch einmal in der deutschen Botschaft gewesen, weil das sowjetische Amt von mir verlangt hatte, eine Bescheinigung vorzulegen, aus der hervorging, daß man meinen deutschen Paß eingezogen hatte.

Das war 1938, wie war denn die Atmosphäre in der Botschaft?

Zuvorkommend, höflich, korrekt. Als ich meinen Namen nannte, ging der Beamte an einen großen Schrank, zog eine Akte heraus, und das war die Akte Sanderling. Das hat mich doch erstaunt, denn ich war vorher niemals in der Botschaft gewesen, hatte mich nie dort gemeldet und war der Meinung, eigentlich dürften sie gar nicht wissen, daß ich in der Sowjetunion bin. Aber sie wußten es nicht nur, sondern sie hatten auch viele Daten über mich gesammelt. Das hat mir doch einen Schock gegeben, ich war erstaunt, vielleicht auch ein bißchen entsetzt darüber, wie gut die arbeiten; denn das hieß, daß unter den Leuten, mit denen ich zusammen war, auch solche waren, die das hinterbrachten.

Waren Sie nach diesem Erlebnis wachsamer geworden vor Spitzeln in Ihrer näheren Umgebung?

Nein, denn man konnte im allgemeinen nicht erahnen und nicht denken, wer ein Spitzel war, es war Vertrauenssache, und deshalb waren die Freundschaften, die man dort geschlossen hatte, sehr viel wert, denn sie basierten auf uneingeschränktem persönlichen Vertrauen.

Erzählte Biographie

1938 wird Sanderling vom Moskauer Rundfunk entlassen, Arbeit als Filmmusikdirigent, beim Moskauer Staatsorchester, der Moskauer Oper und als Chef der Philharmonie in Charkow, Begegnung mit Schostakowitsch

Wann und warum wurden Sie am Moskauer Rundfunk entlassen?

Das muß im Frühjahr 1938 gewesen sein, das war eine schwere Situation für mich, denn ich wurde auf sehr häßliche Art und Weise beim Rundfunk entlassen. Daß ich entlassen wurde, hat mich eigentlich gar nicht so überrascht, weil es absolut im Zug der Zeit damals lag, ehemalige Ausländer nicht an den Rundfunk zu lassen, man hat sie auch in ganz andere Organisationen nicht mehr hinein gelassen, als potentielle Spione schon gar nicht. Man berichtete mir, ich weiß nicht, ob es stimmt, daß in der entscheidenden Sitzung, als die Nichtverlängerung meines Vertrages beschlossen wurde, der musikalische Chef des Rundfunks, Golowanow, ein berühmter Dirigent der Sowjetunion und ein in seiner Art großartiger Dirigent, aber ein bis in die tiefsten Tiefen seiner Seele überzeugter Antisemit, gesagt haben soll: »Ich würde empfehlen, Sanderling nicht weiter zu engagieren, denn wie können Sie garantieren, daß er nicht dadurch, daß er bei einer Sendung am Klavier bestimmte Fehler macht oder gar etwas transponiert, Zeichen in das Ausland sendet?«
Es gab jedoch einen Mann, Romanow, ein Jude, der eine schwere Parteirüge bekommen hatte, weil er an irgendeinem hohen sowjetischen Feiertag ein Chopin-Konzert hatte durchgehen lassen. Er war daraufhin beim Rundfunk entlassen worden und arbeitete als Musikchef in einer Kinofabrik »Moskauer technischer Film«. Der hatte mich sehr gern, ich habe häufig in seinem Haus musiziert. Er wollte um sein Leben gern Dirigent werden, hatte aber keine Vorbildung dafür. Dieser Romanow holte sich immer die Moskauer Orchester für die Musikaufnahmen zu den Filmen. Ich habe erst später richtig gemerkt, welchen Mut es brauchte, daß er mich holte, aber er tat es. Ich war dort einer von drei jungen Dirigenten. Wir verwendeten originale Musik oder komponierten sie selbst. Zu einem Film, bei dem es um die Rinderzucht und die Begattung von Kühen ging, habe ich dann auch schon mal die Musik von »Tristan« dazu gegeben. Dann habe ich eine Zeit lang, da weiß ich nicht, wer mich emp-

fohlen hat, in einem kasachischen Studio, das aufgemacht wurde, um dort eine Oper vorzubereiten, als Korrepetitor gearbeitet. Ich ging morgens um zehn Uhr hin, hatte mit vier oder fünf Sängern zu arbeiten, und ging danach nach Hause. Bei denen mußte ich übrigens mal ein Verhör bestehen. Ich mußte erzählen, wieso ich in der Sowjetunion bin. Das war auch ein typisches Beispiel für die damaligen Verhältnisse, denn, wenn ich in deren Sinne Dreck am Stecken gehabt hätte, dann hätte ich es doch dort nicht erzählt. Aber wenn ich am nächsten Tag verhaftet worden wäre, hätten sie sich rechtfertigen können: Ja, aber wir haben ihn noch vorgestern geprüft.

Hatten Sie Angst?

Angst habe ich nur davor gehabt, daß man mir sagt: »Wir können Sie leider nicht weiter beschäftigen.« Was man in der Form auch nicht direkt gesagt hätte, sondern irgendwann nach einer Woche hätte man gesagt: »Wir brauchen jetzt nur noch zwei Korrepetitoren.«

Wie haben Sie auf den Hitler-Stalin-Pakt reagiert?

Fassungslos, denn was uns immer versöhnt hat mit allem Negativen, was wir dort gesehen haben, war der unnachgiebig antifaschistische Charakter, mit dem sich uns die sowjetische Politik zeigte und wie sie vielleicht auch war. Es hat unsererseits vielen guten Willens bedurft, uns das Argument schmackhaft zu machen, die Sowjetunion müsse Zeit für sich gewinnen. Um so mehr, als Politik Politik ist und plötzlich in der sowjetischen Presse deutsche Siege ganz toll waren und alliierte Siege verschwiegen wurden; die Presse machte also eine Kehrtwendung. Es war aus der Presse eigentlich nicht ersichtlich, daß dieser Pakt nur ein Schein-Pakt ist.

Haben Sie den Ribbentrop-Besuch in Moskau irgendwie registriert?

Ja, ganz zufällig. Ich ging über die Uliza Gorkowa, als die Kavalkade der schwarzen Autos mit Hakenkreuzflaggen durch die Straße fuhr. Ich glaubte meinen Augen nicht zu trauen.

Wie haben die Menschen reagiert?

Alle waren irgendwie erstaunt, aber die Menschen dort waren so – abgestumpft ist das falsche Wort – aber so gewohnt, Ungewohntes zu erleben und zu sehen, warum also nicht auch das. Als dann zwei Tage später der Vertrag abgeschlossen wurde, habe ich verstanden, wieso sie dort waren. Den Vertrag habe ich nicht verstanden. Ich glaube, viele der Emigranten waren arg bestürzt. Wenn man sehr klug war, hätte man vielleicht etwas ahnen können, denn wochenlang hatte es in geradezu unwürdiger Weise Verhandlungen zwischen den Alliierten und der Sowjetunion über einen Beistand im Fall der Fälle gegeben. Wie wir nachher erfuhren, schickten die Alliierten für diese Verhandlung Leute, die nicht einmal eine offizielle Beglaubigung hatten, daß sie berechtigt sind, diese Verhandlungen zu führen; das waren ganz niedrig gestellte Beamte des Außenministeriums. Die Verhandlungen zogen sich hin. Es gab ab und zu mal Bemerkungen in der Presse, so daß man dies gar nicht ernst nehmen konnte. Aber daraus zu schließen, daß die Sowjetunion von heute auf morgen mit dem Erzfeind einen solchen Vertrag abschließt, das war für mich abwegig. Nicht ganz so unverhofft ist dann der sowjetisch-deutsche Krieg gekommen, der Überfall der Deutschen. Romanow war inzwischen wieder in das Ministerium zurückgeholt worden und war dort nun stellvertretender Leiter der Musikabteilung. Drei oder vier Monate, bevor es dann mit dem Krieg wirklich losging, sagte er zu mir: Sie werden bald wieder freier atmen können. Wir werden bald wieder antifaschistische Lieder singen. Außerdem erinnere ich mich noch sehr gut, daß in Moskau plötzlich im April oder Mai 1941 Luftschutzkeller gegraben wurden, also Monate vor dem Überfall im Juni. Überraschend mag nur das Datum gewesen sein, nicht aber die Tatsache, und wenn Romanow so etwas sagte, dann mußte das Ministerium bereits Weisung oder Order bekommen haben, auf diesen Schwenk vorbereitet zu sein.

Wie kann man als Künstler in einer solchen Atmosphäre der Angst, jeden Tag abgeholt zu werden, überhaupt arbeiten?

Ist es nicht vielleicht ein Vorurteil anzunehmen, man kann künstlerisch nur bei äußerer Ruhe arbeiten? Als ehemaliger Ausländer war ich ein wenig geächtet und zur Seite gestellt. Auf der anderen Seite gab es in Moskau nach Kriegsbeginn, es muß so ungefähr Juli/August 1941 gewesen sein, keine Dirigenten mehr, irgendwie waren die ausgedünnt, zum Teil waren sie mit dem Bolschoi-Theater bereits evakuiert. Ich weiß nur, daß viele nicht mehr da waren und daß ich zwei- oder dreimal die Woche Vormittagskonzerte mit dem Staatsorchester für den Rundfunk zu dirigieren hatte; der Dirigent Sanderling wurde also weiterhin angesagt als Dirigent. So richtig verstanden habe ich das eigentlich nicht, aber ich habe es nicht nur hingenommen, ich habe mich auch darüber gefreut.

Wann und wie kamen Sie dann von Moskau nach Charkow?

Man suchte dort einen Chefdirigenten, der auch die Exotik des Westens mitbringen sollte. Der bereits erwähnte Romanow hatte ihnen dort gesagt: »Da gibt es in Moskau so einen jungen Mann, der hat schon dies und das gemacht, wollt ihr den nicht haben.« – »Na gut, soll er mal kommen.« Dann fragte Romanow mich, ob ich bereit wäre, diese Stelle anzunehmen. Ich gab dann dort ein Sommerkonzert, das war im Sommer 1939. Die wollten mich gern haben, und ich handelte mit ihnen sehr günstige Bedingungen aus. Jeden Monat elf Tage dort, ich habe vorweggenommen, was dann im Westen modern wurde; das war in der Sowjetunion damals ganz unüblich. Elf Tage Charkow also, in diesen elf Tagen drei Konzerte, und das Monat für Monat. So wurde ich Chef der Charkower Philharmonie. Ich bekam pro Konzert 600 Rubel. Erst kurz vor dem Krieg wurde ich in die nächste Kategorie eingestuft, in die Kategorie II, da gab es dann 900 Rubel. Ich bekam also für die Besuche in Charkow 1800 Rubel, dazu Hotelzimmer und Reisespesen, das war außerordentlich, wie soll ich sagen, nützlich für mich. Zunächst einmal hatte ich eine feste Stelle, ich hatte tüchtig zu arbeiten, ich konnte nicht sagen: Ich mache nur Mozart und Beethoven. Ich mußte alles dirigieren, was dort gefragt war, und ich mußte dafür sorgen, daß das Orchester mich gern hat, denn ich wollte jeden Monat wiederkommen. Das ist mir gelungen. Dort nun spielte es im positiven Sinne eine große Rolle, daß ich ehemaliger Ausländer war. Charkow war Provinz, aber meine ersten Sporen habe ich mir in Charkow verdient.

Zwischendurch waren Sie immer in Moskau?

Neunzehn Tage im Monat war ich in Moskau. Da habe ich mich auf die elf Tage in Charkow vorbereitet. Außerdem habe ich auch weiterhin dort

Erzählte Biographie

beim Rundfunk konzertiert. An ein Konzert erinnere ich mich besonders, das war im Januar 1941, da hatte ich ein sehr schönes Programm: Vivaldi »Konzert für vier Geigen« und von Bach das »Konzert für vier Cembali« und dann von Brahms die »Erste Sinfonie«. Und unter den vier Cembalisten war der blutjunge Konservatorist Swjatoslaw Richter, Schüler des berühmten Neuhaus. Neuhaus hat dieses Konzert auch gehört, er war verliebt in seinen Schüler Richter. Hinterher sagte er zu mir: »Junger Mann, es war sehr schön, aber sie werden noch lernen, daß Brahms zwei Wurzeln hat, Schumann und Beethoven.«

Welche Wurzel meinte er, vermißt zu haben?

Beethoven. Erst einmal konnte ich das gar nicht realisieren, aber dann im Laufe der Zeit habe ich ihn verstanden.

Kurt Sanderling als junger Korrepetitor in Moskau, 1936

Erzählte Biographie

Kurt Sanderling mit Musikern der »Staatlichen Philharmonie« in Charkow, 1939

Ende 1938 in Charkow

Kriegsausbruch 1939, Winterkrieg mit Finnland 1939/40, Januar 1941 das erste Konzert mit den Leningrader Philharmonikern, weitere Konzerte folgen, Oktober 1941 Flucht nach Alma-Ata, Begegnung mit der zukünftigen ersten Ehefrau, Freitodgedanken, Rettung

Wie haben Sie den Kriegsbeginn am 1. September 1939 erlebt?

Mit dem Gefühl größter Erleichterung: Jetzt ist die Welt wieder geradegerückt, wodurch auch immer und durch wen auch immer, obwohl wir in dem Fall nicht daran gezweifelt haben, daß die Deutschen angefangen hatten, genauso wie wir gar keinen Zweifel hatten, daß den finnischen Krieg trotz aller anderen Darstellungen die Sowjets angefangen hatten.

Hat Sie der Kriegsausbruch überrascht?

Nein, wir waren innerlich darauf vorbereitet, denn der Hitler-Stalin-Pakt konnte eigentlich nur beinhalten, daß es jetzt irgendwie losgeht. Ich weiß noch, daß mir meine Mutter aus London noch am Tage des Paktes einen Brief schickte, indem sie in vorsichtiger Form ihrem Gefühl der Erleichterung Ausdruck gab. Sie lebte natürlich in der Angst eines Krieges Deutschland gegen Rußland.

Wo waren Ihre Eltern bei Kriegsbeginn?

Meine Mutter ist 1938 von ihrem Bruder aus Deutschland herausgeholt worden, er war schon einige Jahre in London. Ich habe sie nie danach gefragt, wie er das gemacht hat, vielleicht über irgendwelche jüdischen Organisationen. Sie ist dann bis zu ihrem Tode in London geblieben. Mein Vater war zunächst in der Tschechoslowakei und ist vor der Besetzung durch die Deutschen nach Polen geflüchtet, wo und wie er dort gelebt hat, weiß ich nicht, wahrscheinlich auch bei jüdischen Verwandten. Als der Angriff auf Polen vor der Tür stand, ist er nach Dänemark geflohen und hat durch die Großherzigkeit von Bekannten in Dänemark gelebt, wenn auch sehr kärglich.

Erzählte Biographie

Lassen Sie uns wieder zurückkommen auf den zweiten Kriegsanfang, den Sie miterlebt haben, das war der sowjetisch-finnische Krieg?

So sehr ernst haben wir den nicht genommen, obwohl er sich dann als unglaublich verlustreich erwies. Das Geplänkel ging schon einige Wochen lang, man schoß etwas hin, weniger her, man hörte, daß irgendwann Verhandlungen waren. Die Sowjets stellten irgendwelche Forderungen, ich glaube, es ging um die Grenze hinter Leningrad, die verrückt werden sollte, damit Leningrad nicht innerhalb der Reichweite der finnischen Artillerie lag. Da befanden sich aber gerade die Grenzbefestigungen, die sich später als unglaublich stark erwiesen. Die Finnen konnten darauf gar nicht eingehen, also hieß es eines Tages, die Finnen haben die Sowjetunion angegriffen. Weil man wußte, es wird gelogen, warum also in diesem Fall nicht, war allen klar: Warum sollten die Finnen die Sowjetunion angreifen? Die Sowjetunion hat sich wahrscheinlich vorgestellt, daß das sehr schnell zu erledigen sei, aber sie hat blutigste Verluste erlitten, ehe sie die Finnen dann doch niederzwang. Man sagte, die Sowjets haben überhaupt nur dadurch gesiegt, daß die ehemaligen finnischen Verbündeten, nämlich die Deutschen, den Sowjets die Pläne der Befestigungslinien ausgeliefert hätten. Besonders für die Leningrader war das eine harte Zeit, es gab dort bereits Verdunklungen, als wir das in Moskau noch gar nicht kannten. Das Ganze dauerte zwar nur sechs Wochen, aber das war ein kleiner Krieg. Der große Krieg begann dann am 22. Juni 1941. Ich war gerade zu Gastspielen am Rundfunk in Leningrad und probierte die Achte Sinfonie von Beethoven. Nach dem Zweiten Satz kam die Redakteurin herein, machte mir ein Zeichen und sagte: »Wir müssen die Probe abbrechen, das Konzert findet nicht statt, die Deutschen haben uns überfallen, es ist Krieg.« Ich verabschiedete mich von dem Orchester und sagte: »Ich weiß nicht, was aus uns allen wird, aber irgendwoher habe ich die Sicherheit, wir sehen uns wieder.« Als ich dann 1945 mein erstes Konzert mit dem Leningrader Rundfunkorchester in Leningrad machte, da stand natürlich die Achte Sinfonie von Beethoven auf dem Programm, und ich begann mit dem Dritten Satz.

Sie sind dann nach Moskau zurückgefahren?

Mit Schwierigkeiten, denn es war drei Tage lang nicht möglich, ein Billett zu bekommen. Die Züge waren alle schon überbelegt, ich mußte also drei

Tage länger dort bleiben. Ich ging in die Philharmonie, weil ich dort schon zu Hause war, traf dort Sallertinski, der sonst jede Gelegenheit genutzt hatte, mit mir deutsch zu sprechen. Von diesem Tage an sprach er nur Russisch mit mir. Bis wir uns in Nowosibirsk wiedertrafen.

Wann haben Sie die Leningrader Philharmoniker das erste Mal dirigiert?

Am 12. Januar 1941, das war ein Schulkonzert mit der Ouvertüre zur »Entführung aus dem Serail«. Daraufhin wurde ich sofort für die gleiche Saison verpflichtet. Mein nächstes Programm beinhaltete »Also sprach Zarathustra« von Richard Strauss. Ich wollte es mir nicht nehmen lassen, dies auswendig zu dirigieren. Nach diesem zweiten Konzert verabredeten wir für die nächste Saison eine Serie von zehn Programmen neben meiner Tätigkeit in Charkow. Da kam dann der Krieg dazwischen.

Haben Sie den Ehrgeiz gehabt, auswendig zu dirigieren, wenn Sie neu vor ein Orchester traten?

Nach Möglichkeit. Nicht, wenn ich Werke dirigiert hatte, von denen ich wußte, das sind Eintagsfliegen, was leider allzu häufig vorkam, aber im klassischen Repertoire schon eher. Auch die Fünfte Sinfonie von Schostakowitsch habe ich auswendig dirigiert, auch die Zehnte, nicht aber die Sechste, denn ich hatte die Partitur zu spät bekommen, sie mußte abgeschrieben werden, wir haben sie sehr bald nach der Leningrader Uraufführung gespielt.
Die Leningrader Philharmonie hat mir übrigens buchstäblich das Leben gerettet. Im Oktober 1941 wurde das Institut meines Onkels evakuiert, und er sagte: Hör mal, komm doch als Familienmitglied mit. Ich sagte, natürlich gerne, denn in Moskau war es sehr brenzlig, ein paar Tage später standen die Nazis bereits vor der Stadt. Ich weiß noch, daß ich ihn überredet habe, Nina auch mitzunehmen, die ich gerade kennengelernt hatte und die dann meine erste Frau wurde, und so besorgte er Plätze für den Zug, in dem das Institut fuhr, das war eine Ansammlung von Waggons, fast Viehwagen, für Evakuierte. Es gehörte zu den Ruhmestaten der Sowjetunion, daß die wichtigen Kulturinstitutionen aus Leningrad und Moskau sofort ins Hinterland evakuiert wurden, um sie zu retten. Die Fahrt dauerte drei Wochen. Nach zwei Wochen kamen wir in Omsk an, und wir stellten fest, daß es eigentlich sinnlos sei, wenn ich in Omsk

bliebe, und so stiegen wir in einen anderen Waggon, der weiterfuhr. Man wußte nicht, wohin, aber er fuhr weiter und weiter in den Süden. Auf irgendeiner Station stand er dann mal drei Tage abgekoppelt. Sieh zu, wie du lebst!
Es standen an den Bahnhöfen immer Bauern, die gegen ein paar abgerissene Schuhe ein Brot tauschten, so haben wir gelebt. Etwas Geld hatten wir auch mit, man konnte sich etwas kaufen, aber die Armut auf dem Land war unbeschreiblich. Nach heutigen Begriffen haben wir natürlich miserabel gelebt, aber wir haben gelebt, wir sind durchgekommen und kamen gesund an. Viele andere sind auf solchen Reisen gestorben.

Wie viele Menschen waren denn in den Viehwagen?

Das kann ich nicht genau sagen, jeder hatte einen Platz zum Liegen, gerade mal zum Liegen. Ich erinnere mich, daß eine Frau Durchfall bekam und von zwei Männern aus dem fahrenden Zug rausgehalten wurde, das waren schreckliche Dinge. Nun gut, im Krieg hat es viel schlimmere Dinge gegeben. Der Zug fuhr Tag und Nacht, dann hielt er mal sechs Stunden, man wußte nichts, auch nicht, ob man sich entfernen darf vom Zug. Dann kamen uns vollbesetzte Züge entgegen. Die Leute sagten:»Was, nach Alma-Ata wollen Sie fahren, das ist sinnlos, Alma-Ata ist voll von Flüchtlingen.« Das macht einem dann besonders Mut.
Als wir in Alma-Ata, der Hauptstadt von Kasachstan, ankamen, war schon der Bahnhofsvorplatz überflutet von Flüchtlingen. Ich weiß nicht, wie ich Ihnen eine Stadt schildern soll, überflutet mit Flüchtlingen, die sich einfach ostwärts in Bewegung gesetzt hatten und all die großen Städte überschwemmten, wie sich dann herausstellte ohne jede Hoffnung, auch nur im entferntesten einen Unterschlupf, eine Wohnung oder Arbeit zu bekommen. Ich ging dort zum Direktor der Oper und zu einigen Leuten, die mit Kunst zu tun hatten, die alle sehr nett zu mir waren, aber keinen Zweifel daran ließen, daß es absolut aussichtslos war, an irgendeine Arbeit oder irgendeine Existenz überhaupt nur zu denken. Ich wäre bereit gewesen, nicht als Dirigent oder als Musiker mein Leben zu fristen, wenn man es mich überhaupt hätte fristen lassen. Nachdem wir drei oder vier Tage auf dem Bahnhof übernachtet hatten – ich erinnere mich noch an Marmorfliesen, und daß wir immer um zwei Uhr früh mit Tritten aufgescheucht wurden – beschlossen wir, jetzt ist es Zeit für das Veronal. Vom Frühjahr 1941 an hatte ich angefangen, Veronal zu horten,

ich wollte auf keinen Fall den Nazis in die Hände fallen. Ich hatte also eine genügende Menge, und jetzt war nur noch die Frage, wo wir uns ein Plätzchen suchten, wo wir in Ruhe liegen und einschlafen könnten und uns niemand weckt.

Als ich an diesem Tage, Ende November 1941, durch die Hauptstraße von Alma-Ata ging, sprach mich plötzlich ein ebenfalls evakuierter Musiker aus dem Staatsorchester in Moskau an: »Ja, was machen Sie denn hier, haben Sie denn Zurin schon gesehen?« Zurin war der Leiter der Musikabteilung im Ministerium für Kultur in Moskau. Ich sagte: »Nein, ist der denn hier?« »Ja, gehen Sie sofort zu ihm, er sucht Sie verzweifelt, er hat von der Leningrader Philharmonie den Auftrag, Sie, wo auch immer, ausfindig zu machen und umgehend zum Orchester nach Nowosibirsk zu schicken, die brauchen dringend einen zweiten Dirigenten.« Das war an dem Tag, an dem wir das Veronal eingenommen hätten! Ich ging also zu Zurin, der mich erst einmal anherrschte, wo ich denn geblieben sei, wie ich es gewagt hätte, ihm nicht über den Weg zu laufen, dann aber doch sehr froh war, denn die Leningrader Philharmonie schien ihn sehr eingehend beauftragt zu haben, mich zu holen. Er gab mir die nötigen Papiere für ein Ticket nach Nowosibirsk, denn ich hätte allein nicht die Möglichkeit gehabt, in irgendeine andere Großstadt zu fahren. Man bekam nur auf behördliches Ersuchen ein Ticket für den Zug, man konnte nicht einfach zum Bahnhof gehen und sagen: Ich möchte ein Ticket nach Nowosibirsk oder Tashkent, denn man hätte mich gefragt: Wo ist ihr Gesuch? Das Wichtigste war also die Anweisung, ein Ticket zu bekommen. Dann war mein nächster Gang zum Bahnhof. Was dieses Ticket für mich bedeutete, das kann ich nicht in Worte fassen. Finden Sie mal in dem absoluten Chaos nach Kriegsbeginn unter Millionen von Flüchtlingen einen einzelnen Menschen! Es war einer dieser Zufälle, wie sie in einem Buch nicht vorkommen dürften. Ich hatte zwar vorher von Alma-Ata ein Telegramm nach Nowosibirsk geschickt, weil ich wußte, die Leningrader Philharmonie ist da und ich mir Hoffnung machte, sie würden mich auffordern zu kommen, aber das Telegramm ist dort nie angekommen.

Erzählte Biographie

Ankunft in Nowosibirsk Ende November 1941, im Dezember erstes Konzert mit den Leningrader Philharmonikern, Haltung zu Furtwängler, Verhältnis zu Mrawinski

Wann kamen Sie in Nowosibirsk an?

Das war Ende November 1941, wir kamen irgendwann morgens um vier Uhr an und begaben uns erst mal in den Warteraum des Bahnhofes, der uns vertraut war, weil wir dieselbe Sorte schon aus Alma-Ata kannten. Gegen zehn Uhr machte ich mich dann auf, die Philharmonie zu suchen, die inzwischen von diesem Genossen Zurin benachrichtigt worden war, daß ich unterwegs sei. Es war gerade Orchesterprobe, und ich erinnere mich noch genau, wie ich die Tür zum Probensaal aufmachte und Mrawinski probierte die »Jupiter-Sinfonie«. Mir ist in dem Moment fast das Herz stehen geblieben – daß es so etwas überhaupt noch gab, eine »Jupiter-Sinfonie«, nun gut, das wußte ich noch, daß es sie gab, aber ein Orchester, daß sie spielte und einen Dirigenten, der sie probierte, einen Saal, in dem das stattfand – und das nach drei Wochen im Viehwagen von Moskau nach Alma-Ata und nach zwei Wochen auf dem Marmorboden des Bahnhofes, also wirklich den Tod schon vor Augen. Und dann das! Eine solche Helligkeit, die ich damals vor mir sah, hätte ich mir überhaupt nie vorstellen können. Ich glaube, Tränen sind mir nicht gekommen, aber es kann sein, daß sie mir auch gekommen sind. Ich weiß nur, daß ich eine Weile dort stand, bis mich jemand bemerkte und mit dem Finger auf den Rücken tippte und mich sehr freundlich begrüßte und sagte: »Kommen Sie mit, der Direktor wartet schon auf Sie!« Nun ging ich zum Direktor, der seiner Freude darüber Ausdruck gab, daß ich da war. Seit Wochen hat mir das niemand gesagt, daß er sich freut, daß ich am Leben bin. Er sorgte sofort dafür, daß ich in ein Hotel kam, das die Philharmonie übrigens den ganzen Krieg über bezahlte, bis wir nach Leningrad zurückkamen. Ich wurde also erst mal in das Hotel geschickt, und das war ein exotisches Erlebnis: Betten mit weißer Bettwäsche bezogen, fließendes warmes Wasser, das war alles bereits aus meinem Leben verschwunden.

Am 19. Oktober 1941 hatten wir Moskau fluchtartig verlassen, Ende November 1941 kam ich in Nowosibirsk an, und am 2. Dezember dirigierte ich in Tomsk zum ersten Mal wieder die Leningrader Philharmonie, es war ein Gastspiel, und ich wurde eiligst eingeschoben. Es gab Tschaikowskys Geigenkonzert, das der Konzertmeister spielte. Ich habe aber nur ein halbes Programm dirigiert, die andere Hälfte hat Mrawinski übernommen. Dann begann für mich zuerst einmal das herrliche, aber das normale Leben, das sehr bald mit großen Enttäuschungen gepaart war. Ich hatte in Leningrad drei oder vier Konzerte dirigiert, jedes Mal in sehr herzlicher Atmosphäre mit dem Orchester. Jetzt kam die Gewöhnung aneinander, Woche um Woche einander gegenüber zu stehen, miteinander auskommen zu müssen. Da war ich für das Orchester erst einmal eine große Enttäuschung, denn ich war völlig unerfahren und unter normalen Bedingungen für eine solche Stelle noch nicht reif genug. Jetzt war man aufeinander angewiesen, ich konnte nicht sagen: Wenn es mir nicht gefällt, dann gehe ich in eine andere Stadt. Ich war glücklich, das schönste und beste Orchester der Sowjetunion dirigieren zu können. Die Musiker aber waren umso weniger glücklich, je länger sie mit mir arbeiteten. Zu Anfang sieht man als Orchestermitglied, als Orchester insgesamt, nur die positiven Seiten der Dirigenten, wird sogar manchmal geblendet, zu Unrecht geblendet. Meine positiven Seiten waren für das Orchester damals, daß ich so eine Art Erinnerung an die schönsten Zeiten der Leningrader Philharmonie war, als jede Woche ein neuer Dirigent aus dem Westen gekommen ist, Klemperer, Kleiber, Walter, von den großen Dirigenten waren fast alle da, mit Ausnahme von Toscanini und Furtwängler, die erklärten, in keinem diktatorisch regierten Land zu dirigieren. Die goldene Zeit der Leningrader war 1937 zu Ende, als man Fritz Stiedry dort nicht wieder hereinließ und auch keinen anderen westlichen Dirigenten.

Da wir gerade bei Furtwängler sind, wie würden Sie aus dem, was Sie erlebt haben, was Sie gehört haben, was Sie gedacht haben, Furtwänglers damalige Rolle aus der Ferne beschreiben?

Das vermag ich nicht zu beurteilen. Ganz sicher war er unglaublich egozentrisch und machtbesessen, und es sollte mich nicht wundern, wenn es ihm nicht geschmeichelt haben sollte, unbestritten der Erste in einem Land mit solcher musikalischen Kultur zu sein. Furtwängler hat sich im vornazistischen Deutschland vielleicht nie mit der Rolle des primus inter pares so ganz abgefunden. Jetzt war er der unangefochtene primus. Auf der anderen Seite glaube ich, daß ihm jeder animalische Antisemitismus absolut fremd war, er war ein humanistisch weit- und durchgebildeter Mann, für den solche Gedankengänge sicher abwegig und fremd waren. Bekannt ist, daß er versuchte, seine jüdischen Musiker im Orchester so lange zu erhalten, wie es nur irgend ging, und es ging länger als irgendwo anders. Aber wir wollen das nicht nur am Antisemitismus festmachen, ich glaube, daß ein Mensch seiner Bildung und seines Hintergrunds kein Nazi gewesen sein kann, was nicht heißt, daß er mit ihnen nicht, wie viele andere auch, einen Teufelspakt geschlossen hat. Vielleicht handelte er wirklich aus naiven Erwägungen, größeres Unheil abwenden zu können. So hat er ganz sicher nicht mit Freude gesehen, was sich um ihn herum abgespielt hat. Wie das im Einzelnen aussah, das kann ich gar nicht beurteilen und das halte ich auch für nicht relevant. Jedenfalls sehe ich nicht von vornherein etwas Negatives und Böses darin, daß er ausgeharrt hat, obwohl, zugegebenermaßen, ihm das Ausharren sehr versüßt wurde. Er hätte natürlich ohne weiteres die Möglichkeit gehabt, auch wegzugehen. Vielleicht könnte und sollte man sagen, es wäre eine Geste der Solidarität gewesen ...

Wie verlief das erste Zusammentreffen mit Mrawinski in Nowosibirsk?

Mrawinski war eine außerordentlich widersprüchliche Figur. Er war noch egozentrischer, als es Furtwängler je hat sein können. Er konnte über Leichen gehen, wenn er Gefahr für seine Karriere spürte. Als ich zum ersten Mal in Leningrad auftauchte, war sein Verhältnis zu mir von vornherein zwiespältig, auf der einen Seite spürte er, ich könnte ihm vielleicht in der Publikumsgunst oder in der Orchestergunst gefährlich werden, auf der anderen Seite war unter der Sorte Intelligenz, der er angehörte, der Hunger nach Westlichem so unglaublich groß, daß er glücklich war, mit mir über Dinge sprechen zu können, auch rein musikalischer Art, für die er dort keinen Gesprächspartner hatte. Ich war ihm daher sehr willkommen als Gesprächspartner und nicht so willkommen als möglicher Konkurrent.

Wie alt war er, als Sie ihn kennenlernten?

Er war knapp zehn Jahre älter als ich. Er war der ältere, aber nicht viel erfahrenere Dirigent. Im Gegensatz zu mir hat er häufig mal Tränen gezeigt, wenn es um das Orchester ging, ich habe ihn schon weinen sehen und getröstet. Er zeigte in Nowosibirsk großes Verständnis für meine Schwierigkeiten. Ich war davor etwa ein Jahr in Charkow gewesen, wo ein außerordentlich gutes Verhältnis zum Orchester herrschte, obwohl ich blutiger Anfänger war. Was ich auch dort dirigierte, ob es die Erste Beethoven war oder die große C-Dur von Schubert, das machte ich alles zum ersten Mal, aber das Orchester fühlte sich in guten Händen und fühlte sich auch durch meine westliche Abstammung gegenüber anderen Provinzorchestern irgendwie bevorzugt bedient. Das Verhältnis war dort so außerordentlich gut, daß ich es eigentlich gar nicht so recht verstanden habe, warum das mit den Leningradern nicht so gut ging. Mrawinski hat mir geholfen und mir klar gemacht, daß das ganz selbstverständlich ist, die Leningrader hätten eine solche Tradition, und sie hätten alles schon mit so vielen Dirigenten gespielt, daß ich sie anders behandeln müßte. Ich hatte geglaubt, mit ihnen so probieren zu können, wie mit dem Charkower Orchester, aber das ging nicht. Er hatte adäquate Schwierigkeiten, deshalb hat er mich gut verstanden, und wir haben ein gutes Verhältnis gehabt, bis er sich später ganz durchgesetzt hatte und eifersüchtiger wurde, was es schwieriger machte. In Nowosibirsk haben wir ein recht gutes Verhältnis gehabt, was ich sonst nirgends erlebt habe. Können Sie sich vorstellen, daß wir nach jedem seiner und meiner Konzerte im Dirigentenraum saßen und uns gegenseitig kritisierten, jedes Mal. Ich habe dort erst gelernt, wie man richtig kritisiert, er könnte es auch schon vorher gewußt haben: Daß man nicht einfach nur die Resultate kritisieren darf, sondern trennen muß zwischen dem, was ich gewollt habe und dem, wie ich das Gewollte erreicht oder nicht erreicht habe. Das waren eigentlich sehr fruchtbare halbe Stunden, nach dem Konzert ist man nicht mehr so frisch. Wir haben einander ziemlich offen kritisiert, ich glaube sehr zum gegenseitigen Vorteil. Das hörte allmählich auf, als wir nach Leningrad kamen.

Erzählte Biographie

Wir sind jetzt sehr schön von dem linearen Weg abgekommen, der damit begann, daß Sie in Nowosibirsk ankamen, wollen wir an der Stelle mal wieder diesen Weg weitergehen: Von Nowosibirsk nach Leningrad?

Der Aufenthalt in Nowosibirsk hat drei Jahre gedauert, schwere Jahre, aber nachträglich muß ich sagen, sehr schöne Jahre. Wir haben viel voneinander und an uns gelernt, Mrawinski und ich. Am Schluß dieser Jahre waren wir eigentlich vom Orchester auch akzeptiert, ich sage »wir«, weil das auch für Mrawinski galt. Es gab nichts Besseres, wir waren akzeptiert und gingen nun nach Leningrad zurück.

Lernten Sie Schostakowitsch in Nowosibirsk kennen?

Er ist zur ersten Aufführung seiner Siebten Sinfonie durch die Leningrader nach Nowosibirsk gekommen. Uraufgeführt worden war sie vom Rundfunkorchester im belagerten Leningrad. Und da habe ich ihn kennengelernt. Als Schostakowitsch nach Nowosibirsk kam, hat ihm offensichtlich der Sallertinski gesagt: »Mit dem Sanderling kannst Du reden, da brauchst Du keine Angst zu haben.« Ohne daß es zu irgendwelchen weitergehenden Gesprächen kam, merkte er nicht nur meine Devotion, sondern auch meine Liebe zu seinen Werken, er wußte, daß ich einer der Seinen bin. Ich war damals außer Mrawinski der Einzige, der die Sechste Sinfonie gespielt hatte, und ich habe ihn in Nowosibirsk gebeten, mir die Sinfonie einmal vorzuspielen. Es hat mich zutiefst beeindruckt, daß er sagte: »Ja, morgen.« Er setzte sich an das Klavier und spielte mir pianistisch vollendet, auswendig, ohne Partitur seine Sechste Sinfonie vor, zu schnell, wie er alle eigenen Sachen zu schnell gemacht hat, aber unglaublich. Ich war davon natürlich sehr beeindruckt.

Wie kann man das Verhältnis beschreiben, das sich dann über die Jahre daraus entwickelte? Haben sie über persönliche Dinge gesprochen?

Wie Meister und Jünger bestenfalls. Über persönliche Dinge sprach er mit mir nie, aber ich glaube, das hat er überhaupt nur mit einem oder zwei seiner besten Freunde getan und auch das nur sehr begrenzt. Es sind inzwischen die Briefe veröffentlicht worden an den Menschen, der nach Sallertinski Tod zu seinem zweiten Ich wurde, ein Musikwissenschaftler in Leningrad, Glikmann, mit dem er sehr intim war. Und auch in diesen

Briefen an Glikmann ist das Persönliche ungebührlich zurückgestellt, darüber sprach er nicht.

Wie war die Versorgung in Nowosibirsk im Krieg?

Die Jahre in Nowosibirsk waren unbeschreiblich schwer, ich erinnere mich, wie ich zum ersten Mal die Dritte Brahms-Sinfonie dirigierte und nach der Generalprobe nach Hause ging. Es gab natürlich kein Fuhrwerk, von einem Auto war sowieso keine Rede, mein Hotel war etwa zwanzig Minuten entfernt von der Philharmonie. Ich ging also zu Fuß nach Hause, und auf dem großen Platz von Nowosibirsk, den ich überqueren mußte, um zu meinem Hotel zu kommen, mußte ich mich erst einmal auf eine Bank setzen und wieder zu Kräften kommen. Es war einfach physisch furchtbar schwer, obwohl ich wieder einmal in privilegierter Situation war. Ich wohnte im Hotel, ich hatte Licht und warmes Wasser, ich hatte bezogene Betten. Ich konnte niemandem etwas vorwerfen. Gehungert haben wir nicht, aber mich satt essen, das konnte ich auch nicht. Ich hatte ein neugeborenes Kind, und schon bevor das Kind geboren wurde, bekam natürlich die schwangere Mutter den wesentlichen Anteil der Dinge, die uns zugeteilt waren, und später das Kind, als es zu essen begann. Es herrschte ein Mangel an Fett und an Zucker, das war nun mal im Krieg so, da ist es uns vielleicht doch besser gegangen als vielen anderen. Es gab, nur als Beispiel, einen Kaffee-Transport von den Vereinigten Staaten über Chabarowsk, Sibirien, nach Moskau und der strandete in Nowosibirsk, mit ungebrannten weißen Kaffeebohnen, so daß wir unbeschränkt Kaffee bekamen, und ich habe dort Unmengen von Kaffee getrunken. Aber es waren schwere Jahre. Auf der anderen Seite war es ein erbarmungsloser Krieg von beiden Seiten und während dieses Krieges in Sicherheit und Wärme zu sitzen und Mozart und Beethoven und Schubert und Tschaikowsky und Borodin spielen zu können, diesen Segen haben wir doch täglich gespürt. Wenn ich mich mit Mrawinski über Tempi und Inhalte in Mozartsinfonien unterhielt, so haben wir durchaus verstanden, daß wir in einer Oase sind inmitten einer schrekklichen Welt.

Erzählte Biographie

In Nowosibirsk wurde Ihr erster Sohn Thomas geboren, können Sie etwas über Ihre erste Frau und über diese erste Zeit der Ehe sagen?

Ich mag darüber nicht sprechen. Die Ehe ist dadurch begünstigt worden, daß sie auch ehemalige Ausländerin war, Tschechin laut Paß, aber Berlinerin von Herkunft. Da klammerte man sich aneinander, so ist diese Ehe zustande gekommen. Nach zwanzig Jahren haben wir uns hier in Berlin scheiden lassen. Da würde ich Sie bitten, mit mir so zu verfahren, wie wir mit Schostakowitsch verfahren sind: über sehr private Dinge nicht zu sprechen.

Wie haben Sie die deutsche Niederlage in Stalingrad erlebt?

Wir haben die Bedeutung von Stalingrad nicht geahnt, kaum jemand hat damals geahnt, daß dies wirklich der militärische Wendepunkt war. In den ersten Monaten in Nowosibirsk haben wir uns häufig die Frage gestellt: Kommen wir durch oder nicht? Die Nazis standen schon quasi vor Moskau. Wir haben eigentlich alle geglaubt, daß Moskau fällt.

Wie würden Sie die Stellung genau beschreiben, die Sie bei den Leningrader Philharmonikern hatten? Wie wurde der künstlerische Kampf, den Sie schon andeuteten, zwischen Ihnen und dem Orchester ausgetragen?

Ich war Co-Dirigent. Mrawinski war Chefdirigent, ich habe das immer respektiert. In seiner Abwesenheit habe ich die Geschäfte geführt, soweit das notwendig war, aber ich war nicht Zweiter Dirigent, deshalb benutze ich das Wort Co-Dirigent.
Es gibt einen natürlichen Antagonismus zwischen Dirigent und Orchester, der kommt um so schärfer zum Tragen, je größer die Differenz zwischen der Unerfahrenheit des Dirigenten und der Erfahrung des Orchesters ist. Hier kamen nun mehrere Dinge zusammen. Mrawinski war ein unerfahrener Chef, er war 1937 mit zwei Sinfonien in seinem Repertoire Chef geworden, er war vorher Ballettdirigent. Er kam, weil man alle westlichen Dirigenten weggeschickt hatte. Ich hatte vielleicht etwas mehr Erfahrung als er zu Anfang, aber sicher nicht genügend, um mit einem solchen Orchester ständig zu arbeiten. Nur die unerhörte Angstquote der Musiker, denen man manchmal – ausgesprochen oder unausgesprochen – deutlich gemacht hatte, wenn ihr nicht pariert, dann gibt es noch die

Front, wo man euch hinschicken kann, machte es vor allem für Mrawinski leicht, das Orchester zu dominieren. Mrawinski war diktatorisch, weil er unsicher war, ich war unsicher, aber ich hatte keine Macht, ich konnte nicht diktatorisch sein. Vielleicht wäre ich es gewesen, aber ich war es nicht, konnte es nicht sein, wollte es auch nicht sein. Er hat es bis ans Ende seines Lebens geliebt, seine Macht auszuspielen, sie nicht nur zu haben, sondern sie auch auszuspielen. Wir sprechen hier nur über seine negativen Eigenschaften. Er hatte aber auch sehr viele positive Eigenschaften. Ich liebte ihn nicht als Dirigenten, aber er war ein unglaublicher Orchestererzieher. Er war ein Regisseur der Partitur. So tief, wie er zu Hause in den Klang der Partitur eingedrungen ist, und so erbarmungslos, wie er das dann auf den Proben durchsetzte, habe ich das eigentlich bei niemandem sonst erlebt. Ich kenne viel bessere Dirigenten, ich kenne vor allem viel bessere Musiker, aber ich kenne keinen Dirigenten, der einen solchen Klang aus dem Orchester herausgezaubert hat, selbst Toscanini nicht, mit dem das Orchester so spielte, wie mit keinem anderen. Ich war auf einigen Proben von Toscanini, das muß 1934 in Stockholm gewesen sein, die waren unglaublich beeindruckend, aber nicht von solcher Professionalität, wie das Mrawinski mit jedem Jahr mehr gekonnt hat. Wie er vor allem Stücken die Farben gegeben hat, für die Farben so wichtig waren, das war unvergleichbar. Ich habe viele sehr schöne musikalische Erinnerungen an ihn. Gescheitert ist er gewöhnlich an der Wiener Klassik, obwohl auch da die orchestrale Seite absolut in Ordnung war. Er war vor allem auf Dauer ein großartiger Erzieher. Unser Kollege Kondraschin hat mir mal was sehr Hübsches erzählt. Er probierte mit der Leningrader Philharmonie die Siebente Mahler-Sinfonie, die jahrzehntelang nicht gespielt wurde und für das Orchester absolut neu war. Es war ziemlich mühevoll, und plötzlich ging etwas durch das Orchester. Kondraschin guckte sich um, Mrawinski war gekommen und saß in einer Loge. Das ist aber nicht das Bemerkenswerte, so etwas gab es in Berlin hier bei meinem Orchester auch manchmal, aber Kondraschin hat die Sinfonie im nächsten Jahr wiederholt, und es war wieder sehr schwierig, aber die Stelle, an der Mrawinski im Jahr zuvor hereingekommen war, klappte sofort. Er hat etwas Dämonisches gehabt, möchte ich schon sagen.

Erzählte Biographie

Wie würden Sie Ihre eigene Probenarbeit mit dem Orchester beschreiben?

Ich habe Mrawinski in den ersten Jahren zu viel nachgeahmt. Das war ein so überzeugendes Beispiel, daß ich auch das nachgeahmt habe, was nicht meinem Naturell entsprach. Er konnte sich niemals ganz loslassen, auch in seinen beglückendsten Momenten war alles immer sehr vom Kopf gesteuert, was fehlte war, daß man das Gefühl bekam, es läuft jetzt. Dieses Steuern durch den Kopf habe ich wahrscheinlich unbewußt nachgeahmt, das war nicht immer zu meinem besten, vor allem in den ersten Jahren meiner Beziehung zum Orchester nicht. Wenn sie schon den einen Mrawinski hatten, dann brauchten sie nicht auch noch den Mrawinski-Abklatsch. Das war in den letzten acht oder neun Jahren in Leningrad anders, da hat das Orchester gern mit mir gespielt, weil sie durch mich auch viele Dinge kennengelernt haben, die Mrawinski ihnen nicht geboten hatte. Mrawinski war im Aneignen neuer Dinge furchtbar schwierig, er hatte für eine über fünfzigjährige Dirigententätigkeit mit einem Orchester erstaunlich wenig im Repertoire. Durch mich haben sie eigentlich viele Dinge kennengelernt, die sie durch ihn nie kennengelernt hätten, Sibelius zum Beispiel, da hat Mrawinski erst ganz spät mal die Siebente Sinfonie gemacht, während sie mit mir die Zweite, die Dritte, die Fünfte und die Siebente gespielt haben. Sie haben mit mir die letzten Jahre verhältnismäßig gern gearbeitet. Mrawinski ließ sich sehr häufig, besonders auch in den ersten Jahren, von einer gewissen Theatralik des Klanges beeinflussen. In den letzten Jahren wurde es etwas ausgeglichener. Als ich von dort wegging, waren sie nicht froh darüber, sagen wir es mal so.

Hat Ihre Jugend für das Orchester dabei eine Rolle gespielt?

Die Jugend nicht, aber die Unerfahrenheit.

Wie war denn das kulturelle Klima in Nowosibirsk in diesen Jahren des Krieges?

Unbeschreiblich, denn nach Nowosibirsk war eine ganze Reihe prominenter künstlerischer und wissenschaftlicher Institutionen evakuiert worden. Nicht weit von Nowosibirsk wurde ein Zentrum der Sowjetischen Akademie der Wissenschaften angesiedelt, das machte sich natürlich unglaublich bemerkbar, denn Musik war das einzige, woran man sich damals erfreuen konnte, alles andere war grausam, schwer und manchmal sogar hoffnungslos. Die Philharmonie spielte in einem kleinen Saal für circa neunhundert Leute, der ständig ausverkauft war. Es war eben ein auserwähltes Publikum, nur die Elite der Intelligenz, die mit Musik etwas anfangen konnte.

Kann man sagen, daß das kulturelle Zentrum der Sowjetunion in dieser Zeit in Nowosibirsk war?

Nein, so würde ich es nicht formulieren, aber es war ein Zentrum. Nowosibirsk war eine Großstadt, eine sich lang hinstreckende Stadt. Ein bißchen haben mich amerikanische Städte später daran erinnert. Es gab ein Zentrum und dann lange Reihen von zweistöckigen oder sogar nur einstöckigen Häusern. In der ersten Zeit gab es Verdunklungen, als die Kriegshandlungen dann etwas in den Westen zurückgingen, nicht mehr.

Waren Sie frei in der Zusammenstellung der musikalischen Programme?

Es gab gewisse Dinge, die nicht gespielt wurden, zum Beispiel Richard Strauss. Wagner nur sehr begrenzt, aber er wurde gespielt, zum Beispiel »Die Meistersinger«. Man kannte seine Stücke nicht, er galt als von den Nazis zu Unrecht usurpiert, was auch nicht ganz fern der Wahrheit ist. Solche Dinge wurden zufällig entschieden. Irgendwer im Ministerium sagte: »Na ja, wenn ihr es nicht zu oft spielt, spielt es ruhig mal.« Ich habe Wagner nicht gespielt, weil das Kontingent an Wagner, das gespielt werden konnte, sehr bald durch Mrawinski ausgeschöpft war, der ihn sehr liebte.
Zunächst einmal spielten wir die gesamte Klassik bis Brahms inklusive. Mahler war schwer aufzuführen, weil Mahler einen zu großen Orchesterapparat brauchte. Ich erinnere mich nicht, daß wir in Nowosibirsk Mahler gespielt haben, in Leningrad dann ja. Bruckner begrenzt, die Siebente Sinfonie und die Vierte Sinfonie, auch ausgeschöpft durch Mrawinski. Ich habe in Leningrad im ersten Jahr zum ersten Mal eine Bruckner-Sinfonie dirigiert, allerdings gleich die Dritte. Es gab in dem Sinne keine Begrenzung, auch der russische Strawinsky, zum Beispiel der »Feuervogel«, wurde noch gespielt. Es gibt Scherzlieder von ihm, die habe ich mal gemacht, die »Suite für kleines Orchester«, die habe ich auch gespielt,

also Strawinsky, der später verpönt war, wurde noch gespielt. An Hindemith erinnere ich mich nicht, aber wenn ein Bedürfnis nach Hindemith bestanden hätte, dann hätte man ihn gespielt. Bedürfnis bestand vor allem nach der russischen und der westlichen Klassik. Sehr viel Beethoven natürlich, mehr Mozart, als man später gespielt hat, ein bißchen Haydn, nicht viel, den hat man damals schon zu wenig gespielt, selbstverständlich Schubert, ziemlich viel Brahms, also jedes Jahr wenigstens zwei seiner Sinfonien. Vergessen Sie nicht, es gab ein Unmaß an russischer Musik, die gespielt werden mußte, alle sechs Sinfonien von Tschaikowsky, die Zweite von Borodin, die ich dort zum ersten Mal machte, eine Sinfonie von Tanejew, die ich auch dort gemacht habe. Dann gab es immer ein Konzert, das der leichteren Musik gewidmet war, es gab mal einen Abend mit Ballettmusik, das waren Mrawinski besonders liebe Abende. Dann gab es fast jede Woche Abende, bei denen in der ersten Hälfte etwas leichte Klassik gespielt wurde und in der zweite Hälfte Johann Strauß.

Für diese Programme leichter Musik hatte ich noch in Nowosibirsk einen »Abend musikalischer Miniaturen« erfunden, also das »Menuett« von Boccherini, den »Türkischen Marsch« von Beethoven, einen Tanz von Grieg, zwei Tänze von Brahms und ähnliches. Als wir das später in Leningrad machten, wurde berittene Polizei aufgeboten. Ich kann nicht sagen, daß wir im Repertoire gerade während der Jahre beschnitten waren. Es wurde nichts verboten, Verbote kamen anders zustande. Ich spielte sehr gern »La Valse« von Ravel, und eines Tages, als der künstlerische Leiter in Moskau war zur Bestätigung des Repertoires, sagte der dortige Mann im Ministerium: »Nein, ›La Valse‹, das ist ein giftiges Stück, das wollen wir nicht. Alles andere von Ravel, bitte.« Es war nichts zu wollen. So kamen Verbote zustande. Es gab im Ministerium keine Liste verbotener Werke, sondern irgendwer hatte etwas dagegen.

Wie sah der normale Tagesablauf in Nowosibirsk aus?

Vormittags Probe und nachmittags studieren. Wenn es nur eine Probe gab, dann konnte man bis zu drei oder vier Stunden arbeiten, mehr hat auch gar keinen Sinn. Das Orchester hatte wöchentlich drei Konzerte zu spielen, für das dritte Konzert waren immer nur zwei Proben da, eine Vorprobe und die Generalprobe. Die anderen Konzerte hatten drei Proben. Später in Leningrad wurde probiert, so viel man brauchte. Wenn

Mrawinski eine Uraufführung von Schostakowitsch machte, so war eben zehn Tage Belagerungszustand in der Philharmonie. Aber in Nowosibirsk war das nicht drin. Vielleicht war das für uns damals aber auch ganz gut, daß wir nicht so viel Zeit für Proben hatten, denn dann hätten wir das Orchester wahrscheinlich noch mehr gereizt.

Haben Sie schon von Nowosibirsk aus Konzertreisen mit dem Orchester unternommen?

Ja, wir waren einmal in Taschkent, in Samarkand, einmal in Omsk, einmal im Kusbass, das ist das Ruhrgebiet von Sibirien. Diese Reisen habe ich meistens gemacht. Wenn Sommer war, ging Mrawinski in die Wälder, selbst in Sibirien. Er war Jäger, er war Angler und war Ornithologe, und er liebte es, durch weglose Wälder zu stapfen. Er hatte sich immer Rechte herausgenommen, die niemand anderer hatte. Wer hätte es sonst wagen können, drei oder vier Monate Urlaub im Jahr zu machen? Er hat das schöne Wort gebraucht: »Ich erhole mich nicht, um zu arbeiten, sondern ich arbeite, um mich erholen zu können.«

Erzählte Biographie

1944 Aufhebung der Blockade von Leningrad, Umzug nach Leningrad, Kriegsende

Wie hat sich die Rückkehr von Nowosibirsk nach Leningrad angekündigt?

Indem es eines Tages hieß, die Leningrader Philharmonie wird mit Mann und Maus re-evakuiert, denn die Blockade Leningrads war kurz zuvor aufgehoben worden. Es gab dann einige bürokratische Hindernisse. Zuerst einmal wollte man alle Orchestermitglieder deutscher Abstammung, es gab etwa acht bis zehn, vorläufig nicht nach Leningrad zurükklassen, so lange die Wunden noch so offen lagen. Selbstverständlich wollte man mich als ehemaligen Ausländer und ehemaligen Deutschen nicht mitnehmen. In dieser Frage haben sich sowohl Mrawinski als auch mein damaliger Direktor unglaublich benommen, vielleicht nicht nur aus Anständigkeit, sondern weil ich in dem Moment für die Philharmonie wirklich sehr wichtig war. Mrawinski wäre dort wieder allein gewesen, wie er es am Anfang in Nowosibirsk war. Es gibt eine Zeitverschiebung von vier Stunden zwischen Nowosibirsk und Moskau, und sie haben nächtelang am Telefon gehangen und mit verschiedenen Leuten telefoniert, mit dem Resultat, daß ich gleich mitfahren durfte und daß den übrigen Deutschen des Orchesters fest versprochen wurde, nach sechs oder sieben Wochen, zum Anfang der Konzertsaison, nachkommen zu können.

Der Zug mit dem Leningrader Orchester fuhr irgendwann nachmittags um drei oder vier Uhr los, an das genaue Datum kann ich mich nicht erinnern, und um elf Uhr morgens rief mich Mrawinski an: »Sag mal, sind Deine Koffer gepackt, um zwei Uhr kommt das Fuhrwerk und holt Deine Sachen ab, Du fährst mit nach Leningrad.« Was wir in den Tagen vorher durchgemacht haben, können Sie sich nicht vorstellen. Ich hatte berechtigte Zweifel daran, daß man mich auch in zwei Monaten nicht zurücklassen würde, wenn man mich jetzt nicht zurückließ. Ich hätte dann mit meiner Familie ohne Arbeit, auch letztlich ohne Wohnung in Nowosibirsk gesessen. Ich stand also fast wieder einmal vor einem Nichts und in völliger Ungewißheit. Das Verbot kam aus Leningrad. Ich erinnere daran, daß zum Beispiel zu der Zeit auch Swjatoslaw Richter nicht in Leningrad spielen durfte, weil er deutscher Abstammung war. Man kann davon ausgehen, daß nichts geschah ohne das Votum der Parteiorganisation, das war erst mal ein bürokratischer Akt, der sich dann verhärtete und dann im letzten Moment aufgelöst wurde. Ich erinnere mich noch gut, als wir abfuhren, waren die deutschstämmigen Kollegen zum Teil am Zug und weinten wie die Schloßhunde.

Sind die wirklich nachgekommen?

Ja. Sogar rechtzeitig. Alle, mit Mann und Maus.

Erzählte Biographie

Ankunft in Leningrad, die Situation in der Stadt nach der Belagerung

Als Sie Leningrad wiedergesehen haben, welchen Eindruck hat die Stadt auf Sie gemacht? Sie wußten wahrscheinlich um die ganze Tragödie, die sich da abgespielt hat?

Ich wußte es ziemlich genau, denn ein Kollege von mir, der Dirigent Rabinowitsch, der später mein bester Freund in der Sowjetunion geworden ist, kam nach Nowosibirsk, nachdem er ein Jahr oder etwas länger während der Blockade dort war, und hat natürlich auch grauenvolle Einzelheiten erzählt. Er war mit der Leningrader Philharmonie evakuiert worden. Kurz vor der Demarkationslinie, von der es dann kein Zurück mehr gegeben hat, stieg er aus dem Zug und fuhr nach Leningrad zurück und sagte: »Ich kann nicht weg von Leningrad.«
Niemand mußte gehen. Es gab einige von der Philharmonie, zum Beispiel einen sehr prominenten Solocellisten des Orchesters, ein schon älterer Mann, der ist dort geblieben. Es mußte niemand weg, aber fast alle haben die Chance wahrgenommen. Es gab nur eine ganz kleine Reihe von Leuten, die dort geblieben sind.

Wie war Ihr Eindruck, als Sie die Stadt wiedergesehen haben? War Leningrad kriegszerstört?

Obwohl die Fenster des Newski-Prospekts mit Furnierholz vernagelt waren und vieles andere auch nicht mehr so schön war wie vorher, war es immer noch ein grandioser Eindruck, vor allem, wenn man eben viele Jahre lang in Sibirien gewesen war und dann in diese Stadt kam. Ich erinnere mich noch sehr gut, unter welch positivem Schock ich stand, als wir vom Bahnhof ins Hotel fuhren. Wir wohnten zu Anfang im Hotel gegenüber der Philharmonie. Es ist eine Stadt, die mich jedesmal wieder betrunken gemacht hat, wenn ich nach einer Weile dorthin zurückkam. Der Eindruck war sehr stark. Ich hatte damals einen ein- oder zweijährigen Sohn, ich war glücklich, daß er in Leningrad aufwachsen sollte und nicht irgendwo in Sibirien oder wo auch immer sonst. Es gab für mich nach Leningrad erst einmal lange Zeit nichts Vergleichbares, auch nicht Moskau. Moskau war niemals eine schöne Stadt, vielleicht beeindruckend, sehr lebendig, aber Moskau war, wenn ich mir den etwas flapsigen

Vergleich erlauben darf, vielleicht das New York der Sowjetunion, eine Stadt, in der es interessant und aufregend war, aber nicht schön, um dort zu leben. Leningrad war weit weniger zerstört, als man es hätte annehmen müssen, man sagte, es hinge damit zusammen, daß die deutsche Armee es nach einer geheimen Absprache mehr oder weniger unbeschädigt den Finnen übergeben sollte. Ich kann mir das nicht gut vorstellen, denn Leningrad allein hatte mehr Einwohner als ganz Finnland und daß die Finnen sich so einen Wasserkopf aufgehalst hätten, dafür waren sie viel zu patriotisch.

Nun hat man aus der Belagerungszeit von Leningrad wirklich die schlimmsten Geschichten gehört, was mit den Menschen da passiert ist, haben Sie davon noch etwas gespürt?

Gespürt nicht und auch nicht gesehen, nur gehört. Jede Familie, die das hinter sich gebracht hatte, wenn sie es denn hinter sich gebracht hatte, erzählte schreckliche Dinge. Wissen Sie, man redet vom Verhungern, von der Zerstörung, aber so eine Kleinigkeit, die mir gerade einfällt, erzählt oft mehr: Es gab Brotkarten, das war nicht nur lebenswichtig, es war lebensrettend. Wenn Sie diese Karte nicht hatten, konnten Sie nicht existieren, es gab circa 300 Gramm Brot pro Tag, das war das einzige, was es gab. Diese Karte gab es immer für die ganze Familie. Ein Familienvater bekam diese Brotkarte und ging in das nächste Geschäft und aß die ganze Brotration für die ganze Familie und für die ganze Woche auf. Das war ein Todesurteil für die Familie, absolut, die ist dann auch gestorben. Ich erzähle das nicht, um zu sagen, wie grausam dieser Vater war, sondern was für einen schrecklichen Kampf er zu bestehen hatte, in dem er unterlag. Solche Geschichten gab es haufenweise. Leim hinter der Tapete zusammenkratzen und daraus eine Suppe kochen, Ratten waren eine Delikatesse, aber die gab es bald nicht mehr. Haben Sie sich mal eine Vorstellung gemacht, was es heißt, acht Monate ganz ohne Wasser zu leben? Man ging an irgendeine Stelle, ich glaube an die Newa, da waren Löcher ins Eis gehackt, da ging man unter Artilleriebeschuß hin, schleppte den Eimer Wasser nach Hause, der der Familie diente, um den Durst zu stillen und vielleicht Leimsuppe zu kochen. Mein Freund Rabinowitsch hat damals erzählt: »Na, ich hatte Glück, ich kam in ein Kommando, das jeden Morgen die Leichen aufsammelte, die nachts gestorben sind, die wurden auf einen Wagen geworfen, und dann setzte man sich auf den

Leichenberg und löffelte die Suppe, die man bekam.« Gut, das sind alles kleine Striche, aber das Leben hat sich eben aus diesen Strichen zusammengesetzt, das war die Zeichnung des Lebens, es muß schrecklic gewesen sein.

Hat die überlebende Leningrader Bevölkerung die Zurückgekehrten freundlich aufgenommen oder ist sie ihnen verbittert begegnet? Bei uns in Deutschland gab es durchaus Ressentiments gegen die Emigrierten, es gab Menschen in Deutschland, die sagen auch heute noch: Was wollen die eigentlich, wir haben hier gelitten, insbesondere in den letzten Jahren des Krieges, und die waren in Sicherheit?

So etwas ist mir in Leningrad nicht begegnet. Man war freundlich, denn es waren Verwandte, Bekannte, die das Glück hatten, noch weggekommen zu sein, es gab keine Ressentiments. Es ist niemand aus Leningrad geflohen. Mir ist es zumindest nicht bekannt, daß es irgendwo Ressentiments gegeben hat.

Wann haben Sie dort wieder Musik gemacht?

Wir machten einen Zyklus von zehn Konzerten, der begann Anfang November 1944. Es dauerte eine ganze Weile, bis alles in der Philharmonie richtig instand gesetzt war.
Den Musikern sind die Tränen gekommen, und sie konnten vor Erschütterung nicht sprechen, als sie zum ersten Mal wieder diesen Saal betraten. Der Saal selbst war mehr oder weniger in Ordnung, es mußte ein wenig geputzt werden, die Riesenlüstern mußten heruntergelassen werden, aber es gab kaum Risse im Gebäude. Leningrad war nicht sehr zerstört, es gab Stellen, die ständig unter Artilleriebeschuß lagen, da sind Häuser zusammengefallen, aber wenn ich so an all die großen und schönen Gebäude denke, auch an die Paläste, da war erstaunlicherweise nichts zerstört, obwohl Leningrad in Reichweite der deutschen Artillerie lag. Es grenzte an ein Wunder, wenn man an andere Städte denkt, an Smolensk, an Minsk und wie sie alle hießen, die in Schutt und Asche lagen.

Wie hat die Bevölkerung auf die ersten Konzerte reagiert?

Enthusiastisch, weil die Philharmonie für Leningrad das Symbol eines schönen und reichen Lebens war. Um die Anrechte für Sitzplätze wurde gekämpft, der ganze Verkauf der Anrechte dauerte vier oder fünf Tage, dann war Leningrad für das nächste Jahr ausverkauft.

Können Sie sich an den Tag des ersten Konzertes und an das Programm erinnern?

Ich kann mich daran nicht erinnern, ich kann nur mit Sicherheit sagen, daß Mrawinski dirigierte, es war eine Schostakowitsch-Sinfonie, wohl die Fünfte. Ich kann mich auch nicht daran erinnern, was in meinem ersten Konzert gespielt wurde. Ich kann mich an ein paar Werke erinnern, die in diesem ersten Zyklus von mir dirigiert wurden, die Neunte Dvořák, eine sehr schöne russische Sinfonie, die Erste von Tanejew, »La Valse« von Ravel, das war es, woran ich mich erinnere.

1944 kehrten Sie nach Leningrad zurück und erlebten dort das Kriegsende im Mai 1945. Sie haben mehrfach gesagt, wie wichtig Ihnen das Gefühl der Heimat war – nun hätten Sie in Ihre frühere Heimat zurückkehren können. Warum sind Sie trotzdem noch eine Weile in der Sowjetunion geblieben?

Sogar noch eine sehr lange Weile! Wenn ich es sehr grob formulieren soll: Man hat mich nicht gelassen! Sehen Sie, die erste Anfrage kam Anfang 1946, da kam doch dieser riesige Emigrantenschub aus Moskau nach Berlin, da waren ein paar Leute darunter, die ich auf künstlerischer Ebene ganz gut kannte, es gab einen Gustav von Wangenheim, den Hans Rodenberg kannte ich ganz gut, so ein paar Leute, die wahrscheinlich sofort gesagt haben: Da sitzt noch einer in Leningrad, warum soll der nicht auch nach Berlin kommen, den können wir doch hier brauchen. Es kam also eine Anfrage von der Staatsoper Berlin nach Leningrad. Ich weiß, daß die Papiere für mich bereits fertiggemacht wurden, ich saß schon fast auf gepackten Koffern. Ich wäre gegangen, aber da hat mein Direktor erklärt: »Wir haben nicht dafür den Krieg gewonnen, daß wir die Leute, die wir selber brauchen können, zurück lassen.« Und da ich, das werden Sie verstehen, in dieser Situation nicht einfach sagen konnte: Ich mach, was ich will, ich fahre, sondern doch, wie soll ich sagen, moralische Verpflichtungen hatte, konnte ich nicht von mir aus die Initiative ergreifen.

Erzählte Biographie

Hätten Sie es sich gewünscht, früher nach Deutschland zurückzugehen?

Ja, ich hätte es mir gewünscht, obwohl es vielleicht besser für mich war, so wie es dann gekommen ist. Denn wenn ich gleich 1946, als man mich zum ersten Mal rief, hier nach Berlin gekommen wäre, ich wäre als »Rote Fackel« verbraten worden, wenn Sie den Ausdruck richtig verstehen. Ich wäre hier vereinnahmt worden von den politisch Mächtigen, es hätte gar nicht anders sein können. Und so wäre ich einfach gescheitert. Es war vielleicht günstiger für mich, in einem Moment zurückzukommen, wo die politische Lage ruhiger war, denn vergleichen Sie das Jahr 1960 mit dem Jahr 1946!

Das Verhältnis zu Mrawinski und zum Orchester

Zurück nach Leningrad: Wie hat sich das Verhältnis zu Mrawinski dort entwickelt?

Als wir nach Leningrad zurückkamen, begann Mrawinskis Höhenflug, und seine Eifersucht begann größer zu werden. Im Grunde genommen hätte er weniger eifersüchtig sein können, denn ich kannte meine Situation als ehemaliger Ausländer und als Nichtrusse, der auch erst mal mit der russischen Musik vertraut werden muß. Ich hätte nie auch nur daran gedacht, ihm gefährlich werden zu wollen, ob ich es gekonnt hätte, wäre eine andere Frage. Ich wollte es gar nicht. Er hätte durchaus diese Beziehung fortsetzen können, aber sie wurde dann von ihm aus nicht weniger vertraut, aber kühler. Damals erschien in einer Leningrader Kunstzeitschrift ein Artikel über die erste Saison der Leningrader Philharmonie nach dem Krieg. Da wurde er ein bißchen gerupft, eigentlich zu Recht, es wurde ihm Kühle unterstellt, was stimmte, er war kein Urmusiker, er war ein hochinteressanter Intellektueller, aber im Grunde genommen nicht unbedingt Musiker, das hat er auch in früheren Jahren zugegeben, nachher nicht mehr. Und dann kam ein Absatz, dort hieß es: Ganz anders ist es mit dem anderen Dirigenten der Philharmonie, der sich jetzt erst hier richtig vorgestellt hat, da sehen wir im Gegenteil dies und das. Mrawinski wurde meist und zu Recht von der Presse und auch von einem Teil des Publikums bevorzugt behandelt, er war weitaus weiter als ich damals, aber es kam eben auch vor, daß die Waage zu meinen Gunsten ausschlug. Ich fuhr kurz darauf zusammen mit meinem Direktor zum ersten Mal nach Moskau, um ein paar Dinge zu regeln, wir kamen im Schlafwagen ins Gespräch. Und er erzählte mir, daß er wegen dieses Artikels ein Protestschreiben an das Ministerium mit sich führte. Er sagte: »Ach Gott, ich kann es Ihnen ja auch zeigen.« Da stand sinngemäß drin, daß man dem bedeutenden Dirigenten Mrawinski zu Unrecht am Zeug flickt und daß man seinen Mitdirigenten in politischer Weise hervorhebt. Der Artikel war übrigens gezeichnet mit einem Pseudonym, Semjonowitsch Rabinovich, es wurde darauf angespielt, daß der wirkliche Autor ein Jude war. Das hätte Mrawinski niemals durchgehen lassen dürfen. Den Brief hatte der Direktor geschrieben, aber Mrawinski kannte ihn, es ist undenkbar, daß Mrawinski nicht Bescheid gewußt hat. Wahrscheinlich hatte Mrawinski im Kabinett des Direktors protestiert, und sie haben dann beschlossen, sich an Moskau zu wenden. Das gehört zu den Dingen, die das Bild von Mrawinski für mich trüben, denn das hätte er nicht nötig gehabt. Aber wenn es um seine Karriere ging, dann gab es keine Grenzen, weder die des menschlichen noch die des politischen Anstandes. Es gab dann ein paar Jahre später, das muß 1951 gewesen sein, den Vorwurf des Kosmopolitismus. Es waren hauptsächlich Juden, denen dieser Vorwurf gemacht wurde, und Mrawinski hat sich nicht davor gescheut, diesen Vorwurf zu erheben, um sich mißliebiger Musiker zu entledigen, die sich ihm gegenüber nicht genügend devot gezeigt hatten. Mit dem Ergebnis, daß die Musiker aus dem Orchester rausflogen, oder sie wurden frühzeitig pensioniert. Nach fünfundzwanzig Dienstjahren konnte jeder dort pensioniert werden, und da man als junger Musiker aus dem Konservatorium mit Anfang zwanzig in die Philharmonie kam, war man mit Mitte vierzig pensionsberechtigt.

Dieser Vorwurf war sehr schwerwiegend, wie hat sich das für die Betroffenen ausgewirkt? Wurden sie gesellschaftlich geächtet?

Gesellschaftlich nicht, aber beruflich. Ich erinnere mich noch gut an einen feinen Musiker, der pensionsreif wurde, und Mrawinski wollte ihn loswerden, er verlangte seine Pensionierung. Da ging der Musiker zu ihm und sagte: »Bitte, können Sie das nicht drei oder vier Monate hinauszögern, da werde ich fünfzig Jahre alt. Dieses Datum möchte ich gerne noch in der Philharmonie nach fast dreißig Jahren Tätigkeit erleben.« Die Antwort war: »Nein.« Es war so unmenschlich, aber eben für ihn typisch. Es gibt einige solcher Fälle, wo er in geradezu unverständlicher Art und Weise grausam und unmenschlich war, was er dort konnte, weil das System es selbst war und erlaubte.
Auf der anderen Seite gehörte Mrawinski zu den interessantesten Menschen, die ich dort kennengelernt habe. Er war, wie ich schon erzählte, ein kompetenter Ornithologe, er verschwand Ende Mai jeden Jahres in seine Wälder irgendwo zwischen Moskau und Leningrad. Da hatte er eine Hütte, die ganz unzugänglich war, wo ihn auch niemand besuchen konnte. Da fuhr er mit seiner Frau hin, nahm einen halben Waggon voll Lebensmittel mit und kehrte dann irgendwann Ende September zurück. Er erinnerte mich ein bißchen an das, was ich von Tolstoi weiß. Ein Ur-Russe, ohne Chauvinist zu sein. Er benutzte diese Dinge für seine Karriere, aber er war kein Chauvinist. Er war es, der Bruckner in Leningrad

in sehr schweren Jahren durchgesetzt hat. Er war es, der sich den Vorwurf gefallen ließ, als Leiter zu westlich zu sein. Auf der anderen Seite war er es, der am soundsovielten Jahrestag der Revolution einen ganzen Zyklus von Sowjetmusik aufführte, also von sowjetischer und russischer Musik. Sein Herz schlug nicht dafür, aber das war der Karriere dienlich, und das tat er, um dem Regime zu gefallen, einem Regime, das er gleichzeitig so haßte, wie ich es Ihnen gar nicht beschreiben kann. Das war eine der Grundlagen, weshalb unsere Beziehung bis zum Ende dauerte. Man suchte sich seine Freunde dort im wesentlichen danach aus, wie aufrichtig man mit ihnen sprechen konnte. Das war nun erprobt, daß wir beide einander nicht verrieten, wenn wir auch nicht ganz auf einer Wellenlänge lagen, aber durchaus Kritik am dortigen System übten. Er voller Haß und ich eher voller Wehmut.

War das eine Kritik am System oder an Personen?

Er an beidem, ich zu Anfang mehr an Personen, bis mir Zweifel daran kamen, wie weit dieses System lebensfähig und lebenswürdig ist. Er hatte auch nicht die Erfahrungen des Faschismus hinter sich. Die Differenzen, die wir in dieser Hinsicht hatten, waren fruchtbar, darüber konnte man reden, darüber konnte man diskutieren, in der Kritik an Personen gab es kaum Differenzen, wobei er Beziehungen zu solchen Personen in zynischer Weise ausnutzte. Das nehme ich ihm aber nicht übel.

Man könnte fast zwischen Furtwänglers Verhalten den Nazigrößen gegenüber und dem, was Sie jetzt von Mrawinski sagen, eine Parallele ziehen, aber wahrscheinlich hinkt der Vergleich? Wie verhielt er sich denn zu den politischen Spitzen der Stadt und des Landes, denn die Leningrader Philharmonie, das beste Orchester der Sowjetunion, wurde wahrscheinlich von den Führungseliten des Landes aufmerksam beobachtet?

Ja, aber Kultur war doch für die Führungselite ein ganz unwichtiger Punkt. Man wußte oben, daß Kultur auch einen gewissen Propagandawert hat, und man war ursprünglich keineswegs gegen die Kultur. Es wurde dort soviel für die Kultur getan wie in keinem mir bekannten anderen Land, sowohl finanziell wie an Aufmerksamkeit, weil die Kultur auf der einen Seite Reklame für sie machen konnte, aber auf der anderen Seite konnte sie auch sehr gefährlich werden. Das war der Grund, weshalb

Erzählte Biographie

es die Schriftsteller am allerschwersten hatten, Musiker dagegen am allerleichtesten. Schostakowitsch konnte alle seine Werke irgendwie erklären, und sie galten plötzlich als patriotisch, aber ein Schriftsteller mußte sich schrecklich winden, um einigermaßen ehrenhaft durch die Zeiten zu kommen, wenn das überhaupt möglich war. Die Schriftsteller sind im Grunde genommen alle, wie sie auch hießen, bemitleidenswert gewesen.

Haben Sie Schriftsteller gekannt?

Niemanden aus der ersten Riege. Ich war gut befreundet mit einem Kinderbuchschriftsteller in Leningrad, in seinem Haus habe ich manchmal den einen oder anderen Schriftsteller getroffen. Er war Parteimitglied und wurde dann zum Parteisekretär berufen, und da er sehr aufrichtig zu mir war, hat er mich ab und zu mal wissen lassen, was er alles hat verhindern können, es war nicht sehr viel, aber immerhin hat er dies oder jenes doch verhindert. Wissen Sie, man war so glücklich über die kleinsten Zeichen, es konnte nur kleine Zeichen von Anständigkeit geben, aber darüber war man schon glücklich.

Wie sah Ihre Arbeitssituation in dieser Zeit in Leningrad aus? Blieb Mrawinski der Chef während der ganzen Zeit, die Sie in Leningrad waren, oder waren Sie am Ende doch gleichberechtigt?

In Leningrad hatte jeder von uns drei Konzerte im Monat zu dirigieren. Mrawinski war der Chef, ich habe das immer respektiert, und er war es zu Recht, ich war sein Stellvertreter. Ich wurde so behandelt, sagen wir mal.
Mrawinski hatte zum Beispiel das Recht der ersten Wahl. Wenn er eine Bruckner-Sinfonie im Jahr dirigieren wollte, so war für mich mit Bruckner kein Platz mehr, weil mehr als eine Bruckner-Sinfonie im Repertoire keinen Platz fand. Wenn er die Fünfte Tschaikowsky-Sinfonie im nächsten Jahr dirigieren wollte, dirigierte er sie und nicht ich. Er hatte das Recht der ersten Wahl, ich war dadurch begünstigt, daß er es nicht liebte, mit Solisten zu spielen und es auch nicht sehr konnte, so daß die großen Solisten meist und lieber mit mir spielten. Das war natürlich eine große Attraktion. Allerdings gab es viele Ausnahmen. Natürlich hat David Oistrach die Uraufführung des Ersten Schostakowitsch-Konzertes mit Mrawinski gemacht, das war selbstverständlich bei Schostakowitsch. Aber

sonst haben die Solisten eigentlich lieber mit mir gespielt, weil ich am Musizieren mit guten Solisten auch ausgesprochene Freude hatte, wobei wir damals gar nicht wußten, wie gut wir mit David Oistrach, Emil Gilels und Swatoslaw Richter bedient waren. Das schien damals selbstverständlich. Erst viele Jahre später in der DDR habe ich gemerkt, was das bedeutet hat. Wobei übrigens Oistrach mir mal sagte, für ihn ist es leichter, in New York zu spielen als in Moskau. Ich fragte: »Wieso, New York ist doch eine fremde Stadt und in Moskau sind Sie zu Hause.« Da sagte er: »Ja, gerade deshalb. In New York kommen die Leute ins Konzert, weil sie Musik hören wollen. In Moskau kommen sie ins Konzert, um zu hören, ob ich noch spielen kann.«

Oistrach war eine sehr offene Persönlichkeit. Auch Gilels war mir sehr nah. Alle diese Freundschaften gründeten außer auf musikalischen Sympathien darauf, daß man miteinander verhältnismäßig offen sprechen konnte, was eben normalerweise nicht gegeben war. Ich hatte für sie einen bestimmten, auch exotischen Wert in Zeiten, als das Land sich so ganz abgeschottet hatte. Ich schien so ein Lichtstrahl aus einer Welt, die ihnen verschlossen war, es zog sie zu mir hin, ich war für sie interessant, obwohl ich nicht oder zumindest noch nicht auf ihrem Niveau war. Das hat sich über Jahre hinaus langsam entwickelt, nicht wie Liebe auf den ersten Blick, obwohl ich Oistrach und Gilels schon kannte, als ich erst ein halbes Jahr dort war.

Hatten die beiden denn zu Mrawinski ein ähnlich gutes Verhältnis?

Nein. Keiner von ihnen hatte ein persönliches Verhältnis zu Mrawinski, wobei Mrawinski auch in seinen Formulierungen nicht immer zimperlich war.

Hat er Ihnen das übel genommen, daß Sie ihm gegenüber den Vorteil der Freundschaft mit diesen Künstlern hatten?

Das glaube ich nicht, er stand zu weit oben im Olymp, um das zu bemerken. Allerdings hing eine Gemeinheit von ihm vielleicht damit zusammen: Es gab vier oder fünf verschiedene Abonnements, eins war das von Mrawinski, dann gab es drei normale und ein viertes oder fünftes war dann der Sowjetmusik gewidmet. Mrawinski hatte kaum mal ein Konzert in einer anderen Abonnementreihe, meine Konzerte waren verteilt auf die anderen Abonnements. Der künstlerische Leiter hatte eines Tages die Idee: Warum soll Sanderling nicht eigentlich auch ein Abonnement haben? Das hat Mrawinski vehement torpediert, dafür dürfte es zwei Gründe gegeben haben: Erstens hätte ich dadurch mein Publikum um mich herum geschart, und es durfte keinen zweiten Gott neben ihm geben. Und zweitens wäre mein Abonnement ganz sicher viel attraktiver gewesen, wenn bei mir Gilels und Oistrach und Rostropowitsch und alle zu finden gewesen wären, bei ihm aber höchstens mal einer. Mein Abonnement wäre also wohl früher ausverkauft gewesen als seines, das durfte natürlich nicht sein. Dieser künstlerische Leiter hat einen furchtbaren Krach bekommen. Mrawinski hat mich dann noch scheinheilig gefragt: »Sag mal, ist es für Dich sehr unangenehm, daß wir diesen Plan haben fallen lassen?« Ich sagte: »Überhaupt nicht, ich mache dann eben dieselben Programme auf mehrere Abonnements verteilt.« In einem eigenen Abonnement ist man nämlich viel zu sehr verpflichtet, und so war ich doch etwas freier und konnte besser disponieren, soweit überhaupt die Rede davon sein konnte, in Leningrad zu disponieren. Ich wurde von meinem Direktor jahrelang nicht ins Ausland gelassen, auch nicht ins sogenannte befreundete Ausland, indem er erklärte: Bei meinem labilen Chef kann ich es mir nicht leisten, die Leningrader Philharmonie sozusagen ohne Aufsicht zu lassen. Mrawinski hat manchmal nur das erste oder das letzte Konzert der Saison, oder mal in der Mitte dirigiert, ich hatte immer da zu sein.

War Mrawinski zum Schluß seines Lebens Alkoholiker, oder war er das auch schon vorher? Worauf bezog sich die Labilität?

Wie weit es am Schluß war, weiß ich nicht, ich glaube ziemlich stark. Zu den Zeiten, als ich ihn kannte, trank er gern ein Gläschen Wodka oder auch zwei, aber ich würde ihn nicht als Alkoholiker bezeichnen. Nein, er war unglaublich hypochondrisch. Wenn es nicht möglich war, daß er vor einem Konzert zwei Wochen im Erholungsheim war, dann konnte er nicht dirigieren, weil er nicht kräftig genug war. Er war unglaublich hypochondrisch und hat häufig die Programme gewechselt, was zur Folge hatte, daß andere Dinge ver- und umgeschoben werden mußten; er war ein schwieriger Zeitgenosse. Aber ich habe die Erfahrung gemacht, daß ein Künstler bei den Administratoren um so geachteter wird, je schwieriger er ist. Oistrach, der eine Seele von einem Menschen war, hat man wie selbstverständlich erwartet, Gilels oder Richter, der sechsmal nicht zu seinem eigenen Konzert gekommen ist, das waren diejenigen, denen die Administratoren die Füße leckten. Mrawinski gehörte zum zweiten Typ. Es gab einen Konfliktpunkt, der fast zu einer Trennung von Mrawinski geführt hätte: Ich hatte eine ganz andere Vorstellung vom Blechklang als Mrawinski, die habe ich heute noch. Er liebte den sehr lauten und effektvollen Blechklang. Es war natürlich für die Musiker nicht nur schwer, sondern fast unmöglich, sich immer umzustellen; heute spielen wir für den, morgen spielen wir für den, um so mehr, als es vorzügliche Blechbläser waren, die unglaubliche Reserven hatten. Es gab einen Trompeter, der konnte so spielen, daß vom übrigen Orchester nichts zu hören war. Das war ein Konfliktpotential bis zuletzt, wobei ich auf der anderen Seite die Streicher alle für mich hatte. Es war für sie leichter, mit mir zu spielen, sie waren zu hören.

Nun gab es im Orchester ein paar ganz vorzügliche Blechbläser, die immer gern zu laut spielten und von mir angehalten wurden, sich auf ein zivilisiertes Maß zurückzugeben. Sie argumentierten, sie wüßten nicht mehr, wie sie spielen sollten, mit dem einen so, mit dem anderen so? Mrawinski verhielt sich in dieser Frage nicht sehr kollegial. Er sprach nicht mit mir darüber, aber die Bläser haben sich bei ihm beklagt. Wir hatten in früheren Zeiten darüber häufig prinzipiell gesprochen, aber als es dann zu diesem Konflikt kam, sah ich keinen Grund, mit ihm darüber zu sprechen. Ich wollte mich nicht beschweren. Beigelegt wurde der Streit durch die vermittelnde Tätigkeit des Direktors der Philharmonie, Ponomarjow. Ich machte zur Bedingung, daß ich dieses Orchester drei oder vier Monate nicht zu dirigieren brauche, weil ich offensichtlich nicht mehr interessant genug für die Musiker sei. Ich bat darum, mich ein bißchen zurückzuziehen. Ich dirigierte drei oder vier Monate das andere Orchester, denn die Leningrader Philharmonie hatte zwei Orchester. Ich habe das als sehr wohltuend empfunden. Als ich wieder zurückkam, hat mich ein sehr warmer Applaus des Orchesters empfangen, denn es war auf meiner Seite, vor allem die Streicher, die sich immer darüber beklagten, bei Bruckner-Sinfonien könnten sie sich die Seele aus dem Leib spielen, sie seien nicht zu hören. Das hat mir doch sehr wohl getan.

Erzählte Biographie

Freundschaften

Sie erwähnten, wie wichtig Freunde waren, auf die man sich gerade in diesen schwierigen Zeiten verlassen konnte. Wer gehörte zu Ihren Freunden?

Der künstlerische Leiter der Philharmonie, übrigens der beste Freund von Schostakowitsch, Iwan Sallertinski, ein phänomenaler Mann, der so westhungrig war, daß er sechzehn Sprachen fließend gesprochen hat. Er hatte mich vom ersten Tag an in sein Herz geschlossen. Er ist auch der Grund für die Freundschaft, die mir Schostakowitsch entgegen brachte. Schostakowitsch wußte von mir so gut wie gar nichts, er wußte nur, daß ich nach Mrawinski der erste war, der seine Sinfonien gespielt hat. Schostakowitsch kam eines Tages nach Nowosibirsk, und Sallertinski sagte zu ihm: Mit dem Sanderling kannst du reden. Sallertinskis Clique hat mich aufgrund der Sympathie, die er für mich hatte und offen zeigte, irgendwie aufgenommen und gab mir Zutritt zu Schostakowitsch. Das sind so Kleinigkeiten, eigentlich uninteressant, aber für mich sind sie unglaublich wichtig gewesen. Sallertinski war die brillanteste Persönlichkeit, die ich in meinem Leben kennengelernt habe. So etwas von umfassend verständnisvoll, gebildet, er hatte nicht nur Wissensstoff gesammelt, sondern auch ein visuelles Gedächtnis, er kannte alles, und wegen seiner einführenden Worte ging das Publikum in Nowosibirsk in die Konzerte der Leningrader Philharmonie. Damals gab es kein Papier und deshalb keine gedruckten Programme, es war üblich, daß zu jedem Konzert einführende Worte gesprochen wurden. Seine einführenden Worte waren so unglaublich, so ganz in dem Sinne unprofessionell. Ich erinnere mich, wie er einmal über die Dritte Beethoven ungefähr so sprach: »Stellen Sie sich vor, es ist der soundsovielte November 1806 in Wien, ganz Wien hat bereits die Stadt verlassen, weil Napoleon gerade in Jena gesiegt hatte, es waren also nur noch ganz wenige Leute da, und an diesem Abend fand nur die Premiere von Grillparzer statt. Dort versammelte sich eine Gesellschaft, morgens um neun Uhr wurden die Musiker gerufen, und abends um sechs Uhr spielten sie als Uraufführung die Dritte Sinfonie von Beethoven. Können Sie sich das vorstellen?« Er schmückte es dann noch aus – wahrscheinlich stimmte es, es regnete und stürmte –, wie diese Sinfonie damals gewirkt hat. Diese Art der einführenden Worte war für das Publikum zu Kriegszeiten in Nowosibirsk so fesselnd und interessant, und nicht nur für das Publikum, auch wir sind immer gegangen, wenn er gesprochen hat. Dieser Mann konnte alles und kannte alles, und da er mich sehr gern hatte, suchte ich seine Gesellschaft und ließ mich von ihm nicht nur belehren, sondern von seinem unerschöpflichen Witz bezaubern. Ich erinnere mich an eine Nacht, wir gingen nach einem Konzert von Mrawinski zusammen nach Hause, wir hatten so den halben Weg gemeinsam, und dann trennten sich unsere Wege, irgendwann sagte ich dann: »Wissen Sie, bei Gelegenheit müssen Sie mir erklären, wie das denn damals in der Französischen Revolution war. Ich habe das zwar in der Schule gelernt, aber ich weiß nicht, ob Sie sich vorstellen können, was man in einer deutschen Schule über die Französische Revolution lernte. Können Sie mir das nicht mal erklären?« Er sagte: »Aber jederzeit, kommen Sie!« Dann sind wir fünf- oder sechsmal von Wohnung zu Wohnung gegangen, und er hat mir einen Überblick über die Französische Revolution gegeben. Ich kann nur sagen, wenn das jemand damals aufgeschrieben hätte, nein, das hätte dort nicht veröffentlicht werden können, das war natürlich keine proletarische Sicht der Französischen Revolution! Er wußte, wer wen und warum ermordet hatte und sagte nicht einfach: »Es waren Gegner, warum sollte man sie nicht ermorden?« Ich erinnere mich nicht an die genaue Zahl, aber ich glaube, es sind damals 30.000 Adlige umgekommen in der ganzen Französischen Revolution, was natürlich für sowjetische Begriffe lächerlich war, das verdiente nicht mal den Namen Revolution. Solche Dinge und vieles mehr habe ich durch ihn erfahren. Er war vielleicht die brillanteste Persönlichkeit, die ich kennengelernt habe. Er hatte so gewisse Idole, Mahler, Berlioz, sein Spezialfach war Ballett, aber er las auch über die Königsdramen von Shakespeare an der Universität. Das war alles sein Gebiet. Er war eine unerhörte Persönlichkeit. Er schenkte mir Vertrauen.

Was bedeutete das Wort Vertrauen in dieser Zeit?

Da will ich Ihnen lieber eine kleine Geschichte erzählen: Einmal saßen wir in Leningrad zusammen, Mrawinski, seine Frau, mein Kollege und wirklich guter Freund, der Dirigent Rabinowitsch mit seiner Frau und meine Frau und ich. Wir waren sechs Personen, wir saßen um den Tisch, unterhielten uns, sprachen ernst und heiter und irgendwie kamen wir auf das Problem des Vertrauens. Da sagte der Rabinowitsch, und das hat großen Eindruck auf mich gemacht: »Im Grunde genommen kann jeder von uns ein Verräter sein, auch Du – und damit zeigte er auf seine Frau – aber wenn Du es bist, dann ist schon alles egal.« Das war die Atmosphäre. So war es eben möglich, daß Mrawinski, der pathologisch eifersüchtig und egozentrisch war, doch mit mir befreundet war, denn er wußte, mit mir kann er reden. Das konnte man aber nur dadurch wissen, daß man noch am Leben war, es gab keinen anderen Beweis. Bei dem, was man miteinander gesprochen hatte – es wurde im Laufe der Zeit, der Monate, der Jahre immer mehr und mehr – kam der Moment, wo man offen redete. Wenn das keine Folgen hatte, waren also die, mit denen man geredet hatte, sauber, »clean« würden wir heute sagen.

Aber diese ständige Angst, in der man lebte, hatte natürlich Folgen. Unser Hausarzt in Leningrad, Schukarew, war der medizinische Direktor der Flottenakademie in Leningrad. Um sein Niveau zu charakterisieren: Er war Mediziner, berühmter Professor und leidenschaftlicher Arzt. Als ich ihn einmal fragte, woher der Herzinfarkt kommt, sagte er: »Das ist die Krankheit der Furcht und des Drucks.« Mit sechzig Jahren hat er ihn selbst bekommen ... Wir gingen während eines gemeinsamen Urlaubs am Rigaer Strand spazieren, und er rezitierte auswendig ganze Partien aus dem »Ring des Nibelungen« mit Angaben, was wie zu verstehen sei und wer was wann gesungen habe und wie das alles früher war, als das noch in Leningrad gespielt wurde und so weiter. Dabei war er gar kein so großer Ausnahmefall.

Ihr Verhältnis zu Schostakowitsch, war es eine innige Freundschaft oder war es fast eine Seelenverwandtschaft?

Mehr Verwandtschaft als Freundschaft. Für eine Freundschaft hätte die Zeit nicht ausgereicht, die wir miteinander bekannt waren. Solche Freundschaften, die man dort haben konnte und mußte, die mußten sich von früher Jugend oder von früher Zeit an entwickeln. Von meiner Seite aus war es erstens Bewunderung für den Komponisten und zweitens das Gefühl von Verbundenheit, das ich sofort hatte, als ich seine Werke hörte. Einmal wurde ich eingeladen, es waren vielleicht zehn oder zwölf ausgesuchte Leute, als Schostakowitsch in seiner Wohnung die neuen Präludien und Fugen vorstellte, die er komponiert hatte, nachdem er 1950 das Bach-Fest hier dirigiert hatte. Das war schon, nachdem er geächtet war, und solche Präludien und Fugen zu schreiben war allein schon ein konterrevolutionärer Akt. Sie wurden damals auch noch nicht öffentlich gespielt, er stellte sie einem sehr begrenzten Kreis von Leuten vor. Selbstverständlich war Mrawinski dabei, unser gemeinsamer Freund Rabinowitsch, der Komponist Bogdan Beresowski – an die erinnere ich mich im Moment, es waren nur Musiker. Es war auch in dem Sinne keine offizielle Veranstaltung, sondern jemand rief mich an und es hieß einfach: »Wenn Sie können, dann kommen Sie dann und dann zu Schostakowitsch.« Das war nicht gerade ein konspiratives Treffen, aber außerhalb der Öffentlichkeit, so würde ich es sagen.

Vier Dirigenten im Künstlerzimmer nach einem Konzert der »Staatskapelle Berlin« in Leningrad, 1953, von links nach rechts: Franz Konwitschny, Arvid Jansons, Kurt Sanderling, Nikolai Rabinowitsch

Erzählte Biographie

Arbeits- und Lebensbedingungen in der Sowjetunion

Wie sah es denn mit der Frage des Vertrauens bei der täglichen Arbeit mit den Musikern aus?

Dazu will ich Ihnen auch eine Geschichte erzählen: Im Rundfunkorchester in Leningrad – Rundfunkorchester sind dort und sicher auch in der DDR politisch sehr an kurzen Zügeln gehalten worden – probierte ich irgendein Werk mit der Cellogruppe. Sie wurde zu früh zu laut, und ich sagte: »Gerade gestern ist mir in der Philharmonie so etwas passiert, da habe ich den Musikern gesagt, seien Sie nicht zu früh mit dem Einsatz, sonst haben wir morgen nichts, wovon wir leben.« Da hat ein Cellist gesagt: »Wir haben schon heute nichts, wovon wir leben.« Bereits in der Pause, überlegen Sie sich das mal, wurde ich zum Musikchef des Rundfunks gerufen. Er sprach mit mir zunächst einmal über meine nächsten Pläne, und am Schluß sagte er: »Ich möchte Sie doch bitten, in Zukunft etwas vorsichtiger in Ihrer Formulierung zu sein und etwas mehr darauf zu achten, was am Rundfunk gegeben ist und was nicht.« Stellen Sie sich vor, die Geschichte war nicht dramatisch, aber daß bereits in der Pause das oben bei der Direktion war ...
Das gab es hier, in der DDR, in dieser Form nicht.

Wie groß war die Selbständigkeit der Orchester? Wie kam zum Beispiel ein Jahresplan in der Leningrader Philharmonie zustande?

Den Intendanten dort wurde ständig und in alles reingeredet. Das beleuchtet vielleicht mehr, was Zwang heißt, als wenn man direkte Zwänge benennt. Der künstlerische Leiter der Philharmonie stellte einen Plan für das nächste Jahr auf, er rief sich einen seiner Dirigenten, er rief sich den anderen Dirigenten, fragte den einen, was möchtest du machen, fragte den anderen, was möchtest du machen. Dann sah er, wieviel Platz er noch hatte, wen er noch möchte und stellte einen Repertoire-Plan für das nächste Jahr zusammen, der natürlich schon bestimmten Bedingungen entsprechen mußte: Es mußte viel russische Musik dabei sein, es mußten auch fünf bis sechs Werke von all den sechzehn Republiken insgesamt im Repertoire sein. Da brauchten sie also von vornherein keinen großen Zwang auszuüben. Es blieb einfach kein Platz, um Schönberg und

Hindemith unterzubringen, da mußte schon ein Dirigent sagen: »Ach, wissen Sie, ich möchte so furchtbar gern von Hindemith dieses oder jenes Stück spielen.«, »Na gut, spiel es.« Aber von vornherein war kein Platz da. Mit diesem Plan ging er zum Stadtkomitee der Partei und stellte es dort vor. Da war irgendeiner, der von Tuten und Blasen keine Ahnung hatte, und wenn, dann vielleicht von Literatur, aber von Konzerten schon gar nicht. Der fragte dann: »Wo sind die Republiken, was ist russische Musik? Aha so, gut.« Der mußte das bestätigen. Dann ging der Intendant mit diesem bestätigten Plan zur Regierung der Stadt Leningrad. Da wurde das noch einmal besprochen und bestätigt. Dann mußte er in das Gebietskomitee von Leningrad gehen. Dann mußte es dem Parteikomitee und dem Regierungskomitee vorgelegt und dort bestätigt werden. Dann fuhr er damit nach Moskau in das Ministerium und legte den schon vierfach bestätigten Plan vor, und wenn er dort bestätigt wurde, dann durfte der Plan durchgeführt werden. Nichts war von vorneherein verboten, der Zwang bestand nicht darin, daß man sagte: »Ihr dürft Strawinsky nicht spielen.« Obwohl das eine zeitlang so war, Strawinsky hatte irgendwann einmal kritische Äußerungen über Sowjetmusik und Sowjetorchester gemacht, da hat man gesagt: »Den nicht!« Das wurde jedoch sofort korrigiert: »Den alten russischen Strawinsky, also ›Petruschka‹ oder ›Feuervogel‹, könnt ihr spielen, aber sonst nichts.« Aber Zwang wurde nicht ausgeübt. Insofern hat der künstlerische Leiter natürlich unter einer unglaublichen Belastung sein Repertoire zusammenstellen müssen.

Wie stand Mrawinski zur politischen Führung des Landes?

Um den Haß von Mrawinski auf das Regime zu illustrieren: Irgendwann, das muß 1951 gewesen sein, noch zu Stalins Zeiten, da gab es einen großen Schub in der Finanzierung des Orchesters, alle großen Orchester des Landes wurden weit über die normalen Tarife hinaus angehoben. Ich bekam plötzlich mehr Gehalt als Dirigent als ein Universitätsprofessor. Das mußte natürlich genügend bewundert werden; das war ein Zeichen des Verständnisses und der Hochschätzung der Partei und ihres großen Führers. Selbstverständlich mußte Mrawinski auf einer Vollversammlung eine Rede halten, wo er Partei und Regierung aus vollem Herzen dankte für all das, was sie getan haben. In dieser Rede, die ungefähr zehn bis zwölf Minuten dauerte, kam nicht einmal der Name dessen vor, der nun mal die Geschicke des Landes und der Partei und des Volkes leitete und der für alles verantwortlich war. Alle warteten darauf, wie wird sich Mrawinski aus der Affäre ziehen. Er zog sich aus der Affäre, indem er im Schlußsatz ungefähr sagte: »Jetzt wird ein neues Zeitalter anfangen, dafür bürgt der Name dessen, der das Dokument unterschrieben hat.« Er erwähnte also den Namen des genialen Leiters und genialen Führers seines Landes mit keinem Wort, was eigentlich undenkbar war, denn in jeder kleinen Arbeit eines Studenten, der das Konservatorium beendete, mußte an irgendeinem Punkt stehen: »Siehe Stalins Werke, Band 16, Absatz 37« – das mußte sein, sonst wurde eine Arbeit nicht entgegengenommen, und er wurde darauf aufmerksam gemacht, er möge sie doch daraufhin noch einmal durchsehen. Daß in einer solchen Rede dieser Name nicht fiel, das war unglaublich.

Und das war tatsächlich von Stalin selbst unterzeichnet? Damit hat er sich selbst beschäftigt?

Ja, diese Anordnung ist von Stalin unterzeichnet gewesen, denn anders wäre das gar nicht durchzuführen gewesen, kein Finanzminister oder kein Ministerpräsident hätte das von sich aus erklären können, das war von Stalin selbst unterzeichnet, vielleicht sogar inauguriert. Es wurde zumindest erzählt, daß er einmal im Bolschoi-Theater gewesen sei und aus seiner Loge gesehen habe, wie schlecht die Musiker mit ihren Fräcken angezogen waren, und da habe er gefragt, was ist denn los? Das setzte dann diesen ganzen Prozeß in Gang. Stalin selbst ging ganz selten ins Bolschoi-Theater und etwas häufiger ins Künstlertheater, wo damals Stanislawski Herrscher war. Ansonsten wurde er auf den Parteiveranstaltungen durch etwas bedient, was man sich schrecklicher kaum vorstellen kann: Es gab diese Staatskonzerte, das waren also 400 Gramm Ballett, 200 Gramm Donkosaken, 200 Gramm Geiger und 100 Gramm Pianist, und das ganze durfte nicht länger als eine Stunde dauern, das war die Sorte Kunst, mit der sich die Oberen berieseln ließen. Da haben alle gespielt. Der Mann, der die Organisation dieser Konzerte hatte, hieß Balakschejew. Da gab es zum Beispiel in Tschaikowskys Violin-Konzert im letzten Satz – und es wurde natürlich nur der letzte Satz gespielt – gewisse Striche, denn er durfte nicht länger als sechs Minuten dauern. Die Striche hießen die »Balakschejew-Striche«. Deshalb hat kaum jemand verstanden, daß der Zweite Satz der Fünften Schostakowitsch-Sinfonie eine Persiflage auf so ein Konzert ist. Es wurde immer ernst genommen oder das

Lustige wurde als ernst genommen und dadurch ganz falsch verstanden. Selbst innerhalb der Sowjetunion wurde es nicht verstanden.

Wann haben Sie die Fünfte in der Sowjetunion das erste Mal aufgeführt? Haben Sie diesen Charakter sofort erkannt? Können Sie sich noch erinnern, mit welchen Gefühlen Sie diesen zweiten Satz dirigiert haben?

Mit Schadenfreude. Es muß Anfang der fünfziger Jahre gewesen sein. Ich habe dem Publikum zwei Dinge vermitteln wollen, einmal die Lyrik Schostakowitschs und zum zweiten die – ich habe gerade gesagt – Schadenfreude, das Groteske als Persiflage der Realität. Aber wissen Sie, ich habe mir keine Gedanken darüber gemacht, was ich vermitteln will, sondern ich habe die Partitur gelesen und habe versucht zu verstehen, was der Komponist hat ausdrücken wollen und habe mich nach besten Kräften bemüht, das wiederzugeben. Andere Ziele hatte ich nicht und habe ich nicht.

Hat das Orchester damals gemerkt, daß Sie eins waren mit Schostakowitsch in der Ironisierung dieser »200-Gramm«-Konzerte?

Das kann ich Ihnen heute nicht beantworten. Wissen Sie, so weit von dem entfernt, wie es allgemein gespielt wurde, lag ich gar nicht. Deshalb wurden andere Dinge viel mehr bemerkt. Ich unterstrich viel mehr die Solitüde des Autors, das grenzenlose Alleinsein, das er ausdrückte. Der Fünften Sinfonie bin ich besonders verbunden, weil ich die erste Aufführung in Moskau miterlebt habe, das muß so 1938 gewesen sein. Nach dem Ersten Satz schauten wir uns ein bißchen im Konzertsaal um mit dem Gefühl, werden wir nicht vielleicht beim Rausgehen dafür verhaftet, daß wir das gehört haben? Dann habe ich diese Sinfonie sehr oft gehört und nicht dirigiert, weil ich in Leningrad in der Philharmonie nicht zum Dirigieren von Schostakowitsch kam. Das war absolutes und berechtigtes Monopol von Mrawinski. Ich habe die Fünfte Sinfonie zum ersten Mal dirigiert, als das Leningrader Rundfunkorchester irgendein Einweihungskonzert gab, ich glaube, es wurde ein neuer Saal eingeweiht. Da die Philharmonie im Urlaub war, bat man mich, das Konzert zu dirigieren. Na, nichts lieber als das! Ich weiß noch, daß mein Direktor mit allen Kräften versuchte, das zu verhindern. Wenn ich schon außerhalb der Philharmonie dirigiere, dann aber ganz gewiß nicht die Fünfte Schostakowitsch.

Erzählte Biographie

Aber dann kam von höchsten Leningrader Stellen die Anordnung, er möge doch sozusagen seine Schnauze halten, das ginge ihn gar nichts an. So mußten sie das zähneknirschend über sich ergehen lassen. Dann habe ich sie nach einigen Jahren ein zweites Mal dirigiert, das muß Mitte der fünfziger Jahre gewesen sein, da waren Schostakowitschs Werke, also zumindest seine Sinfonien, aus den Programmen verbannt worden, wobei es kein Dokument darüber gab. Es wurde zu verstehen gegeben: Die Sinfonien sind nicht erwünscht. Schluß. Ich hatte gute Beziehungen zum Moskauer Rundfunk, wo ich regelmäßig dirigierte. Es gab dort einen sehr verständnisvollen musikalischen Leiter mit Namen Grinberg, der sich sagte: Ich werde mal eruieren, ob nicht allmählich die Zeit gekommen ist, wenigstens die Fünfte Sinfonie wieder zu spielen. Er eruierte das und bekam von ganz oben grünes Licht. Jetzt war die Frage: Wie und wo? Natürlich nicht in der Leningrader Philharmonie, natürlich in Moskau, natürlich nicht vom Staatsorchester, sondern vom Rundfunkorchester, mit wem, mit Mrawinski nein, mit dem Moskauer Chefdirigenten Iwanow nein, ein Chefdirigent sollte es nicht sein. Da ist doch dieser Sanderling, na bitte, der steht politisch nicht in der ersten Reihe, der ist kein Chefdirigent, und wir lieben ihn. So hatte ich die historische Ehre, die Wiederaufnahme der Fünften Sinfonie von Schostakowitsch in das Sowjetrepertoire in Moskau zu dirigieren. Ich bekam einen sehr freundlichen Brief von Schostakowitsch, der nicht im Konzert war, sondern es im Rundfunk gehört hatte. Auch Mrawinski, der zur selben Zeit in Moskau war – deshalb war es gegen ihn ein doppelter Affront – hörte es im Radio in seinem Hotelzimmer. Und nach dem Konzert kritisierte er mich in altbewährter Manier, er fand alles ganz falsch, während die meisten anderen, mit denen ich hinterher sprach, zunächst einmal zutiefst erschüttert waren davon, daß man das überhaupt wieder spielte. Das war ein unglaubliches Ereignis, auch wie ich es spielte, ich nahm kein Blatt vor den Mund, ich unterstrich noch die Solitüde-Eigenschaften und die Tragik des Finales, ich versuchte zu zeigen, und es muß mir gelungen sein, denn viele wiesen darauf hin, daß der Schluß dieser Sinfonie nicht Freude und Heiterkeit ist, sondern daß es herausgeprügelter Jubel ist, wie Schostakowitsch dann später in den Anmerkungen zu Wolkow sagte.

Was hat Schostakowitsch Ihnen in seinem Brief geschrieben?

Ein paar sehr freundliche Worte. Ich glaube, ich hörte auch von anderer Seite, daß es ihm gefallen hat. Er hat allen Freundlichkeiten gesagt; das Schlimmste war immer, wenn er nach dem Konzert kam und sagte: »Wunderbar, herrlich, sehr schön, vielen Dank.« Dann konnten sie sicher sein, daß es ihm nicht gefallen hat. Ich habe das Gott sei Dank nicht erlebt. Wenn er aber gesagt hat: »Wissen Sie, es war sehr schön, im Ersten Satz hätte ich die Flöten am Schluß gerne etwas lauter gehabt«, dann wußten sie, es hat ihm gefallen, es hat ihn interessiert. Wenn er nur sagte, wunderbar, herrlich, dann hat es ihm nicht gefallen. Deshalb gibt es so viele Interpreten von ihm, die sagen, Schostakowitsch selbst hat mir gesagt, wie schön ich es gespielt habe.

Wie hat denn Mrawinski darauf reagiert, daß Sie die Fünfte dirigiert haben, und dies auch noch außerhalb der Leningrader Philharmonie?

Wir wohnten im selben Hotel. Ich kam nach dem Konzert zu ihm, und da hat er alle die Dinge bemängelt, die anders waren, als er sie machte, und die ich heute noch anders mache. Musik ist doch nicht nur sehr vieldeutig, sondern läßt auch eine große Palette gleichartiger Interpretationen zu. Ich kann auf verschiedene Art und Weise das Gleiche sagen. Hier war es, mit Ausnahme des Schlusses der Sinfonie, im wesentlichen nicht eine Kritik an grundsätzlichen Dingen, sondern an Einzelheiten, an den Dingen, die ich besonders betonte. Ich war langsamer als er, und ich gab dem Schmerz mehr Ausdruck, ich gab aber vielleicht auch dem Zweiten Satz etwas mehr Ironie als es Mrawinski tat, vielleicht. Ich weiß jetzt nicht mehr, was er im einzelnen kritisierte. Ich war enttäuscht, ich hätte mir gedacht, er hätte mir etwas Netteres sagen können. Ich erinnere mich noch an etwas anderes, den Anfang des letzten Satzes, den ich ganz anders machte als er, nämlich wie eine hereinbrechende Katastrophe. Ich hatte mir vorgestellt, wie Schostakowitsch diesen berühmten Artikel »Chaos statt Musik« gelesen hat, wie sprachlos er war, als er die »Prawda« aufschlug und eine ganze Seite darüber las. Diesen Schlag, diesen Schock glaubte ich im Anfang des Finales wieder zu hören und gab dem Ausdruck, im Gegensatz zu Mrawinski, der es etwas pompöser machte, vielleicht etwas theatralischer. Als ich dann ein anderes Mal die Fünfte Sinfonie in Moskau dirigierte, war Schostakowitsch mit seinem Freund im

Erzählte Biographie

Saal. Sie kamen beide zu mir und sagten ein paar nette Worte. Ich fragte dann: »War denn der Anfang vom Finale nicht zu schnell?« Da sagte Schostakowitsch: »Nein, nein, lassen Sie ihn so spielen.« Das war für mich natürlich eine große Befriedigung, denn bis dato hatte es niemand so gespielt, es steht auch anders in den Tempoangaben. Das muß Mitte der fünfziger Jahre gewesen sein. Er saß dann eine ganze Probenperiode in Leningrad dabei, als ich mit dem Radioorchester die Zehnte Sinfonie probte. Ich habe sie dann einmal in Moskau gespielt, da hat er sich brieflich seinem guten Freund gegenüber doch sehr wohlwollend geäußert. Und auch als Mrawinski ihn in meiner Gegenwart fragte, na, wie war das, hat er auch ein paar sehr nette Worte gesagt. Ich gebe zu, daß mir das sehr wohltat, denn ich fühlte mich bei Schostakowitsch von Mrawinski immer in den Hintergrund gedrängt.

War Schostakowitsch für Sie eine Art Schlüsselfigur der russischen Musik?

Durchaus. Ich habe es mal so formuliert: Ein ganzer Kreis von Leuten, zu denen auch ich gehörte, hätte, wenn sie denn hätten komponieren können, so komponiert und das komponiert, was Schostakowitsch gemacht hat. Er war für uns der »Berichterstatter« unseres Lebens.

Wie haben Sie denn reagiert, als er dann in Ungnade fiel?

Ja, wie sollte man reagieren? Es war schrecklich. Für mich nicht ganz so schrecklich, denn ich mußte nicht wie Mrawinski auf das Podium steigen und vor versammelter Mannschaft Buße tun und reuig sein, daß er früher Schostakowitsch gespielt hatte. Reue und Buße gehörten zum unabänderlichen Ritual. Ich erinnere mich noch, wie Mrawinski fast Tränen in den Augen hatte, denn er wollte das um keinen Preis. Aber der Direktor hat gesagt: »Wenn Du das nicht machst, sind sowohl die Philharmonie als auch Du persönlich am Ende.« Und das stimmte, es wäre sein Ende gewesen. Er hat es noch verhältnismäßig glimpflich erledigt, er hat nicht wie die meisten anderen plötzlich gesagt: »Das ist schreckliche Musik, wir haben es schon immer gewußt.« Sondern er hat gesagt: »Ich muß bekennen, ich habe sehr an dieser Musik gehangen. Die neuen Parteidokumente werden mich dazu bringen, mich noch einmal eingehend zu befragen und meine Stellung zu diesen Werken zu relativieren.« Er hat das in einer für damalige Verhältnisse unglaublich sauberen Form vollzogen. Ich brauchte zum Glück nichts zu sagen, denn ich war nicht betroffen. Übrigens hat Schostakowitsch in dieser Frage keine Gnade gekannt, wer öffentlich gegen ihn aufgetreten ist, der war bei ihm durchgefallen. Er hat allerdings verstanden, daß Mrawinski noch die humanste Form der Antwort gefunden hatte. Es waren überall Versammlungen im Komponistenverband, und überall wurde die Weisheit des Dokumentes der Partei hervorgehoben, in der das ausgesprochen war. Da wurden Kübel von Schmutz über Schostakowitsch, nicht nur über ihn allein, sondern über die ganze Gruppe von Leuten geschüttet. Schostakowitsch hat das alles sehr genau registriert. Es wurde bis zum Schluß Freunden nicht verziehen, wenn sie gegen ihn aufgetreten waren. Er war da sehr empfindlich.

Wie oft ist Schostakowitsch in Ungnade gefallen?

Zweimal ganz schlimm. Nach beiden Malen hat er wochenlang, vielleicht sogar monatelang, nachts mit einem Köfferchen mit seinen notwendigsten Utensilien neben sich geschlafen. Das erste Mal war, als ich gerade in die Sowjetunion gekommen war, das habe ich deshalb kaum mitbekommen, das war die Geschichte mit der »Lady Macbeth«, wo Stalin mitten in der Vorstellung aufgestanden und weggegangen ist. Da erschien dann dieser berühmte Artikel »Chaos statt Musik«, der im wesentlichen nur gegen Schostakowitsch gerichtet war. Dann kam kurz nach dem Krieg so eine Reinigung der gesamten Intelligenz, es begann mit Kino, dann kam Literatur, dann die Malerei, als letztes die Musik. Das waren lächerliche Vorwürfe, natürlich immer das Schielen nach dem Westen und daß man nicht genügend volksnah war. Bei der Musik ist das ganz leicht; wenn kein kaukasischer Volkstanz in der Oper vorkam, dann war es für Stalin keine richtige gute Oper. Weiter ging auch sein musikalischer Horizont nicht, wahrscheinlich war er absolut amusisch, wie die meisten Politiker der damaligen Zeit, angefangen mit Lenin. Aber das soll eine Eigenschaft vieler Politiker sein, das mag ich ihnen nicht speziell ankreiden, sie sind auch nicht dazu berufen, musisch zu sein.
Ich hatte hauptsächlich Freunde, die seit Anfang der zwanziger Jahre, seit Mitte der zwanziger Jahre spätestens, mehr hinter die Kulissen sehen konnten als ich. Sie hatten mich gern, wir waren Freunde, aber ich erinnere mich nachträglich, sie haben mich immer so ein bißchen mitleidig belächelt, wenn ich Dinge positiv zu erklären versuchte. Ich wiederum hatte eine Erfahrung hinter mir, an die man dort niemals ernsthaft

geglaubt hat. Ich hatte die Erfahrung des Faschismus hinter mir, wenn auch nur kurz, Gott sei Dank. Ich habe den Faschismus zum Teil auch am eigenen Leib gespürt, und irgendwie hat das dort niemand geglaubt, man hat das wie so vieles andere für Propaganda gehalten; die Charakterisierung des Faschismus war keine Verteufelung, er war der Teufel. Es ist sehr interessant, daß unter Freunden oder unter guten Bekannten zu Beginn des Krieges ein bißchen die Meinung verbreitet war, das ist alles Greuelpropaganda. Meine Bekannten kannten die Deutschen, ich rede nicht nur von den Juden, sondern auch von den Nichtjuden, die kannten nur das Beste von den Deutschen, sie kannten die großen Künstler, die nach Leningrad gekommen waren, Fritz Busch war eben da, er war nun einmal ein Deutscher, Knappertsbusch war auch ein Deutscher. Das sollten nun plötzlich die Bösen sein? Man glaubte mir, aber man akzeptierte es innerlich nicht. Mir fehlte wiederum die Kenntnis alles dessen, was sie bereits durchgemacht haben oder hatten. Ich habe mir das begierig erzählen lassen, aber was dahinter steckte, verstand ich nicht. Wenn in der Wohnung meines Freundes Rabinowitsch zwei Zimmer, in denen er wohnte, abgetrennt und nur durch die Küche erreichbar waren, so wohnte er in seiner ehemaligen Sechs- oder Achtzimmerwohnung; wie es dazu gekommen ist, wer dafür alles verhaftet werden mußte, wer enteignet werden mußte, welche Repressalien ergriffen wurden, das kannte ich alles nicht. Es gibt dieses schöne Wort: Wo man hobelt, fallen Späne. Nun gut, wenn bei einer so entscheidenden und bedeutenden und bedeutsamen Revolution gehobelt wird, dann fallen eben auch die Späne, so ist es eben, und so sah ich das damals. Ich hatte nicht persönlich erlebt, was der Adlige Mrawinski eben hinter sich hatte, der in einer Zweizimmerwohnung ärmlichst aufgewachsen war und, als er seine erste Stalin'sche Prämie bekam, das war so das Höchste, was man bekommen konnte, sehr viel Geld, zu mir sagte: »Weißt du, wenn ich daran denke, daß ich vor zehn Jahren zum ersten Mal ein zweites Paar Hosen gehabt habe.« Was dahinter steckt, das kannte ich alles nicht.

Ich kannte meine Erfahrungen aus dem Faschismus und konnte mir – oder wollte mir – nur erhoffen, daß nun irgendwann einmal der rote Stern aufgeht. Das war trotzdem eine unpolitische Haltung, es wäre mir verwehrt gewesen, dort politisch etwas zu tun, aber eigentlich müßte man für so etwas ja etwas tun. Man darf nicht einfach so vor sich hin leben nach dem Motto: Laßt mal die anderen die Geschichte machen, ich mache meine Musik. Ich habe aber so gelebt, vielleicht könnte man das als Feigheit bezeichnen, war es sicher auch, wenn nicht Feigheit, dann aber sicher auch Bequemlichkeit. Das Leben in der Musik war so schön, warum soll ich es mir vergällen durch allzu großes Pochen auf Einsichten, für deren Realisierung andere kämpfen sollten. Sehen Sie, das waren alles Dinge, die man in Leningrad im engsten Freundeskreis diskutieren konnte, vielleicht hat es das in Moskau auch gegeben, ich weiß es nicht, ganz sicher nicht als Atmosphäre, sondern höchstens als Einzelerscheinung. In Moskau waren auch in der Literatur weitaus mehr die staatstragenden Elemente zu Hause, aber was man überhaupt dort mit der Literatur angestellt hat, wenn ich so daran denke, in welchem Ton man über gewisse Persönlichkeiten, wie zum Beispiel Ilja Ehrenburg sprach, nicht, daß man ihm widersprach, sondern in welchem Ton man es wagte, mit Schriftstellern und Poeten wie Pasternak zu verfahren, das ist eigentlich eine Kulturschande. Daß man ihn nicht gedruckt hat, daß man ihn nicht gespielt hat, das mag im Recht eines Staates liegen, der Literatur vordringlich unter dem Gesichtspunkt der politischen Nützlichkeit betrachtet, aber wie man es wagte, mit ihm als professionellem Schriftsteller zu verfahren, wie man es wagte, ihm an die Ehre zu gehen ...

Zurück nach Leningrad, wie hat sich Ihre musikalische Laufbahn dort entwickelt?

Wenn man Jahr für Jahr, Monat für Monat, zwei Programme in der musikalisch bedeutsamsten Stadt mit dem bedeutsamsten und damals besten Orchester des Landes spielen muß, dann ist man so angespannt und so in Arbeit, daß man gar nicht merkt, wie man sich entwickelt und wohin man geht. Parallel hatte ich noch ein anderes Problem zu bewältigen: Ich mußte oder wollte auch russischer Dirigent werden, das heißt, ich mußte mich mit der russischen Musik vertraut machen, die ich praktisch, als ich nach Moskau kam, überhaupt nicht kannte. Man konnte nicht dort leben wollen, ohne sich zu assimilieren. Ich wollte das gerne, ich wollte mir dort eine Heimat schaffen, ich vermeide mit Absicht das Wort zweite Heimat. Ich hatte eine erste Heimat gehabt, aber ich hatte sie nicht mehr. Ich wollte mir dort eine Heimat schaffen, dazu gehörte die Aneignung des gesamten Kulturerbes. Ich habe die russische Literatur verhältnismäßig gut gekannt, in meiner Jugend oder im heranwachsenden Alter habe ich natürlich Dostojewski, Tolstoi und Turgenjew verschlungen, obwohl ich dann feststellte, daß es daneben auch andere Dinge gab, den unbeschreiblichen Reiz von Puschkin konnte ich erst nach vielen Jahren verstehen, als ich den Geruch der Sprache etwas verstanden habe, genauso wie ich glaube, daß kein Nichtdeutscher Heine richtig lesen kann, oder er braucht lange, lange Zeit, um Heine richtig lesen zu können. Genauso ist es mir mit Puschkin gegangen, aber wenn man Heine richtig lesen kann, ist es unglaubliche Poesie, genauso wie es Puschkin ist und wie es dort auch andere Autoren gibt, zum Beispiel Leskow, der ganz großartige Romane geschrieben hat, übrigens ist die »Lady Macbeth« von Schostakowitsch eine Novelle von Leskow. Einige Schriftsteller sind mir nicht geläufig gewesen, die ganzen Schriftsteller vom Beginn der Revolution – da gab es zum Beispiel einen Alexander Blok, ein sehr interessanter Poet –, die sind dann alle ein bißchen zurückgedrängt worden. Aber was ich zu bewältigen hatte, um das alles kennen zu lernen, auch bis zu einem gewissen Grad die Malerei, obwohl das nicht eine hervorstechende Seite der russischen Kultur war; aber immerhin mußte ich mich mit der Existenz eines gewissen Ilja Repin doch vertraut machen, der in Leningrad lebte. Ich war so beschäftigt mit mir und mit meinem Einleben in die Kultur, daß ich vielleicht auch deshalb, und das sage ich jetzt zu meiner Entschuldigung, politische Dinge nicht immer realistisch genug eingeschätzt habe, wobei ich auch eben zu denen gehörte, die um des Zieles willen bereit waren, Unwegsamkeiten gelten zu lassen.

Wenn Sie von heute zurücksehen auf Ihren musikalischen Weg, Ihr Dasein als Musiker, wie ist das durch die Leningrader Zeit beeinflußt worden?

Es ist durch die russische Zeit insgesamt beeinflußt worden. Ich war ein typisch mitteleuropäischer Musiker, und die deutsche und österreichische musikalische Kultur waren ausschlaggebend, und alles darum herum waren Randerscheinungen. Jetzt mußte ich feststellen, daß es daneben eine sehr reiche, eigenständige Kultur gab, die auch emotional in anderer Weise wirkte. Übrigens habe ich auch dort erst gelernt, was französische Musik ist oder sein kann oder sein sollte. In Deutschland waren Ravel und Debussy Exoten, allenfalls die Ballettmusiken und natürlich die »Phantastische Sinfonie« von Berlioz galten als französische Musik, aber die spätere französische Kultur, die Einmaligkeit der »Carmen« von Bizet, die Einmaligkeit der ganzen Erscheinung von Debussy, das habe ich alles dort erst gelernt. Ich weiß nicht, ob ich das in Deutschland als Opernkapellmeister gelernt hätte – wenn mir das Glück gewunken hätte und ich Opernkapellmeister geworden wäre. Es ist vielleicht kein Zufall, daß die typischen großen, wunderbaren deutschen Dirigenten doch auch sehr einseitig waren, und mir ist niemand im Gedächtnis geblieben, außer Kleiber vielleicht, der sich um französische und russische Musik bemüht hätte. Nikisch hat sich um Tschaikowsky sehr bemüht und große Verdienste gehabt. Aber im allgemeinen wuchs man in Mitteleuropa mit Scheuklappen auf, begünstigt dadurch, daß das Erbe hier so unglaublich reich war, von Bach bis Brahms, damit konnte man eigentlich existieren, man brauchte nichts anderes, aber es gibt eben noch anderes. Die Prioritäten in anderen Ländern liegen anders. Ich mußte auch erst einmal lernen, daß es große reiche Kulturen gab, die neben Deutschland existierten, nicht über und nicht unter, aber neben Deutschland. Das gehört zu den Dingen, für die ich meinem Aufenthalt dort sehr dankbar bin. Ich glaube, daß ich heute Beethoven anders, ich sage sogar besser dirigiere dadurch, daß ich dort gelernt habe, mit Tschaikowsky umzugehen. Ich glaube, daß das für mein Verständnis auch der deutschen klassischen Musik befruchtend gewirkt hat. Wenn ich daran denke, wie ich etwa vor vierzig Jahren eine Beethoven-Partitur gelesen habe und wie ich sie heute lese, so lese ich sie zumindest angereichert durch vieles Wissen der Dinge, die in der Kultur außerhalb Deutschlands geschehen sind. Das kann nichts schaden.

Auch die Atmosphäre, überhaupt die geistige Atmosphäre von Leningrad ist schon erstaunlich. Nachträglich verstehe ich jetzt, daß Leningrad mit Recht Stalins ungeliebte Stadt war.

Können Sie diese Atmosphäre in Worte fassen?

Nein, dann müßte man poetisch begabter sein als ich. Es setzte sich aus so vielen Dingen zusammen, die keineswegs selbstverständlich für die damalige Zeit waren. Vergessen Sie nicht, es war noch Krieg, für die damalige Zeit war es daher keineswegs selbstverständlich, künstlerische Diskussionen zu führen, die das Ungefährliche für den Staat nicht immer beinhalten. Ein sehr naiver Kollege von mir, langjähriger Chefdirigent des Staatsorchesters, wurde bei seinen ersten Konzerten in Brüssel irgendwann in den fünfziger Jahren interviewt, und er wurde gefragt: »Dürfen Sie denn alles spielen?« Er sagte: »Ja, mit Ausnahme dessen, was verboten ist.« Diese Situation war selbstverständlich, denn so richtig verboten im Sinne eines aufgeschriebenen Verbotes war nie etwas. Es sollte eben nicht gespielt werden. Man tat gut daran, es nicht zu spielen, denn das hätte böse Folgen haben können für das Institut, das es machte, und für den, der es getan hat. Schönberg war nicht verboten. Er wurde nicht gespielt. Ungeschriebenes Gesetz war es, daß die Kunst dem Volk zu dienen hatte. Vielleicht ist das auch gar nicht so falsch, wenn man es sehr weit faßt. Hinter all diesen Diskussionen stand die Frage: Worüber sprecht ihr überhaupt? Wieso dient das dem Volk? Das Volk will das nicht. Das Volk möchte Volkslieder hören. Damals kam der Begriff »sozialistischer Realismus« auf, das war nicht einmal Realismus, geschweige denn sozialistischer Realismus. In Moskau wäre es fast undenkbar gewesen, darüber zu diskutieren, schon aus dem Grunde, weil viele prominente Leute gar nicht gewußt hätten, was das ist.

Aber in Leningrad wurde das diskutiert?

Nicht in dem Sinne, daß es einen Vortragsabend gab, sondern man kam im Gespräch darauf, und man unterhielt sich darüber, zunächst einmal wie über jede verbotene Frucht positiv, in jedem Fall gab man zu, daß das etwas ist, was man kennenzulernen hat und was in diesem Jahrhundert eine bestimmte Bedeutung gehabt hat. Direkt nach der Revolution bis weit in die zwanziger Jahre hinein war die Kunst durchaus auch im westlichen Sinne revolutionär gewesen. Nehmen Sie Feininger oder in der Musik den frühen Schostakowitsch, er war von der Sprache her weitaus kühner als später. Damit war Ende der zwanziger Jahre Schluß, in der Musik etwas später, aber in der bildenden Kunst und auch in der Poesie endete das in den zwanziger Jahren. Leningrad war eben auch führend gewesen in dieser Hinsicht, Leningrad war die Residenzstadt gewesen, Moskau war die Regierungsstadt. Dieses Erbe von Leningrad, zum Teil noch von Petersburg, das wirkt noch sehr lange nach.

Das spürte man auch noch 1944? Wer diskutierte, die Intelligenz, Otto Normalverbraucher?

Die Intelligenz ja, Otto Normalverbraucher nicht, aber das hat er nie und nirgends getan, warum soll er es dort tun. Aber die Intelligenz, die später notgedrungen andere Themen diskutieren mußte, hat damals über Kunst diskutiert unter Kenntnis all dessen, was zu damaliger Zeit weltweit modern war.

Waren diese Diskussionen auf einen bestimmten Kreis von Menschen beschränkt, oder gab es mehrere Zirkel oder Salons, kann man das Wort ›Salon‹ in dem Zusammenhang gebrauchen?

Nein, ich glaube Salons in dem Sinne, wie wir es von der Fanny Mendelssohn kennen, gab es nicht, aber die Professoren hatten ihre Klassen, und da wurde dann eben mal auch über so etwas gesprochen, oder nach einem Konzert blieben einige Leute im großen Salon in der Philharmonie sitzen und unterhielten sich über irgend etwas, was akut war. Das sind alles Dinge, die es in Moskau nur sehr begrenzt gegeben hat. Jedenfalls hat Moskau nicht eine solche geistige Frische ausgestrahlt wie damals die ersten Jahre Leningrad.

Nun war die Not in Leningrad, als Sie zurückkamen, wahrscheinlich auch noch ganz immens. Muß es unter dem Gesichtspunkt nicht erstaunen, wenn das Thema nach einem Konzert nicht die allgemeine Lage war, sondern die Kunst?

Ja, das gehört eben zu den Positiva meiner Erinnerung, daß das Künstlerische so lebendig als Teil dieser Stadt betrachtet wurde, wie eben in den anderen Städten nicht, und daß eben diskutiert wurde, wenn im Marinsky-Theater eine neue »Pique-Dame« herausgekommen ist und der Regisseur irgend etwas anders gemacht hat. Das war Thema, nicht nur für die Presse, die Presse hat dort gar keine Bedeutung gehabt, aber darüber sprach man. Auch die Hochachtung des Otto Normalverbrauchers gegenüber den Künstlern war unglaublich. Der Künstler war eine Persönlichkeit, wenn er gar Schauspieler war, na, das war unbeschreiblich, da zog auch der Hausverwalter den Hut und bückte sich tief.

Diese Atmosphäre, die Sie beschreiben, ist eigentlich die Atmosphäre einer aufgeklärten Stadt aus dem Ende des Jahrhunderts bis in die zwanziger Jahre hinein. Sie gab es auch nach dem Krieg noch?

Ja. Vielleicht erliege ich einem Irrtum oder habe eine Illusion: Ich sehe es im Vergleich zu dem, was es sonst in der Sowjetunion gab, und da war es ganz herausragend. Wenn Sie es, wenn man so etwas überhaupt kann, absolut betrachten, ist es vielleicht gar nicht so außerordentlich gewesen. Es ist nur für das damalige Leben im damaligen Land so außerordentlich und so ungewöhnlich gewesen.

Erzählte Biographie

Wann hat das aufgehört, und wie hat es aufgehört?

Nach dem Krieg begann zunächst einmal ein Prozeß der Abwanderung nach Moskau, Moskau war eben die Hauptstadt, die Dinge wurden alle in Moskau entschieden. Es ist eben kein Zufall, daß Schostakowitsch ein paar Jahre nach dem Krieg in Moskau eine Professur annahm und nach Moskau zog, er mag für viele andere und auf anderen Gebieten stehen. Das andere war, daß ein Teil der Leute, die diese Atmosphäre geschaffen hatten, sein biologisches Ende fand. Und ein Drittes war, daß Leningrad von allen ideologischen Schlägen, die das Regime austeilte, immer besonders hart betroffen war. Mir fallen für Moskau gerade keine anderen Namen ein, aber die Achmatowa, Sostschenko, das waren alles nicht nur Leningrader, sondern Erzleningrader.

Haben Sie solche ideologischen Schläge miterlebt? Können Sie die beschreiben?

Oh Schreck, kann ich nur sagen. Da kam eben eines Tages eine Verordnung des Zentralkomitees, die in dem Sinne keine Verordnung war, sondern eine Charakterisierung dessen, was sich gerade abspielte, das sei eben nicht nur volksfern, volksfremd, sondern volksfeindlich; ein Vorwurf, der übrigens auch Schostakowitsch gemacht wurde. Volksfeindlich, lassen Sie sich das mal auf der Zunge zergehen. Das bedeutete, daß alle die geächtet waren, die es zunächst einmal betraf. Sostschenko wurde sofort aus dem Schriftstellerverband ausgeschlossen, was praktisch zur Folge hatte, daß er nicht gedruckt werden konnte. Auf anderen Gebieten kann ich das nicht so beurteilen. Mit jedem solchen ideologischen Rundumschlag wurden erst einmal ein paar wundervolle Bäume gefällt. An deren Stelle kam Unkraut, künstlerisch gesehen.
Ich erinnere mich, daß auch Tuchatschewski, der berühmte General, der dann erschossen wurde, Leningrader war. Er muß Leningrader gewesen sein, denn in seinem Haus musizierte regelmäßig sein Freund Schostakowitsch. Schon das spricht für die Besonderheit der Leningrader Situation, daß einer der allerprominentesten Generäle des Landes ein Musikfan ist, der sich den jungen Schostakowitsch zum guten Freund gemacht hat und wegen dem Schostakowitsch wochenlang jeden Abend mit gepackten Koffern schlafen gegangen ist, weil er nicht zu Unrecht befürchtete, im Zuge der Kampagne gegen Tuchatschewski mit verhaftet zu werden. Es ging nicht mit einem Schlag zu Ende, sondern es wurde immer weniger und weniger.

Sie haben vorhin vom biologischen Ende einiger Apologeten der Atmosphäre in Leningrad gesprochen, beinhaltet das auch gewaltsames biologisches Ende?

Ja, das gewaltsame biologische Ende hat es in Leningrad ganz besonders stark gegeben in Form von Verschickungen, für die ganze Intelligenz von Leningrad, nicht in Form von Erschießungen. Sehen Sie mal, das hing doch damit zusammen, daß Stalin ganz offensichtliche Ressentiments gegenüber Leningrad hatte, weil die allermeisten seiner Konkurrenten Leningrader waren oder mit Leningrad mehr zu tun hatten als mit Moskau und größtenteils übrigens Juden waren, was sicher zum Antisemitismus dort beigetragen hat, denn in der breiten Bevölkerung wurden die Roten weitgehend mit den Juden gleichgesetzt. Die prominenten Revolutionäre waren die Juden, der Trotzki, der Oberjude, Radek, wie sie alle hießen, die meisten waren Juden, denn das waren intellektuelle Revolutionäre, die auch meist im Ausland gelebt und auf die Revolution gewartet haben und dann glaubten, mit Lenin an der Spitze 1917: Jetzt ist die Zeit gekommen. Stalin war damals ein ganz, ganz kleines Schlußlicht.

Haben Sie in Leningrad schnell Freunde gefunden?

Über die hinaus, die ich schon in Nowosibirsk hatte, nicht schnell, man fand auch nicht schnell Freunde. Man fand sehr schnell Kumpane, aber Freundschaft, die auf Vertrauen basiert – das muß eine Freundschaft –, das war nicht so einfach, denn das war sehr risikovoll, so daß ich wenig wirkliche Freunde im Laufe der Jahre dazu bekommen habe. Man hatte nicht viele Freunde, man hatte viele Kumpane und Bekannte.

Ist es nicht ungeheuer belastend, unter dieser Situation zu leben oder hatten Sie sich schon daran gewöhnt? Kann man sich überhaupt an so etwas gewöhnen?

Ich fürchte ja, wie will man leben, wenn man das nicht irgendwie bewältigt? Ich glaube, das ist ein Thema, das die Deutschen auch sehr beschäftigen sollte, man sollte auch hier lernen, nicht zu vorschnell in der Verdammung zu sein. Es hat Zwänge gegeben, die sicher schrecklich waren und zu vielen Selbstmorden geführt haben, und die Tatsache dieser ständigen Belastung wirkte sich sicher psychisch aus; dieses ständige Mißtrauen, das sie eigentlich hätten haben müssen oder auch hatten, aber auf der anderen Seite lernte man es, damit umzugehen. Man war einfach weniger offen, man vermied gewisse Themen und genierte sich nicht, mit Gemeinplätzen umzugehen und betrachtete es nicht als Charakterlosigkeit, wenn man zusammen mit allen Anderen, ich betone das, mit allen anderen die Hand hob, um irgendwem zuzustimmen. Das war gar nicht anders denkbar.

Hat sich diese psychische Belastung entladen, wenn Sie vor dem Orchester gestanden haben, wenn Sie in einer anderen Sprache gesprochen haben, in der Sie nicht überwacht werden konnten?

Nun, in der Musik konnte man ehrlich sein. Das war der große Vorteil, den die Musik bot. Ich erinnere mich, daß wir alle auch mal in der Hitze des Gefechts vor dem Orchester, vor versammelter Mannschaft Dinge gesagt haben, die wir klugerweise vielleicht nicht gesagt hätten und ganz gewiß nicht gesagt hätten, wenn es sich nicht um Musik gehandelt hätte. Es hat sich aber nicht in dem Sinne entladen, wie Sie es jetzt formulieren, es waren im Grunde genommen glückliche Momente, wo man sich in die Arme der Musik begeben konnte, denn da konnte man ehrlich sein.

Also war es doch schon ein bewußter Gegensatz zum sonstigen Leben?

Vielleicht, ich kam dorthin im zwanzigsten Jahr der Revolution, die anderen hatten es von viel früher an erlebt, man gewöhnte sich an diesen Zustand. Zumindest in den ersten Jahren, wenn ich mich recht erinnere, hatte man auch in der Intelligenz allgemein das Gefühl, das Ziel ist wunderbar, die Mittel, das sind die Dinge, die man gern kritisieren möchte, aber nicht darf; aber vielleicht ist es klug, das Ziel nicht in Frage zu stellen, indem man diese Mittel diskutiert. Das war meine Grundhaltung für viele Jahre. Erst als es eigentlich gar nicht mehr ging, die Augen zu verschließen, da wurde es erst richtig unerträglich.

Wie ging es mit dem Verhältnis zu Mrawinski nach Kriegsende weiter?

Mrawinski war kein guter Begleiter, denn er konnte nur so dirigieren, wie er wollte. Ich war ein versierter Kammermusiker, mir machte es Spaß zu erraten, was der Solist will, mich auf seine Welle zu begeben. Ich hatte Freude daran, so daß die Solisten, gerade die prominenten Solisten, sehr gerne mit mir spielten und nicht so gern mit Mrawinski, obwohl es sicher das

Prestigeträchtigere war, mit ihm ein Konzert zu machen, aber er machte sie mit seiner Nervosität kaputt, und er hatte keine Freude am Zusammenspiel.

Aber die konnten sich das doch wahrscheinlich ebenso wenig aussuchen wie Sie, oder?

Nach dem Krieg konnten Oistrach und Gilels so etwas schon andeuten und sagen, wobei Oistrach selbstverständlich die Uraufführung des Schostakowitsch-Konzertes mit Mrawinski machte, das wäre gar nicht zu diskutieren gewesen, daß das jemand anderes als Mrawinski macht, aber die übrigen Konzerte hat er mit mir gespielt, Sibelius mit mir gemacht, Szymanowski mit mir, Beethoven mit mir, Brahms mit mir, verstehen Sie, für die Philharmonie war es nicht ganz leicht, diese Leute zu bekommen, sie waren nicht immer verfügbar, und wenn die Direktion merkte, daß sie mit mir lieber spielten und auch gern spielten, dann war das ein zusätzliches attraktives Moment für sie: »Da ist ein Konzert bei Sanderling frei, wäre doch schön, wenn Sie da Sibelius spielen würden, oder wollen Sie etwas anderes spielen«.

Sie waren für die Direktion der Philharmonie ein bißchen, ich sage mal überbetont der »Lockvogel«, um Leute wie Gilels und Oistrach nach Leningrad zu holen?

Wobei natürlich die Direktion in jeder Hinsicht Mrawinski vorzog und auch mit Recht, aber um diese Leute zu bekommen, war es für die Direktion leichter, wenn sie sagen konnten, sie spielen mit Sanderling. Was einen anderen großen Nachteil für mich hatte, denn ich wußte, ich habe in der Philharmonie in der nächsten Saison zwölf Programme zu dirigieren, das war normal für eine Saison, aber ich wußte nie oder nur ganz selten, wann ich was zu spielen hatte. Zu Beginn der Saison wurde verabredet, im Oktober kommt Oistrach, im November kommt Gilels, Richter, der besonders anfällig in diesen Dingen war, der kommt im Dezember; aber dann kam eine Auslandsreise für Oistrach, er mußte nach Australien, und dann wurde das eben rücksichtslos auf den April verlegt und statt dessen ein anderes Konzert, unter Umständen mit einem unprominenten Solisten für mich, aber mit einem anderen Programm auf den Oktober gezogen. In der Regel habe ich nie, im besten Fall drei Monate vorher, gewußt, wann ich was zu dirigieren hatte. Ich mußte immer gewärtig sein, daß sich das ändert. Das war natürlich eine große Erschwernis, das hat

Erzählte Biographie

mich auch dazu bewogen, mich immer sehr langfristig vorzubereiten. Es sind natürlich Fälle vorgekommen, wo ich dann sagen mußte: »Das kann ich nicht dirigieren, denn die Strawinsky-Sinfonie konnte ich mir noch nicht ansehen, in drei Wochen habe ich keine Zeit, ich muß noch dies und das machen.« Das konnte natürlich auch einmal vorkommen, aber das war nicht die Regel. Die Regel war, daß ich dann die Strawinsky-Sinfonie eben statt im nächsten Frühjahr schon in drei Wochen machte, was wiederum zur Folge hatte, daß ich viele Werke nicht so gründlich vorbereiten konnte, wie ich mich heute zum Beispiel auf die Werke, die ich vielleicht schon fünfzigmal dirigiert habe, mit großer Freude vorbereite; denn heute ist das meine größte Freude, ein mir bekanntes Werk noch einmal zu durchforsten. Aber damals mußte ich froh sein, wenn ich alles unter einen Hut bekam, wobei für mich so gut wie alles neu war, ich war sowohl an Jahren wie auch an Erfahrung ein sehr junger Dirigent, also alles war neu. Das hat mich zwangsläufig dazu gebracht, mir auch im Urlaub jeden Tag meine Partituren anzusehen, so daß es mir auch ein Bedürfnis wurde.

Die Sowjetunion war damals gegen den Westen sehr abgeschottet, hat es sich trotzdem herumgesprochen, daß in Leningrad neben Mrawinski eben auch Sie waren? Gab es Anfragen zu Konzerten mit Ihnen im Ausland?

Es hat sich ein bißchen herumgesprochen, aber sehen Sie mal, die Anfragen kamen nicht an mich, sondern die Anfragen kamen nach Moskau an das Ministerium oder an die Künstleragentur; von dort kamen sie an meinen Direktor. Der Direktor hat, wie ich erst später erfahren habe, ständig abgeblockt und hat gesagt: »Ich kann mir bei dem gesundheitlich und psychisch unsicheren Mrawinski nicht erlauben, heute zu sagen, ich gebe Sanderling in vier Monaten frei.« So habe ich nichts davon gewußt. Ich habe zum Beispiel erst hier in Berlin erfahren, daß ich jahrelang vom DDR-Rundfunk eingeladen wurde. So habe ich mit dem Leningrader Orchester nur drei Reisen unternommen, mit dem Orchester war ich in Helsinki, in Prag und habe dann diese Reise nach Japan gemacht. Dann war ich einmal allein als Dirigent in Sofia, als Gilels darauf bestand, mit mir einen Beethoven-Zyklus mit allen fünf Konzerten zu machen. Das ging auch nur deshalb durch, weil eben Gilels gesagt hat: »Ich brauche aber den Sanderling.« Da konnte mein Direktor nicht protestieren, um Gilels nicht zu verlieren. Ich hatte eine andere Einladung nach Prag, die konnte ich nicht annehmen, weil ich damals in den Vorbereitungen zum

»Fliegenden Holländer« in Leningrad steckte, da mochte ich nicht für zehn Tage nach Prag fahren. Aber sonst habe ich keine Möglichkeiten gehabt, obwohl es Einladungen gegeben haben soll.

Hatten Sie selbst keine Einflußmöglichkeit, zu sagen: »Ich will eine Auslandsreise mit dem Orchester machen.«?

Nein, da wurde nicht argumentiert. Das ging nicht. Da kam man gar nicht an die Stellen und an die Leute heran, ich zumindest nicht, mit denen man hätte diskutieren können. Das wurde einfach nur dekretiert. Es ging soweit, daß drei Tage vor der sechswöchigen Japan-Tournee für die Erste Pauke der Pauker gesperrt wurde. Wir fuhren dann ohne einen Pauker los. Vorher wurden sozusagen die Spitzen nach Moskau in das ZK zu einer Sitzung gebeten. Ich sagte: »Wir sind in einer schrecklichen Lage.« Da sagte mir mein Direktor danach: »Bravo, daß du das gesagt hast.« Man diskutiert da nicht. Ganz wenige Leute nur haben gewagt zu widersprechen. Mrawinski hat mal etwas Herrliches gesagt, er wurde zum obersten Parteimann in Leningrad gerufen, der sagte: »Ich möchte gerne wissen, womit erklären Sie sich, daß so viele Leute aus Ihrem Orchester von Ihnen weggehen.« Darauf sagte Mrawinski: »Entschuldigen Sie, die gehen nicht vor mir weg, die laufen vor Ihnen weg.«

Könnte man sagen, daß die höheren Weihen der Sowjetunion, das Überleben dort zwanzig, dreißig Jahre lang, für Sie in der DDR zu mehr Freiheit geführt haben?

Nicht das Überleben dort, sondern die Erfahrungen, die man gemacht hat. Nach einem Vierteljahrhundert Sowjetunion konnte ich schon bei dem oder jenem sagen: »Hört mal, diese Dummheiten macht nicht, die habe ich schon dort erlebt.« Ich habe dort auch die Korrektur erlebt. Es gab dort – wie später in der DDR – keinen Abend ohne Sowjetmusik. Der Anteil der Sowjetmusik mußte wesentlich erhöht werden. Dagegen war kaum etwas zu machen. Gegen die Propaganda der Sowjetkultur gab es keinen Widerspruch. Ich habe auch nach wenigen Jahren erlebt, daß dieselben Leute kamen und sagten: »Macht, was ihr wollt, spielt meinetwegen jeden Abend Tschaikowsky, nur füllt die Säle wieder.«

Erzählte Biographie

Vor dem XIX. Parteitag der KPdSU erhält Sanderling Auftrittsverbot, Stalins Tod am 5. März 1953, das Trauerkonzert der Leningrader Philharmoniker

Den Stalinismus, der sich auch durch Säuberungsaktionen und brutalste Arten der Unterdrückung von anderen Meinungen auszeichnete, wie haben Sie den in Leningrad erlebt?

Die schlimmste Zeit des Stalinismus habe ich in den Jahren der Schauprozesse, 1936 bis 1938, in Moskau erlebt, als lauter Leute plötzlich verschwanden, Meyerhold war plötzlich nicht mehr da, Tairow war plötzlich nicht mehr da, die verschwanden alle, und das war für mich absolut unverständlich. Die Intelligenz hat es schon verstanden, wieso es so ist, aber mir wollte nicht in den Kopf, daß so etwas eben reiner Terror ist oder war.

Gemessen an diesen Ereignissen war das, was Sie später in Leningrad erlebt haben, nicht so gravierend?

Vielleicht, weil ich inzwischen schon ein gestandener Sowjetbürger geworden war. In Moskau hat mich das mehr gepackt. Es hat dann in Leningrad einen Moment gegeben, in dem mir Schostakowitsch bei Stalin das Leben gerettet hat. Vor jedem großen Parteitag fanden kleine Parteitage in allen Gebietshauptstädten statt, also auch im Leningrader Gebiet. Es war Ritus auf diesen kleinen Parteitagen, daß es einige Opfer geben mußte, an deren Beispiel dargelegt werden konnte, daß man gegenüber Fehlern und Unzulänglichkeiten der anderen nicht aufmerksam gewesen ist. Auf diesem kleinen Parteitag, der im September 1952 stattfand, also drei Monate vor dem großen Parteitag, wurden drei Leute genannt, deren Tätigkeit in Leningrad unverzeihlich sei: Der eine war der Direktor des Literaturinstituts, Eichenbaum, der noch mit Lew Tolstoi als kleiner Junge Schach gespielt hatte, aus dieser Generation kam er noch, der Zweite war ich und an den Dritten erinnere ich mich im Moment nicht. Alle drei waren Juden, sicher kein Zufall. Später kam heraus, weshalb ich dazugehörte: Während des Urlaubs war eine Kommission alle Institute durchgegangen und hatte sich die Kaderakten kommen lassen, irgendeine Parteikommission, die von Tuten und Blasen im Grunde genommen keine Ahnung hatte. Da stieß sie auf einen Dirigenten, einen ehemaligen Ausländer, Jude, das war natürlich ein gefundenes Fressen, das wurde einfach automatisch weitergegeben. Es wurde gesagt: »Wie ist es denkbar, daß jahrelang in der Philharmonie ein sogenannter Dirigent arbeitet, der weder eine höhere musikalische Ausbildung hat, noch irgendwas anderes vorweisen kann?« Es wurde das Wort Prädocha benutzt; Prädocha ist einer, der sich überall durchschlängelt, ein sehr schimpfliches Wort, ein Opportunist, das kommt dem vielleicht am nächsten. Alle waren ganz perplex, es war wie ein Blitz aus heiterem Himmel. Und da die Partei sich nie irrte, war das das Todesurteil, und das Beste, was mir noch hätte passieren können, war, daß ich Zweiter Dirigent irgendwo in der tiefsten Provinz mit einem Rundfunkorchester von siebenundzwanzig Leuten geworden wäre. Ich wußte davon gar nichts. Es war auf dem geheimen Parteitag gesagt worden. Rabinowitsch, der Dirigent, hat mich auf die Straße bestellt, nicht in einen geschlossenen Raum, und mir gesagt, ich erinnere mich an die Formulierung: »Auf diesem Zirkus ist Ihr Name gefallen.« Ich fragte: »Auf welchem Zirkus?« Das und das und in dem und dem Zusammenhang. Mir war sofort klar, was los ist. Ich fragte: »Und nun?« Er zuckte mit den Achseln. Mein Direktor hätte mich eigentlich sofort entlassen müssen, plötzlich kam von überall die Nachricht, daß meine Gastspiele ohne Begründung abgesagt sind. In diesem Moment hat sich der Direktor vorbildlich mir gegenüber verhalten, er ließ mich kommen und sagte: »Wissen Sie, ich möchte gern, daß Sie Ihre Tätigkeit mehr auf die zweite Hälfte der Saison legen, daß Sie zu Anfang der Saison erst mal nicht in Erscheinung treten.« Das habe ich natürlich verstanden, ich habe geantwortet: »Wie Sie wünschen.« Ich hatte eigentlich erwartet, daß er mir sagt: »Sie verstehen, unter diesen Bedingungen geht es nicht weiter.« Ich ging also nach Hause, das war Ende September. Irgendwann im November fand der Parteitag statt. Dann rief mich eines Tages mein Direktor an, ich möge zu ihm kommen. Er fragte: »Welches große sowjetische Werk haben Sie für diese Saison vorgesehen?« Ich sagte: »Die Sechzehnte Beresowski-Sinfonie.« – »Können Sie die nächste Woche dirigieren«, fragte er. Ich meinte: »Ja, natürlich.« In der nächsten Woche fand das Konzert statt. Was war geschehen? Er und Mrawinski haben zusammen den besten Freund von Mrawinski mobilisiert, ich glaube Tscherkassow hieß er, ein ganz berühmter Schauspieler, der bei Stalin einen unglaublichen Stein im Brett hatte. Er hatte »Iwan, den Schrecklichen« gespielt und war ein Lieblings-

Erzählte Biographie

schauspieler von Stalin. Dem haben Sie gesagt: »Also, paß mal auf, wir geben Dir Schostakowitsch zur Seite und suchen eine Gelegenheit, Stalin das persönlich vorzutragen.« Auf dem Riesenbankett nach dem Parteitag, auf dem Stalin schon nicht mehr gesprochen hat, haben sich die beiden durch alle Kordons der Abgrenzung zu Stalin durchgeschlängelt, der an einem speziellen Tisch saß, und haben ihm in vorsichtiger Formulierung gesagt: »Da ist in Leningrad ein Irrtum geschehen.« – In sehr vorsichtiger Form. – »Der Sanderling ist wohl fälschlich dort genannt worden. Es ist ein unglücklicher Zufall, man sollte es vielleicht, wenn es geht, in Ordnung bringen.« Das hat mir Schostakowitsch berichtet. Stalin hat nur mit dem Kopf auf seinen Adjutanten gewiesen: »Bring das in Ordnung.« Am nächsten Morgen war die Nachricht schon in Leningrad. Rehabilitiert für die Öffentlichkeit im ganzen Land wurde ich dadurch, daß nach diesem Konzert eine Pressenotiz erschien, was ganz ungewöhnlich war; sonst wurden Konzerte nur besprochen, wenn Bernstein kam, über einen normalen sowjetischen Dirigenten wurde kein Wort verloren. Am nächsten Abend stand in der »Leningradskaja Prawda« eine Pressenotiz: »Gestern abend wurde nach vielen Jahren zum ersten Mal wieder die Sechzehnte Sinfonie von Beresowski gespielt. Die Sinfonie hatte großen Erfolg. Es dirigierte Kurt Sanderling.« Das war für alle das Signal, ich bin wieder da. Also ich kann wohl sagen, daß der Schostakowitsch mir das Leben gerettet hat.

Dachten Sie zu dieser Zeit schon daran, aus der Sowjetunion wegzugehen?

Zumindest hat das meinen Wunsch zu gehen, beflügelt. Es ist übrigens die Zeit gewesen, als bereits Züge bereit gestellt waren für den Abtransport aller Juden nach Birubidschan, es wurden alle Kreml-Ärzte, die auch zufälligerweise Juden waren, unter der Beschuldigung verhaftet, sie hätten Stalin nach dem Leben getrachtet. Sie wurden von einer Kollegin belastet, die dafür den Leninorden bekam, der ihr dann nach Stalins Tod aberkannt wurde, was genau solches Aufsehen erregt hat.

Stalins Tod fällt in Ihre Leningrader Zeit. Welche Erinnerungen haben Sie daran?

Ich erinnere mich, daß ich meinen Sohn Thomas auf die Straße führte in dem Moment, wo das Leben in der gesamten Stadt, im gesamten Land erstarb. Zwei oder drei Minuten war vollständige Stille im ganzen Land, kein Zug fuhr, alles Leben erstarb um zwölf Uhr mittags. Es war etwas historisch außerordentlich Wichtiges vorgegangen, das ist eigentlich die wesentliche Erinnerung, die ich daran habe. Ich weiß, daß ich dann unter einem riesigen Porträt, welches in der Philharmonie hing, den Zweiten Satz aus der Fünften Sinfonie Tschaikowskys dirigiert habe, das Orchester spielte dort ungefähr zwölf Stunden am Tag, die Dirigenten wechselten sich ab und jeder spielte irgendwas. Ich habe sicher noch andere Sachen dirigiert, aber an den Zweiten Satz der Fünften Sinfonie erinnere ich mich.

Wie war die Stimmung um Sie herum?

In dem Moment? Das kann ich nicht mehr rekonstruieren, aber wenige Tage und Wochen danach ganz gewiß Erleichterung, weil plötzlich ein unglaublicher Druck nachließ. Die Machtkämpfe spielten sich irgendwo hinter dem Vorhang ab, auf jeden Fall merkte man nichts davon. Ich erinnere mich nur, es gab einen Schriftsteller, Jurij German, ein jedenfalls in Leningrad bedeutender Schriftsteller, wir waren Anfang des Sommers auf seiner Datsche, und er sagte, es ist eigentlich erstaunlich, wie gut es geht, auch ohne Etat. Der Stadtetat für das laufende Jahr war nicht verabschiedet worden und alles lief, die Züge fuhren, das Brot wurde gebacken, die Konzerte fanden statt, ich glaube, alle hatten das Gefühl der Erleichterung, auch die, die positiv gegenüber dem Stalinismus eingestellt waren. Es waren dann auch vielleicht die mühelosesten Jahre.
Dann kam 1956 der 20. Parteitag, der für viele ein unglaublicher Schock war, denn man konnte Stalin einordnen wie man wollte, wir haben ihn ziemlich eindeutig eingeordnet, aber daß er ein Verbrecher und ein solcher Verbrecher war, wie Chruschtschow nur andeutete, das war für alle natürlich ein großer Schock, vor allem für die gestandenen Stalinisten, aber selbst für uns, die wir unsere Zweifel an dem Segen hatten, den Stalin für die Menschheit bedeutet haben sollte. Aber das sind Dinge, die mich heute nicht mehr quälen, sie haben mich gequält, so lange ich glaubte annehmen zu können, vielleicht führt es doch zu einer besseren Welt. Wieviel darf man übersehen auf dem Weg?

Erzählte Biographie

Wann ist dieser Bruch bei Ihnen gekommen? Können Sie sich an Eckpunkte erinnern, wo Sie sich mit solchen Gedanken besonders herumgeschlagen haben?

Das kann ich Ihnen nicht sagen, das ist ganz allmählich gekommen – und widerwillig. An Eckpunkte kann ich mich nicht erinnern, es waren laufend Dinge, die einfach nicht zu verstehen waren, die man beim besten Willen nicht positiv auslegen konnte. Sehen Sie, ich kam in die Sowjetunion, da begann der erste dieser großen Prozesse, 1936/37. Das war für uns Westeuropäer absolut unverständlich. Was ist das für ein Regime, wo die besten und angesehensten Politiker von heute auf morgen Verräter waren? Ich nenne das nur als Beispiel. Man muß sich immer vor Augen halten: Rußland ist nicht das östlichste Land von Europa, sondern das westlichste von Asien. Es war alles so ganz anders, und man hatte Mühe, all diese Dinge einzuordnen. Dann vergessen Sie eines nicht, es war ein Regime, das in den Medien und natürlich auch in der sonstigen Propaganda in jeden Betrieb eingedrungen ist, das alle Erfolge unglaublich herausstellte und an den Mißerfolgen waren immer Schädlinge Schuld, immer Leute, die dem Regime gegenüber nicht wohlwollend waren. Eigene Unfähigkeit gab es nicht, die Partei hatte immer Recht, sie bestand auch aus der Elite des Volkes, so wurde es uns gelehrt. Sie stand über allem. Jetzt werde ich Ihnen etwas sehr Böses sagen: Ich bin etwas nachsichtiger gegenüber einigen Mitläufern des Nationalsozialismus geworden, nachdem ich gesehen habe, was tagtägliche Propaganda anrichten kann. Ich kann mir vorstellen, daß sehr viele der Bewohner des damaligen Deutschlands nicht mehr in der Lage waren, zwischen Gut und Böse zu unterscheiden, was keineswegs zur Entschuldigung des Regimes gilt. Nein, ganz im Gegenteil, ein Regime, daß das hervorruft, ist ein böses Regime. Aber Ähnliches mußte ich auch dort feststellen, wobei ich mich immer wieder dagegen verwahre, diese beiden Regime miteinander zu vergleichen. Es waren beides Diktaturen, aber die Zielsetzung der Diktaturen war eine grundsätzlich andere. Die Zielsetzung der Sowjetunion war eine, ich scheue mich nicht zu sagen, zutiefst humanistische, und die Zielsetzung des deutschen faschistischen Regimes war eine zutiefst menschenfeindliche und arierfreundliche. Das macht einen Unterschied aus, der es mir nicht gestattet, aufgrund gleicher oder ähnlich angewandter Mittel Vergleiche zu ziehen, auch nicht darüber, wer schrecklicher gewesen ist, Stalin oder Hitler. Beide sind schrecklich gewesen. Stalin ist noch

mehr zu verurteilen, denn der hat ein gutes Ziel mißbraucht, während Hitler ein schlechtes Ziel aufgestellt hat. Aber so sehe ich es heute, und ich bin kein Politiker, und meine Hauptbeschäftigung ist, mich in Partituren durchzuwühlen.
Dann kam der Eingriff in die ungarischen Ereignisse, über diese Dinge waren wir sehr unzulänglich informiert. Man konnte es nur irgendwie ahnen. Immerhin wußten wir, daß in Budapest Kommunisten mit dem Kopf nach unten an die Laterne gehängt wurden. Man mußte sich sagen, wenn es schon dazu kommt, muß es vorher sehr bitter gewesen sein. Die Ereignisse des 17. Juni 1953 haben wir eher empfunden und serviert bekommen als Streik, nicht als Aufruhr gegen das Regime, sondern als Streik um bessere Arbeitsbedingungen; so wurde das dort abgemildert. Daß der Westen seine Geschwader ausgeschickt hätte, wurde in unseren Kreisen schon nicht geglaubt.

Aber es wurde versucht, das so zu verkaufen?

Selbstverständlich. Aber wir wußten ja auch alle nichts Genaues, über das Ausmaß der Auseinandersetzungen in Berlin schon gar nicht, denn es war in dem Sinne gar nicht viel passiert, während in Ungarn unglaubliche Dinge passiert sind. 1956 hat mehr zu denken gegeben als 1953, um so mehr, als es 1956 auch wieder von den Intellektuellen ausging; das hat uns natürlich viel mehr berührt, das hat uns mehr bedrückt und bekümmert, als Streiksituationen hier in einem Deutschland, von dem man auch nicht so richtig wußte, wohin das alles gehen wird. Später wurde ausgestreut, ich weiß nicht, inwieweit das richtig war, daß der damalige Sicherheitschef, ein übrigens übler Bursche namens Berija, daß der ein Zurückziehen der Sowjetarmee aus der DDR und eine Übergabe der DDR favorisierte. Ob das stimmt, weiß ich nicht, es war jedenfalls einer der Punkte, die man ihm zur Last legte, als er dann beiseite geschoben und erschossen wurde.

Erzählte Biographie

Erste Gedanken an eine Rückkehr nach Deutschland, 1956 erste Konzertreise mit den Leningrader Philharmonikern in die Schweiz, nach Österreich, in die BRD, nach Ostberlin und Leipzig

Wann waren Sie zum ersten Mal wieder in Deutschland?

Im Jahre 1956, da wurde die Leningrader Philharmonie nach Deutschland, Österreich und in die Schweiz eingeladen, das war mein erstes Gastspiel im Westen. Wir fuhren mit dem Zug und kamen nach Frankfurt an der Oder. Mrawinski und ich lehnten uns aus dem Fenster hinaus, der Zug stand, und er fragte mich: »Sag mal, warum weinst Du?« Ich hatte es gar nicht bemerkt. Dann habe ich die Eisenbahnwaggons meiner Jugend wiedergesehen, die Berliner Stadtbahn, wo jedes Coupé einzeln aufgemacht wurde, sie fuhr damals noch mit Dampf. Ich weinte, ja, warum? Um die Jugend, das Leben.

Mit welchen Gefühlen sind Sie denn nach Deutschland gefahren?

Angst. Ich habe mir das nie klar gemacht, aber wenn Sie mich jetzt so fragen, möchte ich sagen: mit Angst, was mir diese Konfrontation bringen wird. Ich war damals schon bereit, zurückzugehen. Vorher ist Schostakowitsch zu mir nach Leningrad gekommen, und er fragte mich, ob ich zurückgehen würde, er sei in der DDR gewesen und die hätten ihm den Auftrag gegeben, im Zentralkomitee der Partei in Moskau dafür zu plädieren, daß man mich zurückläßt, man könne mich in der DDR gebrauchen. Er sagte mir, er möchte nichts sagen, wenn ich gar nicht zurück möchte. Er überraschte mich mit der Frage, und ich fragte ihn: »Darf ich als guter Jude mit einer Gegenfrage antworten, wie würden Sie entscheiden?« Er sagte: »Unbedingt, für 20 Pfennige sind Sie dann im Westen.« Jedenfalls wurde ich von ihm gefragt, aber seine Demarche hatte keinen Erfolg. Damit war der Fall erledigt. Während dieser Reise 1956 war ich nie allein, es war immer noch jemand dabei, sobald ich mit irgendeiner politischen Person zusammen war. Damals war Abusch Minister für Kultur, er wollte mit mir sprechen. Die hatten die Absage aus Leningrad nicht verstanden und wollten nun wissen, was los ist. Da haben sie auf dem Schlußbankett arrangiert, daß ich zwischen zwei DDR-Vertreter gesetzt

wurde, der eine war Abusch. Ich wurde also in die DDR-Mangel genommen. Da fragte mich Abusch: »Wir haben bisher nicht die Gelegenheit gehabt, darüber zu sprechen, wir hätten Sie gern hier zurück. Wie ist Ihre Stellungnahme dazu?« Da sagte ich dann: »Haben Sie Verständnis dafür, daß ich von mir aus aktiv nichts unternehmen kann, aber wenn an mich die Frage heran getragen wird, ob ich zurückkommen möchte, werde ich ja sagen.« Ich wäre aus vielen Gründen nicht von mir aus aktiv geworden, an sich konnten Emigranten ja zurück, aber da fühlte ich mich doch der Sowjetunion insgesamt gegenüber in der Schuld. Sie hat mir das Leben gerettet, zweifellos, ich wäre mit größter Wahrscheinlichkeit in Auschwitz gelandet. Sie hat mir nicht nur Brot gegeben, sondern sie hat mir in wenigen Jahren eine der schönsten Dirigenten-Stellen gegeben, die es überhaupt im ganzen großen Land gab, sie hat mir eine perspektivisch sehr langfristige Entwicklung ermöglicht, ich glaubte nicht, sagen zu dürfen: »So, jetzt brauche ich euch nicht mehr, danke schön, jetzt fahre ich heim ins Reich.« Ich glaube, das haben sie verstanden.
Meine Rückkehr 1960 wurde dann auch – wie ich nachträglich erfuhr, auf Initiative von Kurella – so bewerkstelligt, daß bei einem Staatsbesuch in Moskau Ulbricht bei einem Bankett zu Chruschtschow sagte: »Da gibt es noch so eine kleine Frage, Sie haben da in Leningrad einen ehemals Deutschen.« Am nächsten Tag wurde ich befragt, ich lag damals gerade mit Gelbsucht im Bett, das war nicht gerade sehr zuträglich, man darf sich da nicht aufregen. Da kam jemand von diesen Organen, wie man so schön sagte, und fragte mich, ich gab auch da nicht etwa eine Antwort, ja, ich fahre zurück, sondern ich sagte: »Ja, wenn man es hier für möglich oder sinnvoll erachtet, fahre ich gern zurück.« Ich habe es selbst da noch nicht eindeutig beantwortet. Ich glaube, daß ich heute genauso verfahren würde. Ich glaube, es gibt Verpflichtungen, die man nicht vergessen darf. Das ist nicht nur eine politische Frage gewesen, daß das Land mir das Leben gerettet hat, ich bin in diesem Land durch die Teilnahme an der Entwicklung der russischen Kultur im Verlauf eines Vierteljahrhunderts sehr viel reicher geworden. Das habe ich auch dankbar empfunden. Deshalb habe ich nicht bedingungslos ja gesagt, so gerne ich zurückgekommen wäre. Damals wollte ich schon sehr gern kommen, aber ich glaubte, nicht zu dürfen.

Erzählte Biographie

Als Sie sich dann doch entschlossen, wieder zurückzugehen, hatten Sie da den Eindruck, daß Ihr künstlerischer Reifeprozeß in Leningrad nicht mehr weiter vorangetrieben werden könnte?

Nein, es war mir bewußt, daß mir Leningrad bekömmlicher wäre als Berlin. Irgendwo habe ich die Rückkehr innerlich ein bißchen als Opfer stilisiert, als Opfer, daß ich der deutschen Kultur bringe. Ich hatte auch gar keine Vorstellung davon, was sich hier in Berlin abspielte.

Ich erinnere mich, als ich dann in Berlin die »Meistersinger«-Ouvertüre probierte mit meinem damals jungen Orchester, sagte ich nach der Probe: »Ich weiß nicht, ob Sie das nachvollziehen können, aber ich habe zum ersten Mal mit einem deutschen Orchester in einer deutschen Stadt die ›Meistersinger‹ gespielt.« Ich hatte schon ein besonderes Gefühl dabei, obwohl ich zumindest heute nicht der Meinung bin, daß Wagner der deutscheste Komponist ist. Ich glaube, Wagner ist geradezu der internationalste Komponist, der in seiner musikalischen Sprache am allerwenigsten typisch deutsch ist. Er mag in anderen Dingen typisch deutsch sein, leider. Aber als Musiker ist er meinem Empfinden nach weitaus weniger deutsch als Brahms oder gar Schumann. Weil ich mich aber immer in einer fremden Umgebung, rein geographisch gesehen, als deutscher Musiker gefühlt habe, deshalb habe ich so etwas vielleicht besonders empfunden.

In der Sowjetunion sagten Sie, Sie wollten mit ganzem Herzen russischer Dirigent sein?

Ja, natürlich, nicht weil ich dem Russischen gegenüber dem Deutschen den Vorzug gegeben hätte. Aber ich sah mein Leben in Rußland, und genauso wie ich nicht glaube, daß jemand an einem deutschen Opernhaus mit Tschaikowsky und Rimski-Korsakow, aber ohne Wagner und Mozart im Gepäck durchkäme oder künstlerisch lebensfähig wäre, genauso glaubte ich und glaube ich auch heute noch, wenn ich in Rußland hätte mein künstlerisches Leben beschließen sollen, daß ich als Dirigent auch russischer Musik auf der richtigen Spur war.

In welchen Städten haben Sie während der Konzertreise dirigiert?

In Berlin, in Hamburg hat Mrawinski dirigiert, in Köln habe ich dirigiert, in München Mrawinski, in Stuttgart ich, in Zürich ich, in Genf er und in

Wien wir beide. Wir machten übrigens unsere ersten Schallplatten hier. Wir waren auch in Ostberlin. Es kam dann zusätzlich ein Konzert im Titania-Palast in Westberlin, welches Mrawinski dirigiert hat.

Das hat die DDR zugelassen? Sind Sie denn von Ostberlin direkt nach Westberlin eingereist? Über den Checkpoint Charlie?

Es wurde nicht viel gefragt. Das ging reibungslos. Es war ein sowjetisches Orchester, da gab es gar keine Schwierigkeiten. Es gab eine hübsche Schwierigkeit bei der Einreise in die Schweiz, davon war mein Konzert in Zürich betroffen. Wir kamen von Stuttgart und wollten nun auf dem nächsten Weg in die Schweiz nach Zürich. An der Grenze wurden wir darauf aufmerksam gemacht, daß wir jetzt zwar in die Schweiz reisen, aber man vorher wieder ein Stück durch Deutschland mußte, das ging aber nicht, denn wir hatten nur ein einziges Einreisevisum in die Schweiz, so daß also ein riesiger Umweg gemacht werden mußte. Wir kamen in Zürich irgendwann nach sieben Uhr an, und um acht Uhr sollte das Konzert beginnen. Es war ein schreckliches Durcheinander, die Koffer wurden rausgeschmissen, also es war ganz schrecklich. Mrawinski stand daneben, das haben mir die Musiker voller Empörung erzählt, es war ein Donnerstag, und er sollte in Genf am Sonntag ein Konzert leiten, da stand er daneben und sagte nur: »Ich kann mir vorstellen, wie Ihr mir am Sonntag die Probe spielen werdet.« Das Konzert begann dann um 8.10 Uhr mit Klemperer und Heifetz im Saal.
Ich habe auf der ganzen Reise die Zweite Rachmaninow-Sinfonie gespielt, zu Anfang die Ouvertüre zu »Benvenuto Cellini« von Berlioz, und dazwischen hat Oistrach die Beethoven-Romanze und ein Mozart-Konzert gespielt. Ich glaube, es war ganz eindrucksvoll.

Wie haben Sie 1956 die Atmosphäre in der Bundesrepublik empfunden? War das vor oder nach den Ereignissen in Ungarn?

Das war vor Ungarn. Ich habe so ein paar Dinge erlebt, die mir typisch zu sein schienen. In Köln waren wir in Privatquartieren untergebracht, es gab dort keine Hotels für uns. Ich war mit ein paar Musikern in irgendeiner Wohnung, und die Wirtin hatte bald raus, daß ich deutsch sprach und ehemaliger Deutscher war. Sie sagte: »Sagen Sie mal, sind alle russischen Musiker so normal und essen mit Messer und Gabel?« Das ist mir

Erzählte Biographie

in Erinnerung geblieben. Das spricht eben für das Bild, das man damals von der Sowjetunion hatte.

1956 war die Hochzeit der Adenauer-Ära, es hieß: Die Gefahr kommt aus dem Osten. Ich weiß nicht, ob Sie das Wahlkampfplakat kennen, das die CDU in einem Bundestagswahlkampf hatte, das erinnerte im Prinzip an ein Naziplakat, es zeigte eine Art stilisierter Mauer, und darüber guckte nur halb ein mit einer Pelzmütze bekleidetes Gesicht mit asiatischen Gesichtszügen. Darüber stand dann in dicken Lettern: »Die Gefahr kommt aus dem Osten.« Das war in dieser Zeit um 1956.

Wenn ich etwas von Atmosphäre gespürt habe – ich habe nicht sehr viel spüren können, denn ich war sehr beschäftigt mit meiner eigenen Aufregung – aber wenn ich etwas gespürt habe, dann ist es etwas derartiges gewesen, auch ein Erstaunen darüber, daß ein Orchester aus dem Osten nicht nur gut, sondern wunderbar zusammen spielt, sondern daß sie auch Lackschuhe anhaben! Von der geistigen Situation habe ich überhaupt nichts gespürt.

Theoretisch war Mrawinski auch bei einer Tournee der Chef, aber faktisch war die Arbeit während der Reise geteilt, ich habe sogar mehr dirigiert als er. In Hamburg kam der damalige sowjetische Botschafter Smirnow, er hat sich später bei Verhandlungen noch einen Namen gemacht, er war mir gleich nicht sehr sympathisch, aber ich erfuhr dann, was er wollte. Er verlangte, daß Mrawinski auch in Köln dirigierte, in Köln sei das Diplomatische Korps anwesend, da hätte der Chef zu dirigieren, nicht der mit dem deutschen Namen, sondern Mrawinski. Und nur weil Mrawinski sich bis auf das Äußerste gesträubt hat, weil er das Dirigieren überhaupt haßte und nicht darauf eingestellt war, nun noch ein Konzert mehr zu machen, und wegen des Diplomatischen Korps schon erst recht nicht, nur dieser Tatsache habe ich es zu verdanken, daß ich an dem Abend, wie vorgesehen, an das Pult trat.

Wie kann ein Musiker überhaupt Dirigent sein, wenn er das Dirigieren haßt?

Er hat es gefürchtet, er hatte jedesmal panische Angst davor und war dann immer ganz glücklich nach dem Konzert. Er hatte fast ein tragisches Leben gehabt, vor jeder Probe und vor allem vor jedem Konzert hatte er Angst, sich nicht zu genügen, es war das Eingeständnis dessen gewesen, daß er im Grunde genommen auch kein Urmusiker war, sondern ein wunderbarer Klangregisseur, ein hochinteressanter Intellektueller, aber eben kein Urmusiker. Für ihn war jedes Konzert ein Segen, das er weniger zu dirigieren hatte. Das war auch einer der Gründe, weshalb der Direktor der Philharmonie mich so krampfhaft gehalten hat.

Wo haben Sie in Ostberlin gespielt?

In der Staatsoper. Da war Burghardt Intendant. Er hat mir dann später erzählt, mit welcher Mühe dieses Gastspiel arrangiert wurde. Plötzlich sollte die Leningrader Philharmonie kommen. Er mußte den ganzen Spielplan umstellen, Proben konnten nicht stattfinden. Mrawinski war unerbittlich, am Vormittag mußte geprobt werden, das Programm war schon zwanzigmal gelaufen, aber am Vormittag mußte probiert werden. Bei mir war es einfacher. Ich hatte eine Matinée. Es mußte nicht am Vormittag probiert werden, es war Sonntag. Ich weiß noch, wie ich in dem Dirigentenzimmer stand, wo sie alle einmal gewesen sind, der Furtwängler, der Blech, der Kleiber, der Walter, alle waren in diesem Zimmer, und plötzlich war ich da. Das war schon ein atemberaubender Moment, nicht so sehr der Saal wie das Dirigentenzimmer. Da hat mich meine Mutter übrigens zum ersten Mal gehört. Sie kam aus London zu diesem Konzert und hat geheult wie ein Schloßhund.

Haben Sie sich das erste Mal wiedergesehen?

Nein, sie ist schon Ende der vierziger Jahre mit einer der ersten Besuchergruppen aus England nach Leningrad gereist, sie sollte nach Moskau weiter, aber ich konnte erreichen, daß sie in Leningrad bleiben konnte. Wir haben uns ungefähr eine Woche dort gesehen, da hat sie auch ihren Enkel kennengelernt. Dann war sie ein zweites Mal, ganz kurz bevor ich nach Berlin gegangen bin, in Leningrad. Da wußte sie nicht, daß ich schwere Gelbsucht hatte, sie kam gerade an, als ich im Bett lag, schwerkrank. Wir hatten uns also zweimal vorher gesehen.
Zu Beginn des polnischen Krieges hatten wir noch eine gewisse Verbindung gehabt, als dann England in den Krieg eintrat, war Schluß. Ich schrieb ihr nach Kriegsende an die Adresse in London, die ich von ihr hatte, inzwischen hatte sie schon eine Schwiegertochter und einen Enkel. Ich teilte ihr das alles mit, bekam aber keine Antwort. Ich schrieb ihr nach einem halben Jahr noch einmal, bekam wieder keine Antwort. Dann

schrieb ich ihr ein drittes Mal, was sollte ich machen, es war die einzige Möglichkeit. Da bekam ich plötzlich eine Antwort. Was war geschehen? Sie war vor dem Krieg im Geschäft ihres Bruders in London tätig gewesen. An diese Adresse hatte ich geschrieben. Der Bruder war aber inzwischen nach Südamerika gegangen, kam jedoch nach ein paar Jahren wieder zu Besuch nach London. Er kam in sein Haus, wollte das Geschäft noch einmal sehen und traf zufällig den Briefboten, der sagte: »Hören Sie mal, bei Ihnen war doch mal eine Frau Sanderling, ich habe schon dreimal Briefe gehabt, die nicht zustellbar waren.«
Sie hatte allerdings, wie sie mir später erzählte, irgendeine Hoffnung, ich sei noch am Leben. Ein Bekannter hatte ihr gesagt, in der »Iswestja« soll mal eine Nachricht von einem Gastspiel der Leningrader Philharmoniker in Moskau gewesen sein, und da sei ein Dirigent genannt worden, der so ungefähr ihren Namen hatte. So haben wir uns dann wieder getroffen.

In Westberlin haben Sie im Titania-Palast gespielt?

Ja, das war ein zusätzliches Konzert in Westberlin. Mrawinski sollte das dirigieren, aber er wollte es um keinen Preis. Der Direktor war in einer miserablen Situation, denn er hatte schon mit dem Manager einen Vertrag gemacht. Ich saß bei den Verhandlungen, ich diente da meist als Dolmetscher, Mrawinski war irgendwo in seinem Zimmer. Und wie es so gar nicht weiterging, sagte ich zum Direktor: »Lassen Sie mich mal.« Ich ging zu Mrawinski und habe ihm ins Gewissen geredet und ihn dann überredet, ich habe ihm auch das Programm gemacht, ich sagte: »Du kannst doch Deine Stücke aus dem Ballett dirigieren, das spielen die doch wunderbar, und in der zweiten Abteilung denselben Oistrach, den Du in Ostberlin gemacht hast.« Er hat sich einverstanden erklärt, ich kam zurück zum Direktor und sagte: »Sie können zusagen.« Wie er dann wegging, sagte er: »Das werde ich Ihnen nie vergessen.« Er hat es dann doch vergessen.

Haben Sie in der Stimmung zwischen diesen beiden Stadthälften Unterschiede empfunden? Oder haben Sie nichts davon mitbekommen?

Mitbekommen habe ich nur bei der Fahrt in den Titania-Palast, zweimal am Tag übrigens, einmal früh zur Probe und einmal abends zum Konzert, daß in Westberlin ein pulsierendes Leben war, während Ostberlin eine tote, gespenstische Stadt war, deprimierend. Das Deprimierendste allerdings war Dresden, auf derselben Reise ein paar Tage später. Ich hatte diese Städte nach dem Krieg noch nicht gesehen. Da hatte ich so ein bißchen das Gefühl: Na, die haben das teuer bezahlt. Ich hatte nicht das Gefühl: Recht geschieht denen. Obwohl ich es vielleicht hätte haben können, aber ich hatte das Gefühl: Was haben die nur angerichtet, wie haben die teuer bezahlen müssen für ihren Wahnsinn und ihren Wahn.

Hatten Sie Kontakt mit dem Publikum, waren hinterher im Dirigentenzimmer Zuhörer, um zu gratulieren? Gab es Kontakte zu Westdeutschen und zu Ostdeutschen?

Es waren sicher ein paar Westdeutsche oder auch ein paar Ostdeutsche da, aber das war nicht der Moment, wie soll ich sagen, zu Vertraulichkeiten. Wir haben uns alle in Westdeutschland ein bißchen ungemütlich gefühlt, es gab auch in München den Versuch von einer damals schon rechtsradikalen Gruppe, einen Musiker in einem Laden einzukreisen und abzudrängen; er hat um Hilfe geschrien. Es gab den strengen Befehl, nicht so viel auszugehen, was wir als lächerlich empfanden, aber in dem Moment hat sich gezeigt, daß das richtig war. Ich habe keinerlei persönliche Angriffe erfahren oder empfunden, obwohl ich eigentlich deshalb nicht hätte mitfahren sollen. Ich war auch für diese Reise zunächst gesperrt, doch da hat sich mein Direktor eingesetzt, allerdings auch nicht nur mir zuliebe.

Sie haben gesagt, Sie hätten in Deutschland keine Heimat mehr gehabt, hatten Sie bei diesem Besuch trotzdem so etwas wie Heimweh?

Nicht nach dem Deutschland, das ich verlassen hatte, aber vielleicht nach dem Deutschland meiner frühen Jugend. So was wird einem nicht in dem Sinne bewußt, daß ich plötzlich merke, jetzt habe ich Heimweh. Es entwickelt sich und irgendwann ist es ein Berg, der da ist, aber so lange das nicht akut oder real wurde, daß ich zurück könnte oder sollte nach Deutschland, so lange habe ich diesem Gefühl nicht so großen Raum gegeben.
Wir haben 1956 in Berlin-Dahlem in der Christuskirche die Zweite Rachmaninow-Sinfonie auf Schallplatte aufgenommen. Ich hatte damals so ein bißchen ein missionarisches Gefühl für Rachmaninow, der im Westen

Erzählte Biographie

sehr verpönt war. Gefühl wurde 1956 nicht gezeigt, es galt als Salonmusik. Heute ist das ganz anders, heute spielen plötzlich alle diese Sinfonien von ihm, die ich damals als Missionar gespielt habe. Die Deutsche Grammophon-Gesellschaft hat sich für die Leningrader Philharmonie sehr interessiert, das war natürlich ein doller Brocken damals, es war Exotik. So haben wir vier Aufnahmen gemacht, Zweite Rachmaninow und die drei letzten Tschaikowsky-Sinfonien. Mrawinksi hat die Fünfte und Sechste Tschaikowsky gemacht, ich habe die Vierte Tschaikowsky gemacht und Rachmaninow. Die Vierte Tschaikowsky bekam später den »Grand prix du disque«, und ich habe davon erst erfahren, als ich 1960 nach Berlin kam, denn das durfte natürlich nicht sein, daß ich mit Tschaikowsky einen »Grand prix« bekomme und Mrawinski nicht. Seine Fünfte und Sechste Tschaikowsky sind auch vorzügliche Aufnahmen, aber meine Vierte war eine unglaubliche Überraschung, die wurde bis dahin so als Leierkastenstück gemacht, und wir spielten sie sehr ernsthaft, sehr tragisch bis in den letzten Akkord hinein und nach den damaligen Begriffen sehr streng. Das erregte positives Aufsehen.

Ist es Ihnen zum Nachteil angerechnet worden, denn irgendwie wird es nach Leningrad in Funktionärskreisen doch sicher durchgesickert sein, daß Sie den »Grand prix du disque« bekommen haben?

Das hat bestenfalls der Direktor der Leningrader Philharmonie gewußt, nicht mal Mrawinski, denn vor ihm hat man das unbedingt geheim halten müssen. Ich nehme an, daß das in ganz internen Kreisen bekannt gewesen und abgewürgt worden ist.

Sanderling wird die Leitung der Leningrader Oper angetragen

Haben Sie denn in Leningrad auch Opern dirigiert, hatten Sie Beziehungen zu den dortigen Opernhäusern?

Ich habe dort zum ersten Mal für die Sowjetunion den »Fliegenden Holländer« herausgebracht. Das muß so 1956 gewesen sein. Es war überhaupt das erste Mal, daß ich im Orchestergraben Oper gemacht habe, ich habe sonst nur Konzerte gespielt. Das hat einiges Aufsehen dort erregt. Ich konnte etwas verwirklichen, was heute außer Karajan niemand verwirklicht hat: Ich war Chef der Vorstellung, der Regisseur war mir untertan, die Konzeption – ich hasse dieses Wort, aber ich benutze es – war meine, und genauso, wie der Bühnenbildner mir untertan war, so war es der Regisseur. Was nicht heißt, daß ich hätte Regie führen können, ich bin kein Regisseur, aber die Partitur war das Leitbild. So kam wirklich eine doch sehr eindrucksvolle Vorstellung zustande, obwohl wir dafür eigentlich nicht die richtigen Sänger hatten. Dann machte ich ein oder zwei Jahre später noch den »Fidelio« mit demselben Regisseur und demselben Bühnenbildner, die gleiche Konstellation. Eines Tages wurde ich gerufen zum Obersten der Stadt, sie wollten mich zwangsweise dort in die Oper als Chef verpflichten, weg aus der Philharmonie. Die Philharmonie ginge doch mit einem Mrawinski und Gastdirigenten, aber für die Oper hätten sie niemanden. Ich konnte mich nur mit ganz großer Mühe heraus winden, ich war dann ein Jahr lang Konsultant der Oper, bis ich dann unter irgendeinem Vorwand abgesagt habe.

Hat Sie das nicht gereizt, ein eigenes Haus zu bekommen?

Nein, nein, gar nicht, und zwar aus prinzipiellen Gründen: Als Mrawinski mal sehr krank war, eine schwere Magenoperation, und es fraglich war, ob er wird zurückkehren können, hat mich der Direktor gerufen und mich gefragt, ob ich einverstanden wäre, im Fall der Fälle seinen Platz einzunehmen. Da habe ich kategorisch nein gesagt, weil mir ganz klar war zu der Zeit, daß ein künstlerischer Leiter, der sowohl Jude wie ehemaliger Ausländer ist, nicht die nötige Autorität gegenüber dem Geld gebenden Staat hätte.

Erzählte Biographie

Es kam noch etwas anderes hinzu: Als Konwitschny 1962 gestorben war, fragte man so unter der Hand an, ob ich nicht bereit wäre, vielleicht als Chef an die Staatsoper zu kommen, weil ich vor dem Mauerbau einen nicht ganz erfolglosen »Boris Godunow« hier an der Staatsoper gemacht hatte, der dann mit der Mauer verschwand. Ich gab zur Antwort, daß ich ablehnen muß, so sehr mich der Vorschlag ehrt, denn ich könnte mir nicht vorstellen, daß ein etwa fünfzigjähriger Chef an die Staatsoper kommt, der noch nie die »Meistersinger« und noch nie den »Tristan« dirigiert hat. Das geht nicht.

Andere an Ihrer Stelle hätten sowohl das Angebot in Leningrad als auch die Staatsoper mit Freuden übernommen.

Ich hätte es auch mit Freuden übernommen, aber hier möchte ich die unbescheidene Formulierung benutzen: Ich war klug genug, es nicht anzunehmen, sowohl hier wie dort.

Konfliktscheu?

Nein, Infarkt-Angst.

Ist das nicht ein Zwiespalt, den Sie aushalten mußten als Künstler, einerseits die Möglichkeit zu haben, etwas zu verwirklichen, andererseits dieses rationale Moment zu sagen, nein, das geht nicht wegen der und der Konflikte, die da auftreten können. Ist das nicht ein ungeheurer Zwiespalt gewesen, unter dem Sie gelitten haben?

Nein, ich habe gar nicht darunter gelitten, denn in beiden Fällen war ich beruflich sehr zufriedenstellend installiert. Im ersten Fall war ich Dirigent der Leningrader Philharmonie und hatte keinen Grund, das nicht weitermachen zu sollen und zu wollen. Und im zweiten Fall hatte ich hier in Berlin ein Orchester, mit dem ich mich sehr wohl fühlte, obwohl es damals recht schwach war, aber immerhin mit Perspektive, ich hatte ein Gebiet, auf dem ich mich mehr oder weniger firm fühlte, symphonische Musik, ich hatte also keinen Grund, um jeden Preis etwas machen zu wollen, auch wenn es dem Prestige nach vielleicht ein großer Schritt gewesen wäre. In Leningrad bin ich nicht mal so sicher, daß es ein so großer Schritt gewesen wäre. Ich war zufrieden mit meiner künstlerischen Position und hatte, zumindest hier in Berlin, nicht das Gefühl, sie bereits ausgeschöpft zu haben. In Leningrad war das vielleicht anders; das waren gerade die Jahre, wo so ein bißchen der Gedanke kommt, ja wie nun weiter, ich bin jetzt um die fünfzig herum und weiß, daß mir unter den hiesigen Bedingungen nicht beschieden ist, irgend etwas anderes, besseres machen zu können. Also jetzt kommt die Datsche, jetzt kommt das Auto, jetzt kommt vielleicht eine schönere Wohnung, aber letztlich, nach neunzehn Jahren Philharmonie, kann es doch nicht alles gewesen sein.

Also doch eine gewisse Unruhe?

Ja, aber die begann erst in den Jahren, wo mir dort die Oper angeboten wurde. Ich hatte mir Bedingungen geschaffen, die ich als Chef gar nicht hätte durchhalten können. Wenn ich Ihnen sage, daß ich die Bedingung hatte – und sie wurde eingehalten –, an dem Tage, wenn »Fidelio« abends gespielt wurde, keine andere Probe, auch nicht eine Solprobe mit einem Sänger und einem Korrepetitor, durchzuführen. »Fidelio« war ein heiliger Tag, ja wo gibt es denn so etwas! Das hätte ich als Chef gar nicht durchhalten können, denn ich hätte den Spielplan bedienen müssen. Wenn ich Chef gewesen wäre, hätte es nicht nur den einen »Fidelio« gegeben, ich hätte jedes Jahr wenigstens zwei Premieren gemacht. Und dort sind Opernvorstellungen jahrelang im Repertoire, der »Holländer« war noch fünfzehn Jahre oder so nach mir dort, »Fidelio« etwa zwölf Jahre.

Wie haben Sie es geschafft, die Stadtoberen davon zu überzeugen, daß Sie nicht der richtige Mann für das Haus sind?

Das weiß ich jetzt nicht mehr. Ich habe sie auch nicht überzeugt, ich habe mich auf diesen Kompromiß eingelassen. Ich habe das selbst vorgeschlagen. Um der Aufgabe zu entgehen, habe ich gesagt: »Sehen Sie, ich habe als Opernchef gar keine Erfahrung. Es kommt nicht nur darauf an, als Chef eine gute Vorstellung zu dirigieren oder zwei gute oder drei gute Vorstellungen in der Saison, sondern da ist ein Apparat zu bewältigen, und das alles dem Verwaltungsdirektor zu überlassen, das paßt mir wiederum nicht, dafür bin ich nicht Chef.« Man kann mich für eine Vorstellung holen, dafür muß ich nicht Chef des Hauses werden. Ich glaube, daß ich so ungefähr argumentiert habe. Man hat es bedauert. Das hat mein Selbstgefühl bestärkt.

Wenn Sie zurückdenken an die Leningrader Jahre, was war das wichtigste Erlebnis in dieser Zeit für Sie?

Auf diese Frage kann ich nicht antworten. Ich meine, es gab kein wichtigstes Erlebnis, es gab nur wichtige Ereignisse. Alles war wichtig. Ganz gewiß sind Momente wichtig, wenn man zum ersten Mal im Leben die Neunte Sinfonie dirigiert, das ist schon ein bedeutsamer Moment, aber das hängt nicht mit Leningrad zusammen, sondern mit der Neunten Sinfonie. Ich weiß, daß ich Mrawinski nach diesem Konzert sagte: »So, ich glaube, nun kann mir nichts Schlimmes mehr im Leben passieren.« Bedeutsam war für mich zum Beispiel, daß eine Reihe alter Musiker zu mir kam, nachdem ich die Vierte Tschaikowsky dort machte, und sagte: »Ja, so haben wir das früher gespielt.« Überhaupt halte ich es mir zugute, daß Mrawinski in dieser Frage eigentlich in meine Fußstapfen trat und eine Tschaikowsky-Revision durchgeführt hat, also die für ihre Zeit bedeutsame Nikisch-Interpretation zugunsten einer klassischeren Interpretation zurück zu drängen. Ich versuchte, den Sinfoniker Tschaikowskyzu betonen und nicht den hysterischen Dramatiker überzubetonen, was bei Tschaikowsky so leicht geschieht und ihm so schadet. Er ist ein so großer und bedeutsamer Komponist. Neulich hat mir die Tochter von Klemperer einen Brief ihres Vaters gezeigt, in dem er über die Vierte Tschaikowsky-Sinfonie schreibt: »Das ist ganz große Musik, wenn man es richtig spielt.« Es hat mich sehr gefreut, daß jemand, von dem man das gar nicht annehmen mag, das doch sagte. Das halte ich mir etwas zugute. Mrawinski hat es dann vielleicht noch konsequenter als ich durchgeführt, aber ich halte mir zugute, den Anstoß dazu gegeben zu haben, was zum Beispiel bei der Fünften Sinfonie eine Weile gedauert hat, bis das akzeptiert wurde.

Das waren natürlich für mich bedeutsame und große Momente, weil ich auch ganz bewußt gegen die dortige Tradition antrat, und daß das Orchester da mitgemacht und mich noch unterstützt und bekräftigt hat, das waren natürlich für mich große Ereignisse. Als ich nach Leningrad kam, hatte ich als einziger die Erste Sinfonie Brahms dirigiert, auch ganz kurz, bevor ich nach Leningrad kam, noch die Dritte, aber die Zweite und Vierte zum ersten Mal in Leningrad. Das sind natürlich große Ereignisse, auch das erste Mal Bruckner, die Dritte Bruckner-Sinfonie. Aber es fällt mir schwer, Ihnen zu sagen, was nun das Überwältigendste war, jedes Mal war es ein überwältigendes Ereignis und ein Kampf um Leben und Tod, wie unser ganzer Beruf ein Kampf um Leben und Tod ist. Das ahnt niemand, wie man vom Pult geht, wenn man merkt, es ist nicht geglückt. Nicht, weil man kein Glück hatte, sondern weil man vielleicht auf der falschen Spur war, das gibt es auch. Ich beginne in zwei oder drei Wochen in London die Saison des Philharmonie-Orchesters mit der Dritten »Leonore« und wenn ich mir jetzt dieses Stück, was ich vielleicht fünfzigmal wenigstens im Kopf dirigiert habe, jeden Tag von neuem ansehe und neu versuche, diesen Gipfel zu erklimmen, dann weiß ich, daß es wieder ein Kampf um Leben und Tod sein wird; hoffentlich komme ich lebend aus diesem Kampf heraus.

Erzählte Biographie

Sanderlings Protest gegen die Anti-Schiwago-Kampagne kurz vor seiner Ausreise in die DDR

Ganz kurz bevor ich nach Berlin kam, ich hatte schon den Ausreisepaß in der Tasche, kam eine Kampagne gegen das Buch »Doktor Schiwago«, das natürlich verboten war und in der Sowjetunion gar nicht erst gedruckt wurde. Das ganze Volk mußte aufstehen und darauf hinweisen, was für ein schädliches Buch das ist und wie recht die Regierung daran getan hat, dies nicht zu drucken. Das war die letzte große Kampagne gegen Pasternak, wobei man sagen muß, daß »Doktor Schiwago« nun wirklich ein mißglücktes Buch ist, es ist aber immerhin Pasternak, auch im »Schiwago« stehen Dinge drin, die nicht jeder so schreiben könnte und würde. Es mußte in allen künstlerischen und wissenschaftlichen Instituten zur Abstimmung gebracht werden, daß er ein Volksfeind ist. Und in der Leningrader Philharmonie sollte das auch stattfinden, Mrawinski reiste, glaube ich, weg, was er gerne gemacht hat, wenn so etwas anstand, das war auch sehr klug. Nun ging auch ein recht kluger Mann in der Philharmonie umher und sammelte von allen die Unterschriften. Er kam also zu mir und sagte: »Bitte, das Volk steht auf, reihe Dich da ein.« Da konnte ich ein bißchen eine dicke Lippe riskieren, ich hatte immerhin schon den Paß in den Händen, deshalb sagte ich: »Ja, ich bin davon überzeugt, daß die Regierung wie immer recht hat, bevor ich das aber in der Form, in der es von mir verlangt wird, kundgebe, müssen Sie mir die Möglichkeit geben, das Buch zu lesen, vorher kann ich nicht sagen, es ist ein schädliches Buch.« Daraufhin sagte er: »Aber hören Sie mal, Sie können uns doch nicht so im Stich lassen, das ist doch eine Frage der Solidarität und des sozialistischen Bewußtseins!«, »Ja, Sie haben vollkommen recht, aber Sie können doch nicht von mir eine, wie ich es sehe, subjektive, unehrenhafte Haltung verlangen.« Darauf er: »Pasternak ist ein großer Künstler, das wird auch anerkannt, aber mit diesem Buch scheint er einen großen politischen Fehler begangen zu haben.« Darauf sagte ich: »Nur, wenn man von mir verlangt, daß ich das konstatieren soll, muß ich das Buch erst einmal lesen. Geben Sie es mir zu lesen, dann werde ich wahrscheinlich mit Ihnen übereinstimmen.« Das mußte er zur Kenntnis nehmen. Die Folge war, daß, als nachher aufgezählt wurde, wo überall das Volk einstimmig Pasternak verdammt hat, die Philharmonie nicht dabei war. Das war aber das Schlimmste, was ich mir sozusagen an Bürgermut geleistet habe und leisten konnte. Ich war auch schon so gut wie weg.

Wenn man da nachgehakt hätte, hätte man sich selbst ein schlechtes Zeugnis ausgestellt. Ich habe nur die Dinge gesagt, die eigentlich ganz selbstverständlich waren. Darüber wurde dann schon gesprochen.

Wie haben Sie sich bei Ihrem Abschiedskonzert gefühlt?

Ach Gott, wissen Sie, es war jedes Mal, wenn ich nach Leningrad zurükkkam, immer wieder etwas sehr Besonderes, denn Leningrad hat mich entlassen nach meinem letzten Konzert, das kann ich Ihnen gar nicht beschreiben, was sich da abgespielt hat. Wenn ich hätte weinen können in dem Alter, dann hätte ich weinen müssen. Sehen Sie mal, wenn man so ständiger Dirigent ist, Mrawinski und ich, wir haben unsere Erfolge gehabt, mal mehr und mal weniger, aber das war normal. Aber an diesem Abend des Abschiednehmens war es wirklich etwas Besonderes, das ist für mich unvergeßlich. Es war eigentlich ein ganz harmloses Programm, also nichts besonders Applaustreibendes. Ich erinnere mich an ein »Concerto grosso«, entweder Corelli oder Händel, dann hat Oistrach irgendein Konzert gespielt, ich habe die Erste Schumann gespielt, aber was sich danach abgespielt hat, wie die mich verabschiedet haben, ist unvergeßlich, so daß jedes Wiederkommen nach Leningrad für mich verbunden war mit diesem Gefühl: Die haben ein besonderes Verhältnis zu dir. Ich kann es heute schwer nachvollziehen, aber ich glaube, es war schon etwas Besonderes.

Wie lange dauerte denn der Schlußapplaus bei Ihrem Abschied in Leningrad?

Ich habe es nicht gemessen, aber ganz sicher eine Viertelstunde, wenn nicht länger, dazu ein Blumenmeer, also es war wirklich überwältigend. Mein Direktor wollte eine solche Demonstration vermeiden und hat meinen Abschied auf ein Konzert gelegt, das ich mit dem Zweiten Orchester zu machen hatte, ein Abonnementkonzert. Gewöhnlich folgte ein Abonnementkonzert immer auf ein sogenanntes offenes Konzert. Das wurde gestrichen, es gab nur noch dieses Abonnementkonzert, so daß im Grunde genommen das normale Publikum da war, aber auf den Gängen saßen doch überall Leute. Es war schon etwas Besonderes. Man erlebt so etwas nicht häufig, wenn man nicht gerade Tenor ist.

Erzählte Biographie

Der Direktor war nicht nur nicht glücklich, daß Sie weggegangen sind, sondern er wollte Ihnen die Abschiedsgala auch ein bißchen versalzen?

Das vielleicht auch bis zu einem gewissen Grade, aber der Hauptgesichtspunkt war: Keine Demonstration! Sehen Sie mal, das war doch ein Politikum, daß ich als langjähriger Dirigent der Leningrader Philharmonie wegging und sozusagen die Heimat im Stich ließ, irgendwie wurde das doch so empfunden. Er hatte schon recht, Demonstrationen zu vermeiden. Es ist ihm ziemlich schlecht gelungen, und ich bin darüber sehr glücklich. Aber wie es empfunden wurde, kann ich an einem anderen Beispiel beschreiben. Er hatte sich ausgedacht, das fand ich sehr nett von ihm, mir zu erlauben, einen Wolga mitzunehmen. Das war damals das feinste Auto, was es zu kaufen gab für mein Geld, das wurde überhaupt nur an Diplomaten verkauft. Dazu mußte er mit mir zum Oberbürgermeister von Leningrad gehen, nur der konnte die Erlaubnis geben, sozusagen außerhalb eines Kontingentes überhaupt so einen Wagen zum Export freizugeben. Als ich nun beim Oberbürgermeister saß, machte der Direktor ein paar einführende Worte und sagte, worum es sich handele. Da sagte dieser Oberbürgermeister: »Was, der will auch noch ein Auto haben?« Er hat es dann doch gestattet, aber die erste Reaktion war, wie komme ich dazu, ihn dafür noch zu belohnen. Es bildet sich auch zwischen Publikum und Künstler nach langen Jahren solcher Kontakte so etwas wie ein festes Band heraus, und das wurde von mir zerschnitten. Das habe ich zerschnitten. Das wurde mir natürlich übel genommen, aber nicht vom breiten Publikum, das hatte eher dafür Verständnis. Das Publikum hat das schmerzhaft empfunden, aber die Oberen, angefangen von sehr unteren Oberen, haben mir das doch übel genommen, und nur die Tatsache, daß es eben auf allerhöchster Ebene so beschlossen war, hat es zur Durchführung kommen lassen. Ich weiß, daß mein Direktor natürlich auch sofort nach Moskau gefahren ist, und während er bei früheren Gelegenheiten immer als Sieger zurückkam, wurde ihm diesmal bedeutet, er solle sich da nicht mehr einmischen.

Wie hat Mrawinski reagiert?

Das fällt mir schwer zu sagen, bei diesem Abschiedskonzert war er grün im Gesicht, aber das war er in anderen Fällen und gegenüber anderen früher auch. Ich glaube, in dem Moment war er nicht sehr unglücklich darüber, daß ich wegging. In früheren Jahren wäre er darüber nicht sehr glücklich gewesen, denn er wußte, wenn er nicht da ist, ist das Orchester für ihn in verläßlichen Händen. Er wußte vor allem, daß ich ihm nicht nach seinem Posten trachtete, im Gegenteil, daß ich in keinem Fall seinen Posten einnehmen werde. Das wußte er, das wurde ihm gesagt. Insofern war ich ihm ein doch genehmer Kollege. Hier, in dem Fall, war es anders. Als ich davon erfuhr, daß es eine Chance gab wegzugehen, hatte ich mit Mrawinski gesprochen: »Hör mal, bitte sorge dafür, bisher hat der Direktor immer was dagegen gehabt, jetzt möchte ich gehen und bitte sorge dafür, daß er sich still verhält.« Das hat er mir versprochen. Persönlich war er vielleicht gar nicht so unglücklich, denn er hatte damals gerade einen neuen Lebensabschnitt mit einer neuen Frau begonnen, die ihn sehr beflügelte und die ihn für seine Verhältnisse ungewöhnlich aktiv machte, was die Erarbeitung neuer Werke anbetrifft. Er hatte so etwas wie einen »Lebensliebesfrühling«. Da war er vielleicht gar nicht so unglücklich, daß für dieses Gebiet sein ärgster Konkurrent verschwand. Aber das hat er nicht gesagt und niemandem gezeigt. Mit wurde von niemandem berichtet, daß Mrawinski etwa sich gefreut hätte.

Aber Sie waren damals schon etwas mehr als Kollegen, Sie waren schon Rivalen?

Für ihn waren alle Kollegen Rivalen.

Erzählte Biographie

*Ende der 40er Jahre
in Leningrad*

Während der Tournee mit den »Leningrader Philharmonikern« in Leipzig, 1956

Mit den »Philharmonikern« im »Musikverein Wien« beim Konzert mit der Zweiten Sinfonie von Rachmaninow, 1956

Erzählte Biographie

Kurt Sanderling mit einem Kinderorchester in Osaka, Japan, bei der Probe zu Schuberts »Unvollendeter«, 1958

Kurt Sanderling bei einer Probe in Leningrad, Ende der 50er Jahre

Erzählte Biographie

Abschiedskonzert am 16. Mai 1960 in Leningrad

Beim Schlußapplaus des Abschiedskonzerts in Leningrad

Über die Unterschiede zwischen der Sowjetunion und der DDR; Sanderling lehnt es ab, die Dresdner Oper zu übernehmen, er wird Chefdirigent des BSO, Vertrags- und Gehaltsverhandlungen, der erste Tag mit dem Orchester, die Bedeutung des BSO in der DDR, die Rolle von Alfred Kurella

1960 kamen Sie in die DDR. Wie haben Sie den Unterschied zwischen der Sowjetunion und der DDR empfunden? Gab es Unterschiede?

Da gab es eine ganze Reihe wesentlicher Unterschiede. Deutschland hat in seiner Geschichte, zumindest bis 1933, wenn auch unzureichende, aber doch demokratische Traditionen gehabt. Also gab es hier auch für die DDR Dinge, an die man sich zurückbesinnen und die man nicht ungeschehen machen konnte. Die Sowjetunion hatte das nie, denn die Sowjetmacht übernahm die Macht von einem Regime, das in unvergleichbarer Weise viel feudalistischer war als etwa das wilhelminische Regime. Die Freiheiten oder auch Unfreiheiten, wie man sie noch aus der Wilhelminischen Zeit kannte, waren im zaristischen Rußland gar nicht denkbar. Die ganze russische Intelligenz war zwar, soweit ich das in Erfahrung bringen konnte und man mir das gesagt hat, sehr liberal in ihrer Denkweise, aber doch geknechtet von einem unbeschreiblich feudalistischen Regime. Dies ist die eine Seite. Auf der anderen Seite ist Rußland ein Land unglaublicher Weiten, mit den psychischen Auswirkungen, die das hat gegenüber dem kleinen Drittel-Deutschland, das es hier gab, wo ich nicht zögern würde, doch zu sagen, es war in vielem sehr engstirnig. Was aber zur Folge hatte, daß es dort ungleich viel grausamer war, und man sich hier leichter in ein zumindest innerlich unpolitisches Leben zurückziehen konnte. Das war in der Sowjetunion kaum möglich, das Leben war so politisiert, daß sie zumindest mitgehen und mitschreien mußten, nicht buchstäblich im Sinne des Wortes, aber sie mußten mitmachen. Als ich in die Sowjetunion kam, wäre es fast undenkbar gewesen, daß ich nicht auf einer Oktoberdemonstration oder zu den großen politischen Feiertagen mitgegangen wäre, nicht nur ich, sondern alle. Das wäre ein Affront gewesen, der registriert worden wäre und dessen Auswirkungen ich ganz unmittelbar gespürt hätte. Hier war es auch üblich, ich ging das erste Mal auch mit, als ich hierher kam. Es war hier aber alles um eine Nuance natürlicher und zugleich engstirniger, es hatte niemals den kolossalen Entwurf, den es dort doch in dem einen oder dem anderen gab, weil auch jede Anordnung solche umgreifenden quantitativen Folgen hatte, daß das nicht zu vergleichen war mit der DDR. Hier konnte das oberste Staatsoberhaupt an einem Tag vom Norden bis zum Süden reisen und vier Reden halten. An einem Tag kam man in der Sowjetunion nicht einmal durch ein Viertel von Rußland, geschweige denn durch die Sowjetunion, das wirkte sich natürlich auf vieles aus. Es ist kein Zufall, daß auch die Sowjetkünstler, die alle hierher kamen, sich hier viel freier fühlten, auch ich, als ich hierher kam, ich fühlte mich erst mal so, als ob ein großer Druck von mir genommen wurde. Ich kann Ihnen das in Einzelheiten gar nicht so erklären, und das klingt wahrscheinlich schrecklich für alle, die unmittelbar unter dem Regime hier gelitten haben, daß da jemand kommt und sagt: Es war gar nicht so schlimm. Es war gar nicht so schlimm im Vergleich zu den Dimensionen, die das alles in der Sowjetunion hatte, aber es war natürlich schlimm genug für jeden einzelnen, den es betraf und der damit nicht umzugehen verstand oder auch nicht umgehen wollte. Man mußte natürlich, um hier leben zu können, einigen guten Willen aufbringen, um zu wissen, womit man die Obrigkeit nicht reizen sollte, wo die Obrigkeit nicht anders reagieren kann, als sie reagiert hätte oder hat. Das mußte man wissen. Da hatte ich einen ganz großen Vorsprung, das ist mir hier ganz leicht gefallen.

In Berlin hatten Sie erstmals die Chance, ein Orchester aufzubauen, trotzdem sagten Sie, daß Berlin nicht eigentlich Ihre erfüllteste Zeit gewesen wäre?

Doch, doch, ich habe es genau so formuliert: Die wichtigste Zeit für meine Entwicklung als Musiker und als Dirigent war in Leningrad, aber die Zeit, an die ich mit der größten Befriedigung zurückdenke, war dann doch vielleicht die mit dem Berliner Sinfonie-Orchester, daß ich dazu bestellt und daß es mir vergönnt war, ein Orchester von Grund auf zu erziehen und weiterzuentwickeln, ein Orchester, das noch keine Geschichte von fünfzig Jahren hinter sich hatte.

Hat man Ihnen sofort das Berliner Sinfonie-Orchester angeboten? Aus welchem Anlaß hatte man sie gerufen?

Nein. Wie ich nachher erfahren hatte, war der Anlaß doch ein anderer. Es gab hier einen vorzüglichen Dirigenten mit Monopolstellung, das war Franz Konwitschny, er war Gewandhaus-Dirigent, er war Chef an der Dresdner Staatsoper, und er war Chef an der Berliner Staatsoper. Diese Monopolstellung führte natürlich dazu, daß er viele Forderungen, auch persönlicher Art, stellen konnte, die nicht so gern erfüllt wurden. Das hat mir natürlich damals niemand gesagt, aber ich glaubte es dann später zu verstehen und auch aus diesem oder jenem herausgehört zu haben, daß man alle Anstrengungen gemacht hatte, um mich hierher zu holen, damit noch jemand anderes da ist, damit er also nicht so das Gefühl hat, er ist allein auf weiter Flur. Man war sogar ein bißchen ratlos, ich erinnere mich, daß man zum Beispiel, als ich noch in Leningrad war, mir dort die Stelle der Dresdner Oper angeboten hatte. Das war ungefähr 1959, ein Jahr, bevor ich hierher kam. Man sagte es mir nicht so direkt, sondern so ungefähr: Das wäre eine der Stellen, die frei wäre. Also man hatte mich schon vorgesehen für eine der großen Positionen, die es damals in der DDR gab, nur ich erklärte umgehend, daß ich keine Stelle annehme, die von jemand anderem besetzt ist.

Was weckte Ihr Interesse am Berliner Sinfonie-Orchester?

Ich las so häufig, wie sie in Leningrad zu haben war, die »Berliner Zeitung«, und da war von einem jungen Orchester die Rede, das laufend Sinfoniekonzerte machte, was mir auch sehr entgegen kam, denn ich war in der Oper für mein Alter eigentlich nicht bewandert genug, um eine Dirigentenstelle einzunehmen. Zufällig las ich dort, daß der Chef dieses Orchesters, Hildebrandt, wegging, und ich sagte: »Also, paßt mal auf, ich lese da gerade in der Zeitung, da ist die Stelle beim BSO frei, warum nicht das?« Ich war übrigens auch bereit, in die Provinz zu gehen. Ich bin ein geborener Kleinstädter, für mich muß es keine Metropole sein. Ich habe erst später spitz gekriegt, daß man so ein bißchen konsterniert war, denn man fand, vielleicht auch nicht ganz zu Unrecht, daß wir beide, das BSO und ich, nicht so ganz zusammen paßten. Ich hatte immerhin schon einen Namen und einige Erfahrungen, und das Orchester war sehr jung und unerfahren und auch eigentlich nicht genügend professionell. Das bekam ich erst zu hören, als ich herkam. Aber dann war man doch ganz froh, daß es für mich nicht unbedingt eine dieser großen Stellen sein mußte oder sogar nicht sein konnte, weil eben Konwitschny dort saß. Übrigens hatte sich die Dresdner Oper inzwischen einen anderen Chef besorgt, Herrn Suitner, was mir sehr recht war. Man konnte mir nichts nachsagen, denn diese Stelle in Dresden räumte Konwitschny unter dem Vorwand, es gehe nicht, daß er alle drei großen Stellen besetzt. So räumte er die Dresdner Oper, weil ihm diese Stelle am wenigsten am Herzen lag.

So einigten wir uns auf das Berliner Sinfonie-Orchester, und wenn ich mir so nachträglich überlege, habe ich die Perspektiven, die Aufgabe für das Orchester eigentlich selbst entwickelt, die habe ich denen in den Mund gelegt, so ungefähr, nicht in der Formulierung: Wir haben in Berlin kein Sinfonieorchester, es gibt nur Opernorchester und Rundfunkorchester, aber nichts Vergleichbares, wie es in Westberlin das herrliche Philharmonische Orchester gibt. Laßt uns doch versuchen, hier auch einen Grundstein für eine solche Organisation zu legen, nicht gleich ein Gegengewicht zum Philharmonischen Orchester, das ist nicht in ein, zwei und nicht in fünf oder zehn Jahren zu erzielen, das wäre eine Aufgabe für Jahrzehnte gewesen. Unter dieser Voraussetzung kam man mir entgegen und erweiterte zunächst mal das Orchester, ich weiß nicht mehr auf wieviel, so ungefähr einhundert Musiker waren es dann.

Sie sagen: Man kam Ihnen entgegen, man wollte Ihnen dies und das geben. Können Sie schildern, wer Ihre Gesprächspartner waren?

Mein Gesprächspartner war das Ministerium für Kultur in persona des stellvertretenden Ministers für Kultur, Hans Pischner, der dann später Intendant der Staatsoper wurde, und seines Stellvertreters. Wer denen ein bißchen Wind gemacht hat, weiß ich nicht, ich nehme an, daß sie ein wenig von Alfred Kurella gedrängt wurden, er war im Zentralkomitee der Partei der Kunstpapst. Er nannte mir zum ersten Mal den Namen Stephan Hermlin, den ich nicht kannte. Ich mußte mit ihm über die Frage streiten: Bin ich zuerst Künstler oder zuerst Kommunist? Das war eine typische Fragestellung von Kurella. Er fragte mich:»Zu welchem Resultat sind Sie gekommen? Ich bin der Meinung, ich bin zuerst Kommunist, dann Künstler.« Hermlin behauptete, er sei zuerst Künstler und dann als Künstler Kommunist. Es war für mich insofern spannend, weil es so eine für

Kurella typische Fragestellung war, aus der ein Beobachter viel lernen kann.

Haben Sie ihn gefragt, ob er es war, der Ihre Rückkehr hierher betrieben hat? Und auch, daß man Ihnen dann das Berliner Sinfonie-Orchester gegeben hat?

Ich wußte, daß er zumindest maßgeblichen Anteil an meiner Rückkehr hatte, daran ließ er auch gar keinen Zweifel. Die Orchesterfrage war dann schon mehr Sache des Ministeriums, natürlich haben sie das ZK kontaktiert, es gibt keine wesentliche Frage, in der das Zentralkomitee der Partei nicht gefragt wurde, und Kurella war Mitglied im Zentralkomitee. Man hatte auch schon früher Schostakowitsch gebeten, die Frage meiner Rückkehr in Moskau anzusprechen, da war Kurella noch in der Sowjetunion. Er ist erst später in die DDR gekommen, weil er sehr klug war und sich sehr viel Zeit mit dem Zurückkommen ließ. Nachdem er hier war, waren wohl er und seine Frau die treibende Kraft.

Hat er Ihnen gesagt, ob er mit seinem Wunsch im ZK oder im Politbüro auf Widerstand gestoßen ist? Mußte er sich durchsetzen?

Es gab keine Widerstände, soweit ich orientiert bin. Ich erinnere mich sogar, daß ich auch für das Rundfunkorchester ins Gespräch kam, nachdem Hermann Abendroth 1956 gestorben ist, da war Kurella schon hier. Das hatte für mich übrigens keine Bedeutung, weil das sowieso keine Frage war, die im Kulturministerium der DDR entschieden werden konnte, sondern ausschließlich an höchsten Stellen in der Sowjetunion.

Können Sie sich an ihre erste Begegnung mit dem Orchester erinnern?

Ich kann mich daran erinnern, daß ich ein paar Worte sagte in dem Sinne, daß sie wahrscheinlich alle verstehen werden, daß es für mich ein bedeutsamer Moment ist, wenn ich zum ersten Mal als verantwortlicher Leiter vor einem deutschen Orchester stehe, damals durfte man noch das Wort »deutsch« gebrauchen. Daß ich Jude bin, habe ich auch gesagt, und es gehört zu meinen aufregenden Erlebnissen, daß die Reaktion darauf fast Verständnislosigkeit war, so ungefähr: Na, und? Das gehört zu den positiv aufregenden Erlebnissen, die ich gehabt habe, aber ich habe es mit

Erzählte Biographie

Absicht gesagt, damit auch gar kein Zweifel aufkommt, daß ich das nicht verheimliche und verberge.
Ich machte mit ihnen zum Auftakt ein Programm, das ich später zu allen meinen Jubiläen, also zehn Jahre dort, fünfzehn Jahre dort, immer wiederholte, das war die Erste Beethoven und die Vierte Bruckner. Ich erinnere mich, daß ich mir ausgebeten hatte, daß für meine erste Probe die Beethovensinfonie angesetzt wurde, das ganze Orchester war da. Ich erinnere mich nicht, ob ich offiziell begrüßt wurde.

Gab es im »Neuen Deutschland« oder einem anderen Presseorgan der DDR eine offizielle Begrüßung?

Es gab eine Mitteilung, ich weiß jetzt nicht, ob im »Neuen Deutschland«, wahrscheinlich, als ich hier mit dem Flugzeug ankam, ich kam im Juni an und meine Tätigkeit begann im September. Da war also eine Mitteilung: Er ist da. Vorher war schon die Mitteilung veröffentlicht worden, daß ich das Orchester übernehme. Und dann berichtete die Presse ordnungsgemäß über das erste Konzert.

Wie war die erste Probe?

Hart, aber doch von den Musikern sehr positiv aufgenommen. Da es ein sehr unroutiniertes und künstlerisch nicht sehr gut erzogenes Orchester war, mußte ich sehr viele Dinge probieren, die ich in späteren Jahren dann nicht mehr probieren mußte. Ich glaube, das Orchester hat damals die Chance erkannt, mit mir von vorne zu beginnen. Es gab dann einen Moment, der sehr schwierig und schmerzhaft war. Ich mußte nach Abschluß des ersten Jahres eine Reihe von Kündigungen aussprechen. Es gab für einige ein böses Erwachen. Selber ausgesprochen habe ich sie nicht, dafür hatte ich einen Verwaltungsdirektor, aber er handelte aufgrund meiner Beurteilung. Es waren allein sechs Zweite Geigen von zwölf, die es damals gab. Später waren es dann vierzehn.

Welche Instrumentengruppe hat Ihnen in der Anfangszeit am meisten Kummer bereitet?

In jeder Gruppe hat es gute und weniger gute Musiker gegeben, in den Zweiten Geigen überwogen die weniger guten. Aber ich erinnere mich, daß ich eine recht gute Cellogruppe hatte, gemessen an dem allgemeinen Niveau. Das war unterschiedlich.

Woher kamen die Musiker?

Weitgehend aus Westberlin. Das war in gewisser Hinsicht mein Glück. Ich wollte schon nach einem Jahr aufgeben, weil ich das Gefühl hatte, ich schaffe es nicht. Da kam 1961 die Mauer, die sehr viel Unglück gebracht hat, aber dem Berliner Sinfonie-Orchester hat sie Glück gebracht, denn ich weiß nicht, wie viele Musiker danach übrig blieben, ich glaube siebzehn oder neunzehn von siebzig. Wobei allen gesagt wurde: Ihr könnt weiter spielen, wenn ihr in den Osten umzieht, aber das wollte niemand. So konnte ich ein neues und sehr junges Orchester rekrutieren. Dabei erinnere ich mich an einen Bratschisten aus Westberlin, der eine offizielle Funktion in der Gewerkschaft hatte. Er bat mich um eine Unterredung und sagte: »Ich möchte Ihnen nur sagen, wenn es Sie irgendwie einmal zu uns verschlägt, ich stehe Ihnen jederzeit zur Verfügung.« Ich hatte nicht nur Antipathien, ich hatte im wesentlichen doch Sympathien, auch wenn es eben einigen an den Kragen gegangen ist. Ich hatte auch einen Spitznamen, von dem ich später erfuhr, der hieß »Schinderling«, weil bei uns härter gearbeitet wurde als in anderen Orchestern. Es war aber auch notwendiger als in anderen, von denen die meisten eine ruhmreiche Vergangenheit hatten. Das Rundfunkorchester habe ich noch zu Vorkriegszeiten gekannt, ein vorzügliches Orchester, und von der Staatskapelle wollen wir gar nicht erst reden, das war vor dem Krieg das beste Orchester in Berlin.

Besser als die Philharmoniker?

Sagen wir mal so, es galt als das Bessere, die Philharmoniker waren vielleicht die Routinierteren. Es gibt ja einen bestimmten Qualitätsgrad, wo Sie das nicht mehr abwägen können, aber die Staatskapelle galt als das edlere Orchester.

Wodurch zeichneten sich Ihre Proben aus? Sie haben so lange geübt, bis es Ihrer Vorstellung entsprach, was aus dem Orchester kam?

Ach Gott, so lange kann man eigentlich nie probieren, aber so lange, bis ich mir sagte: Besser kann es nicht werden im Moment. Man kann nicht

Erzählte Biographie

von Leuten Sachen verlangen, die sie nicht können, aber es wurde ihnen alles abverlangt, was sie konnten; das war eben manchmal hart, vor allem für die hart, die ihre Proben absaßen und dann abends spielten, für die war es hart. Es wurde Mitbeteiligung gefordert, Engagement.

Wie war das Orchester ausgestattet? Hatten die Musiker hochwertige Instrumente?

Nein, daran war überhaupt nicht zu denken. Es war eine sehr ernsthafte Frage, wenn ein Bläser ein abgewirtschaftetes Instrument hatte, dann hatte ich größte Mühe, ein besseres zu besorgen. Eine Harfe bekamen Sie nur für Devisen, das war ein jahrelanger Kampf. Es war aber nicht nur eine Frage der Devisen. Selbst aus der DDR-Produktion war es sehr schwierig, Instrumente zu bekommen, denn die Produktion ging für Devisen ins Ausland, und was nicht so gut war, das ging nach Korea. Es war nicht nur das Problem, Devisen zu bekommen, um ein gutes Instrument aus dem Westen zu kaufen, sondern auch die eigenen Produkte, die übrigens auf vielen Gebieten gar nicht schlecht und sehr gesucht waren – auch von Musikern aus dem Westen –, zu bekommen, war sehr schwer. Das ging nur über das Ministerium, und wenn es ging, dann mit einem Jahr Voranmeldung. Wir hatten die Planwirtschaft und das Ministerium für Außenwirtschaft hat die sechzig Klarinetten, die in der DDR produziert wurden, verplant, zwanzig nach Korea und so weiter, so daß eigentlich immer nur langfristig etwas getan werden konnte. Geigen, hochwertige italienische Geigen zu bekommen, das war utopisch. Aber insgesamt war das Instrumentarium am Schluß doch besser als am Anfang, obwohl auf der anderen Seite die Musiker sich zu Anfang, solange die Grenze offen war, die Blasinstrumente, Rohre und Blätter, Saiten in Westberlin besorgen konnten. Das fiel später alles weg. Saiten waren ein Problem. Die mußte ich auch anmelden, das ging alles über das Ministerium.

Aber wenn die Saiten einer Geige reißen, dann müssen sie sofort ersetzt werden und nicht erst nach einem Jahr?

Na ja, es hatte jeder seine Reserven.

Ihre zweite Frau Barbara haben Sie im Orchester kennengelernt?

Als ich nach Berlin ging, bekam ich die Zusicherung, daß das Orchester vergrößert wird, und zwar bei den Streichern um je ein Pult. Auf die Annoncen hin kamen Bewerbungen, damals ziemlich reichlich, denn man ging aus der DDR-Provinz sehr gern nach Berlin. Berlin hatte damals eine Sonderstellung, es gab eben die Möglichkeit, jeden Tag in den Westen zu fahren für 20 Pfennige, 20 Ostpfennige wohlgemerkt. Es kamen viele Bewerbungen, darunter auch die Bewerbung einer Studentin aus Leipzig. Ich habe die sofort auf die linke Seite gelegt, da wo die hinkamen, die gar nicht erst eingeladen wurden. Was soll ich mit einer Studentin aus Leipzig? Ich hatte schon eine Bewerbung aus dem Gewandhaus. Da sah mir mein damaliger Verwaltungsdirektor über die Schulter und sagte: »Ach, wie schade, ich hätte zu gern mal gesehen, wie ein Mädchen am Kontrabaß spielt.« Da sagte ich: »Bitte schön.« Ich legte die Bewerbung auf die andere Seite, dafür »büße« ich noch heute. Es kommt dann hinzu, daß ich diese Bewerberin, ich gebe es zu, nicht gemein, aber eingehender als gewöhnlich geprüft habe. Aber es endete damit, daß sie einstimmig engagiert wurde; also es ist nicht allein mein Werk gewesen.

Als sie das BSO übernahmen, hatten Sie eine Vision, wie Sie dieses Orchester auf ein Niveau bringen, daß Ihrem Sinn entsprach?

Das kann nur die tägliche Arbeit bringen. Ich betrachtete es als meine Aufgabe, von Bach bis Bartók alles durchzugehen, wenn Sie dieses lehrerhafte Wort erlauben wollen. Das ist etwas, was man sich doch nicht vornimmt. Mahler ist nach Wien an die Hofoper gekommen und hat sich doch nicht vorgenommen, ich mache jetzt Operngeschichte. Als er nach zehn Jahren wegging, stellte man fest, es war eine Ära, und es war die Ära, wie sie noch bis heute eigentlich unerreicht in ihrer Wirksamkeit geblieben ist. Das nimmt man sich nicht vor. Damit wir uns nicht falsch verstehen, ich setze mich nicht in Parallele zur Ära Mahler in Wien, aber so etwas nimmt man sich nicht vor.

Erzählte Biographie

Gut, vielleicht nicht im Sinne eines akribisch zu erfüllenden Planes, aber Sie haben gewußt, als Sie nach Berlin gekommen sind, das ist ein ganz junges Orchester, das baue ich jetzt auf. Wie haben Sie diese Herausforderung verwirklicht?

In erster Linie durch harte Arbeit. Und durch die Regulierung der notwendigsten Personaldinge im Orchester, das ist leider unumgänglich. Einer der Gründe, weshalb ich mit dreiundsechzig Jahren hier den zuständigen Stellen erklärt habe, mit fünfundsechzig Jahren höre ich auf – es gab mehrere Gründe dafür – aber einer der Gründe war, daß ich es müde wurde, Schicksal zu spielen. Das kennen Sie sicher auch. Prominente Künstler finden ihren Weg, aber ein Musiker, der schon in meinem Orchester fehl am Platze war, den setzte ich größten Schwierigkeiten aus, wenn ich ihn entlasse. Letztlich haben Sie diese Schwierigkeiten bei jedem Probespiel, Sie suchten eine neue Erste Oboe, und es kommen zehn Leute. Nun gut, die sechs Leute, die nicht in Frage kommen, wissen, daß ist nur Schicksal, aber vier wären in Frage gekommen, einen können Sie nur nehmen. Jetzt spielen Sie Schicksal für die drei anderen. Ich konnte nicht vergessen, daß es sich immer um Menschen handelt, auch wenn ich das Orchester gepiesackt habe und hart mit ihm gearbeitet habe, das habe ich, glaube ich, nie vergessen. Es hat einen Satz gegeben von Fritz Stiedry, er war Chef in Leningrad, als ich in die Sowjetunion kam. Er hatte ein Konzert, und wir sprachen darüber, wie das Orchester gespielt hatte, da sagte er – und das hat mich damals schon zur Empörung gebracht –, als ich selbst noch nicht dirigierte: »Das sind Hunde, die müssen spielen.« Wie kann ich so sprechen über Leute, denen ich Begeisterung einimpfen will für das, was sie tun? Einem Hund kann ich doch keine Begeisterung einimpfen. Deshalb ist mir diese Seite immer besonders bewußt gewesen, daß ich unumgänglich Schicksal spiele. Ich dachte mir, die letzten Jahre meines Lebens möchte ich davon befreit sein. Ein anderer Grund war, ich habe zu oft und auch hier gesehen, daß alte Herren mit größten Verdiensten auf ihrem Posten saßen, wo im Nebenzimmer schon das Sauerstoffgerät ständig in Bereitschaft war und sich eigentlich alle wünschten: Wann haut der denn nun endlich ab? Ich hatte mir vorgenommen, ich gehe weg, so lange man mir diesen Vorwurf nicht machen kann. Dann hatte ich als dritten Grund das Gefühl, mein Werk ist getan, ich kann jetzt nicht mehr erreichen. Es muß nicht ein besserer, sondern ein anderer kommen.

Sie haben gesagt, Sie haben Ihr Publikum damals zur Moderne erzogen, wirkliche Größen des zwanzigsten Jahrhunderts. Wie ging das vor sich, war das ein langwieriger Prozeß?

Ja, natürlich. Mein ehemaliger Direktor der Leningrader Philharmonie hat mal einen richtigen Satz gesagt: Damit das Publikum am Abend auf seine Kosten kommt, muß entweder das Programm ihm entgegen kommen, der Dirigent oder der Solist von ihm geliebt werden. Wenn nur eine der drei Komponenten fehlt, ist es gefährlich, wenn keine da ist, ist es mörderisch. Deshalb habe ich versucht, entsprechende Programme zu machen. Wenn ich eine Schostakowitsch-Sinfonie gespielt habe, dann in einem Konzert, wo vorher Szeryng das Tschaikowsky-Konzert spielte oder Oistrach, der aufgrund unserer persönlichen Freundschaft eigentlich jedesmal, wenn er in Berlin war, auch im BSO war und nicht nur bei der Staatskapelle, mit der er schon eine lebenslange Verbindung hatte. Ich versuchte also, über diese andere Komponente das Publikum dazu zu bringen, nicht wegzugehen, wenn eine Schostakowitsch-Sinfonie gespielt wird. Ein gewisser Teil geht weg, damit mußte ich rechnen, aber dieser Teil wurde weniger und weniger; so haben sie sich allmählich daran gewöhnt. Wobei ich eine Erfahrung gemacht habe, ich kann sie nicht rational begründen, aber irgendwo hat das Publikum einen Instinkt für Größe, ich weiß nicht, weshalb, aber sie haben den Instinkt, Schostakowitsch entweder ganz abzulehnen, oder irgend etwas spricht sie an. So lange ich sie nicht dazu bekomme, überhaupt zuzuhören, wenn ich Schostakowitsch spiele, kann ich diesen Instinkt nicht wirken lassen, aber wenn es mir gelingt, sie ins Konzert hinein zu bekommen, dann werden sie im Laufe der Jahre nicht mehr rausgehen, wenn Schostakowitsch auf dem Programm steht, sondern sich sagen: »Ach, diese Sinfonie habe ich noch nicht gehört, die anderen haben mich beeindruckt, da werde ich mal reingehen.« Wenn man, wie zum Beispiel in Amerika, ein sehr naives Publikum vor sich hat, wenn Sie da von vornherein Schönberg und Hindemith und Bartók spielen, dann wird das viel mehr akzeptiert, als wenn Sie das hier vor einem Publikum spielen, wo Mahler schon das Äußerste an Modernität ist. Als ich 1960 nach Berlin kam, galt Mahler als ein Risikofaktor, Strawinsky auch, Hindemith sowieso, das waren alles Risikofaktoren. Es ist heute nicht mehr so, das Publikum hat sich daran gewöhnt, aber sie mußten natürlich daran gewöhnt werden. Ich habe in den ersten Jahren nicht eine Schostakowitsch-Sinfonie angesetzt, wenn

Erzählte Biographie

ich nicht in der ersten Abteilung die »Egmont-Ouvertüre« oder das Vierte Beethovenkonzert oder einen Solisten hatte, wo ich wußte, die Leute kommen, und nicht alle werden weggehen, bevor ich es gespielt habe.

Claudio Abbado macht bewußt am Anfang etwas kleines Klassisches, dann kommt das Moderne oder gar Zeitgenössische, dann kommt die Pause und dann kommt sozusagen der Ohrwurm, so daß die Leute in der Pause nicht weggehen können.

Ja, das ist natürlich eine Möglichkeit. Bei wirklich bedeutsamen Werken kann man es so machen, obwohl Sie auch da riskieren, daß das Abonnement-Publikum dann zur zweiten Abteilung guckt, also wenn Sie zum Beispiel die »Egmont-Ouvertüre« spielen, dann ein neues Werk, eine Uraufführung und dann die Fünfte Tschaikowsky, dann wird es immer Leute geben, die nur zur Fünften Tschaikowsky kommen. Im Grunde genommen habe ich es so und so versucht, und es war herrlich zu sehen, daß ich es für die Komponisten immer falsch gemacht habe. Spielte ich zeitgenössische Sachen am Anfang, dann kommen die Leute zum zweiten Teil, spielte ich es in der Mitte, dann wurde gesagt: Sie erdrücken das mit Beethoven und Tschaikowsky. Und spielte ich es am Schluß, dann hieß es: »Ja, wenn Sie das dann spielen, werden die Leute schon weggehen.« Also, wie man es macht, ist es nicht ganz richtig.

Können Sie sich erinnern, wann Sie den ersten Schostakowitsch mit dem BSO gespielt haben?

Na, ganz sicher in der ersten Saison, sofort in meinem zweiten oder dritten Programm, ich weiß, es war die Zehnte Sinfonie.

Wie war die Reaktion?

Ich glaube sagen zu können, erstaunlich. Nun ist das eine Sinfonie, die zwar für das Publikum lange dauert und nicht ganz leicht zu verdauen ist, aber deren Finaleffekt sehr groß ist. Sie fordert zum Klatschen eigentlich heraus, das mag es begünstigt haben. Ich weiß nicht, ob ich in der ersten Saison auch noch die Fünfte Sinfonie gespielt habe, es könnte sein, daß die Fünfte Sinfonie im nächsten Jahr kam, aber wissen Sie, allmählich mußte das Publikum Vertrauen zum Interpreten bekommen. Sie haben dann verstanden oder gesehen, daß ich im wesentlichen nichts spiele, hinter dem ich nicht stehe. Wir sprechen die ganze Zeit über die Schwierigkeiten und die Hemmnisse und auch die Begrenztheiten, aber ich kann nur wiederholen, daß ich es aus der Rückschau, in der mich die Tagesschwierigkeiten also nicht mehr übermannen, doch als meine schönste Zeit betrachten möchte, weil ich wirklich das Gefühl hatte, permanent etwas Positives tun zu können. Als ich kam, spielten wir im Metropoltheater mit Ausnahme vielleicht meines ersten Konzertes vor achthundert oder neunhundert Leuten, dann waren wir glücklich. Ich habe Konzerte in der Staatskapelle mit Konwitschny gehört, wo das halbe Haus leer war, gemessen daran war es ein Erfolg. Daß wir nach spätestens drei Jahren unsere Konzerte verdoppeln konnten und alle Anrechte ausverkauft waren, also wirklich zu einhundert Prozent mit Abzug der paar Sitze, die man sich zurücklassen muß, das waren natürlich Glücksmomente. Das war eine Bestätigung, und daß das Orchester besser und besser wurde, war auch schön. Und daß nach einigen Jahren, allerdings sehr spät, für repräsentative Aufgaben nicht immer die Staatskapelle geholt wurde, sondern dann auch das BSO, das war natürlich auch eine Bestätigung.

Erzählte Biographie

Mauerbau 1961, Sanderling gelingt es, die Auflösung des BSO zu verhindern, Auswirkungen auf seine künstlerische Arbeit

Wie ist es Ihnen am 13. August 1961 ergangen?

Ich war damals im Urlaub in Österreich und bekam etwa drei oder vier Tage später ein Telegramm meines damaligen Vorgesetzten vom Stadtrat für Kultur, ich möge zurückkommen. Ich antwortete ihm, mein Flug sei gebucht für dann und dann, da komme ich zurück. Sie hatten alle Angst, daß man nicht zurückkommt, deshalb war das eigentlich für ihn schon eine Beruhigung. Am Großglockner in Österreich las ich eines Tages in einer der österreichischen Zeitungen über den Mauerbau, wobei ich mir über Ausmaß und Konsequenzen eigentlich nicht klar war. Es war etwas Unvorstellbares. Ich war auch nicht sicher, daß ich zu meinem Orchester zurückkomme. Übrigens war das alles im Ministerium vorbereitet, peinlichst genau.

Was war vorbereitet?

Es gab einen Orchesterplan für die Zeit nach dem 13. August: Ein Orchester wird geschlossen, und die Musiker werden auf die anderen Orchester verteilt. Das Rundfunkorchester sollte seine besten Musiker an die Staatsoper abgeben und dafür aus anderen Orchestern Ersatz bekommen. Und so war das von Orchester zu Orchester festgelegt. Mein Orchester war an unterster Stelle genannt. Da bin ich zum stellvertretenden Minister gegangen, habe mein Jackett ausgezogen und gesagt: »Das ist meine Rücktrittserklärung, so geht das nicht, daß ich zwangsweise die schlechtesten Musiker bekomme.« Pischner zeigte Verständnis und regelte es so, daß ich zumindest von den ärgsten Schwierigkeiten befreit war. Aber es waren aufregende Wochen, denn ich habe mich natürlich für mein Orchester eingesetzt. Wenn ich mich recht erinnere, wurde zwei Wochen lang noch niemand aus dem Westen gekündigt, die sollten erst einmal noch spielen; es waren aber bei uns sowieso Ferien.

Wie haben Sie persönlich diesen Mauerbau empfunden?

Seltsam, wobei ich eines sagen muß: Als ich aus Leningrad nach Berlin kam, habe ich Wochen gebraucht, um die ganze Technik des Miteinander-Lebens der Musiker zu durchschauen und zu verstehen. An irgendeinem Pult der Geigen saßen zwei Musiker, einer aus Westberlin und einer aus Ostberlin, beide bekamen sie monatlich eintausend Mark, der aus Ostberlin bekam seine eintausend Mark und saß damit da, der aus Westberlin hatte das Recht, in Westberlin von diesen eintausend Mark achthundert Mark eins zu eins umzutauschen in einer Situation, wo damals schon, wenn ich mich recht erinnere, das reale Tauschverhältnis eins zu zwei war. Er hatte das Recht, im Osten Lebensmittel einzukaufen, da er offiziell noch zweihundert Mark hatte, er kaufte ein zu Ostbedingungen für Ostgeld, zog damit nach Westberlin und versorgte seine Nachbarn mit Würstchen, die halb so teuer waren, und er hat auch noch daran verdient. Er kaufte im Westen irgendwelche Industriewaren, die in Ostberlin sehr viel teurer waren, kaufte sie für seinen Kurs eins zu zwei oder eins zu drei, kam damit nach Ostberlin und verkaufte das zu für ihn und für die Käufer günstigen Bedingungen. Ich habe das alles gar nicht so richtig verstanden. Ich habe nur gesehen, wie manchmal in Restaurants Gäste aus dem Westen ihre Hunde mit dem Fleisch fütterten, das sie als Gericht bestellt hatten, das habe ich selbst gesehen, deshalb kann ich davon berichten. Oder, daß der ehemalige Konzertmeister der Staatskapelle im Westen im »Café Kranzler« nachmittags als Stehgeiger spielen mußte und dann abends in der Staatsoper den »Tristan« als Konzertmeister. Es war ein zutiefst amoralisches Leben, das die Menschen führten. Ich habe nicht nur die schreckliche Seite des Mauerbaus gesehen, die war nicht zu übersehen, wenn die Eltern nicht zu ihren Kindern können und die Kinder nicht zum Begräbnis ihrer Eltern dürfen, das ist gar nicht zu übersehen. Ich sah auch die widerwärtigen Seiten, die die Situation vorher doch mit sich gebracht hat. Vor dem Mauerbau hat jede Woche einmal eine Stadt von der Größe Weimars die DDR verlassen, ich glaube, es waren 30.000 Leute die Woche. Wenn man sich auf den Standpunkt stellt, der Staat will existieren, und das ist eigentlich die Aufgabe der Staatsleute, dafür zu sorgen, dann mußte man akzeptieren, daß diese Mauer vom Staat aus gesehen eine Notwendigkeit war. Die Verlogenheit, daß sie auf der anderen Seite verkauft wurde als »antifaschistischer Schutzwall«, das ist dann eine andere Sache, das hat übrigens niemand ernst genommen, der Staat

Erzählte Biographie

mußte nicht vor Faschisten geschützt werden. Aber die Notwendigkeit für den Staat mußte man einsehen, wenn man seine Existenzberechtigung voraussetzte. Ein Staat, dem jede Woche Weimar wegläuft, hat keine Existenzberechtigung.

Kam das Publikum auch zum Teil aus Westberlin?

Ja, vor allem in solchen Instituten wie Komische Oper und Staatsoper. Die hatten auch zuerst Schwierigkeiten nach dem Mauerbau, wir hatten weniger Schwierigkeiten, denn wir waren noch Neulinge, wir hatten kaum Publikum aus dem Westen, obwohl auch Leute von dort zu uns kamen. Bei dem ersten Konzert nach dem Mauerbau wurde das Orchester mit riesigem Applaus begrüßt, womit wohl die Tatsache, daß es geblieben ist und weiter spielt, honoriert werden sollte. So war es, glaube ich, in einigen anderen Instituten auch. Und dann gab es frenetischen Applaus beim »Wilhelm Tell« im Deutschen Theater und auch im »Fidelio« an der Stelle »Es sucht der Bruder seine Brüder«. Eine Sache, die übrigens den Oberen sehr zu schaffen machte, denn bei »Wilhelm Tell« wurde Wolfgang Langhoff vorgeworfen, der damals Intendant war, er hätte politisch unbedacht gehandelt, so ein Stück als Eröffnungsvorstellung aufzuführen. So wurde »Wilhelm Tell« eben sechs- oder siebenmal gespielt, und dann wurde es abgesetzt. Aber »Fidelio« konnten sie nicht absetzen. Das waren natürlich schöne, erheiternde Momente.

Konnten Sie in Ihren Konzerten feststellen, daß der Applaus sich auch politisch verteilt hat?

Nein, ich kann nicht sagen, daß Stücke aus dem Westen, wenn Sie das Wort benutzen wollen, deshalb beklatscht wurden, weil sie aus dem Westen waren und Stücke aus dem Osten deshalb nicht, weil sie aus dem Osten kamen. Das Publikum hat den Applaus nach seinem musikalischen Geschmack verteilt. Der Geschmack hat sich dann im Laufe der Zeit etwas gewandelt zu Gunsten der Musik des zwanzigsten Jahrhunderts, aber nur etwas.

Wie war das mit Solisten, fielen sie aufgrund des Mauerbaus von einem Tag auf den anderen weg?

Es fielen die weg, die teure Devisen kosteten. Es gab einige, die hielten den hiesigen Orchestern die Treue, alle sagten: »Es ist eine andere Musizierweise im Osten, eine weniger kommerzialisierte.« Wir konnten uns prominente Leute aus dem Westen nicht leisten, der Geiger Szeryng ist ab und zu mal gekommen, der Richter-Haas, ein sehr guter Pianist. Aber wir konnten uns diese Leute nicht leisten, und was wir uns leisten konnten, das heißt, Solisten aus dem Westen, die für Ostmark spielten, das war nicht immer erste und nicht mal zweite Qualität, aber ich hatte das Gefühl, daß sie manchmal deshalb Erfolg hatten, weil sie so etwas wie eine verbotene Frucht darstellten.

Also doch eine gewisse politische Wertung?

Der Westen war die verbotene Frucht. Ich würde so sagen, deren Erfolg war überdimensional, wenn Szeryng kam, der hatte den Erfolg, den er überall hatte, mit Recht.
Es mag anders gewesen sein am Gewandhaus in Leipzig, da hatte auch der Name Gewandhaus einen magischen Klang, und da mag dieser oder jener aus dem Westen auch für Ostmark hingekommen sein. Aber nach Berlin? Berlin war ein heißer Boden auf beiden Seiten, da machen wir uns nichts vor, nicht nur die östliche Seite wurde sehr aggressiv, sondern die westliche in ihrer Weise nicht weniger, da wollten viele dieses heiße Eisen nicht anfassen.

Wann sind Sie nach dem Mauerbau das erste Mal in Westberlin aufgetreten?

Das muß in den achtziger Jahren gewesen sein, da hatte ich eine Tournee mit dem Rotterdamer Orchester durch Westdeutschland, Hannover und Westberlin, das war mein erstes Auftreten in Westberlin. Da flog ich von Hannover ein und nach Hannover aus. Die Grenze nach Ostberlin hätte ich nicht überschreiten können.

Erzählte Biographie

Aber mit Ihrem eigenen Orchester sind Sie zu Mauerzeiten nicht in Westberlin gewesen?

Nein. Ich habe, und auch das erst nach dem Mauerfall, bei den Festwochen die Philharmoniker dirigiert. Natürlich hat es mich gewurmt, daß ich das nicht vorher durfte, ich würde lügen, wenn ich sagen würde, es hätte mich nicht gewurmt, aber was mich besonders gewurmt hat, war die Tatsache, daß ich hätte kommen können, wenn ich Gewandhaus-Kapellmeister gewesen wäre. Ich sah den Sinn dieser Maßnahme nicht ein, man ist bereit, sich sinnvollen Gegebenheiten zu beugen oder den Sinn von Gegebenheiten anzuerkennen, aber das war absolut sinnlos.

Das lag in der Drei-Staaten-Theorie begründet, aber das war die »hohe Politik«, haben Sie darüber mal dem Minister oder irgendeinem Politiker der DDR Ihren Unmut vorgetragen? Haben Sie gefragt: Weshalb darf ich nicht in Westberlin dirigieren? Haben Sie Ihren Unmut gezeigt?

Ich war mal bei Rackwitz, habe mich bei ihm angemeldet und gesagt: »Ich habe nichts Konkretes, ich möchte nur einmal so prinzipiell über ein paar Dinge sprechen.« Ich habe mehrere Stunden mit ihm gesprochen, aber nicht über meine Position. Das wäre auch unkollegial gewesen, zu sagen: »Warum kann der Masur und ich nicht.« Aber die Künstleragentur hat gesagt: »Das geht nicht.« Mein Sohn Thomas hat dort im Rundfunkorchester gespielt, und als ich mal den Direktor der Künstleragentur fragte: »Ist das nicht eigentlich eine etwas absurde Situation, daß mein Sohn, dem ich es natürlich gönne, dort spielt, wenn auch mit großen Schwierigkeiten, wie ich nachträglich erfahren habe, und ich nicht?« Da hat der geantwortet: »Das ist undenkbar.«

Sanderling wird 1961 Mitglied der Akademie der Künste, die Zeit der Mitgliedschaft

Wann wurden Sie Mitglied der Akademie der Künste?

Sehr bald, ich weiß das alles nicht mehr so genau. Ich habe nichts dazu getan, es geschah alles mit mir. Ich nehme an, daß Kurella auch dahinter steckte, der mich sehr mochte und sehr schätzte, und der gern wollte, daß ich im kulturellen Leben hier eine Rolle spielen sollte. Ich glaube, ich habe die alle ein bißchen enttäuscht. Ich habe mich auf meine rein beruflichen Aufgaben zurückgezogen, das fand ich ausreichend und genügend. Ich glaube, man hat verstanden, daß ich damit vielleicht viel nützlicher für sie war, als wenn ich irgendwelche politischen Aktivitäten ergriffen hätte, dafür gab es Leute genug. Was ist schon ein Musiker? Wenn ich Schriftsteller gewesen wäre oder in einem ideologisch offener liegenden Beruf gewesen wäre, dann hätte man vielleicht von mir mehr Aktivität erwartet, aber so war es genug. Das fand ich eigentlich nett von denen, sie fühlten sich selbst belohnt, weil ihnen nach kurzer Zeit ein Orchester geschenkt wurde, von dem sie sagen konnten, das ist ein Kind der DDR, und das ist ein Dirigent, der aus dem Osten kommt. Ich glaube, damit waren sie recht zufrieden und vielleicht auch mit Recht.

Wissen Sie, wessen Kandidat Sie waren im Aufnahmeverfahren, als Sie in die Akademie aufgenommen worden sind?

Nein. Ich bekam eines Tages die Nachricht, Gratulation, ich sei in die Akademie aufgenommen worden und sei nun Mitglied der Sektion Musik. Wer das gemacht hat, wie abgestimmt wurde, das weiß ich alles nicht. Der Leiter war noch offiziell Hanns Eisler, obwohl ich ihn nicht einmal dort gesehen habe. Ein Teil der Komponisten, wie Paul Dessau, Max Butting, der sehr feine Rudolf Wagner-Régeny, an die erinnere ich mich, das waren die Mitglieder der ersten Stunde. Alles zurückgekehrte Emigranten. Ich erinnere mich an niemanden, der dort alteingesessen war. Das spielte sich im Jahre 1960/1961 ab, es mag vorher einige gegeben haben, die es dann eben nicht mehr gab.

Erzählte Biographie

Was und wie wurde in der Akademie diskutiert?

Das Ganze war insofern unerfreulich, als im Grunde genommen nur über praktische Fragen gesprochen wurde, wie man den Komponisten auf welche Weise das Leben erleichtern und wie man noch mehr von ihren Werken spielen könnte. Es gab manchmal Vorgaben von oben, die zum Teil kritisiert, dann aber doch so durchgeführt wurden, wie es von oben vorgegeben wurde. Also, daß fruchtbar über künstlerische Probleme gesprochen wurde, habe ich nicht erlebt. Ich könnte mir vorstellen, daß so etwas doch eher bei den Schriftstellern stattgefunden hat. Prinzipielle Diskussionen gab es nicht, konnte es auch nicht geben, weil alle an die Bibel gebunden waren. In den ganzen Jahren in der Akademie war es dann schon manchmal ganz putzig zu sehen, wie sie sich gegenseitig die Augen aushackten, die Bestimmenden, zum Teil hinter den Kulissen Bestimmenden in der Akademie, wie Alexander Abusch, der lange Jahre, als er schon nicht mehr staatlichen Dienst tat, noch in der Akademie mitredete, auch Kurella, auch Rodenberg, der unter denen der alte Mime war und der Künstlerischste, wenn die also darüber stritten, was und wo bei Lenin steht, dann hat mich das an Kabarett erinnert.

Der Komponist Aribert Reimann aus Westberlin erzählt, als er korrespondierendes Mitglied der Ost-Akademie wurde, mußte er bei einer Sektionsversammlung ein Band mit einigen seiner Kompositionen vorspielen und dann wurde über die Frage diskutiert, ob denn dies eine sozialistische Musik sei und welche Anforderungen an sozialistische Musik zu stellen seien. Gab es solche Veranstaltungen öfter?

Es wurden regelmäßig neue Werke angehört und darüber diskutiert. Diskutiert wurde meist auf dem Niveau derer, die diskutiert haben. Die Frage, ob ein Kunstwerk sozialistisch sei oder nicht, war eine Frage, die immer gestellt wurde, wobei ich mich einmal erinnere, eine Formulierung gebraucht zu haben, die mir noch in der Sowjetunion ein guter Freund, ein Musikwissenschaftler, mal sagte: »Sie haben die Vorstellung, man kann einem Kunstwerk ein Thermometer reinstecken, das zeigt an, wieviel Grad sozialistischer Realismus darin ist.« Das Niveau, auf dem da diskutiert wurde, war sehr dürftig aus vielen Gründen, erstens, weil es nur sehr wenig Werke gegeben hat, die diskussionswürdig waren und zweitens, weil eine Diskussion unmittelbar, nachdem sie ein Werk gehört haben, unfruchtbar sein muß. Sie haben eben ein Werk gehört, meist vom

Band, und müssen gleich über dieses Werk diskutieren, müssen gleich wissen, wo die Schwächen und die Stärken sind, welche Position dieses Werk prinzipiell einnimmt, das ist ein Unding. Einmal ist mir die Hutschnur gerissen, da stellte der Komponist Udo Zimmermann ein neues Werk, so leicht mit Requiem-Charakter, vor. Ein noch jetzt lebendes älteres Mitglied der Akademie eröffnete die Diskussion und sagte:»Doch, ist sehr eindrucksvoll, aber vielleicht sind in der Mitte Längen und am Anfang die Instrumentation, da weiß ich nicht.« Da habe ich gesagt: »Also wissen Sie, es tut mir leid, aber ich kann diese Art von Diskussion nicht führen. Wenn ich ein Werk zum ersten Mal höre, dann stehe ich entweder unter dem Eindruck dieses Werkes oder ich habe keinen Eindruck oder ich habe einen schlechten Eindruck. In diesem Falle stehe ich unter dem Eindruck des Werkes, es hat mich sehr berührt, deshalb lehne ich es ab, dem Komponisten Ratschläge zu geben, wo er zwei Takte wegstreichen könnte.«

Das muß Mitte der achtziger Jahre gewesen sein. Das war das Niveau, auf dem sich Diskussionen bewegten. Über ein Kunstwerk kann man doch nur diskutieren nach genauer Kenntnis dieses Werkes. Da aber meist diskutiert wurde nach erstmaligem Anhören vom Band, verboten sich eigentlich diese Diskussionen von selbst, obwohl sie sich in den meisten Fällen nicht verboten, denn in den meisten Fällen hätte man beim ersten und einzigen Anhören sagen können: Es ist schon klar, daß das ein unnötiges Werk ist.

Hatten Sie nähere Bekanntschaften zu anderen Mitgliedern der Akademie, die nicht in der Musiksektion waren? Oder war das Leben zwischen den einzelnen Sektionen in der Akademie abgeschottet gewesen, also war das wenig durchlässig? Ich habe an der Hochschule der Künste oft erlebt, daß Musiker meinten, mit bildenden Künstlern nicht viel zu tun zu haben. Gab es personelle Verbindungen über die Sektionsgrenzen hinweg?

Sicher gab es personelle Verbindungen über die Sektionsgrenzen hinweg, aber die gab es mehr von Sektionsleitung zu Sektionsleitung, unter den Mitgliedern war das nicht die Regel. Ich weiß nicht, wie das bei so jemandem wie Paul Dessau war, der hätte eigentlich Verbindungen haben müssen, können, sollen sogar. Beim Großteil der Akademie gab es das wohl nicht. Es war nicht wie im Bundestag mit den Fraktionen, aber man saß doch meist zusammen mit seiner Sektion. Man suchte sich irgendwelche Nachbarn, denen man auch mal ein Wörtchen zuflüstern konnte. Ich habe außer den Musikern die meisten gar nicht gekannt.

Welche Musiker waren es denn, denen Sie mal ab und zu etwas zuflüstern konnten oder wollten?

Aus der alten Garde habe ich mich sehr gut mit dem Wagner-Régeny verstanden, der ganz selten etwas sagte, und wenn er was sagte, war das fein und sorgsam abgewogen. Mit dem habe ich mich einfach gut verstanden. Da ich ausübender Dirigent war und die Komponisten gerne gespielt werden wollten, waren sie alle nett zu mir. Ich hatte äußerlich ein sehr gutes Verhältnis zu Ernst Hermann Meyer, obwohl ich schon damals wußte, daß er jedem Dirigenten, der ein Werk von ihm spielte, nachher sagte, das sei die beste Aufführung gewesen, die er je gehört habe. Kurt Masur und ich haben das mal erlebt, wir haben im Verlauf von vierzehn Tagen Meyers Hauptwerk gespielt. Irgendwie traf ich Masur danach und sagte: »Wissen Sie, ich glaube, ich brauche mir darauf nicht viel einzubilden, wenn Ernst Hermann Meyer das sagt.« Da meinte Masur: »Das hat er mir auch gesagt.«

Hatten Sie ein gutes Verhältnis zu Masur oder war das mehr so nach dem Motto: »Guten Tag und Guten Weg«?

Nein, wir hatten insgesamt doch ein gutes Verhältnis. Wir waren uns in vielen prinzipiellen Dingen einig, wenn auch unterschiedlich in der Musikausübung und auch in der Vorliebe für ältere und neuere Komponisten, aber in der Wertung dessen, was passierte, waren wir uns einig. Wir gratulieren einander noch zu jedem Geburtstag. Sehen Sie, gemeinsame Geschichte verbindet. Zunächst einmal hatten wir ab und zu Telefonate sachlicher Art über die verschiedensten Dinge, davon abgesehen trafen wir uns auf Akademiesitzungen. Wir trafen uns und sahen uns öfter und hatten Gesprächsstoff miteinander, ohne uns zurückhalten zu müssen. Wissen Sie, das ist ein sehr entscheidendes Moment, wenn Sie mit jemanden sprechen und dabei nicht im Hinterstübchen die ganze Zeit haben müssen: Was kann ich sagen oder was sage ich besser nicht.

Bei Masur hatten Sie dieses Gefühl von Offenheit?

Ja.

Und er Ihnen gegenüber auch?

Ich nehme es an.

Hatten Sie neben Ihrer vielen Arbeit mit dem Orchester Ehrenämter in der DDR? Hermann Simon erzählte mir zum Beispiel, Sie seien Mitglied des Kuratoriums der damaligen Synagoge in der Oranienburger Straße gewesen?

Ich war in einigen Gremien Mitglied. Ich erinnere mich zum Beispiel an das Gremium, das über die Vergabe der Nationalpreise auf dem Gebiet der Musik beriet, wohlgemerkt beriet. In diesem Gremium für die Nationalpreise wurde einmal im Jahr über die Vorschläge beraten, wobei der Beratungsspielraum nicht sehr groß war und dann doch vieles anders geschah, denn die Entscheidung wurde sehr weit oben getroffen. Als ich selbst einmal zur Diskussion stand, bin ich rausgegangen, während diskutiert wurde, obwohl man mir sagte, das sei nicht nötig. Deshalb erinnere ich mich daran.

Sicher war ich selbstverständlich auch Mitglied der Gesellschaft für Deutsch-Sowjetische Freundschaft, aber das gehörte einfach dazu. In der Synagoge Oranienburger Straße, ich meine das Kuratorium »Centrum Judaicum«, da kann es sein, daß ich Mitglied war. Ich weiß es nicht, aber es ist durchaus möglich, es gab nicht so viele Juden, schon gar nicht so viele Juden, die in der Öffentlichkeit einen Namen hatten. Ganz sicher hätte ich mich dem nicht entzogen, wenn es mir angetragen worden wäre. Deshalb ist das durchaus möglich, aber es war nicht mit Arbeit und Zeitverlust verbunden. Das war für mich immer das Kriterium.

Erzählte Biographie

Die Freundschaft mit Schostakowitsch

Gab es einen Musiker, einen Zeitgenossen der Ihnen irgend etwas bedeutet hat, außer Schostakowitsch?

Aber ja, natürlich, in früheren Jahren Strawinsky. Aber bei keinem anderen Komponisten gab es die vollständige Identität des Empfindens, wie es mir zumindest schien und scheint. Doch aus den wenigen Äußerungen auch schriftlicher Art, die ich von Schostakowitsch über mich kenne, hat er eigentlich immer sehr wohlwollend über mich gesprochen, niemals überschwenglich, denn das hat er für niemanden getan, aber immer sehr wohlwollend. So muß ich annehmen, daß er doch in mir so etwas wie einen Bruder im Leben gesehen hat.

Und Sie in ihm auch?

Nein, für mich war er ein Vater.

Eine Vaterfigur, der Sie versucht haben, nachzueifern?

Nachzueifern und zu dienen. Wenn ich das Gefühl hatte, er war zufrieden mit einer Aufführung von mir, die er hörte, ich hätte mir ein größeres Lob gar nicht vorstellen können. Ein näheres Verhältnis zu ihm hatte ich erst, als er zu Besuch in die DDR kam. Ich konnte da auch schon auf einige Aktivitäten hinweisen. Das halte ich mir zugute, daß Schostakowitsch im damaligen Ostberlin durch mich populär wurde, durch erbarmungsloses Aufführen seiner Sinfonien, auch der weniger gespielten. Als eines der ersten Stücke spielte ich seinen »Jüdischen Zyklus« als Uraufführung, ein Zyklus aus jüdischer Volkspoesie, zwölf Lieder für wechselnde Besetzung. Es ist ganz hübsch zu lesen, daß in der sowjetischen Enzyklopädie der Zyklus genannt wird, aber als Uraufführung wird ein Konzert in Gorki zwei Jahre später erwähnt. Von unserer Uraufführung machten wir sofort eine Schallplatte. Das schrieb Schostakowitsch doch erst mal mir, aber dann auch der DDR zugute, denn das war ein Werk, das damals in der Sowjetunion noch ein bißchen schwierig war. Dann führte ich sofort den »Boris Godunow« in der Instrumentierung von Schostakowitsch hier an der Staatsoper auf. Ich ließ den »Polenakt« weg. Schostakowitsch sah die Vorstellung nicht, irgendein Korrespondent fragte ihn dann: »Haben Sie das gesehen, was sagen Sie denn dazu, daß der Sanderling diesen Akt weggelassen hat?« Da hat er gesagt: »Wenn Sanderling das gemacht hat, ist es gut.« Davon zehre ich noch jetzt.

So hatten wir in der DDR dann doch ein ziemlich enges Verhältnis, wohl auch dadurch, daß ich der einzige war, mit dem er sich aussprechen konnte. Es ging aber immer nur um Kunst und Politik, niemals um persönliche Dinge. Im wesentlichen wurde über Politik gesprochen, ihr Einfluß auf die Kunst und wie die Kunst aussieht. Es gibt ein Buch von Solomon Wolkow, »Zeugenaussage«, das ist sozusagen das Testament von Schostakowitsch. Schostakowitsch hat ihm über einen längeren Zeitraum so Rede und Antwort gestanden, wie ich es jetzt tue. Dieser Wolkow war ein junger Musikwissenschaftler, der das Manuskript mit ins Ausland genommen und dort veröffentlicht hat, mit wütenden Reaktionen in der Sowjetunion, auch in der eigenen Familie von Schostakowitsch, was mich sehr wunderte. Es wurde dann behauptet, das sei alles erstunken und erlogen, das hätte der Wolkow aus Sensationslust wiedergegeben.

Die letzten Worte, die ich von Schostakowitsch gehört habe, auf einem Spaziergang rund um den Tennisplatz im Staatssanatorium von Bad Schandau, weil er darüber auch in der DDR im geschlossenen Raum nicht sprechen wollte, war die Antwort auf meine Frage, wie es war, sich auf diesen Sitzungen der Komponisten immer diese miserablen Werke anhören zu müssen. Er erwiderte: »Ja, natürlich das war schlimm, aber das Schlimmste sind auf meinem Wege die Berge von Leichen.« Mit dem gleichen Satz endete das Buch von Wolkow, das er etwa zur gleichen Zeit beendet haben muß; so habe ich Recht zu der Annahme, daß das Buch authentisch ist.

Was kann er gemeint haben mit den Bergen von Leichen?

Freunde, Verwandte, die verhaftet wurden und umgekommen sind, und wenn sie nicht umgekommen sind, dann waren sie auf erbärmliche Weise aus dem Verkehr gezogen worden.

Erzählte Biographie

Sprach er mit Ihnen auch über die Geschichte, als er während seiner Amerikareise Schönberg verurteilen mußte?

Nicht nur Schönberg, auch Hindemith und Bartók, also wirklich die Komponisten des zwanzigsten Jahrhunderts. Er wurde von Stalin persönlich gezwungen, eine Kulturreise nach Amerika mitzumachen mit einer großen Delegation, das muß so 1950/1951 gewesen sein. Er weigerte sich, sein Herz mache das nicht mit, er hatte alle möglichen Gründe, aber Stalin sagte: »Ich bitte Sie persönlich.« So erzählte er es zumindest. Was das hieß, wußte man, also ließ er sich breitschlagen. Er wollte nicht als der Geprügelte dort auftreten müssen, er sah voraus, was dann kam. Auf einer der allerersten Pressekonferenzen stand ein Korrespondent auf, es war der Nabokov, der nachher zugegeben hat, daß er diese Frage durchaus provokatorisch gestellt hat, er fragte: »Sind Sie der Meinung, die im Dokument des Zentralkomitees Ihrer Partei vertreten wurde, daß Schönberg, Hindemith, Bartók – es waren so ungefähr sieben Namen – ›schädliche Komponisten‹ sind?« Schostakowitsch sagte später, daß es der erniedrigendste Moment in seinem Leben, war, als er sagen mußte: »Ja.« Ich füge, wenn ich diese Geschichte erzähle, einen Satz hinzu, den er in seiner Dreizehnten Sinfonie auf Texte von Jewgenij Jewtuschenko verwendete. Es geht um Galileo Galilei und endet damit, daß Galilei seiner Lehre abgeschworen hat, »denn er hatte Familie«. Das ist die wörtliche Übersetzung. Wenn er einen solchen Text komponiert hat, in dem es heißt: »Er hat abgeschworen, denn er hatte Familie«, so stieg bei den Zuhörern in Moskau und Leningrad der Blutdruck, denn das war etwas, was allen drohte und was alle wußten. Das sind alles traurige und schreckliche Geschichten, die aber zu Schostakowitsch dazugehören. Ich weiß nicht, ob es noch einen Komponisten gegeben hat, der so direkt politische Strömungen seiner Zeit widergespiegelt und komponiert hat wie er.

Wenn er in der DDR war, hat er Sie besucht?

Nein, ich habe ihn besucht. Er hat einmal hier im Sessel gesessen. Er kam gerne in die DDR, denn hier hatte er die Hochachtung auch von den offiziellen Stellen erfahren, die ihm in der Sowjetunion eben nur widerwillig gezollt wurde. Die haben ihn im Grunde gehaßt. Denn auch Stalin hat ihn nur deshalb in Gnaden aufgenommen, weil er ihn so wunderbar als Reklameschild für die sowjetische Kultur benutzen konnte und Schostakowitsch es ihm von Zeit zu Zeit auch mit einigen Werken dankte, die man besser heute nicht mehr spielt.

Haben Sie mit ihm mal darüber gesprochen, weshalb er das getan hat und wie er sich dabei gefühlt hat? Was vermuten Sie, weshalb er das gemacht hat?

Erstens einmal Angst, Furcht: Wenn ich das nicht mache, geht es mir an den Kragen. Es war undenkbar, zu Stalins siebzigsten Geburtstag nicht ein Werk zu schreiben, das war undenkbar, das wäre einer Ohrfeige gleich gekommen, die er ausgeteilt hätte. Er mußte. Genauso wie er nach dem großen Ärger 1949 ein Werk schreiben mußte, das hieß dann »Das Lied der Wälder« oder so ähnlich, das damit beginnt, daß der weise große Stalin im Kreml sitzt und nachts Fähnchen auf eine Landkarte steckt, und da werden überall Forste angelegt, Stalin, der große Ökologe sozusagen. Er hat sich dieser Sachen nicht geschämt, denn sie waren professionell auf höchstem Niveau. Und ohne daß Sie diesen Vergleich nun wirklich ziehen sollen, aber als Vergleich werden Sie es verstehen, er hat das so geschrieben wie vielleicht einige Komponisten vergangener Jahrhunderte Messen geschrieben haben. Das war nicht unbedingt ein Zeichen tiefer Gläubigkeit, aber das gehörte halt dazu. Das ist ein Punkt, weswegen er diese direkt politischen Werke geschrieben hat. Es gibt noch eine Reihe von Werken, die nicht so direkt sowjetbezogen sind in politischer Hinsicht. Er hatte nicht nur eine große Vorliebe oder eine große Verehrung für Mussorgski, den er für den bedeutendsten russischen Komponisten hielt, wahrscheinlich nicht zu Unrecht, sondern irgendwo wollte er selbst ein Mussorgski werden. Vielleicht im gleichen Maße, wie Solschenizyn geglaubt oder versucht hat, ein sowjetischer Tolstoi zu werden. Ein Chronist der Wirklichkeit. So hatte Schostakowitsch eine sehr russische Art, eine russisch-patriotische Art, ich sage nicht chauvinistisch, das war er nie, aber er war ein Russe, und er fühlte sich unbedingt als Russe. Ich hätte mir auch nie vorstellen können, daß er woanders hätte leben wollen oder können trotz der ganzen Drangsal.

Es ist kein Zufall, daß sowohl mein ältester Sohn Thomas aus erster Ehe in der DDR die Dreizehnte und die Vierzehnte Sinfonie von Schostakowitsch erstaufgeführt hat, wie der Stephan, ein Sohn aus zweiter Ehe, von sich aus immer wieder Schostakowitsch spielt, weil in diesem Haus natürlich über Schostakowitsch sehr viel gesprochen wurde, weil er nun mal für mich ein Schlüsselerlebnis gewesen ist. Stephan war auf vielen Proben dabei, wenn ich vor dem Orchester kein Blatt vor den Mund genommen habe. Deshalb allein würde mich mal interessieren, was in meiner Akte von der Stasi steht, denn das ist natürlich sofort alles weitergegeben worden, aber ich erspare mir das, ich möchte das nicht wissen, weil ich dann auch erfahren würde, wer das getan hat, das will ich gar nicht wissen. Aber ich habe den Orchestern hier auch in früheren Zeiten mit dem gebotenen Takt reinen Wein über die Schostakowitsch-Sinfonien eingeschenkt. Da gibt es ein berühmtes Geigensolo, furchtbar naiv und lächerlich, Sie sehen quasi die jungen zehnjährigen Pioniere, die wochen- oder monatelang gedrillt wurden für diesen Moment, um mit einem Blumenstrauß vor den Stalin zu treten und zu sagen: »Genosse Stalin, du bist unser aller Vorbild, wir lieben dich.« Selbst solche Dinge habe ich gesagt, eigentlich war es kein heroischer Akt, ich konnte es mir einfach leisten. Ich hätte eigentlich nur riskiert, daß ich irgendwo in höhere Instanzen gerufen worden wäre, und ich wäre gebeten worden, doch nur Dinge zu sagen, die sich belegen ließen und individuelle Interpretationen zu lassen, aber so was ist nicht vorgekommen. Dann hätte zugegeben werden müssen, daß irgend jemand da ist, der es weitergegeben hat.

Leben und Arbeiten in der DDR, Zusammenarbeit mit den Kulturfunktionären, Schwierigkeiten mit dem Komponistenverband, die Ausreise des Sohnes Thomas, Sanderlings Sonderstellung in der DDR

Wie haben Sie die musikpolitische Atmospäre in der DDR empfunden?

Also, es war sicher hier besonders – ich sage es ruhig – besonders muffig. Wie auch anders, es war ein abgeschlossenes Land, selbst wenn man damals noch frei über die Grenze gehen konnte, aber musikalisch abgeschlossen. Die DDR war arm, man konnte sich die großen Künstler also nicht leisten, die Dirigenten damals waren alle aus der alten Zeit, der Konwitschny in Leipzig, Abendroth in Berlin und Weimar, es war einfach noch nichts Neues hierher gedrungen. Das habe ich immer zu meiner Verteidigung gesagt, wenn ich von Sympathisanten des Komponistenverbandes der DDR angefallen wurde. Dann habe ich ihnen geantwortet: »Nun gut, ich habe die DDR-Komponisten nicht so sehr viel gespielt, aber Sie vergessen, als ich meinen Dienst in Berlin begann, war Sibelius ein Fremdwort.« Mein Verwaltungsdirektor sagte: »Wenn ich eine Mahler-Sinfonie ansetze, dann riskiere ich von vornherein einen halbleeren Saal.« Ich habe eine ganze Reihe von Komponisten durchgesetzt, von Schostakowitsch und Prokofjew ganz zu schweigen, selbst aus der Klassik der Musik unseres ausgehenden Jahrhunderts, die einfach nicht präsent waren. Richard Strauss, der war präsent, aber weder Sibelius, von dem ich alle Sinfonien während meiner Dienstzeit nicht nur aufführte, sondern auch auf Platten aufnahm, Rachmaninow ohnehin nicht, Schostakowitsch mag ich nicht nennen, das versteht sich bei mir von selbst, aber auch Mahler. Überhaupt haben wir vergessen, wie schwer es ein moderner Komponist hat. Sibelius hat es noch heute schwer. Selbst Mahler, der jetzt modern geworden ist, wie schwer war es noch vor dreißig Jahren. Die erste Aufführung der Neunten Sinfonie von Mahler in Salzburg hat irgendwann in den siebziger Jahren durch das Berliner Sinfonieorchester stattgefunden. Salzburg hatte niemals vorher die Neunte Mahler-Sinfonie gehört. Das sind alles Dinge, die man heute vergessen hat, heute spielt jedes kleine Provinzorchester bereits diese Sinfonie.

Erzählte Biographie

Hatten Sie mit Ihren Musikern dabei Probleme? Oder sind sie diesen Weg der Erweiterung des Publikumshorizonts und der eigenen musikalischen Bildung mitgegangen?

Selbstverständlich, es waren auch zum Großteil junge Musiker, für die auch Dvořák neu war und Tschaikowsky neu war und Brahms als Sinfoniker unbekannt. Mit denen habe ich nicht die geringste Mühe gehabt. Mit denen habe ich nur Mühe gehabt, wenn ich sie dazu anhalten mußte, zu versuchen, zweitklassige Musik unseres Jahrhunderts erstklassig zu spielen. Das war Mühe, aber Mahler, Sibelius waren immer sehr interessante Dinge, vielleicht sogar interessanter mit meinem Orchester, und das ist es, weshalb ich an die Zeit mit großer Rührung zurückdenke. Es gibt renommierte Orchester, sehr renommierte Orchester, außerordentlich renommierte Orchester, für die Sibelius erst in den letzten zehn Jahren ein Komponist geworden ist, der die Mühe des Erarbeitens wert ist.

Hatten Sie bei den Kulturfunktionären mit diesem Weg der Erneuerung Schwierigkeiten?

Nicht die geringsten, denn für die war nur interessant, wie oft ich sowjetische und DDR-Musik spiele, so einfach war das. Und spielte ich nicht vielleicht zu viel Musik des untergehenden Kapitalismus? Da ich das nicht tat, ich außerdem keine besonderen Vorlieben für die zweite Wiener Schule hatte – da habe ich auch heute noch keine Vorliebe – beschränkte ich mich auf das Maß, von dem ich glaubte, daß es zum Repertoire eines Orchesters gehören sollte, daß es das als Minimum zu bieten habe. Und auch das dirigierte ich nicht selbst, sondern ließ Gäste dirigieren. Was sowjetische und DDR-Musik anbelangt, habe ich in sowjetischer Musik mein Soll mit Schostakowitsch übererfüllt, da gab es gar kein Problem. Bei der DDR-Musik wies ich daraufhin, daß es ein junges Orchester ist, das, von Bach angefangen, sich alles erst einmal erarbeiten muß und daß das naturgemäß Beschränkungen für die moderne Musik nach sich zieht. Dabei bin ich mit einigen Dingen angeeckt, wenn ich sagte: Bei der notorischen Unwilligkeit des Publikums, Musik des zwanzigsten Jahrhunderts zu hören, kann ich das Publikum nur umstimmen, indem ich das Allerbeste aus dem zwanzigsten Jahrhundert spiele, also die Komponisten, die, im guten Sinne des Wortes, die epochemachenden Werke geschrieben haben und nicht die von normalem Niveau, damit bringe ich die Leute nicht in den Konzertsaal. Das hat mir natürlich nicht nur Freunde im Komponistenverband gemacht, aber da die Arbeit unseres Orchesters – ich liebe das nicht, wenn jemand von seinem Orchester spricht – also die Arbeit unseres Orchesters, auch in ökonomischer Hinsicht nicht zu beanstanden war, konnte man mir nichts anhaben. Wir waren die ersten, die die Abende verdoppeln mußten, wir waren nach drei oder vier Jahren Tätigkeit in den Anrechten hier hundertprozentig ausgelastet, also die hatten gar keinen Grund, sich zu beschweren. Außerdem kam ich aus der Sowjetunion, das hat mir natürlich ein großes Prä gegeben, wo eine Reihe meiner Kollegen hier sehr zu kämpfen hatte.

Können Sie sich denn noch an die Reaktionen des Publikums erinnern, als Sie das erste Mal Mahler, Schostakowitsch, Rachmaninow, Prokofjew, also ein über das bislang gängige Maß hinausgehendes Programm gespielt haben?

Ich kann mich an das erste Mal leider nicht erinnern, aber ich glaube, in den ersten Jahren hat es Erstaunen erregt, daß Schostakowitsch-Sinfonien so schön und aufregend sein können. Das hat das Publikum gespürt, und das konnte ich aus eigener Kenntnis vermitteln.

Sie haben mit Schostakowitsch angefangen, diesen Weg zu beschreiten?

Ja, ganz bewußt, und ich kann nicht sagen »halb zog es mich, halb sank ich hin«, nein: ganz zog es mich.

Sie waren in der Sowjetunion nicht in der Partei, hat man Ihnen, als Sie in die junge DDR zurückkamen, nahe gelegt, in die SED einzutreten?

Nein, man hat es mir nicht nahe gelegt, ich nehme an, daß auch das ein Kalkül war, weil sie annahmen, als Parteiloser bin ich als Figur viel mehr Reklame, als wenn ich nun in die Partei eintrete, abgesehen davon, daß ich es auch nie gemacht hätte, ich wäre nicht in die Partei gegangen, unter keinen Bedingungen. Mitglied der Akademie bin ich geworden und viele andere Dinge habe ich gemacht, aber in die Partei wäre ich nicht gegangen. Wissen Sie, ich hatte meine Erfahrungen aus der Sowjetunion. Zum Beispiel 1968, nach den Prager Ereignissen, war ich gerade im Urlaub, da hörte ich das im Radio und verlängerte meinen Urlaub sofort um acht Tage, denn ich wußte von Moskau, daß man in so einem

Erzählte Biographie

Moment nicht greifbar sein darf. Ich war aber nicht lange genug weggeblieben. Ich kam nach Berlin zurück und wurde von irgendeinem Reporter angerufen, ob ich nicht wie alle anderen etwas dazu sagen möchte? Ich glaube, da hat mich der Teufel geritten, ich sagte: »Ja, ich kann dazu etwas sagen, nämlich nichts, ich kann nichts dazu sagen, wie das politisch zu bewerten ist. Ich hoffe und nehme sogar an, daß meine Regierung das Richtige getan hat. Wenn ich später einmal zur Überzeugung gekommen sein sollte, daß sie nicht das Richtige getan hat, werde ich sie nicht wieder wählen.« Konwitschny sollte sich zum Mauerbau äußern, und er sagte: »Als Musiker bin ich schon immer ein leidenschaftlicher Verfechter der Präzision gewesen, ich bewundere die Präzision, mit der diese Maßnahme durchgeführt wurde.« – Ja, so mußte man sich durchwursteln.

War Ihr Leben in der Musik ein unpolitisches Leben? War es ein Zurückweichen vor Entscheidungen? Waren Sie jemals vor Situationen gestellt, wo Sie sich hätten entscheiden können – und müssen?

Nein, aber ich hätte mich vordrängen können. Ich hätte irgendwie aktiv sein können. Nein, ich hätte gar nicht gekonnt, das ist eine Illusion anzunehmen, daß man als einzelner Mensch viel bewirken konnte. Sehen Sie, ein Schriftsteller oder ein Prominenter, wie zum Beispiel Manfred Krug, der konnte etwas Spektakuläres machen. Ich hätte gar nichts Spektakuläres machen können. Aber ich weiß eben nicht – und das ist mein Dilemma, daß ich nicht entscheiden kann: Hätte ich es getan, wenn ich es gekonnt hätte? Sicher hätte ich es getan, wenn ich der Überzeugung gewesen wäre, daß ich damit irgend etwas bewege, dann hätte ich es vielleicht oder sicher sogar getan. Aber ich war der Meinung – ich weiß heute nicht, ob das die richtige Meinung war –, ich war der Meinung, in diesen Zeiten hat der einzelne nichts ausrichten können.

Sie haben in unseren Gesprächen öfter gesagt, daß Sie durchaus Selbstzweifel hätten. Sind Sie ein selbstgrüblerischer Mensch?

Wenn es mit Kunst zu tun hat, dann ja, sonst nicht. Vielleicht zu wenig.

Kann man das trennen, kann man selbstgrüblerisch sein im Zusammenhang mit Kunst und im Zusammenhang mit dem täglichen Leben und seinen Problemen nicht? Kann man das trennen?

Man kann es, man tut es nicht ungestraft, wenn man es zu viel tut. Man kann zum Beispiel ein gänzlich unpolitischer Mensch sein und sich sehr viel Gedanken machen über das Kunstwerk. Wenn man sich über die Kunst Gedanken macht, spielt das unweigerlich irgendwo in das Politische, aber über das Kunstwerk kann man sich Gedanken machen, ohne daß die Probleme des Ablaufs des Weltgeschehens einen zu sehr belästigen. Natürlich läßt sich das nicht trennen, es gibt kein Leben, auch des Kunstwerkes, außerhalb der Politik. Alles ist Politik, wenn Sie so wollen. Die Frage ist nur, wieviel ich mich damit beschäftige und unter welchen Gesichtspunkten. Irgendwann merken alle Künstler, daß weder ihr Leben noch das Leben eines Kunstwerkes und der Kunst überhaupt außerhalb der Politik denkbar sind, denn das wäre außerhalb des Lebens. Die Frage ist nur, wie ich die Gewichte verteile. Sehen Sie, Swjatoslaw Richter zum Beispiel, er ist jetzt gestorben, und ich tue ihm sicher nicht Unrecht, war ein unglaublich kluger Mensch und ein kluger Künstler, aber Politik hat ihn einfach nicht interessiert. Er wäre, glaube ich, niemals für irgendein politisches Ziel auf die Straße gegangen oder hätte eine Unterschrift geleistet für irgendwas, auch wenn er es für richtig erachtet hätte. Er war vielleicht in dieser Hinsicht ein extremer Fall. Es gibt auch andere extreme Fälle. Es gibt große Künstler, nehmen Sie Richard Wagner. Gewiß hat Wagner die Politik sehr auf sich bezogen, aber immerhin war Wagner ein politischer Mensch, auch am politischen Alltag interessiert.

Sie haben, zu Beginn unserer Gespräche gesagt, Sie hätten sich als linksstehend verstanden und würden sich auch immer noch als Linker verstehen. Wie kann man links sein, wenn man unpolitisch ist?

Ich habe auch nicht gesagt, daß ich unpolitisch bin. Wenn ich sage, ich verstehe mich in irgendeiner Weise als Linker, gar nicht mal parteipolitisch, dann nehme ich ja schon eine politische Stellung ein und eine Wertung vor. Aber sie hat niemals Priorität über mein Tun gewonnen.

Aber ist ein politischer Mensch nur der, der politisch handelt oder nicht auch schon der, der sich Gedanken macht darüber, was passiert?

Ja, sehen Sie, ich glaube, das ist eine Unterscheidung, die Sie ganz richtig treffen. Ich glaube, ein politischer Mensch ist jemand, der auch bis zu einem weitgehenden Maße handelt, Stellung nimmt, öffentlich Stellung

Erzählte Biographie

bezieht, der nicht nur eine Meinung hat. Eine Meinung zu haben genügt nicht. Geprägt durch meine Biographie, durch das Umfeld hatte ich natürlich meine Meinung, aber ich habe niemals politisch gehandelt. Manchmal mache ich mir das vielleicht zum Vorwurf.

Ist dieses »vielleicht« vorgeschoben? Oder machen Sie es sich tatsächlich zum Vorwurf?

Habe ich gesagt »vielleicht«? Ich habe nicht darüber nachgedacht. Ich weiß nicht, was für die Menschheit, wenn ich das große Wort benutzen darf, wichtiger gewesen wäre: Wenn ich politisch aktiver gewesen wäre oder wenn ich Brahms besser dirigiert hätte. Ich habe das Bequemere gewählt, das für mich Bequemere: zu versuchen, Brahms besser zu dirigieren. Wenn ich mir einen Vorwurf mache, dann ist es vielleicht der, daß ich in meinem Leben zu sehr meinem Hobby, Musik zu machen, nachgegangen bin, das vielleicht nicht zufälligerweise auch mein Beruf geworden ist. Vielleicht wäre es verantwortungsbewußter gewesen, klar Stellung zu nehmen, obwohl ich einen großen Teil meines Lebens in Systemen verbracht habe, wo klares Stellungnehmen nur in eine Richtung möglich war, wo alles andere sich verbot, nicht nur verboten wurde, sondern sich auch verbot. Mit dem mainstream zu schwimmen, ist keine politische Haltung, doch, es ist auch eine politische, aber eine, die nichts kostet.

Ist Ihnen eine Situation in Erinnerung, wo Sie sich im Nachhinein diesen Vorwurf machen würden?

Kaum, weil ich immer in Situationen war, wo man politisch nur in eine Richtung hat handeln können, wobei ich zumindest in früheren Zeiten in der Sowjetunion auch gar nicht gegen diese Politik war, nur als ich zuerst zögerlich, später weniger zögerlich Kritik an dieser Politik habe üben wollen, hätte ich sie nicht artikulieren können. Das ist nicht zu vergleichen mit dem, was wir hier in der DDR hatten. Das Gleichsetzen auch der Erscheinungsformen dieses System verbietet sich vollständig. Hier war eben ein Manfred Krug möglich. Schwierig, wenn Sie so wollen, bis zu einem gewissen Grade bewunderungswürdig, aber möglich. Das war dort ganz unmöglich. Sehen Sie mal, eine so exzeptionelle Erscheinung wie Solschenizyn ist ja letztlich nur durch einen Zufall mit einem blauen Auge davongekommen.

Weil Sie vorhin den Namen Krug erwähnt haben: Ist man nach der Biermann-Ausbürgerung an Sie herangetreten?

Nein, weder die einen noch die anderen. Ich war hier in Berlin, wir haben das Kölner Konzert von ihm im Fernsehen gesehen. Ich habe diese ganze Biermann-Affäre eigentlich ein bißchen verschlafen. Sie wurde hier möglichst heruntergespielt, man bemühte sich, das als Aktion einzelner Individualisten hinzustellen, die gar keine prinzipielle Bedeutung hatte. Heute wissen wir, daß das vielleicht der Anfang vom Ende war. So unbedeutend uns dieser Vorgang erscheinen mochte, daß ein gegnerischer Schriftsteller oder Liedermacher nicht in das Land zurückgelassen wird, das ist nicht so sehr bedeutend in dem Sinne, aber es scheint doch der Anfang vom Ende gewesen zu sein. Insofern haben vielleicht das damalige Regime und die damalige Regierung gar nicht so Unrecht gehabt, die Intellektuellen zu fürchten, was mich wiederum nicht für mich, aber für andere stolz macht.

Auch Ihr ältester Sohn Thomas hat die DDR verlassen und ist in den Westen gegangen, wie haben Sie darauf reagiert? Wie hat die Regierung der DDR darauf reagiert?

Die Absicht wegzugehen hatte er schon lange. Ich hatte mit ihm verabredet: »Paß mal auf, Du hast hier durch Deinen Namen eigentlich Freiheiten, Du kannst«, obwohl das nicht ganz gestimmt hat, »aber Du kannst reisen, wohin Du willst, außer nach Südafrika und Israel, Du lebst hier bequemer und billiger, als wenn Du Dich im Westen nach der Decke strecken mußt. Was Du im Westen bekommen kannst, kannst Du hier also auch bekommen. Wenn Du es wirklich nicht aushältst, dann sage es mir, dann gehen wir zusammen ins Ministerium zum Minister und bitten um Deine legale Ausreise.« Das war damals schon, wenn auch nicht sehr üblich, aber immerhin möglich. So war es eigentlich verabredet. Er kam von einem Gastspiel aus Japan zurück nach Hamburg, er hatte dort zu dirigieren. Und da war gerade irgendein Vorfall an der Grenze. Ich glaube, bei der Einreise nach Westberlin hat irgend jemand einen Infarkt erlitten. Franz Josef Strauß sprach von Mord an der Grenze, da bekam er furchtbare Angst, daß sich jetzt das Klima so verschärft, daß er nicht mehr wird rausfahren können. Da blieb er in Hamburg.

Erzählte Biographie

Ich war gerade in Amsterdam, er rief mich an. Ich war ziemlich erregt, weil ich fürchtete, wir würden uns nie wiedersehen. Es war wirklich eine Zeit, wo man das nicht wissen konnte. Wir führten ein stundenlanges Telefongespräch. Ich habe ihn davon zu überzeugen versucht, meinen Minister hier anzurufen und zu sagen: Er hält es nicht für möglich, zurückzukommen, das ist eine Frage des Anstandes. Das sagte er mir zu. Ich habe selbst eine halbe oder eine Stunde später im Ministerium angerufen und gefragt, ob mein Sohn bereits angerufen habe. Ja, da hat jemand angerufen und sich für Ihren Sohn ausgegeben. Ich habe gesagt: »Das war sicher mein Sohn, dann wissen Sie auch Bescheid, ich wollte Ihnen das auch noch mitteilen.« Hoffmann war damals Kulturminister, übrigens ein guter und verständnisvoller Minister. Rackwitz war damals sein Stellvertreter für Musik. Aber mit dem habe ich nicht gesprochen, er kommt jetzt aber in der Geschichte vor.

Ich saß in Amsterdam und hatte zu dirigieren. Ich war dort zwei Wochen, und meine Frau sollte eine Woche später nachkommen. Ich war natürlich sicher, daß das jetzt nicht klappen würde. Ich rief sie gleich an und sagte ihr: »Hör mal, das und das ist passiert, sei also gefaßt darauf, daß das mit deiner Reise nicht klappen könnte.« Und siehe da, nach wenigen Stunden wird sie angerufen vom Ministerium, von Rackwitz und noch irgend jemandem, ob sie zu ihr kommen könnten. Ihr war klar weswegen. Sie kamen und sagten: »Wir wissen, Sie wollen in einer Woche nach Amsterdam fahren, Ihr Mann hat uns angerufen und Bescheid gesagt, Sie wissen ja, worum es geht. Könnten Sie nicht schon morgen oder übermorgen nach Amsterdam fliegen?« Da sagte sie: »Nein, wenn ich das gekonnt hätte, wäre ich gleich mit ihm geflogen, ich habe Unterricht in der Hochschule.« Da haben sie dem Rackwitz eine Dienstreise nach Amsterdam spendiert unter dem Deckmäntelchen, daß er mit Harry Kupfer irgendwelche Besprechungen haben sollte. Kupfer war auch gerade dort und hat eine Inszenierung gemacht. In Wirklichkeit sollte er mich ein bißchen in seine Obhut nehmen.

Meinen Sie nicht, daß er geschickt wurde, um auf Sie aufzupassen?

Dann hätte man doch nicht meiner Frau gesagt, fahr du auch. Das wäre widersprüchlich gewesen. Er hat sich auch nicht so aufgeführt. Man hätte mir im Gegenteil ein Wegbleiben erleichtert, wenn meine Frau auch rausgekommen wäre. Die Kinder hätten wir irgendwie auf humane Weise raus bekommen. Ich habe mich natürlich auch gefragt: Hat man Rakkwitz geschickt, weil man mich sozusagen unter Kontrolle haben wollte? Was er gar nicht hatte, denn wir waren nur zwei oder drei Stündchen am Tag zusammen. Ich habe ihm Amsterdam gezeigt, was er nicht kannte. Er war mit Harry Kupfer in einem meiner beiden Konzerte und ist dann zurückgefahren, bevor meine Frau ankam, also das kann es nicht gewesen sein.

Aber es wäre für die DDR ein ungeheurer Prestigeverlust gewesen, wenn Sie weggeblieben wären? Haben Sie einen Moment daran gedacht, auch wegzugehen?

Nein, nicht einen Moment. Wie ich auch nach dem Mauerbau nicht einen Moment daran gedacht habe. Ich war in Österreich im Urlaub, damals hätte Thomas noch ganz bequem über die Grenze gehen können. Ich habe nicht einen Moment daran gedacht, weil ich ein Orchester hatte und ich glaubte, nicht nur mir gegenüber verantwortlich zu sein; ich war auch verantwortlich für den Erhalt des Orchesters. Wenn ich nicht zurückgekommen wäre, wäre das Orchester liquidiert worden.

War damit die Republikflucht Ihres Sohnes für die DDR erledigt?

Ja, wobei er dann noch ein Interview für die »Bild« gegeben hat, wo er sich so anständig verhalten hat, daß der Redakteur hinterher gesagt hat: »Wenn ich noch einmal so ein Interview bringe, schmeißt man mich raus.«

Das spricht für ihn. Wenn man, im Vergleich zu Ihrem Sohn, einmal an Manfred Krug denkt, der einen Ausreiseantrag gestellt hat und dann hat man ihn ein Jahr lang kalt gestellt – hatte das etwas mit Ihrer Spitzenstellung zu tun?

Na ja, wenn ich einen Ausreiseantrag gestellt hätte, hätte man mir wahrscheinlich goldene Brücken gebaut, daß ich nicht hätte ausreisen können, denn ich hatte im Verhältnis zu anderen DDR-Bürgern riesige Freiheiten: Erstens einmal hat es sich von selbst verstanden, daß meine Frau bei jeder Reise mit mir fährt, zweitens habe ich jedesmal meine Kinder mit in die Ferien genommen, sogar auf eine sechswöchige Sommerreise nach Australien und Neuseeland. Wissen Sie, das sind dann die Dinge, die ich auch glaubte, honorieren zu müssen. Ich hatte von Anfang an eine Sonderstellung, die darauf gründete, daß ich ein Vierteljahrhundert auf höchstem künstlerischen Posten in der Sowjetunion tätig gewesen bin und dadurch unglaubliches Prestige hatte, sicher auch in gewisser Weise politisch. Jemand, der ein Vierteljahrhundert dort gearbeitet hat – was er auch erlebt haben mag, das war kein Geheimnis – der ist politisch so zuverlässig, daß wir ihm vertrauen können und mehr noch, wir können ihm keine Steine in den Weg legen. Das war sicher einer der wesentlichen Punkte. Der zweite Punkt war, daß Kurella, mit dem ich in Moskau sehr persönliche Beziehungen hatte, die hauptsächlich treibende Kraft war, die mich hierher geholt hat. Ich bewundere ihn noch heute sehr als hochinteressante Persönlichkeit, wenn auch ein unglaublicher Dogmatiker, von dem ich sehr viel Einblicke bekommen habe in das, was er so gemacht hat, auch, wenn ich nicht allem zustimmen mußte, was er sagte. Er führte mich in gewisse Eigenheiten des sowjetischen Lebens ein. Er hat mich sehr gern gehabt. Er hat dann hier in Berlin seine politischen Beziehungen bis zu Ulbricht spielen lassen, damit ich zurückgeholt wurde. Das mag mir auch einen background gegeben haben, was mein Prestige hier anbetraf.

Was mich als einen Außenstehenden wundert: Ulbricht ist dann in Ungnade gefallen, er ist abgelöst worden, dann kam mit Honecker jemand, der ein eigenes Profil entwickeln mußte. Sie waren aber eine »Ulbrichtfrucht«, und wenn die Herren fallen, fallen nicht selten auch die mit, die in irgendeiner Art und Weise von ihnen etwas Gutes erfahren haben. Sie blieben aber unangetastet?

Dazu möchte ich zwei Dinge sagen. Als Honecker an die Macht kam, hatte er andere Sorgen, als sich um den Chefdirigenten des Berliner Sinfonieorchesters zu kümmern. Ein Umsturz in einem sozialistischen Land ist etwas anderes, als wenn ein Bundeskanzler durch einen anderen ersetzt wird, das ist viel weitreichender und schlimmer. Wahrscheinlich hat mir geholfen, daß mein damaliger Verwaltungsdirektor, in welcher Form auch immer, Mitarbeiter bei den entsprechenden Institutionen war. Er hat es mir gegenüber auch mehr oder weniger offen zugegeben. Ich war darüber ganz froh, denn dadurch habe ich Dinge erreichen können, zum Beispiel, daß Musiker mit mir in das Ausland mitfahren konnten, die sonst gesperrt gewesen wären, er stand dem gar nicht ablehnend gegenüber. Irgendwann, nachdem ich eine Schostakowitsch-Sinfonie geprobt hatte und dem Orchester wieder einige Dinge darüber sagte, machte ich einmal die Bemerkung: »Ach Gott, ich würde doch gerne mal lesen, was in meinem Dossier steht.« Er sagte: »Das kann ich Ihnen ganz genau sagen, in Ihrem Dossier steht, daß Sie in auffallender Weise den Verkehr mit den Oberen scheuen.« Vielleicht hat mir das auch bis zu einem gewissen Grad geholfen, obwohl ich es nie verborgen hatte. Meine Kontakte zu den »Oberen« beschränkten sich auf Kurella, mit dem ich sehr verbunden war. Ich habe auch Rodenberg flüchtig, wenn auch herzlicher gekannt. Wir haben zusammen in Moskau Skat gespielt, das hat sich dann hier fortgesetzt. Ich erinnere mich an eine Begegnung, die ich mit ihm hatte, da war er schon Mitglied des Staatsrates, da trafen wir uns. Ich sagte: »Paß mal auf, ich habe gar kein konkretes Anliegen, ich möchte Dir nur mal ein Stündchen aus meinem Leben, wie es sich abspielt, erzählen.« Da erzählte ich ihm alles, über den Komponistenverband, über die Intrigen, die es gab und über die Fehler, die mit dem Repertoire gemacht wurden. Am Schluß sagte er: »Wie gut, daß Du mir das sagst, uns sagt ja niemand etwas.« Es hat sich aber nichts geändert, erstens hatte er nicht die Macht und zweitens sind das fast objektive Gegebenheiten, die nicht dadurch geändert werden, daß irgend jemand irgend etwas erfährt, aber ich wollte es mir einmal von der Seele reden.

Hatten Sie Feinde, auf welchen Ebenen auch immer, aufgrund der Tatsache, daß Sie aus der Sowjetunion kamen und Ihre Privilegien hatten?

Sicher. Ich kann Ihnen niemand benennen, aber ganz sicher auch unter Kollegen, die mich für einen politischen Eindringling gehalten haben. Ich könnte Ihnen kein direktes Beispiel nennen, aber ich bin sicher, das liegt so nahe, daß ich das nicht von der Hand weisen kann. Es wäre ein Wunder, wenn es anders gewesen wäre. Es hat mir offensichtlich nicht sehr schaden können. Ich hatte einen Feind, das war der Sekretär des Komponistenverbandes, ein gewisser Nathan Notowicz, das war ein sehr dogmatischer und einseitiger Linker, ein Busenfreund von Hanns Eisler. Als ich hierher kam, rief ich Notowicz an: »Hören Sie mal, ich kenne keine Note DDR-Musik, ich muß und möchte auch im nächsten Jahr einiges spielen, bitte schicken Sie mir mal so eine Auswahl von Werken, die Sie für spielenswert und notwendig halten, damit ich mir etwas aussuchen kann.« Er tat das, ich sah mir das alles an, es war wirklich schreckliches Zeug, denn gute Komponisten wie Siegfried Matthus gab es damals noch gar nicht, es war diese alte verknöcherte Riege. Da war nur einer darunter, der meine Aufmerksamkeit erregte, Rudolf Wagner-Régeny, das war ein feiner, sehr vornehmer Mann. Für mein Empfinden war Hanns Eisler der Schlimmste. Ich sah mir das alles an und schickte ihm einen Brief zurück und sagte: »Es tut mir leid, unter den Werken, die Sie mir geschickt haben, ist nichts, was mich so bewegen könnte, daß ich es unbedingt in mein Repertoire übernehmen müßte. Wenn Sie ein Werk in der Art von Eislers ›Die Teppichweber‹ nach einem Brecht'schen Text hätten,« das war politische Propaganda mit Musik unterlegt, »wenn Sie ein Werk in der Art hätten, wo aber der Übergang von der Propaganda zur Kunst vollzogen worden ist, dann würde ich mich sehr freuen.« Mit dieser Formulierung über Eisler ist er in das ZK gegangen. Da hat man ihn zurückgepfiffen und gesagt, selbst wenn ich nicht Recht hätte vom Sachlichen her, respektierten sie doch meine Meinung.

Was hatten Sie gegen Hanns Eisler?

Daß ich ihn für einen schlechten Komponisten halte, der auf einem Gebiet, dem Gebiet des Massenliedes, eine ausgesprochene Begabung hatte, ganz einfach. Es gibt eine Art vorzüglicher Massenlieder, aber ich möchte sagen, er ist Zwölftöner nicht aus Überfluß an normalen Einfällen geworden. Daß ich aus der Sowjetunion kam, hat mir sehr geholfen, daß man mich auch in diesem Fall anhörte, ich mußte es ja wissen, nachdem ich so lange dort war. Sicher hätten viele andere sich das nicht leisten können. Ich konnte es mir leisten, an der Produktion der Mitglieder des Komponistenverbandes Kritik zu üben. Wenige meiner Kollegen hätten das in dieser prinzipiellen, wenn auch formalen Form gekonnt.

Wer waren Ihre Gesprächspartner im Ministerium?

Pischner ist eigentlich mein ältester Ansprechpartner gewesen, denn er stand auf dem Rollfeld am Flughafen Schönefeld, als das Flugzeug mit meiner Familie ankam. Kurella schwebte so weit oben, daß er für praktische Dinge keinen Blick mehr hatte; es ging im wesentlichen immer um praktische Dinge. Ich kann nicht sagen, daß Pischner mir einen Wunsch, der erfüllbar war, nicht erfüllt hätte. Zum Politbüro mußte er wohl deswegen nicht, das waren keine Fragen von solcher Bedeutung, aber mit seinem Chef mußte er schon sprechen. Ich erinnere mich an einen Fall, es muß Anfang der sechziger Jahre gewesen sein, da habe ich im begrenzten Maße auch westdeutsche Musik gespielt, was eine Geldfrage war, denn es kostete sogenannte Valuta. Pischner war auch Stellvertreter für die bildende Kunst und hatte einen schweren Stand in der Diskussion mit seinen bildenden Künstlern über Paul Klee und allem, was mit diesem Namen zusammenhängt, wobei Sie sich vorstellen können, daß die ganze Linie nicht sehr sozialistisch-realistisch zu akzeptieren war. Die Künstler waren anderer Meinung als die Offiziellen. Ich hatte unglückseligerweise als Beispiel für westdeutsche Musik das Werk von einem nicht ganz erstrangigen Komponisten, Giselher Klebe, späterer Akademiepräsident im Westen, es war »Die Zwitschermaschine«, ein sehr hübsches Werk nach einem Bild von Paul Klee, ins Programm gesetzt. Eines Tages erreicht mich ein Anruf aus dem Ministerium, Pischner bat mich zu sich und sagte: »Ich habe im Moment die schwersten und schwierigsten Diskussionen mit meinen bildenden Künstlern. Ich kann mir nicht erlauben, ›Die Zwitschermaschine‹ zwitschern zu lassen. Das bringt mich in eine so schwierige Lage, die fragen dann, warum darf denn in der Musik gezwitschert werden und in der Malerei nicht? Ich flehe Sie an, setzen Sie das ab.« Ich habe gesagt: »Ich würde Ihnen gerne entgegen kommen, aber ich kann das aus zwei Gründen nicht. Der erste Grund wäre nicht mal so wichtig, es ist ein nettes Stück, und warum soll ich es absetzen? Aber gut, wenn es Ihnen Schwierigkeiten machen würde, dann würde ich ein anderes Stück spielen, mein Herz hängt nicht an diesem Stück und auch nicht das Renommée meines Orchesters. Aber ich gebe etwas anderes zu bedenken: Wenn wir es absetzen, dann machen wir einen Kasus daraus, dann wird es Wellen schlagen, und dazu möchte ich auf keinen Fall Anlaß sein. Das Stück ist in zehn Minuten gespielt, drei Kritiken werden darüber geschrieben und das Ganze ist in drei Tagen vergessen, Ihre bildenden Künstler gehen sowieso nicht in Konzerte. Ich gebe Ihnen das sehr zu bedenken, lassen Sie mich wissen, wie Sie darüber denken.« Er sagte: »Ach Gott, Sie machen mir das Leben schwer. Lassen sie mich nachdenken.« Und das Werk wurde gespielt. Es war genauso, wie ich es sagte.

Es spricht für Ihre Art zu diskutieren. War das ein auffallender Unterschied zwischen der Politik in der DDR und in der Sowjetunion, daß in der Sowjetunion dekretiert und in der DDR vielleicht doch diskutiert wurde?

Je höher sie ansetzten, um so vernünftiger wurde das Gespräch, das heißt, nicht der Kulturreferent, sondern der Oberbürgermeister, nicht der Refe-

Erzählte Biographie

ratsleiter, sondern der stellvertretende Minister oder gar der Minister, je höher sie ansetzten, um so vernünftiger wurde das Gespräch. Es ist ein gängiges Vorurteil, daß, je höher die Leute sitzen, sie um so verbohrter sind. In der Sowjetunion hatte ich diesbezüglich keine Erfahrungen. Da habe ich niemals irgendwelche höheren Leute zu Gesicht bekommen, aber hier habe ich sie alle zu Gesicht bekommen, und nach meinen Erfahrungen war es so, daß ich die normalsten und auch fruchtbarsten Gespräche mit den Ministern hatte. Beide Stellvertreter, mit denen ich näher zu tun hatte, der eine war Pischner und der zweite war Rackwitz, mit denen konnte ich sehr normal, sachbezogen und vernünftig sprechen, wobei klar war, daß man gewisse Linien nicht überschreiten durfte oder sollte, übrigens beiderseitig, aber vor allem auch von mir aus. Ich habe niemals Dinge verlangt, von denen ich annehmen mußte oder konnte, die seien nicht erfüllbar. Wenn ich um irgend etwas bat oder etwas forderte, bin ich immer davon ausgegangen, das ist erfüllbar und das muß erfüllbar sein. Meist wurde es mir gewährt.
Der erste Kulturminister war Alexander Abusch, mit dem hatte ich so gut wie gar nichts zu tun. Ich lernte ihn 1956 kennen, als ich mit dem Leningrader Orchester hier zu Gast war. Als ich dann her kam, habe ich ihn gar nicht zu Gesicht bekommen, er ist dann sehr bald abgelöst worden. Dann kam erst Hans Bentzien, der kein Musiker war, aber den ich eigentlich als Gesprächspartner in sehr guter Erinnerung habe. Er hatte die sehr schwierige Aufgabe, mich im Gewandhaus als Chef einzusetzen und hat zuerst einmal zur Kenntnis nehmen müssen, daß ich mich weigerte, aber so lange ich mich weigerte, hatten wir eine Reihe von Gesprächen, bei denen er auch alle Forderungen ernst nahm, die ich für den Fall der Fälle stellte, von denen ich wußte, die sind für Leipzig nicht annehmbar. Ich hatte eigentlich einen sehr guten Eindruck von ihm, er ist dann auch gestürzt, wenn man es so salopp sagen will, weil er nicht scharf genug war. Dann kam Klaus Gysi, der auch von Musik überhaupt keine Ahnung hatte, aber er war durchaus ein Gesprächspartner, wenn man nicht direkt fachliche Gespräche mit ihm führte. Ich erinnere mich, er hat mich mal zu sich gebeten, ich sollte ihm mit Rat und Tat beistehen in der Frage, wie man bessere Dirigenten hervorbringen kann. Ich habe zu ihm gesagt: »Lassen Sie mich mal als guter Jude mit einer Gegenfrage antworten, wo haben sie gelernt, Minister zu sein?« Er hat sofort begriffen und gefragt: »Sieht die Problematik so aus?« Da habe ich gesagt: »Genau so, das ist die Problematik in dieser Frage, das wird auch nicht in einem Institut

gelehrt.« Sonst hatte ich nicht sehr viel Kontakt mit ihm. Einmal trafen wir uns später, ich hatte ein Konzert in Rom, da war er gerade Botschafter dort. Wir verbrachten einen Abend miteinander, er lud mich ein mit meiner Frau. Es war ein sehr netter Abend, man konnte mit ihm sehr gut plaudern. Er war sehr weltgewandt, übertraf mich in dieser Hinsicht bei weitem. Der nächste Minister war Hoffmann, von dem ich eigentlich aus meiner Sicht auch nur Gutes berichten kann. Er war jemand, der nur im Gespräch unter vier Augen Dinge beim Namen nannte, aber auch dafür mußte man eben Verständnis haben. Nur unter vier Augen, sechs Augen gingen vielleicht auch gerade noch, aber je größer das Forum wurde, um so geringer wurde die Spannweite dessen, was man tunlicherweise sagen kann. Und vergessen wir auch nicht, daß all diese Leute, wenn sie entlassen wurden, nicht einfach in einen anderen Beruf gehen konnten. Kurella sagte einmal sehr schön, als ich ihn ansprach auf die politische Karriere: »Ach, lassen Sie mich damit in Ruhe, wissen Sie, mit der Politik ist das wie mit einem Paternoster, man springt hinein, wird nach oben gefahren und muß die ganze Zeit darauf achten, daß man nicht herausgestoßen wird, wenn er gerade mal an einer Etage ankommt. Und wenn man oben ist, geht es wieder runter.« Ich glaube, man tat klug daran, diese Dinge zu berücksichtigen, wenn man mit diesen Leuten sprach. Ich kann eigentlich von den Mitarbeitern des Kulturministeriums, mit denen ich zu tun hatte, vom Rang des stellvertretenden Ministers aufwärts, nichts Böses oder mich Behinderndes berichten. Wie gesagt, was systemimmanent ist, ist systemimmanent, das hatte man zu wissen und da wäre es auch unklug gewesen, einfach die Gegenseite zu provozieren.

Ulbricht hat Sie, wenn man so will, aus der Sowjetunion, geholt. Hatten Sie danach Kontakt zu ihm?

Gar keinen, kurz nachdem ich nach Berlin kam, war irgendein Empfang zum 9. November, da waren x-tausend Leute, und da hat Kurella mich ihm vorgestellt, Ulbricht hatte ein phantastisches Gedächtnis, er wußte sofort, worum es sich handelte. Aber ich habe ihn nicht ein einziges Mal in einem Konzert gesehen. Dafür mag er nicht nur kein Interesse gehabt haben, sondern vielleicht auch keine Zeit, obwohl ich es schön finde, wenn Staatsmänner sich dafür die Zeit nehmen.

Erzählte Biographie

Sie haben gesagt, mit den Mitgliedern des Kulturministeriums, mit denen Sie zu tun hatten, hätten Sie nur gute Erfahrungen gemacht. Das verleitet mich natürlich zu der Frage: Wer hat Ihnen Schwierigkeiten gemacht und hatten Sie Schwierigkeiten in Ihrer künstlerischen Entfaltung, künstlerischen Arbeit mit dem Orchester?

Ich hatte große atmosphärische Schwierigkeiten, mein Gegner, wenn Sie so wollen, war der Komponistenverband, aber nicht offen, sondern hinter den Kulissen. Er wurde übrigens von den unteren Stellen, sowohl in der Stadt wie im Ministerium, immer sehr gestützt, aus welchem Grund auch immer. Das kannte ich schon aus der Sowjetunion, von dort kannte ich auch bereits die Folgen, daß dann die Bitte des dortigen Kulturministeriums kam: »Spielt meinetwegen nur Tschaikowsky, aber macht die Säle wieder voll.« Das kannte ich schon, und so argumentierte ich auch. Außerdem benutzte ich ein Argument, das nicht ökonomischer Natur war, das hat gewisse Funktionäre des Komponistenverbandes natürlich besonders geschockt. Ich machte sie darauf aufmerksam, daß es weltweit Reserviertheit gegenüber moderner Musik gibt, das ist überall so, warum auch immer. Es gibt dafür Erklärungen, es ist so, das Publikum möchte seinen Mozart und seinen Beethoven und seinen Tschaikowsky hören. Um dies zu brechen, muß ich die großen Werke der Musik unseres Jahrhunderts spielen und nicht die provinziellen. Natürlich haben wir auch unsere Verpflichtungen gegenüber den DDR-Komponisten gehabt. Es hat kein Abonnement-Konzert gegeben von mir, wo nicht ein oder zwei Werke der DDR dabei waren, die ich aber bewußt aussuchte. Aber vordringlich für mich war Strawinsky, es war Hindemith, es war Bartók und es war Schostakowitsch. Mit diesen Werken glaubte ich, ich glaube da auch Recht zu haben, allmählich zum Abbau dieser Aversionen beitragen zu können und nicht mit Werken, die wir selbst als nicht ganz erstrangig betrachten, sagen wir es mal ganz vorsichtig. Das war natürlich ein Argument, das ungern gehört wurde.

Hielt diese Gegnerschaft seitens des Komponistenverbandes bis zum Schluß an?

Nein, im Laufe der Jahre hat man sich daran gewöhnt. Es gab ein Äquivalent, daran konnten sie nicht vorbei: In meinem Orchester – und vor allem bei mir – wurden nicht all zu viele DDR-Werke gespielt, aber wenn sie gespielt wurden, war die Aufführung plattenreif. Es war nicht so nach dem Motto: »Na ja, jetzt müssen wir das schnell erledigen, ihr wißt ja, es ist kein Beethoven, nun mal los!« Wenn es gespielt wurde, dann gut, darauf wies ich auch das Orchester hin. Ich habe mich für nichts geschämt, was ich gespielt habe.

Es gab für jedes Orchester die Auflage, bei irgendeinem Komponisten für die jeweilige Saison ein Werk in Auftrag zu geben. Das habe ich im Prinzip als richtig empfunden, habe das auch immer gemacht, aber ich habe es noch erweitert, dadurch war ich auch ein bißchen unantastbar. Ich habe von mir aus erklärt, es wird nicht nur uraufgeführt, sondern nach wenigen Jahren, spätestens nach drei Jahren wird eine Reprise gemacht. Solche Dinge konnten mir nicht mal so sehr direkt, aber in der Atmosphäre schaden. Es gab einen Komponisten, ich mag zu seiner Musik nichts sagen, Ernst Hermann Meyer, der war ZK-Mitglied, und er war ein ewiger Stänkerer, nicht mir gegenüber, das kann ich nicht sagen, aber er vertrat so die Meinung, alle wären ihm gegenüber unfreundlich und spielten zu wenig seine Werke. Als ZK-Mitglied sagt man natürlich leicht mal in der Kantine in einer Sitzungspause zu irgendwem so ein Wort: »Ich habe gehört, da sitzt so ein Sanderling, der ist gar nicht DDR-Komponistenfreundlich.« Das wird dann interpretiert als nicht DDR-freundlich, denn der, dem er es sagt, ist nicht unbedingt jemand, der die Verhältnisse sehr gut kennt. Das sind die Dinge, die atmosphärisch geschadet haben und schaden konnten. Im Grunde genommen konnte man mir nichts anhaben, außer daß ich zu wenig DDR-Komponisten spielte. Ein Referent des Ministeriums, kam zu mir und sagte, der und der Komponist hat eine neue Sinfonie geschrieben, die muß unbedingt uraufgeführt werden. Ich sagte: »Das tut mir leid, ich habe keinen Platz, das ist alles vorherbestimmt.« Darauf sagte er: »Aber Moment mal, da haben Sie doch in vier Wochen einen Bruckner, da können sie doch statt der Bruckner-Sinfonie zum Beispiel Max Butting spielen.« Den ließ ich natürlich abblitzen. Das waren die Dinge, wo ich dann Schwierigkeiten hatte. Ich erinnere mich an eine Sitzung an meinem 50. Geburtstag, 1962. Das war schon bei Bentzien, wo über diesen Punkt diskutiert wurde und ich diesen Gedanken und auch viele andere Dinge vortrug und wieder einmal sagte: »Wenn ich vor ausverkauftem Saal die Fünfte Tschaikowsky-Sinfonie spiele, tue ich vielleicht mehr für die Kultur in der DDR, als wenn ich vor 126 Leuten ein neues DDR-Werk uraufführe, wobei das eine das andere nicht ausschließen muß. Nur es so zu werten, daß ständig gespielt wird, was es an neuer DDR-Musik gibt, das ist falsch, das ist vom Kulturpolitischen her falsch und vom Politischen her noch mehr.«

Erzählte Biographie

Gab es noch andere Punkte, wo Sie sich so eingemischt haben?

Das ist der markanteste Punkt, denn das war die größte Schwierigkeit, die ich zu bewältigen hatte. Ich weiß nicht, ob das Wort Einmischen die richtige Formulierung ist, »einen Standpunkt geäußert« trifft es eher. Dinge der hohen Politik standen meist nicht zur Diskussion, wenn ich dabei war. Ich ging solchen prinzipiellen Diskussionen auch nach Möglichkeit aus dem Weg. Ich hatte schon so viel davon erlebt. Noch einmal in dieser abstrakten und unnützen Form die Diskussionen über die Überlegenheit des sozialistischen Systems zu führen und wie man das dokumentiert und wie man das fördert, dessen war ich nicht mal müde; ich hatte das Unnütze dieser Diskussionen zu sehr verinnerlicht.

Sie sagten, daß Sie mit Pischner, Bentzien und Rackwitz immer auf der obersten Ebene Ihre Ansprechpartner hatten. Nun kenne ich aus eigenem Leid die Bürokratie in einem Ministerium, und ich weiß, daß die Bürokraten in den Abteilungen natürlich alle stinksauer waren, wenn man gleich zum Chef ging. Ist Ihnen das aufgefallen, daß die unteren Bürokraten sich dafür mit schleppender Behandlung von Anträgen gerächt haben?

Nein, diese Erfahrung habe ich nicht gemacht. Ich weiß auch nicht, ob das gang und gäbe war, ich würde eher sagen, wenn etwas von oben runter kam, wurde es schneller erledigt, als wenn man es hätte von unten nach oben befördern sollen. Ich habe zumindest die Erfahrung gemacht, daß es nicht nur sinnvoller war, mit den Oberen zu sprechen, sondern daß man auch in viel größerem Maße auf Verständnis rechnen konnte, denn sie hatten einen intellektuellen Ermessensspielraum. Je weiter sie unten baggerten, um so weniger hatten die Leute diesen Spielraum. Sie mußten sich erst rückversichern, sie mußten erst nachfragen. Ich habe eine Reihe von Gesprächen mit meinen Ministern und auch den Stellvertretern gehabt, wo ich nicht mit dem Gefühl aus dem Zimmer herausgegangen bin: Ach Gott, was redet der da wieder für Zeug zusammen. Ich habe nie Kontakt mit ausgesprochenen Dogmatikern gehabt, mit einseitigen und amusischen Leuten wie Abusch. Die Minister, mit denen ich Kontakt hatte und vor allen Dingen deren Stellvertreter, waren nicht nur Ansprechpartner, das waren Partner, so würde ich sagen.

In der Sowjetunion gab es, so haben Sie das geschildert, keine direkten Verbote, sondern irgendwer im Ministerium konnte aus irgendeinem Grunde zum Beispiel »La valse« von Ravel nicht leiden. Wie war denn das in der DDR? Gab es da eine Linie, zum Beispiel bestimmte Komponisten nicht spielen oder weniger spielen zu können, gab es da eine musikpolitische Linie?

Die hat es sicher auch gegeben, aber wenn ich keine DDR-Komponisten gespielt hätte, was undenkbar und falsch gewesen wäre, aber nehmen wir mal an, ich hätte das getan, und nehmen wir mal an, es wäre irgendwie durchgerutscht, und ich hätte einige Werke aus Westdeutschland gespielt, dann hätte man gefragt: »Was machst du denn, was ist los?« Es gab eine Linie, aber sie war nicht fixiert, man sollte von allem etwas machen, das kulturelle Erbe, die DDR, die sozialistischen Länder, besonders die Sowjetunion und erst dann, was so übrig bleibt. Es war eine Sache der Geschicklichkeit, das auszubalancieren. Für mich gab es keine großen Schwierigkeiten, wir hatten ungefähr vierzig Programme im Jahr, da konnte ich ohne Mühe mal ein bulgarisches Werk unterbringen, das man nur spielen und hören kann, ohne daß man es spielen und hören muß. Wir hatten also faktisch viel größere Möglichkeiten. Aber für eine Staatskapelle, die nur acht Programme hat, war es unmöglich, das alles zu berücksichtigen. Ich habe diese Schwierigkeiten einfach aufgrund der Quantität meiner Programme nicht gehabt, ich habe ohnedies viel Schostakowitsch gespielt und ein bißchen Prokofjew, ich habe es als meine Pflicht erachtet, doch wenigstens zwei DDR-Stücke in meinem persönlichen Programm zu spielen, das waren im allgemeinen etwa zehn Programme, und wenn Sie noch dazu rechnen, daß die Bestellwerke noch wiederholt wurden, war es gar nicht so wenig. Aber für den Komponistenverband wäre es zu wenig gewesen, egal, wieviel man auch spielte. Sie kennen aus Ihrer Amtszeit sicher adäquate Dinge. Werke aus Westdeutschland regulierten sich eigentlich über einen Punkt, den sich Außenstehende gar nicht klar machen, sie kosteten Devisen. Die Devisenzuteilung war, gemessen an der Situation des Landes, gar nicht so schlecht. Ich konnte Britten spielen, ich konnte Strawinsky spielen, Hindemith war kein Problem, der lief über den Schott-Verlag, und der Schott-Verlag hat gegen Ost-Geld verrechnet, alles, was in dem Verlag erschienen ist, konnte ich spielen. Ravel und Debussy waren irrsinnig teuer, das regulierte sich von allein; wer da vielleicht besondere Präferenzen gehabt hätte, dem hätte der Etat Grenzen gesetzt. Ich hatte für solche

Erzählte Biographie

Fälle soundsoviel Tausend Mark in Devisen, die konnte ich verwenden, wie ich wollte, für Ravel oder Strawinsky und dann vielleicht nicht für Giselher Klebe.

In der Verwendung dieses Etats für Ihre Programe waren Sie frei?

Absolut, hundertprozentig. Bei der Programmplanung fragte mich niemand nach den Devisen. Es hieß auch nicht Genehmigung, sondern Bestätigung. Das ist ein feiner Unterschied.

Ist es Ihnen mal passiert, daß ein Programm zurückgegeben worden ist?

Nein. Es mag in anderen Instituten so gewesen sein. Ich kann mir vorstellen, daß die Staatskapelle mit ihren acht Programmen größere Schwierigkeiten hatte als ich, wobei auch bemerkenswert ist, wenn man das an anderen Vorgaben gemessen hat. Ich glaube, wir mußten nur zehn Prozent unseres Etats einspielen. Sie werden ermessen können, was das heißt. Das bedeutet natürlich auch eine gewisse Verpflichtung denen gegenüber, die neunzig Prozent bezahlen. Es ist nicht so, daß man im luftleeren Raum lebt. Obwohl wir natürlich fleißig geschummelt haben, war es nicht so, daß man sagte:»Du hast fünf Millionen zu Deiner Verfügung, jetzt lebe.« Ich durfte keine Instrumente kaufen von dem Etat, der für Musikeraushilfen war; daß ich es trotzdem gemacht habe, ist eine andere Sache, aber da mußte sich unser Hauptbuchhalter eben sehr verrenken und manchmal auch Schelte einstecken. Aber wir haben es gemacht.

Es geht die Sage, der zweite Mann in jedem Haus war immer der Mann der Partei oder der Stasi. Hatten Sie in Ihrem Haus auch den Eindruck?

Sowohl als auch. Der zweite Mann war ganz sicher der Mann der Partei, obwohl ich ihn vorgeschlagen habe. Er wurde auf meinen Vorschlag hin engagiert, weil ich ihn für geeignet hielt. Den ersten Mann habe ich vorgesetzt bekommen, der war ungefähr zehn Jahre dort. Da hat es manchen Kampf gegeben, aber es hat zwischen uns keinen Konkurrenzkampf gegeben. Den konnte es nicht geben, dann wäre er eben geschaßt worden; es wäre ein anderer gekommen, und er wäre dann stellvertretender Minister geworden oder was weiß ich.

Aber Sie haben nie erlebt, daß er sich über Ihren Kopf hinweg oben mal über Sie beschwert hat oder so etwas?

Nein, im Gegenteil, ich habe es vermißt, daß er nicht dort empfangen wurde, wo ich empfangen wurde, und daß ich zum Minister gehen mußte oder zu seinem Stellvertreter wegen jeder 560 Mark für einen Klavierstuhl, der im Westen für Devisen gekauft werden mußte. Ich war, wie das hier hieß, Betriebsleiter. An sich wären diese Dinge natürlich seine Aufgabe gewesen, nur er hätte sie nicht zufriedenstellend und rechtzeitig erledigen können. Er hat sich Mühe gegeben, aber das war nun mal so. Genauso wie in Leipzig der Konwitschny die wesentlichen Dinge gemacht hat und nicht sein vorzüglicher Betriebsleiter, Dr. Zumpe, der sehr viel getan hat.

Hatten Sie eine Parteigruppe im Hause? Machte sie sich bemerkbar?

Ja, es gab so eine Parteigruppe, ich glaube, mein Betriebsdirektor, der dazu auch gehörte, sorgte dafür, daß die alles bestätigte, was anfiel, das war der erste Betriebsdirektor. Der zweite war auch Parteimitglied, aber der Parteisekretär war immer ein Musiker – nicht immer einer der besten, um es vorsichtig auszudrücken.

Erzählte Biographie

Staatsaufgaben

An welche Staatsaufgaben können Sie sich erinnern?

Zur Eröffnung des Schauspielhauses am Gendarmenmarkt und bei irgendeinem Jahrestag der DDR im Palast der Republik. Eines Tages werde ich von Rackwitz angerufen, es sei irgendein Staatsakt zu spielen in der Staatsoper, das BSO wird gebeten, das zu tun, der Genosse Hager habe gesagt, man solle doch endlich davon abgehen, immer die »Egmont-Ouvertüre« und Dritte Leonore und die Fünfte Beethoven zu spielen, er hätte gerade gelesen, daß mit Riesenerfolg eine Fünfzehnte Sinfonie von Schostakowitsch in Moskau uraufgeführt wurde, warum nicht dieses Werk? Daraufhin hat Rackwitz gesagt: »Das ist ein Begräbniswerk, und ich bin nicht bereit, zu einem Festkonzert eine Begräbnissinfonie zu spielen, das ist unsinnig.« Da habe ich gesagt: »Na, sagen Sie das doch dem Genossen Hager, er kennt die Sinfonie nicht, er hat nur darüber in der Presse gelesen, wo es als heiteres Werk apostrophiert wurde, aber ich kenne das Werk, ich werde es auch irgendwann mit dem BSO spielen, aber ich weigere mich, es zu diesem Festakt zu spielen, sagen Sie das dem Hager.« Ich saß irgendwo in Dresden oder Leipzig, wir haben eine Stunde telefoniert. Es endete damit, daß das BSO von der Aufgabe entbunden wurde und gerufen wurde die Dresdner Philharmonie mit ihrem jungen Chef, der dann später Chef des BSO wurde, Günther Herbig. Der rief mich an und sagte: »Wissen Sie, ich bin in einer anderen Situation als Sie, ich muß mein Orchester präsentieren, für mein Orchester ist das eine großartige Gelegenheit, sich einmal zu präsentieren. Sie brauchen das nicht.« Er kannte das Werk natürlich. Es kam also dazu, daß morgens oder am Tag davor die Abnahme des Konzertes war, das heißt, das ganze Konzert wurde vor den Verantwortlichen gespielt. Herbig erzählte mir das später. Während er die Sinfonie spielte, spürte er schon, daß bei den zehn Leuten, die da saßen, eisiges Schweigen herrschte. Er endete, eine Weile tat sich nichts, dann stand einer auf und fragte: »Sagen Sie mal, Herr Herbig, können Sie das Ganze nicht ein bißchen schneller spielen?« Das hat er nicht gemacht.

Wer saß denn bei solchen Gelegenheiten unten im Saal, wenn Sie sagen, zehn Figuren, waren die vom Kulturministerium oder auch aus dem ZK?

Nein, nicht das ZK, das Höchste, was dort hätte sitzen können, ich weiß nicht, ob es in dem Fall so war, war die Ursula Ragwitz, aber gewöhnlich waren es Leute von der Stadt, der Sekretär für Kulturfragen und so weiter, also eine nicht sehr kompetente Besetzung.

Sie haben vorhin gesagt, daß Staatsmänner auch in der DDR viel zu wenig ins Konzert gingen, aber wenn Sie dann zu Staats- oder Repräsentativaufgaben herangezogen wurden, dann ergab sich vermutlich im Anschluß ein Gespräch mit irgendwelchen Größen, also mit Erich Honecker oder mit Kurt Hager?

Nein, niemals. Ich kann mich nicht erinnern, daß im Anschluß an ein solches Konzert ein Gespräch stattgefunden hätte. Ich bin dann durch den Bühnenausgang nach Hause gegangen, wie nach einem normalen Konzert.
Ich war zwei- oder dreimal bei Hager. An ein Mal erinnere ich mich, da bat ich um die Erlaubnis, meine Kinder mit mir nach Österreich in den Urlaub mitzunehmen, woraus er einen sehr schweren Fall machte, es aber dann erlaubte. Das zweite Mal ließ er mich kommen, als es um die Frage meines Nachfolgers ging, das war der junge Flohr, und er wollte wissen, was ich dazu sage. Ich machte ihn darauf aufmerksam, daß ein gewisser Erich Kleiber mit dreiunddreißig Jahren Chef der Staatsoper Berlin wurde und daß das eine der ersten Stellungen in der Welt war. Flohr war zweiunddreißig Jahre alt, und man wollte ihm nicht mal das BSO anvertrauen. Das waren aber keine prinzipiell künstlerischen Fragen, die hätte ich auch gar nicht so gern mit ihm diskutiert, denn wir kannten seine prinzipielle Einstellung, und er schien mir niemand zu sein, der unter vier Augen anders wäre. Sonst habe ich eigentlich nur mit der Ursula Ragwitz zu tun gehabt, da ging es aber immer um praktische Dinge. Da habe ich sie eigentlich, soweit es nötig war, auch immer davon überzeugt. Sie war sehr gefürchtet und sehr unbeliebt, aber ich persönlich habe von ihr nichts Schlechtes erfahren, im Gegenteil, ihre Position als Stellvertreterin von Hager brachte es mit sich, daß ich dann nicht immer, wenn ich meine Kinder in den Westen mitnehmen wollte, zu Hager mußte, sondern es genügte manchmal auch, daß ich sie angerufen habe. Die Erlaubnis, für mein eigenes verdientes Geld zum Beispiel einen Fernseher kaufen zu dürfen, kam auch über Ursula Ragwitz.

Erzählte Biographie

Gastspiele mit dem BSO, bei Festen der westdeutschen DKP, in Westdeutschland, Osteuropa, Leningrad, Japan

Als Sie in der DDR waren, wann kamen dann die ersten Einladungen zu Gastspielen im Westen?

Sehr langsam und zögerlich. Ich erinnere mich, als ich 1964 für ein paar Jahre Chef der Dresdener Staatskapelle wurde, machte diese eine Tournee durch Westdeutschland. Selbstverständlich hätte ich das zu dirigieren gehabt, aber der Manager sagte: »Wer ist Sanderling? Sie haben doch da in Dresden Bongartz, der war Dirigent der Philharmonie, warum nicht Bongartz?« Da mußte die Künstleragentur ihnen sehr umständlich klar machen, daß Sanderling nicht die schlechteste Wahl sei. Ich war unbekannt, ein unbeschriebenes Blatt im Westen. Es brauchte einige Zeit, bis ich mir das klar gemacht hatte und es dann allerdings in größter Ruhe trug, denn ich war eigentlich sehr zufrieden mit meiner Arbeit hier. Es war sehr schön mit dem Berliner Sinfonieorchester, schwer, aber schön.

Ab wann begann diese Tourneetätigkeit mit dem BSO? Wie oft haben Sie Reisen außerhalb der DDR unternommen?

Zunächst muß ich sagen, als ich Chef am BSO war, hat es das nicht gegeben, daß ich ein Konzert hier abgesagt hätte, weil ich eine Gastspieleinladung bekommen hatte. Ich habe das auch von den Musikern verlangt, sie wurden auch nicht freigestellt, wenn im BSO für sie etwas zu tun war. Genauso habe ich mich verhalten, so daß es mehrfach Einladungen gegeben hat, wo ich sagen mußte: »Ich kann nicht, auch im nächsten Februar nicht, denn da ist bereits das Abonnement-Konzert angekündigt.« Das hat meine Gastspiel-Tätigkeit beeinflußt. Ich war auch gar nicht so bekannt, man kannte mich ein bißchen von Platten aus der Sowjetunion, aber nicht etwa mit Sinfonien, sondern als Begleiter von Richter, Gilels oder Oistrach. Das fiel allmählich auf, das da jemand ist, der mit denen immer Plattenaufnahmen gemacht hat, aber bekannt war ich eigentlich in dem Sinne nicht. Ich habe also auch gar nicht so viele Einladungen gehabt. Die erste Einladung war nach Bratislava, das muß nach etwa drei Jahren gewesen sein. Die erste Reise in den Westen war 1968, ich erinnere mich so genau, denn es war nach den Prager Ereignissen. Wir spielten in Wien und haben dort unverschämte Kritiken bekommen, ich muß schon sagen unverschämt, politisch motiviert. Ich weiß, ich persönlich habe für die Vierte Tschaikowsky einmal den »Grand Prix« bekommen, wir spielten die dort und mir wurde bescheinigt, daß ich sie im Stil von Lehár spielte, was also nun wirklich nicht stimmt. Dem Orchester wurde geschrieben: »Gönnen wir Ulbrichts Mannen den Ausflug in die große Welt.« Nun ist Wien überhaupt nicht die Stadt, wo man Kritiken sehr kompetent schreibt.

Dann habe ich mit dem BSO eine Reihe von Reisen nach Westdeutschland gemacht, da gab es die Deutsche Kommunistische Partei (DKP), die auf die vielfältigste Weise von der DDR gesponsert wurde, unter anderem auch durch Veranstaltungen von Sinfoniekonzerten, die öffentlich waren, aber über die DKP liefen. Nördlich der Mainlinie waren wir eigentlich in fast allen Städten, aber das waren alles Reisen, die man hier in der DDR bezahlt hatte. Das hat mich nun auch nicht gerade populär gemacht, obwohl das Orchester da immer so spielte, als ob es ein Konzert im Lincoln-Center hätte. Aber: Wer ging schon in diese Konzerte? Von der Presse wurden sie ohnedies nicht oder wenig beachtet. So haben wir drei- oder viermal Reisen unternommen und waren in vielen Städten, darunter auch in Hamburg. Da gibt es auch eine schöne Geschichte: Wir waren zum ersten Mal in Hamburg. Wir kamen am späten Nachmittag an, und am Abend war unser Konzert, vorher war noch eine Anspielprobe, also es war gerade noch Zeit, sich frisch zu machen. Da kam uns der Reiseleiter von der Künstleragentur entgegen und sagte mir: »Die DKP bittet, daß nach dem Konzert das Orchester zu einem gemütlichen Beisammensein und einer Diskussion über aktuelle Fragen zusammenkommen soll.« Daraufhin habe ich gesagt: »Sehr gern, aber nur auf der Reeperbahn! Wenn Sie die Parteigruppe darum bitten wollen, das ist nicht mein Bier, aber das Orchester wird von mir dazu nicht gebeten. Junge Leute, die zum ersten Mal in ihrem Leben und nur wenige Stunden in Hamburg sind, werde ich nicht zu einer politischen Diskussion einladen, sondern die gehen auf die Reeperbahn und sehen sich das einmal an. Das bekommen sie in Frankfurt an der Oder nicht zu sehen.« Da konnten die nichts machen, ich war der Chef. Aber das stand sicher auch in meinem Dossier. Ich hatte eben doch so etwas wie Narrenfreiheit. Anders wäre das nicht zu erklären gewesen. Ich glaube nicht, daß sich jemand meiner Kollegen das in dieser Form hätte erlauben können.

Erzählte Biographie

Hat Sie nicht gestört, daß Sie als Propagandainstrument für die DKP eingesetzt wurden?

Ich war sogar froh, daß ich das Orchester etwas spazierenführen konnte. Als wir zum ersten Mal nach Wien fuhren, das war, wie gesagt, 1968 nach den Ereignissen in der Tschechoslowakei, da kam, wie in allen solchen Fällen, der Vertreter des Ministeriums und führte uns in den verfaulenden Kapitalismus und alle diese Dinge ein. Wir hörten uns das geduldig an, und dann dankte ich ihm für seine wertvolle Information und bat ihn, mich jetzt mit dem Orchester allein zu lassen. Er ging raus, und ich sagte dem Orchester ein paar Worte. Ich sagte: »Was Sie in Ihrem Privatleben machen, geht mich nichts an, springen Sie über die Mauer, schwimmen Sie über die Spree, das geht mich nichts an, ich kann nur Ihren Verlust bedauern. Wegbleiben von unserer Reise dürfen Sie aber nicht, denn das kann sich auf das Schicksal des Orchesters als Einheit sehr negativ auswirken. Denken Sie daran, Sie sind auf einer Dienstreise und sind moralisch verpflichtet.« Das wurde natürlich alles dem Ministerium überbracht, ich wurde zitiert, ich glaube zum Vorgänger von Rackwitz: Der sagte: »Wir halten es doch für unpassend, einen Vertreter des Ministeriums hinaus zu schmeißen.« Ich sagte: »Ich habe ihn nicht rausgeschmissen, ich habe ihn gebeten, mich einen Moment mit dem Orchester allein zu lassen, weil ich dem Orchester etwas sehr Wichtiges, übrigens auch in Ihrem Sinne Wichtiges, unter vier Augen sagen wollte. Er ist nicht rausgeschmissen worden, sondern er ist verabschiedet worden, und was ich gesagt habe, das kann ich auch heute verantworten, daß ich der Meinung bin, eine solche Reise darf für private Zwecke nicht genutzt werden.« Sie sagten: »Ja, aber die Formulierung, sie können über die Mauer springen?« Ich sagte: »Ja gut, wissen Sie, das ist nun meine Privatangelegenheit, daß ich glaube, daß ich mich in das Privatleben meiner Musiker nicht einmische, die können Tausend Gründe haben, weshalb es berechtigt ist, so einen Schritt, den man nicht aus freien Stücken macht, zu unternehmen.« Diese Unterredung ist friedlich ausgegangen. Ich weiß nicht, wie viele andere sich das hätten leisten können. Aber ich habe auch nicht immer alles erreicht. Beim Gewandhausorchester habe ich einmal nicht erreicht, daß der Solocellist auf eine Westreise mitfahren durfte. Ich habe furchtbar angegeben, ohne Solocellisten fahre ich nicht. Da hat man mir im Ministerium nur gesagt: »Die Dinge liegen so und so, und wenn Sie dann nicht fahren können, dann fährt das Orchester nicht.« Da habe ich das Orchester nach dem Konzert zusammengerufen und erklärt: »Ich habe alles getan, was in meiner Macht steht und habe diese Antwort bekommen, und ich fürchte, es wird dann auch so sein. Fahren wir trotzdem, obwohl ich mein Gesicht verliere.«

Es gab mal einen Fall, wo man mir einen Musiker auf eine anonyme Anzeige hin für eine Auslandsreise sperren wollte. Da kam dann ein Mann vom Ministerium für Staatssicherheit und ich sagte ihm: »Passen Sie auf, ich werde mit dem Musiker reden. Wenn ich das Gefühl habe, dieser anonyme Anruf ist ein Racheakt seiner sitzengelassenen Frau, dann lassen wir den Mann fahren. Stellen Sie sich vor, er hat nicht die Absicht wegzubleiben, und wir lassen ihn trotzdem nicht fahren, dann haben Sie und ich einen Gegner des Regimes erzeugt.« Daraufhin mußte er sich erstmal rückversichern und sagte dann: »Also, wenn Sie mit ihm sprechen, Sie übernehmen sozusagen die Garantie.« Ich sprach mit ihm, ich sagte: »Wenn ich das auf mich nehme, Sie gegen den behördlichen Willen doch mitzunehmen, will ich da nicht reinfallen.« Das war natürlich eine Argumentation, die ich ab und zu mal brauchte und wo ich mich wundere, daß viele andere die nicht benutzt haben, denn das ist sehr nahe liegend.

Dann kam sofort eine Frankreichtournee mit dem BSO, ohne Paris zwar, aber durch alle anderen großen Städte, das war 1968 oder 1969, da gab es einen Manager, der witterte ein Geschäft und begann, mich zu propagieren. Dann gab es natürlich Reisen in die sozialistischen Länder, wir waren in Bratislava mehrfach, wir waren in Budapest, auf dem »Warschauer Herbst« zu den Festspielen, das war der erste Fall übrigens, wo ein Stück wiederholt werden mußte. Das war das Finale der Sechsten Schostakowitsch-Sinfonie, das war unumgänglich, aber es war kein Wegkommen von der Bühne, weil das für alle unerwartet war, daß ein so klassisches Stück wie die Sechste Schostakowitsch so gespielt werden konnte, ein Stück, das immer noch eines seiner schönsten Werke ist, das so tiefen Eindruck machte und einen letzten Satz hat, vielleicht der einzige Sinfoniesatz, der wirklich lustig ist bei ihm, also wirklich lustig, und das so etwas in unserem Jahrhundert geschrieben werden konnte und ernst genommen werden muß, das war für alle so faszinierend, daß sie eine Wiederholung erzwangen. Das muß so Mitte der sechziger Jahre gewesen sein, 1965/66. Ich war nach einer kleinen Pause regelmäßig immer noch in der Sowjetunion, aber auch nur in Leningrad und Moskau.

Haben Sie in Leningrad mit Ihrem eigenen Orchester gastiert?

Das habe ich sehr lange hinausgeschoben, denn man war natürlich in Leningrad ein bißchen eifersüchtig, wieso hat er uns verlassen? Nun ist das Leningrader Orchester wirklich vorzüglich, und ich wollte die beiden Orchester nicht zu früh zum Vergleich stellen, so bin ich erst im letzten Jahr meiner Tätigkeit mit dem Orchester nach Moskau und Leningrad gefahren, da allerdings mit durchschlagendem Erfolg.

In Moskau haben wir die Achte und Zehnte Schostakowitsch-Sinfonie gespielt, das war ungefähr ein Jahr nach seinem Tod. In Leningrad haben wir an meiner alten Wirkungsstätte in der Philharmonie die Zehnte Sinfonie und in einem anderen Programm die Fünfte Beethoven-Sinfonie gespielt.

Als Sie das erste Mal wieder in Leningrad waren, wie war denn der Empfang dort? Kamen Sie als der »verlorene Sohn«?

Vielleicht ein bißchen. Nur nun kehrt der verlorene Sohn reuevoll zurück, dieses fehlte. Ich zeigte zwar Rührung, aber keine Reue.

Als Sie dann mit Ihrem eigenen Orchester dort waren, hatten Sie das Gefühl, daß Sie jetzt etwas vorstellen können, was den Leningradern zwar nicht ebenbürtig, aber doch vorzeigbar ist?

Ich wußte von vielen anderen Orchestern, die ich als qualitativ weniger befähigt gehalten habe als mein damaliges Orchester, die sich dort die Seele aus dem Leib gespielt haben. Mein Orchester hat, wenn auch vielleicht nicht bewußt, aber unterbewußt gespürt, was es heißt, dort aufzutreten. Es waren drei Konzerte, das dritte Konzert hat mein damaliger Kollege Frank dirigiert, auch dieses Konzert haben sie sehr gut gespielt. Sie haben nicht nur mir zu Liebe und für mich gespielt, sie haben auch für sich gespielt, aber natürlich auch vor dem Hintergrund, daß es aus ihrer Sicht kein großer Fehler war, daß ich da weggegangen bin.

Waren Sie auch mal wieder in Alma-Ata? Nowosibirsk?

In Alma-Ata nie wieder. In Nowosibirsk auch nie wieder, nur zwischengelandet, als ich mit dem Berliner Sinfonieorchester nach Japan flog. Die

Reise nach Japan war ein Jahr, bevor ich wegging, da war ein großes Festival, ich weiß nicht, ob der DDR-Kultur und Musik oder der Berliner Musik. Jedenfalls war unser Orchester dort als Repräsentant der sinfonischen Kultur. Wir waren lange Zeit dort. Da haben wir auch die Neunte Sinfonie gespielt. Ich war in Japan mit drei Orchestern, mit dem Leningrader Orchester, mit dem BSO, und es war die erste Reise mit der Dresdener Staatskapelle. In Japan gibt es keinen Ort, wo ich nicht schon mit einem Orchester gewesen bin – bis runter zur Okinawa-Insel. Da war ich dann auch mit dem BSO.

Sie sind 1977 beim BSO ausgeschieden, aber damit war nun Ihr Musikerleben überhaupt nicht zu Ende, sondern es begann eine internationale Karriere. Wie fing das an?

Wenn ich von Durchbruch reden darf, dann kam der sehr plötzlich, das war 1972. Otto Klemperer war krank geworden und mußte kurzfristig sein Konzert in London absagen, ganz kurzfristig. Mein Konzertagent hat mich dann den Londoner Philharmonikern empfohlen, obwohl ich für die absolut unbekannt war, und so wurde ich dort für die »Eroika« vorgeschlagen. Als ich diesen Vorschlag bekam, für Klemperer die »Eroika« zu dirigieren, sagte ich: »Nein, es tut mir furchtbar leid, denn ich habe am nächsten Morgen Probe in Berlin in meinem Orchester, ich mache dort zum ersten Mal im Leben die Siebente Sinfonie von Bruckner, da kann ich das Konzert in London nicht spielen.« Da kam meine Frau dazu, ich erzählte ihr, wie manchmal das Schicksal spielt, denn anstelle von Klemperer zu dirigieren, das sei für mich immer ein Wunschtraum gewesen, und ausgerechnet jetzt könnte ich nicht. Da hat sie mich ganz schlicht gefragt: »Bist du verrückt, da legen wir die Proben in Berlin um.« Ich habe drei Stunden später dort angerufen, es war noch nicht zu spät. So bin ich nach London gekommen, das war mein erstes Treffen mit den Philharmonikern …

Erzählte Biographie

Kurt Sanderling im Gespräch mit Swjatoslaw Richter bei Schallplattenaufnahmen des Dritten Beethoven-Klavierkonzerts in Wien, 60er Jahre

Mit Emil Gilels nach einer Probe in Prag, 1962

Kurt Sanderling als Zuhörer bei einer Probe mit David Oistrach als Dirigent des »Berliner Symphonie-Orchesters« in Berlin, Mitte der 60er Jahre

Erzählte Biographie

Während einer Konzertprobe mit David Oistrach in der Oberwallstaße in Berlin,
60er Jahre

Probe mit dem »Berliner Sinfonie-Orchester« in der Oberwallstraße in Berlin,
Ende der 60er Jahre

Während einer Probe mit dem »Berliner Sinfonie-Orchester« in der Oberwallstraße in Berlin, 60er Jahre

Erzählte Biographie

Beim Abhören einer Schallplattenaufnahme in der Christuskirche in Berlin-Oberschöneweide mit seiner Frau und seinem ständigen Aufnahmeregisseur Heinz Wagner (rechts), Ende der 60er Jahre

Kurt Sanderling als Kiebitz bei einer Schach-Partie zwischen David Oistrach und dem Konzertmeister des BSO, Scholz, während einer Probenpause, Ende der 60er Jahre

Kurt Sanderling nach einer Generalprobe mit David Oistrach im »Metropoltheater Berlin«, 70er Jahre

Erzählte Biographie

Erstaufführung der 15. Sinfonie von Schostakowitsch in der DDR mit dem »Moskauer Staatsorchester«, 1974, erste Reihe von links nach rechts: Irina Antonova Schostakowitsch, Dmitrij Schostakowitsch, Kurt Sanderling, der Intendant der Staatsoper Hans Pischner, Barbara Sanderling

Gratulationscour zum 70. Geburtstag von Walter Ulbricht am 30.06.1963, vordere Reihe von links nach rechts: Gerhart Eisler, Arnold Zweig, Walter Ulbricht, hintere Reihe von links nach rechts: Hans Pitra, Maxim Vallentin, Willi Bredel, Nathan Notowicz, Ilse Rodenberg, Kurt Sanderling, Anna Seghers

Erzählte Biographie

Sanderling nimmt 1977 seinen Abschied vom BSO, sein künstlerischer Werdegang danach; er dirigiert 1984 das Eröffnungskonzert im restaurierten Schauspielhaus am Gendarmenmarkt mit, Beginn der internationalen Karriere als Gastdirigent

Als Sie das BSO 1977 verlassen haben, mit welchen Gefühlen haben Sie da zurükkgeschaut?

Doch mit Wehmut. Wenn man so lange mit einem Orchester verbunden ist, sind es Bande, die über die Karriere hinausgehen. Da ich wußte, ich werde nirgends und unter keinen Umständen wieder irgendwo Chefdirigent, denn das hätte ich bleiben können, dazu mußte ich nicht weggehen, ging ich auch eigentlich mit dem Gefühl weg, zwei oder drei Jahre wird man mich noch holen, wenn irgend jemand krank ist, und dann beginnt die Zeit des Däumchendrehens. Ich ahnte damals nicht, daß mir meine eigentliche Karriere in der weiten großen Welt noch bevorstand. Als ich wegging, war mir doch wehmütig zumute, denn ich konnte nicht wissen, ob ich in drei oder vier Jahren, wenn es mir denn überhaupt noch vergönnt wäre, unter für mich befriedigenden Umständen noch würde dirigieren können.

Aber die Wehmut war nicht so groß, daß Sie sich entschlossen hätten, noch länger an diesem Orchester zu bleiben?

Nein, das wäre auch aus anderen Gründen nicht gegangen. Wenn ich drei Jahre vorher ganz kategorisch erklärt hatte, sucht euch einen Nachfolger, konnte ich dann nicht erklären, ach, ich bleibe doch. Der Nachfolger war gefunden, das war Herbig. Dann wurde Klaus-Peter Flohr nach Herbig der Nachfolger. Als bekannt wurde, daß ich weggehe, begannen doch auch so gewisse psychologische Schwierigkeiten mit dem Orchester nach dem Motto: »Na, der kann uns ja nichts mehr ...« Im letzten Jahr hat es Momente der gegenseitigen Gereiztheit gegeben, es waren nicht nur Trauertränen, sicher war bei einigen auch Freude dabei: »Nun ist es genug, nun hat er uns genug geplagt.«
Ich hatte dafür gesorgt, daß im letzten Jahr meiner Tätigkeit mein Nachfolger schon aus dem Hintergrund mitdirigiert hat, so daß ich weiterge-

hende Entscheidungen nicht zu treffen hatte, die etwa seinen nicht entsprochen hätten. Wir haben solche Dinge gemeinsam entschieden, das Repertoire war bereits durch ihn festgelegt. Es war ein Übergang, wie ich ihn allen Kulturinstituten nur wünschen möchte, weil ich drei Jahre vorher schon gesagt habe, daß ich gehe, und wir haben zusammen den Nachfolger Herbig gesucht, der auch vom Orchester und von den offiziellen Stellen vorher bestätigt wurde.

Warum ist der eigentlich nur so kurz geblieben?

Er ist in Detroit Chef geworden. Er wollte weiter Karriere machen, das bot sich an. Er ist dann ausgereist, allerdings nicht ganz ohne Schwierigkeiten, aber die wurden überwunden. Sein Sohn mußte hier bleiben, weil er noch Militärdienst hätte machen sollen. Da hat er über einen sehr netten Botschafter oder Gesandten in Amerika, der übrigens ein Nachbar von mir aus Ostpreußen war, das habe ich aber erst später erfahren, erreicht, daß der Sohn dann später auch nachkommen konnte. So ist er also ganz legal ausgereist. Man hatte ihm hier nicht sehr nett mitgespielt. Er hätte natürlich Chef des Hauses werden müssen, aber er schien den Offiziellen nicht großkalibrig genug. So ernannte man Peter Schreier dazu, der das auch weniger aus Geltungsbedürfnis gemacht hat, sondern weil es ihm so nahegelegt wurde, daß er eigentlich nicht nein sagen konnte. Alle wußten es schon, nur Herbig wußte es nicht. Da hat man ein böses Spiel getrieben, und er hat sich zu Recht gekränkt gefühlt. Aber man ließ ihn dann auch weg, denn man war ganz froh, daß man diese Hypothek nicht mit sich herumschleppen mußte. Danach kam dann Klaus-Peter Flohr.

Waren Sie in der Nachfolgefrage involviert, hat man Sie gefragt?

Ja, in beiden Fällen, bei Herbig ohnedies, aber da habe ich mich auf das Orchester gestützt, und bei Flohr habe ich mich auch auf das Orchester gestützt, aber die Oberen wollten ihn nicht haben, einen jungen Mann. Da wurde ich, wie ich schon erzählte, zu Kurt Hager gerufen.

Erzählte Biographie

Wie würden Sie sich denn rückblickend bezeichnen: als Erzieher des Orchesters, als Vater, als Zuchtmeister, als Mentor oder ...?

Von all dem träfe vielleicht der Begriff ›Vater‹ am ehesten zu. Wenn Sie die Musiker gefragt hätten, die hätten wahrscheinlich eher ›Zuchtmeister‹ gesagt. Ich fühlte mich doch eher als Vater, denn ich habe niemals vergessen, auch durch die harte Schule des Leningrader Orchesters, daß vor mir Menschen sitzen, die spielen sollen, die Musik machen sollen und deren Begeisterung ich zu erwecken habe. Als Zuchtmeister kann man das nicht erreichen. Ich mußte, vor allem in den ersten Jahren, weitgehend Zuchtmeister sein; aber ich war es nie vordringlich und nie, weil es mir Spaß gemacht hat und weil ich nun mal die Macht hatte. Auch jetzt, wenn ich vor einem fremden Orchester stehe – und es ist nicht immer eins der besten Orchester – vergesse ich nie, daß viele darunter sein können, die mir durchaus als Musiker das Wasser reichen können. Das sollte man nicht vergessen, man sollte nicht glauben, daß man nun wirklich besser ist als alle anderen, weil einem der Stab in die Hände gedrückt ist.

Hören Sie sich heute manchmal noch Konzerte mit dem BSO an?

Ja, aber viel seltener als früher, es muß schon irgend etwas besonderes im Programm oder ein Dirigent oder ein Solist sein, der mich hinlockt. Ich bin jetzt gar nicht so viel in Berlin. Es wird auch immer mühevoller. Ich bin mal ganz froh, nachdem ich einen Tag über Partituren gesessen habe, abends nicht noch ausgehen zu müssen. Wobei ich nicht sagen kann, daß es mich ärgert, ins Konzert zu gehen, ich bin sehr flexibel, vielleicht zu flexibel, ich höre mir gern auch einen Dirigenten an, der es ganz anders macht als ich. Es interessiert mich, also ich bin wohlwollend als Zuhörer, aber ich gehe eben hin, um Vergnügen zu haben.

Das Schauspielhaus am Gendarmenmarkt ist in den siebziger Jahren wiederaufgebaut worden, Sie haben dann dort im Oktober 1984 das Eröffnungskonzert dirigiert?

Als ich das BSO 1977 verlassen habe, da war das Schauspielhaus noch nicht fertig. Ich erinnere mich, daß ich in meiner Abschiedsrede vor dem Orchester sagen konnte: »Ein Versprechen, das mir gegeben wurde, mit dem ich hierher geholt wurde, nämlich ein neues Haus zu bauen, ist immer noch nicht erfüllt, aber jetzt sieht es so aus, als sollte ich sein wie

Moses, der sein Volk in das gelobte Land bringt, es aber selbst nicht betritt.«

Wegen des Eröffnungskonzertes hatte ich sogar bestimmte Schwierigkeiten. Man bedrängte mich, dieses Konzert zu übernehmen, aber da gab es am BSO den jungen Klaus-Peter Flohr, der der direkte Nachfolger nach Herbig wurde. Ich hätte es als sehr schädlich für das Orchester empfunden, wenn man zu dem eben ernannten Chefdirigenten nicht genügend Vertrauen gehabt hätte, ihm das Konzert anzuvertrauen. Ich konnte mit Mühe und Not einen Kompromiß erreichen, daß er, wie es sich gehört, als Chef des Orchesters die erste Hälfte dirigiert, und ich dirigierte dann die zweite Hälfte sozusagen als Ehrendirigent, das war die Fünfte Beethoven-Sinfonie. Mit dieser Variante konnte ich mich einverstanden erklären.

Da war sicher die ganze Spitze des Partei- und Staatsapparates anwesend?

Ich glaube ja, ich erinnere mich nicht so genau. Ich habe mehrfach zu solchen Ereignissen dirigiert. Ich wurde eines Tages zu Ursula Ragwitz gerufen, es war schon in der Zeit, wo ich vom BSO weggegangen war, und sie machte mir den Vorschlag, ein Orchester von vierhundert Leuten, zusammengesetzt aus mehreren Orchestern, zu dirigieren. Wobei ich zur Ehre dieser Dame sagen muß, sie hat sofort verstanden, als ich sagte, man kann die »Coriolan-Ouvertüre«, die für zwei Flöten geschrieben ist, nicht mit zehn Flöten besetzen, das geht nicht. Und es geht auch nicht, daß ich allein hier dirigiere und die Chefs der Orchester sitzen daneben oder werden als Gäste geladen. So habe ich erreicht, daß die Staatskapelle als prestigeträchtigstes Institut des damaligen Ostberlin dafür bestimmt wurde und daß alle Chefdirigenten aller Institute ein Werk dirigieren und ich sozusagen als ehemaliger Dirigent mitmache. Da hat Reuter dirigiert, da hat der Flohr dirigiert, Suitner glaube ich nicht, der war krank, dafür hat der Fricke dirigiert, also es haben von überall die Chefs dirigiert. Ich erinnere mich, daß ich damals die »Freischütz-Ouvertüre« und auf besonderen Wunsch von Herrn Honecker, den »Jägerchor« aus dem »Freischütz« gemacht habe. Der Genosse Honecker hatte auch den Wunsch geäußert, irgendein Schubert-Lied, ich glaube das Ständchen »Leise flehen meine Lieder« hören zu wollen, daraufhin hat Siegfried Matthus drei Schubert-Lieder für Orchester gesetzt – und sehr gut gesetzt.

Das hat Herrn Honecker gefallen?

Ja.

Gab es solche Wünsche öfter?

Ich möchte sagen, leider nicht. Ich finde es, auch wenn es so populäre Wünsche sind wie der »Jägerchor« aus dem »Freischütz«, schon schön, wenn jemand einen Wunsch hat.

Wie war für Sie der Übergang, nachdem Sie aufgehört haben, das BSO zu dirigieren? Wie ging es dann weiter mit Ihnen?

Ich war mit Gastspielen eingedeckt. Aber es hat mich schon ein bißchen gewurmt, daß ich, ich will da gar nicht heucheln oder lügen, die ganzen Jahre gegenüber anderen Dirigenten, die es nicht mehr verdient hatten als ich, im Schatten gestanden habe. Das hat aber daran gelegen, daß sie seit ihrer Jugend im Westen gewesen sind, also auch in der DDR-Zeit, als damals noch alles offen war, während ich ein unbeschriebenes Blatt war. Man kannte mich wenig und auch nur aus meinen Aufnahmen mit den Solisten meiner Schallplatten, aber im Grunde genommen kannte man mich gar nicht.

Bei diesen ständigen Gastspielreisen, zu denen Sie nach 1977 immer wieder aufgebrochen sind, gab es da Lieblingsorte oder Lieblingsorchester?

Ach Gott, das hat sich allmählich so entwickelt, es ist jetzt so, daß ich nirgends mehr dort hingehe, wohin ich nicht gehen möchte. Ich habe mehr Angebote, als ich annehmen sollte, meinem Alter entsprechend. Ich habe es früher etwas überspitzt so gesagt: »Damit ich irgendwo hingehe, muß es entweder eine sehr schöne Stadt oder ein sehr gutes Orchester oder sehr, sehr viel Geld sein.« Das letzte trifft nirgendwo zu, manchmal, wenn beide Punkte zusammenfallen, wie zum Beispiel Amsterdam, ist es sehr schön. Wenn nur ein Punkt erfüllt ist, genügt es mir auch, aber ich gehe zu keinem Orchester, mit dem ich nicht gern spiele.

Sie gehen zu Orchestern, mit denen Sie gerne spielen, welche sind das?

London, ich spiele dort nur mit den Philharmonikern, nicht nur weil ich sie für das beste Orchester halte, sondern weil ich zu ihnen auch eine besonders innige Beziehung habe und sie meinen quantitativen Bedarf absolut decken. Sie laden mich mehr ein, als ich in der Lage bin, anzunehmen. Ich gehe immer wieder nach Kopenhagen, weil ich die Atmosphäre so sehr schätze. Ich bin in Zürich sehr gern. Lassen Sie mich nicht weiter aufzählen, überall, wo ich hingehe, gehe ich gern hin, und ich gehe niemals an ein Orchester, das ich nicht mag oder von dem ich glaube, daß es mich nicht mag. Ich habe so viele schöne Einladungen, daß ich mich nicht psychisch belasten muß mit der Frage, bin ich gern gesehen oder nicht. Ich setze das voraus, wenn ich irgendwo hinfahre, und habe das Gefühl, sie bräuchten mich nicht einzuladen. Denn es gibt so viele Dirigenten, man ist auf mich nicht angewiesen, wenn man mich also einlädt, möchte man mich doch wohl haben. Das ist eine psychisch sehr schöne Situation. Die habe ich mir, glaube ich, verdient, indem ich zweimal, fast möchte ich sagen jahrzehntelang, im gleichen Orchester gedient habe.

Erzählte Biographie

Die Wende 1989, Sanderling dirigiert das Festkonzert zum 3. Oktober 1990

1989 kam die Wende, wie haben Sie die folgenden Ereignisse und die Vereinigung erlebt?

Mein Geburtsjahr ist 1912, und ich weise mit Vergnügen darauf hin, daß ich im Augenblick im fünften Deutschland lebe. Ich bin geboren im Kaiserreich, meine Jugend habe ich in der Weimarer Republik verbracht, ein Stückchen Nazideutschland ist mir leider nicht erspart geblieben, aus der Emigration zurück bin ich in die DDR gekommen, und nun lebe ich endlich in der Bundesrepublik.

Und, wie lebt es sich im fünften Deutschland?

Wissen Sie, ich müßte lügen, wenn ich sagen würde, daß ich jetzt nicht freier atme. Ich atme freier, weil ich weiß, daß die Freiheiten, die ich früher schon hatte, nun auch andere haben. Und es ist schon angenehm, nicht bei jedem Grenzübertritt zittern zu müssen, weil ein Grenzbeamter mir sagen könnte, daß da irgendein Stempel fehlt.

Sie haben das Festkonzert zum 3. Oktober 1990 in der Philharmonie dirigiert. Was stand auf dem Programm?

Lothar de Maizière hatte sich die Zweite Brahms-Sinfonie zum Vereinigungskonzert gewünscht, allerdings nur den Dritten und Vierten Satz, weil die Zeit für das gesamte Werk nicht reichte. De Maizière hat übrigens bei mir im Orchester Probe gespielt als junger Bratschist.

Sie haben ihn nicht genommen?

Nein. Ich glaube, das Instrument war nicht gut. Das Konzert zum 3. Oktober 1990 habe ich mit den Berliner Philharmonikern gemacht. Das traf sich so, ich hatte gerade mit ihnen eine Reise nach Schottland gemacht, Glasgow war damals Kulturhauptstadt Europas. So verfiel man darauf, mich das machen zu lassen, da ich sowieso in diesen Tagen mit dem Orchester arbeitete. Ich fand das, ehrlich gesagt, eine sehr glückliche Fügung, denn ich fand mich als Symbolfigur durchaus am richtigen Platz für alles: als Jude, als jemand, der auch im Osten tätig gewesen ist, als jemand, dessen Wurzeln im Westen liegen. Ich möchte annehmen, daß das nicht so ganz glatt über die Bühne gegangen ist, Andeutungen hat man mir gemacht, Genaues habe ich nicht erfahren, wollte ich auch nicht. Ich mußte zu diesem Konzert am Vorabend ins Savoy-Hotel in Westberlin übersiedeln, weil nicht gesichert war, daß ich mit dem Auto rüber komme. Das war am 3. Oktober 1990, am Vormittag der Vereinigung.

Sie haben eben schon gesagt, wie Sie sich da betrachtet haben, aber wie haben Sie sich dann auf dem Podium selbst gefühlt?

Pudelwohl – mit Brahms und den Philharmonikern.

Kam de Maizière hinterher zu Ihnen in das Dirigentenzimmer? Kam irgendwer in das Dirigentenzimmer? Oder ist das in der DDR üblich gewesen?

Nein, ich erinnere mich, daß einmal nach einer Neunten Sinfonie bei irgendeiner Gelegenheit Honecker, der in der ersten Reihe saß, aufstand, zu mir kam und mir die Hand gab, genauso wie ich mich daran erinnere, daß nach einem Konzert im Schauspielhaus, ich weiß nicht mehr bei welcher Gelegenheit, Herr Kohl aufstand und mir die Hand gab, und daß ich einen ganz reizenden handgeschriebenen Brief von Präsident Herzog bekommen habe, in dem er sich entschuldigte, daß er diese Geste versäumt habe; wirklich handgeschrieben, nicht irgendwie diktiert, ein sehr netter Brief. Ich muß sagen, da war ich doch sehr glücklich, diesen Präsidenten zu haben, das war ich nicht gewohnt.

Wenn Sie daran zurückdenken und an die Ereignisse, die dann folgten, wie würden Sie das aus der Sicht von heute, mit der Erkenntnis von heute kommentieren, was sich alles entwickelt hat?

Von heute aus gesehen würde ich sagen, viele andere und auch ich erhofften uns eine bessere DDR, die mit der damaligen Bundesrepublik hätte in Wettbewerb treten und auch vereint werden können. Dieses Vereinnahmtwerden der DDR, sozusagen völlig aufgefressen zu werden, das habe ich mir nicht gewünscht, und ich weiß auch nicht, ob das die beste

Form der Wiedervereinigung gewesen ist. Allerdings, wenn Sie mich fragen würden, wie man es denn hätte machen sollen, müßte ich Ihnen die Antwort schuldig bleiben. In jedem Falle bedauere ich nicht den Untergang der damaligen DDR, aber ich bedauere den Untergang einer DDR, wie wir sie uns gewünscht hätten: Als ein sozialistisches, demokratisches Land mit all dem, was wir in diese beiden Eigenschaftswörter hineinlegen.

Geht das? Es ist ja in Prag versucht worden. Ich habe mir die Frage auch ganz oft gestellt und bin immer zu einem negativeren Ergebnis gekommen. Kann Sozialismus demokratisch sein?

Ich könnte es mir vorstellen. Warum eigentlich nicht, die Prinzipien eines Sozialismus sind nicht von vornherein undemokratisch. Ich habe mit Interesse vor gar nicht so langer Zeit gelesen, daß Wolf Biermann seinen sozialistischen Idealen als nicht erreichbar und nicht durchführbar abgeschworen hat. Ich kann nicht sagen, das ist eine Utopie. Ich würde mir wünschen, daß es keine Utopie bliebe, aber ich gebe Ihnen insofern recht, ein sozialistischer Staat, wie wir glaubten, daß er damals errichtbar wäre, ist unter den heutigen Umständen eine Irrealität, nicht real, was nicht heißt, daß man dieses Ideal nicht versuchen sollte zu verwirklichen. Die Frage ist nur, was es kostet. Ich meine jetzt nicht wirtschaftlich, sondern auch ethisch und demokratisch. Das ist die Frage. Sehen Sie, da habe ich es gut, daß ich mit Brahms-Sinfonien zu tun habe und diese Frage nicht zu meinem Lebensinhalt machen muß, wie es ein Politiker eben muß.

1992/93 wurden die West- und die Ostakademie zusammengeführt, die Ostakademie hat in einem »Selbstreinigungsprozeß« eine Auswahl ihrer bis dahin 129 Mitglieder getroffen, und diese Wahl ist so ausgegangen, daß Sie nicht in die neue, vereinigte Akademie wiedergewählt worden sind. Wie erklären Sie sich, daß ein Mann wie Sie, der ein hohes musikalischen Renommee hat, der sich von der Partei fern gehalten hatte, der, wie Sie sagen, sich aus der Politik mehr oder weniger rausgezogen hat, wieso Sie bei dieser Wahl nicht gewählt worden sind?

Das ist ganz einfach. Sehen Sie, ich nehme an, wenn nur die Abteilung Musik gewählt hätte, dann wäre ich gewählt worden. Aber wenigstens die Hälfte der Schriftsteller dort kannte mich nicht, die Vertreter der bil-

denden Künste kannten mich nicht, und da alle Mitglieder gewählt haben, wurden die gewählt, die sie kannten. Ich habe das in keiner Weise als diskriminierend empfunden.
Wenn ich ganz ehrlich sein soll, habe ich mich sogar darüber gefreut, jetzt nicht noch diese Verpflichtung zu haben, denn ich habe in der Akademie Zeiten erlebt, wo man sich manchmal fragen mußte, wozu existiert sie noch, und gerade in dem Moment der Vereinigung der Ost- und der Westakademie, den Sie jetzt ansprechen, gab es wirklich ernsthafte Probleme, die die Existenz und den Sinn der Akademie infrage stellten. Ich war ganz froh, daß ich mich da raushalten und meine Beethoven-Sinfonien dirigieren konnte.

Wie denkt der Musiker Kurt Sanderling über den heutigen Kulturbetrieb?

Ich glaube nicht, daß ich darauf kurz und bündig antworten kann. Eins ist sicher für mich, daß das, was ich unter Kultur verstehen möchte, nicht in der großen Menge oder der großen Masse der Menschen verankert ist. Ich glaube, daß sie ein Eigenleben führt. Das hat sie vielleicht immer getan, nur war es nicht so offensichtlich. Friedrich der Große konnte sich Voltaire an seinen Hof einladen und machte damit Kultur. Wenn sich ein Fürst ein Operntheater baute und das dafür notwendige Geld aus seiner Privat- oder Staatsschatulle nahm, dann konnte er damit nach seinem Belieben Kultur machen. Das ist heute anders, heute wird die Kultur als Last empfunden, die zu bezahlen ist. Die einen tun das schweren Herzens aus Prestigegründen, und die anderen sagen ganz unverhohlen, nein, so lange wir keine Krankenhäuser haben, bauen wir keine Museen. Das ist übrigens ein Standpunkt – ob es ein für die Kultur fruchtbarer ist, das ist noch die nächste Frage.
So blicke ich nicht sehr fröhlich auf die Situation der Kultur in unseren Ländern und in unserem Land. Aber auf der anderen Seite, wenn ich so an die Geschichte denke, Kultur hat es immer gegeben, sie hat sich immer durchgesetzt, sie war mal mehr, mal weniger wichtig, aber es hat eigentlich kaum eine Zeit gegeben seit dem Mittelalter oder sagen wir mal in den letzten zweitausend Jahren, wo es keine Kultur gegeben hat, zu der viel gehört, nicht nur Sinfoniekonzerte, die eine ganz neue Erfindung sind. Deshalb bin ich in dem Sinne kein Kulturpessimist, es macht mich nur traurig, wenn ich sehe, wie Kultur bestenfalls als nicht ganz unnützes Anhängsel betrachtet wird.

Erzählte Biographie

Das ist nun mal mein Leben, es ist nachdem, wie wir jetzt zurückblikken können auch das, was bleibt. Vom Siebenjährigen Krieg ist außer den Schrecken, die er verbreitet hat, nichts geblieben, aber vom Verweilen Voltaires am Hof Friedrich des Zweiten sind große Impulse für die Menschheit ausgegangen. Deshalb glaube ich auch, bei allen Fährnissen, die wir heute zu bestehen haben, sollte man doch nicht Kulturpessimist sein.

Beim häuslichen Musizieren in Berlin, 1980, von links: Stephan Sanderling, Kurt Sanderling, Barbara Sanderling, Michael Sanderling

Im Garten seines Hauses im Iderfenngraben in Berlin, 80er Jahre

Erzählte Biographie

Ausruhen während einer Probenpause, 80er Jahre

Kurt Sanderling mit Leontine Price nach einer Probe in Los Angeles, 80er Jahre

Mit dem Komponisten Berthold Goldschmidt in der »Royal Festival Hall« in London, 1990

Erzählte Biographie

Mit dem Dirigenten Sir Simon Rattle in Berlin, 1991

Mit Isaac Stern in Verbier, 1995

Kurt Sanderling und Barbara Sanderling nach einem Konzert in New York, 1992

Kurt Sanderling mit seiner Mutter während ihres Besuchs in Leningrad, 1959

Gespräche

Gespräche

»Da oben ist unsere Wohnung«

Gespräch mit Barbara und Kurt Sanderling

Wie haben Sie Ihren Mann kennengelernt?

Barbara Sanderling (BS): Meinen Sie ganz von Anfang an? Das ist sehr ulkig, ich habe ihn zum ersten Mal in meinem Leben gesehen und gehört, als er 1956 mit der Leningrader Philharmonie als Dirigent zu Gast in Leipzig war. Ich bin in Leipzig geboren, studierte damals zwar noch nicht, doch hatte ich schon meine Aufnahmeprüfung gemacht an der »Hochschule für Musik Felix Mendelsohn Bartholdy«, und war natürlich in seinem Konzert. Mir wurde erzählt, das ist ein deutscher Dirigent, ein ehemaliger deutscher Dirigent. Da habe ich ihn mit Beethovens Zweiter Sinfonie und, ich glaube, auch mit Rachmaninows Zweiter Sinfonie gehört. Damals ahnte ich nicht, was daraus werden würde.

Welchen Eindruck hatten Sie denn damals?

BS: Das kann ich nicht mehr genau sagen. Ich glaube, ich war einfach überwältigt; ich will nicht sagen von dem Dirigenten Sanderling, das weiß ich nicht mehr, aber von der Begegnung mit der Leningrader Philharmonie. Wir waren immer ein sehr gutes Orchester gewöhnt im Gewandhaus, ich war ständig dort bei Proben zu den Konzerten; aber das Leningrader war eben eines der großen, weltweit bedeutenden Orchester. Das war eindrucksvoll. Sonst kann ich keine Einzelheiten mehr nennen. Das war meine erste Begegnung mit Kurt Sanderling.

Ist Ihnen an der Interpretation von Beethoven oder Rachmaninow irgend etwas besonderes aufgefallen?

BS: Bei Rachmaninow bestimmt nicht, denn das war für mich absolutes Neuland. Wenn ich Ihnen sage, das war zu der Zeit, als Mahler oder sogar Sibelius in Leipzig noch nicht gespielt wurden. Aber Beethoven war ein Diskussionsthema, denn seine Beethoven-Interpretation war natürlich anders, als wir es gewohnt waren. Ich glaube, damals wurde die Zweite Beethoven noch in der Fortsetzung von Haydn gesehen, und hier war es doch ein ganz anderer Beethoven, unglaublich dramatisch und aufregend, wie ein Salonlöwe, das war damals ein bißchen schockierend in Leipzig. Von Rachmaninow weiß ich nicht mehr, wie er aufgenommen worden ist; ich nehme an, das war einfach ganz fremd.

Und wann haben Sie ihn das nächste Mal gesehen? War das nach Ihrem Studienabschluß als Kontrabassistin?

BS: Das nächste Mal war bei meinem Probespiel 1960. Ich studierte noch und hatte ganz großes Glück in jeder Hinsicht: Erstens daß ich als Mädchen überhaupt keine Schwierigkeiten bemerkt habe, obwohl es ganz ungewöhnlich war, daß eine Frau Kontrabaß studierte. Und das zweite große Glück war, daß ich als erstes Mädchen als Substitut für drei Jahre im Gewandhaus-Orchester spielen durfte. Für das Leipziger Gewandhaus spielen zu dürfen, das ist so, als wenn in Berlin ein junger Mensch zur Philharmonie darf. Drittens hatte ich ein Riesenrepertoire; ich habe in den drei Jahren in über dreißig Opern und vielen Konzerten gespielt. Ich habe allerdings noch die letzten Auswirkungen einer Zeit erlebt, in der Frauen als Musikerinnen überhaupt nicht geduldet waren: Der Dirigent Franz Konwitschny hat drei Jahre lang meinen Vertrag nicht unterschrieben, weil er keine Frau im Orchester haben wollte. Wenn er in der Oper »Fidelio« spielte, durfte ich zu Hause bleiben, und es wurde eine Aushilfe gerufen.

Haben Sie sich dazu in irgendeiner Art und Weise verhalten? Das stand zur betonten Gleichsetzung der Frau in der DDR völlig in Widerspruch?

BS: Damals wußte man, wie man sich als so kleines Licht, wie man es als Studentin war, zu verhalten hat. Als ich die Einladung nach Berlin zum Probespielen bekam, schlug das in Leipzig wie eine Bombe ein, schon, daß ich überhaupt eingeladen wurde. Obwohl ich immer gesagt habe, wenn ich nicht eingeladen werde, fahre ich trotzdem hin.
Dann war das Probespiel und ob ich gut gespielt habe, weiß ich nicht, aber dann wurde ich ins Orchester gerufen, und es stand plötzlich der Dirigent Kurt Sanderling vor mir. Er dirigierte die Neunte Beethoven. Das ist Standard bei ihm im Probespiel: Mach dies ein bißchen schneller, und mach das ein bißchen langsamer, so hat er meine Reaktionen getestet. Ich glaube, das ist ganz gut gegangen. Und dann wollte er mir noch

etwas Apartes geben und legte mir den Rhythmus des Zweiten Satzes vor, nur den Rhythmus, ich glaube, immer nur die Oktave DD. Damals war die Orchesterausbildung noch ein sehr wichtiger Punkt in einem Musikstudium, vor allem für einen Kontrabassisten. Mein Lehrer war Solobassist im Gewandhaus und kam selbst aus der berühmten Dresdener Orchesterschule. Daher waren mir natürlich solche Dinge nicht fremd, ich wußte genau, wie das geht mit so einem Rhythmus. Ich mache es heute mit meinen Studenten noch, auch gerade wegen meiner eigenen Erfahrungen, von denen ich ihnen erzähle. Dann habe ich diesen Rhythmus gespielt, und es gab Applaus von den Kollegen, von der Kommission und vom Dirigenten.

Haben Sie hinter dem Vorhang gespielt?

BS: Nein, das gab es und gibt es bis heute nicht. Aber es war schon sehr komisch, als ich vor dem Probespiel in das Zimmer kam, das schon voller Kollegen war, die ich natürlich nicht kannte. Einige machten sich einen Spaß und sagten: »Na, Du willst wohl auch etwas spielen, was?« Ich antwortete: »Ja.«
Ich weiß noch, es gab sehr böse Blicke, als ich die Stelle bekommen habe. Gleich nach dem bestandenen Probespiel wollten sie mir einen Vertrag geben, sofort, das war im September 1960, als die Erweiterung des Orchesters anstand. Ich hatte nun die Stelle – und das als Frau, was damals eigentlich unmöglich war, denn es gab in Deutschland bisher keine einzige Kontrabassistin. Für Kurt Sanderling spielte das offenbar keine Rolle.

Eine Zwischenfrage: Gab es bei diesen ersten Begegnungen mit Ihrem Mann keine persönlichen Zwischentöne, war alles formal bis ins Kleinste?

BS: Absolut. Für mich wäre alles andere undenkbar gewesen. Es war für mich so fern aller Vorstellungen, daß ich als »kleines Licht« – schließlich war ich 1961 erst 23 Jahre alt – in diese Stadt und in dieses Orchester komme – meine erste Stelle unmittelbar nach meinem ersten und einzigen Probespiel. Da war doch nicht auch noch daran zu denken, daß da ein Dirigent ist, der mir gefallen könnte.

Wie haben Sie Ihren Mann näher kennengelernt?

BS: Na ja, er kannte mich, und ich kannte ihn auch. Ich habe ihn sehr verehrt. Ich hatte bereits einen sehr guten Orchesterleiter in Leipzig, ich wußte daher schon zu unterscheiden, was gute Orchesterarbeit ist und was nicht. Das Niveau habe ich in Berlin gleich registriert. Kurt hat uns auch sehr gestriezt.
Mein erster Dienst war die Siebente Schubert, und da wurden wir gleich als Baßgruppe – es waren ziemlich viele junge Leute, die heute alle zusammen alt geworden und noch da sind – zusammen genommen, und er machte eine Gruppenprobe mit uns. Das war gar nicht angenehm. Er hat gleich Maßstäbe gesetzt, und er hat uns auch gleich zur Arbeit gezwungen. Wenn heute meine Studenten häufig fragen, wie ich das bloß alles geschafft habe, antworte ich: »Ja Herrschaften, ich war genauso ein Mensch wie ihr es heute seid, das ist alles eine Frage von Forderung und eben von Organisation.« Es war gar keine Frage, daß wir in einer Woche die Stimme einer großen Sinfonie einzustudieren hatten.

Hat Kurt Sanderling sich auf Diskussionen eingelassen? Oder hat er ex cathedra gepredigt?

BS: Wir hatten nichts zu diskutieren, wir waren ein ausgesprochen junges Orchester. Die meisten haben doch überhaupt nicht gewußt, wie ein Orchester funktionieren muß. Ich hatte glücklicherweise bereits die Erfahrungen mit dem Gewandhaus hinter mir, wo ich unglaublich viel gelernt habe – auch Routine im guten Sinne und auch Anstrengung: Zehn Dienste für 14 Mark pro Dienst, das war das Höchste, was ich machen sollte, und 24 bis 26 Dienste habe ich neben meinem Studium gemacht. Das war weit mehr, als ich nachher manchmal in Berlin in den ersten Jahren als Dienst hatte. Deshalb habe ich auch am Anfang gedacht, das kann doch nicht sein, daß das alles ist, was ich machen muß. Es war also in den ersten Monaten eine große Umstellung für mich.

Und wie sind Sie sich dann näher gekommen, der Dirigent und die Kontrabassistin?

BS: Wie war das eigentlich? Ich glaube, ich habe als letzte im Orchester von seiner Scheidung erfahren. Das war 1962 im September. Ich hatte sehr viel zu tun, habe sehr viel Kirchenmusik gespielt, und irgendwann hat mir ein Cellist, der ihm vorgespielt hat, erzählt: »Der Chef ist geschieden, ist zu Hause ausgezogen und lebt im Orchesterhaus am Thälmannplatz.« Ich habe das alles nebenbei registriert.

Kurt Sanderling (KS): Da muß ich etwas vorgreifen, was Dir bisher noch gar nicht so aufgefallen ist, was ich Dir in Erinnerung rufen muß. Wir hatten damals als Orchester ziemlich viele Konzerte im Umland, in Rathenow, Luckenwalde und so weiter. Und obwohl das meist der Zweite Dirigent machte, habe ich mich dem nicht entzogen, besonders wenn es um Wiederholungen unserer Programme ging. Also, ich habe immer einen Grund gefunden ...

Sie haben also immer einen Grund gefunden, warum Sie mit mußten?

KS: Sie war schon damals stur und ...

BS: Ich habe eben nur an Musik gedacht und an sonst nichts. Das stimmt, ich wurde ein paarmal von Kurt im Auto mitgenommen und hier irgendwo abgesetzt. Zwischen Weihnachten und Neujahr 1962/63 nahmen wir Lieder von Ernst Hermann Meyer auf, draußen in Oberschöneweide. Mein Mann hatte inzwischen Auto fahren gelernt, und dort fing er mich ab – zusammen mit mehreren anderen schwarzhaarigen Damen – und bot sich an, die mit in die Stadt zu nehmen. Alle anderen wurden vor mir abgesetzt, aber da habe ich auch noch nichts gemerkt. Es war fast so wie in einem Kitschroman. Dann hast Du mich einmal eingeladen, Du hast mir gesagt, Du fährst manchmal raus zum Spazierengehen, Du warst ja nun allein.

KS: Ja, ich bin manchmal allein an den Müggelsee gefahren, weil ich am Sonntag gerne Auto fuhr. Dort ging ich ein bißchen spazieren und habe auch einige Male Rehe gesehen. Da fragte ich sie, ob ich ihr mal ein Reh zeigen darf.

BS: Da bin ich auch nicht darauf gekommen.

KS: Das war ganz schrecklich, denn an dem Tag kam kein Reh, also sie mußte annehmen, daß es so ein blöder Vorwand war, aber im letzten Moment kam ein Reh, und ich war sehr glücklich.
BS: Es war ein ganz kalter Winter, wir waren über einen zugefrorenen See gelaufen. Das habe ich mich auch nur getraut in Begleitung eines Dirigenten, der die Verantwortung übernimmt! Zum Schluß kam auch wirklich ein Reh. Da allerdings habe ich dann verstanden, aber ich habe es nicht zugegeben. Später haben wir beide darüber gelacht. Er fuhr anschließend zur Kongreßhalle am Alexanderplatz, dahinter waren gerade die drei Hochhäuser gebaut worden. Er fuhr dort ran, zeigte nach oben, achte Etage, und sagte zu mir: »Da oben ist unsere Wohnung.« Ich habe geschwiegen, und er hat auch nichts weiter gesagt.
Er zog ein, ich hatte in Pankow eine Wohnung, und irgendwann im Januar bin ich nach Hause zu meiner Mutter gefahren und habe es ihr erzählt. Ich glaube, sie war sehr glücklich, daß es nur ein Mann war und nicht auch ein Baby, denn damals gab es keine Pille und jede Mutter befürchtete das Schlimmste. Ich war so durcheinander, weil ich mit so etwas nicht gerechnet hatte, und sie dachte schon, ich sei schwanger und sei deshalb völlig aufgelöst. Es waren aber wohl mehr Glückstränen. Das war im Januar, und dann bin ich zu ihm gezogen. Ich habe Gott sei Dank eine sehr verständnisvolle Mutter gehabt, die mir nie Probleme gemacht hat, die dann auch ein sehr gutes Verhältnis zu ihm hatte, aber immerhin war er nur zehn Jahre jünger als meine Mutter und sogar älter als mein Onkel. Die 25 Jahre Altersunterschied waren damals noch ganz ungewöhnlich und normalerweise nicht so üblich. Heute ist das überhaupt kein Problem mehr, wie so vieles heute kein Problem mehr ist. Es war zum Beispiel nicht möglich, irgendwohin gemeinsam zu verreisen, wenn man nicht einen gemeinsamen Namen hatte. Unser Orchesterdirektor hat uns dann verraten, es gebe ein Reisebüro für die Intelligenz, so etwas gab es alles mal, daß man überhaupt …

KS: Wir fuhren dann in Urlaub nach Karwitz.

BS: Ja, vermittelt durch ein Reisebüro, denn damals war es eigentlich unmöglich, als Nichtverheiratete miteinander in Urlaub zu fahren …

KS: Das Komische war, als wir dort beide sozusagen illegal waren, trafen wir den Masur, der das gleiche machte, aber der war noch verheiratet.

Gespräche

BS: Wir waren sehr selig, daß wir jemand getroffen hatten, bei dem wir sicher sein konnten, daß das unter uns bleibt. So ging es dann seinen Lauf. Das war sehr komisch, das war auch ganz »untrainiert«, von einem Tag auf den anderen, plötzlich eine Verbindung einzugehen, in der man auch Pflichten und Anstrengungen hatte, weil man ja nicht mehr nur man selbst war.
Und, was ich noch nicht ahnte, was aber sehr schnell spürbar wurde: Die Freunde gingen auf Distanz zu uns. Zunächst wußte keiner etwas, aber es war nicht lange geheim zu halten. Wir sind zwar getrennt zum Dienst gegangen, aber irgendwer hat uns dann mal zusammen gesehen. Der Konzertmeister wohnte im selben Haus, das war nicht ganz leicht. Dann war natürlich sofort die Entfremdung sehr groß. Das war für einen jungen Menschen nicht leicht, mit einem Schlag in einer anderen Welt zu sein, in der – das darf ich ruhig mal angeberisch sagen – David Oistrach, Swjatoslaw Richter und Emil Gilels ein- und ausgingen. Die waren alle in unserer Wohnung am Alexanderplatz – aber das war doch nicht meine Welt, in keiner Weise!
Die Kollegen, mit denen ich musizierte, haben sich sofort distanziert. Ich habe das auch akzeptiert, denn ich war sozusagen zum Klassenfeind übergelaufen. Was mir die Sache wirklich die ganzen Jahr sehr erleichtert hat, war, nicht dieses Gefühl haben zu müssen, daß ich sozusagen dieses junge Ding bin, so wie manche sagen: »Na Kleines, paß mal auf, wie das so geht.« Das hat mein Mann mir nie vermittelt, er hat mich von Anfang an immer – ob zu Recht oder nicht, das sei dahingestellt – als vollwertig akzeptiert, dadurch hatte ich es leichter, mich allmählich in diese Situation einzufügen. Es war eine große Umstellung, aber so etwas merkt man immer erst im nachhinein, doch war es eine Umstellung in jeder Hinsicht. Vielleicht ist es ein Glück für so eine Beziehung, wie unsere, daß ich mich relativ schnell immer an alles gewöhnen konnte. Ich glaube, ich habe mich nicht sehr verändert. Ich habe nicht abgehoben, das kann ich schon sagen. Dadurch habe ich auch immer Kontakt zur Umwelt behalten, soweit dies möglich war, aber ich habe nie das Gefühl gehabt, ich gehöre nicht dazu. Ich habe mich einfach einbinden lassen und fertig. Er hat mich gezwungen, sehr schnell Autofahren. Ich habe Meilenschritte gemacht, statt normale Tippel-Tappel-Schritte, wie man sich gewöhnlich hocharbeitet. Ich gehörte plötzlich zu den absolut Etablierten, sogar die Wohnung war eingerichtet und zwar von seiner Tante, die ihm 1936

ermöglicht hatte, nach Rußland zu kommen, die war schon viel früher wieder zurück.

Das gesellschaftliche Leben, in das Sie kamen, spielte sich das im wesentlichen in dieser Wohnung oder spielte es sich öffentlich ab?

BS: Unser gesamtes gesellschaftliches Leben ist bis zum heutigen Tag nicht sehr rege. Das hängt damit zusammen, daß mein Mann sehr zurückgezogen lebt, also kein Partyhengst ist. Er ist eher sehr zurückhaltend. Nein, ich kann nicht sagen, daß wir hier große Veranstaltungen hatten, wenn, dann waren das eher offizielle Anlässe. Aber ich erinnere mich, daß David Oistrach mir zur Geburt unseres ersten Sohnes Löffel mitbrachte – das ist wohl eine russische Tradition –, die ich hege und hüte und die natürlich nicht benutzt werden, sie sind eben von Oistrach. So etwas gab es schon, solche persönlichen Bindungen.

Wann sind Sie in das Haus in Pankow gezogen?

BS: 1965, zwei Jahre nach unserer Hochzeit, vor 32 Jahren. Der Sohn ist 1964 geboren und war ein Jahr alt.

KS: Wir haben im Oktober geheiratet, da begann bei den Damen im Orchester das große Zählen, wann das Kind kommt. Sie waren sehr enttäuscht, daß es erst im August kam.

BS: Wir lebten schon zusammen. Er war 1962 frisch geschieden und 1963, im Oktober, wollte er nun wieder heiraten, das war auch so ein Dreh von ihm. Eines Tages fragte er mich, ob ich am 15. Oktober vormittags Zeit hätte. Ich sagte, wenn keine Probe ist, dann ja. Da hatte er das Aufgebot bestellt. So ging das früher.

KS: Es gibt auch eine hübsche Geschichte, ich weiß nicht, ob Sie darüber auch lachen können. Ich habe, als ich das Aufgebot bestellte, und sie noch gar nichts davon wußte, darauf aufmerksam gemacht: »Meine Frau ist sehr viel jünger als ich, ein Vierteljahrhundert jünger. Irgendwie ziemt es sich nicht, daß Sie eine Festmusik machen, also beschränken Sie sich doch bitte auf die reinen Formalitäten, keine Ansprache, nichts.« – »Ja natürlich.« Als wir ankamen, saß dort eine ganz andere Dame. Zuerst

Gespräche

drückte sie auf den Knopf, und es begann eine Musik, der Chor der Gefangenen aus »Nabucco«.

BS: Aber er fing an, laut zu fragen: »Sage mal, was ist das für eine Musik?«

KS: Dann kam eine Rede: »Verehrtes Brautpaar!« – Da war es mit meiner Fassung völlig aus. Ich mußte lachen.

BS: Sie hat uns auf unsere Pflichten als Ehepaar hingewiesen, also Kinder in die Welt zu setzen und so weiter. Das war damals eine Zeit, in der man keine Trauzeugen brauchte. Mir tut es im nachhinein noch für unsere beiden Mütter leid, denn wir haben sie erst angerufen, als die Zeremonie vorbei war. Ich weiß noch, daß Kurt mit mir kurz danach, nicht etwa davor, zu einem Blumenladen gefahren ist, und er sagte: »Kauf Dir ein paar Blumen.« Ringe hatten wir keine. Wir hatten jedenfalls dem Chauffeur frei gegeben, die Haushälterin hatte frei, das weiß ich noch, soweit war es organisiert.

KS: Die Hochzeitsreise machten wir mit dem Auto rund um den Müggelsee.

Diese Umstellung, plötzlich in die gesellschaftliche Welt Ihres Mannes hineingestellt zu werden und gleichzeitig im beruflichen Alltag eine Hierarchie-Stufe unter ihm zu stehen, wie haben Sie das bewältigt?

BS: Im nachhinein wird mir manchmal schlecht, wenn ich daran denke, aber in den sechzehn Jahren im Orchester ist mir dieser Spagat gelungen. Es war nicht immer leicht, es war auf des Messers Schneide, Abstürze waren eigentlich vorprogrammiert. Ich mußte sehr oft weghören, ich mußte sehr oft weggehen, weil es nicht gut war für die anderen Musiker und für mich selbst, wenn ich bei Gesprächen dabei war, wo sie sich zurücknehmen mußten dem Chef gegenüber. Jedes Orchester will bei Gesprächen Dampf ablassen; entweder sie wollen es und können nicht, weil ich dabei stehe, dann muß ich rausfühlen, wann ich zu gehen habe. Das war nicht immer so ganz leicht, aber irgendwie wundere ich mich heute noch, daß es so gut gegangen ist. Es gab viele Dinge, die mußten aufreizend sein, das war mir auch bewußt, aber ich konnte ja nicht anders. Wir kamen mit einem Flugzeug an, Orchester, Dirigent, und was war ich? Ich war beides, ich war Orchestermusiker, aber ich war beim Reisen in der Ersten Klasse seine Frau, beim Aussteigen war ich immer noch seine Frau, denn wir fuhren zusammen ins Hotel und wurden natürlich mit einem Wagen abgeholt. Alle stiegen in einen Bus, ich stieg mit ins Auto. Können Sie sich vorstellen, daß ich mich häufig nicht wohlgefühlt habe?

Haben Sie einmal daran gedacht, sich an einem anderen Orchester zu bewerben?

BS: Einmal habe ich daran gedacht, das war schon im ersten Jahr, als ich das Gefühl hatte, ich habe zu wenig Dienste. Ich wollte mich ausprobieren: War das jetzt ein Zufall, daß ich diese Stelle bekommen habe oder würde auch ein anderes Orchester mich einladen als Frau? Dann habe ich etwas gemacht, was ihn furchtbar gereizt hat: Ich habe mich an der Staatsoper beworben. Sie haben mich eingeladen, ich habe auch gespielt, doch die Stelle nicht bekommen, weil die noch keine Frau im Orchester hatten. Die hatten noch lange Zeit keine Frauen. Viele Jahre später habe ich in der Hochschule den damaligen Solobassisten getroffen, und der hat gesagt: »Mensch, Du hast am besten gefallen, aber das ging nicht.« Als Kurt es erfahren hat, verständigten wir uns darauf, daß mein Handeln jugendlicher Leichtsinn war.

KS: Danach gab es eine Anordnung des Magistrats, wonach kein Musiker eines Berliner Orchesters sich an ein anderes Orchester in Berlin bewerben durfte, denn sie sollten alle spielfähig bleiben. Man kann den Spielern nicht die Freiheit nehmen, sich in Leipzig oder Dresden zu bewerben, dann bitte, aber innerhalb Berlins darf man das nicht.

BS: Da war er natürlich böse, da wurde ich zitiert, da hat er mir den Kopf gewaschen.

Hatten Sie da schon ein Auge auf sie geworfen?

KS: Weiß ich nicht. Ich hätte sie aber ohnehin zitiert. Das konnte ich nicht durchlassen.

BS: Ein paar Sachen hast Du schon gemacht, die im nachhinein darauf schließen lassen, daß Du ein Auge auf mich geworfen hattest, ohne daß

Gespräche

ich es wußte. Du hast mir einmal erzählt, daß Du in Leipzig mit dem Fahrer unterwegs warst, und Du hast ihn gebeten, zur Kantstraße zu fahren. Dort wohnte ich, und Du hast Dir dort das Milieu angesehen, aus dem ich komme. Es war nicht das schlechteste, es muß Dich wohl beruhigt haben.

KS: Das war aber schon später. Ich erinnere mich an etwas anderes. Wir hatten damals Konzerte in der Universität in Kammerbesetzung. Da spielten wir ein Programm, in dem nur ein Kontrabaß notwendig war. Ich wollte natürlich gerne, daß sie spielte und das sagte ich dem Solobassisten: »Ich verstehe, wenn Sie frei machen wollen, aber bitte sorgen Sie dafür, daß dann jemand spielt, der einen besonders schönen Ton hat.«

Wenn Sie Ihren Mann charakterisieren sollten, wie würden Sie seine Vorzüge und Nachteile, sein Wesen, wie er sich gibt, wie er mit Ihnen umgeht, wie er mit den Söhnen umgeht, wie er mit dem Orchester umgegangen ist, wie würden Sie ihn schildern?

BS: Wie er mit mir umgegangen ist, habe ich schon andeutungsweise vorhin geschildert. Es war mir wegen unseres Altersunterschiedes wichtig, daß ich nie das Gefühl hatte, ich bin diese Kleine, dieses junge Küken, das bleibt man sonst ewig. Der Unterschied bleibt ja, der wird nicht kleiner, aber ich habe ihn nie bemerkt. Also, wenn man das tolerant nennen kann, dann ist es das.
Das gleiche gilt auch für die Kinder, wir haben keine antiautoritäre Erziehung verfolgt, das geht einfach nicht, das paßt auch nicht zu einem Musiker, das funktioniert gar nicht. Aber wir haben ihnen immer gesagt: »Ich achte dich als Persönlichkeit, wenn auch als kleine, aber als Persönlichkeit.« Das spüren sie und aus dem Grunde lieben sie ihn auch ganz besonders.
Das Orchester war der dritte Punkt, auch da, glaube ich, funktioniert es eben deshalb so gut, trotz des Altersunterschiedes, weil junge Leute merken, da ist jemand, der sie ernst nimmt und der ihnen etwas vermittelt, wovon sie profitieren. Das merken junge Leute sehr schnell, was sie sozusagen für sich, für das Leben kriegen, dann ist die Bereitschaft sehr groß, etwas zu leisten. Er beherrscht sich sehr, das ist auch natürlich eine große Eigenschaft, die Selbstbeherrschung, die manchmal schon auch erdrückend sein kann.

Er platzt nie?

BS: Er platzt eigentlich nie. Ganz, ganz selten. Ich glaube, es ist ein bißchen in ihm drin, das hängt vielleicht auch damit zusammen – das wäre jetzt eine negative Eigenschaft: Er geht gerne Problemen aus dem Weg, also sagen wir mal, er hat nicht gerne Spannungen, das ist auch gut. Manchmal habe ich gedacht, so in jüngeren Jahren, man müßte sich auch mal was an den Kopf schmeißen, aber das geht natürlich schwer bei diesem Altersunterschied, da wäre ich hoffnungslos unterlegen, vor allem wenn Sie schreien und der andere bleibt ganz ruhig und sagt kein Wort, dann ist das ein Schuß in den Ofen. Das ist eine ganz starke Eigenschaft, gegen die gar nicht anzukommen ist.

KS: Ich würde es anders formulieren wollen – Bequemlichkeit.

BS: Naja, das Wort hätte ich schon noch genannt. Eine gewisse Bequemlichkeit ist dabei. Ich denke, es hat ihm viel erspart, auch dieses sich Zurücknehmen können, also ich staune da immer, ich puttle da immer los! Ich glaube, es hat ihm in vielen Situationen der vergangenen Jahrzehnte sehr geholfen. Andere melden sich sofort zu Wort: »Ich habe da etwas zu sagen.« Ich hätte ihn mir nie vorstellen können – so leid es mir tut, das sagen zu müssen – am Alexanderplatz 1989 neben Christa Wolf und Stefan Heym zu stehen.

Hätten Sie denn da gerne gestanden?

BS: Nein, ich glaube nicht.

KS: Da muß ich nachdenken. Innerlich ganz sicher schon, das war keine Frage. Ob ich es gezeigt hätte?

BS: Entschuldige, aber Du hast Dich zumindest nie bei so was öffentlich geäußert.

KS: Ja, es gab auch wenige positive Gelegenheiten, wo ich mich hätte äußern wollen und können, sondern die Gelegenheiten waren alle durch die Bank negativ.

BS: Dann gibt es auch noch eine Eigenschaft, die ich nennen muß, die sehr stark ist und die sich im Alter auch nicht verringert, das hängt aber vielleicht auch mit seiner Geschichte zusammen; er ist ängstlich, er ist in jeder Hinsicht ängstlich, darf ich das so sagen, das Wort »ängstlich«?

KS: Ja, das kann man so sagen.

BS: Er riskiert nichts, also erst einmal liebt er es, alles unter Kontrolle zu haben, schon weil er es nicht gerne hat – und das ist ein Teil dieser Ängstlichkeit – Situationen zu erleben, die unvorhergesehen sind, sagen wir mal, einen Zug zu verpassen, das würde er überhaupt nicht verwinden können oder ein Flugzeug gebucht zu haben, das es nicht gibt. So etwas ist nie in unserem Leben vorgekommen. Es wird alles so gut kontrolliert, denn wenn man nichts organisiert, dann bleibt man irgendwo auf der Strecke.

KS: Ich erinnere mich an einen Fall, wo Schostakowitsch zu seinem Zug nach Moskau in Leningrad abends kam und seine Plätze waren vergeben an jemand anders; seitdem war er immer eine Stunde vor Abfahrt des Zuges dort.

BS: Mein Mann ist im Orchester auch immer der erste.

KS: Das Leben war in meiner Jugend insgesamt viel geordneter, was nicht heißt, daß auf meinem Schreibtisch oder gar in meinem Arbeitszimmer heillose Unordnung herrscht, mit der Unordnung kann ich leben.

BS: Aber aus Bequemlichkeit.

KS: Ja, vielleicht, ganz richtig, aber ich habe mich auch daran gewöhnt, aber der Gedanke, zum Konzert zu spät zu kommen, in den Saal zu kommen, eine halbe Minute bevor das Konzert beginnt – das ist für mich unerträglich. Lieber bin ich eine Viertelstunde vorher da und warte.

Ist Ihr Mann großzügig?

BS: Ja.

Ist er ein Genußmensch?

BS: Nein. Genuß nein.

KS: Außer bei Süßem.

BS: Er kann das Leben nicht genießen, weil sein Leben im Grunde genommen Arbeit ist.

KS: Das ist doch aber schon genug.

Können Sie loslassen? Kann er loslassen?

BS: Im Grunde, nein. Es kommt darauf an, was Sie darunter verstehen. Er kann relaxen, er kann sich ausruhen, aber wenn man mal dahinter leuchtet, auch wenn er sich hinlegt und sich nur so ausruht und scheinbar nichts tut, Musik hört er immer. Er hört sehr viel. Qualität spielt überhaupt keine Rolle, das ist diese Verdorbenheit der russischen Anlagen in den Hotels; wie es auch immer klirrt, es stört ihn überhaupt nicht, der Inhalt ist wichtig.

KS: Ich höre ja, wie sie klingen sollte.

Ist er nachtragend?

BS: Nein.

Offen?

BS: Na, da bin ich nicht so sicher, ob er alles sagt, was er wirklich denkt, manchmal hätte es mir mehr geholfen, er hätte mir mal richtig den Kopf gewaschen und gesagt, so nicht! Es braucht ziemlich lange Umwege, und nicht immer möchte man sich das eingestehen, daß es eigentlich so gemeint war. Also unsere Rücksichtnahme ist ziemlich groß und nicht immer förderlich, finde ich ...

Sind Sie ein Skeptiker?

KS: Ein naiver Skeptiker, so würde ich es sagen.

Wo liegt da der Unterschied?

KS: Ich werde sicher häufig betrogen aufgrund meiner Naivität. Ich bin an sich gutgläubig. Ich gehe nicht von vornherein davon aus oder ich nehme nicht von vornherein an, man wolle mir nicht wohl und wie kann das gemeint sein. Insofern bin ich naiv, das stimmt doch wohl. Auf der anderen Seite bin ich Skeptiker, denn ich habe zu viel gesehen im Leben, was schief gegangen ist im Großen und im weniger Großen, insofern bin ich etwas skeptisch, was die Zukunft der Menschheit anbetrifft. Aber ich bin eben auf der anderen Seite auch naiv, weil ich, vielleicht in schon sträflicher Weise, nicht annehme, daß man zu mir nicht ehrlich ist.

BS: Darf ich noch etwas zu dem Skeptiker sagen? Er hat es ein bißchen heruntergespielt. Er kann einen manchmal mit seiner Skepsis ganz schön zu schaffen machen. Aber er hat eine Eigenschaft, die ich unbedingt nennen muß: Um sich negative Dinge zu ersparen, sieht er eine Situation im Vorfeld lieber ganz, ganz skeptisch, um dann überrascht zu sein: Ach, das ist gar nicht so schlimm. Das ist nicht immer sehr aufbauend. Das ist Zweckpessimismus. Wir wissen das alle, aber wenn er es uns dann so schön vormalt, was alles passieren könnte und wie das alles sein könnte, so ist das nicht sehr aufbauend.

KS: Ja, ich liebe es, mir von etwas, was geschieht, auch schlimme Seiten vorzustellen.

»Newski-Prospekt und McDonalds, das geht nicht zusammen«

Gespräch zwischen Daniel Barenboim und Kurt Sanderling

Herr Barenboim, wann ist Ihnen der Name Sanderling das erste Mal begegnet, und wann sind Sie Sanderling in der Musik zum ersten Mal begegnet?

Daniel Barenboim (DB): Zubin Mehta und ich waren irgendwann in den 60er Jahren in einem Konzert von ihm in Salzburg, wenn ich mich nicht täusche, mit der Staatskapelle Dresden und der Achten Schostakowitsch. Das war das erste Mal, daß wir die Achte Schostakowitsch hörten. Wir haben uns wie ganz brave Jungs die Partitur vorher gekauft. Ich kann Ihnen nicht genau sagen, ob ich den Namen Sanderling vorher schon gehört hatte oder nicht. Auf jeden Fall war das der Anfang. Wir waren beide so beeindruckt, und seitdem haben wir vieles gehört.

Herr Sanderling, das war das Konzert, in dem auch Karajan und Kokoschka als Zuhörer waren?

Kurt Sanderling (KS): Karajan ja, Kokoschka weiß ich nicht.

Welchen Eindruck hatten Sie denn, Herr Barenboim? Schostakowitsch war Ihnen natürlich ein Begriff oder war es das erste Mal, daß Sie etwas von ihm gehört haben?

DB: Ich hatte bereits mehrere Aufführungen von Schostakowitsch-Sinfonien gehört, und ich muß ganz ehrlich sagen, die Musik hat mir wirklich nicht viel gesagt, aber diese Achte Sinfonie, die ich damals das erste Mal von Herrn Sanderling hörte, das war eine völlig andere Art und Weise, diese Stücke zu spielen. Meine ganze musikalische Erziehung war nicht, wie soll ich sagen, gebunden an die zweite Wiener Schule, also Schönberg und Berg, zu denen kam ich erst viel später. Die sowjetische Musik war mir damals, ich spreche jetzt von den 50er Jahren, viel näher. Ich habe die erste Aufführung der Neunten Prokofjew-Sonate gespielt, schon 1955, also weniger als zwei Jahre nach seinem Tod. Ich war mit dieser Musik beschäftigt, ich fühlte mich näher bei Prokofjew als bei Schostakowitsch.

Vor einigen Jahren war ich in der Berliner Philharmonie, als Herr Sanderling die Fünfzehnte Sinfonie probierte. Mit der Partitur saß ich da und habe genau verstanden, daß diese Musik nicht so gespielt wurde, wie so oft im damaligen Westen, mit einer oberflächlichen Brillanz, so als Orchestershowpiece, wobei sie als solche für mich sehr banal und sehr leer klingt. Wie sie in der Sowjetunion gespielt wurde, weiß ich ja nicht, aber in diesen Proben damals habe ich zum ersten Mal gemerkt, was in dieser Musik wirklich steckt. Man kann über solche Dinge nicht so leicht sprechen, auf jeden Fall war es, wie ich es bei Kurt Sanderling hörte, eine ganz andere Art, diese Musik zu spielen.

Sie haben sicher später auch gehört, wenn andere Dirigenten Schostakowitsch gespielt haben. Hatten Sie von Ihren westlichen Kollegen den Eindruck, daß das alles oberflächlicher – drastisch ausgedrückt: mit tschingderassabum – gespielt wurde?

KS: Ich würde nicht sagen oberflächlich. Ich habe es zum Beispiel von Bernstein gehört, und das letzte, was man ihm vorwerfen kann, ist Oberflächlichkeit. Im Grunde genommen ist es zutiefst verständnislos gespielt worden. Man hat es nicht nur nicht verstanden, man konnte es gar nicht verstehen, denn ich weiß nicht, ob es in der Musikgeschichte einen zweiten Komponisten gibt, der so unmittelbar dem Lebensgefühl Ausdruck gibt, das ihn umfängt, das in seiner gesamten Umwelt und auch für ihn selbst gültig war. Das konnte nur jemand verstehen, der auch im geographischen Sinne sein Zeitgenosse war, nicht nur zu seiner Zeit lebte, sondern zu seiner Zeit auch dort lebte. Es war für mich sehr interessant und bezeichnend, daß Herr Barenboim eben sagte, ihm ist Prokofjew zu Anfang oder überhaupt näher gewesen. Ich glaube, das ist sehr typisch und sehr richtig. Prokofjew ist ein Komponist, der, nun ganz banal und pauschal gesprochen, überall gültig ist, der auch Gefühlen Ausdruck gibt, die überall nachvollziehbar sind, während Schostakowitsch seine wahren Gefühle und Emotionen eher verschleiert als preisgibt. Seine gesamte Musik nach der Fünften Sinfonie ist eine einzige Anklage gegen seine Zeit und seine Umgebung, und wenn er scheinbar lustig ist, so ist es bestenfalls eine böse Lustigkeit, aber meist Ironie, meist zeigt er, wie die da oben glauben, lustig sein zu müssen. In seinen nicht lustigen Partien gibt er eigentlich immer in irgendeiner Weise dem Gefühl größter Einsamkeit Ausdruck. Ich bin so allein, nicht nur in den lyrischen Sätzen, nicht nur im Dritten Satz der Fünften Sinfonie, sondern auch in der gesamten Achten Sinfonie, die eine einzige Anklage gegen die Welt um ihn ist. Um das zu verstehen, mußte man damals Zeitgenosse in seinem Land sein. Heute ist das vielleicht anders. Heute hat die Musik die Möglichkeit und die Fähigkeit und auch vielleicht die Aufgabe zu verallgemeinern. Und heute ist uns das Gefühl der Einsamkeit hier auch nicht fremd, und wir können die Musik Schostakowitschs auf uns beziehen, aber damals war sie sehr ortsbezogen und zeitbezogen.

DB: War sie auch damals so verstanden worden von Ihren Kollegen?

KS: Von den, sagen wir mal, klügeren Kollegen ja, von den weniger klugen Kollegen nein; aber die haben auch Beethoven nicht verstanden.

DB: Aber die Art, diese Musik zu sehen und zu interpretieren, wie Sie sie eben jetzt beschrieben haben, so hat Oistrach sie zum Beispiel mit dem Violinkonzert musiziert.

KS: Und so macht es heute auch noch Rostropowitsch, der auch zu den wenigen gehört, die noch direkt Bescheid wissen, worum es geht. Ich hatte damals das Gefühl, wenn ich Komponist wäre oder hätte sein können, dann hätte ich so sein mögen wie Schostakowitsch. Mehr noch, ich hatte das Gefühl, wenn man seiner Musik einen Text unterlegen wollte oder könnte oder sollte, dann könnte ich zu jedem Takt sagen, was es bedeutet, worüber er spricht, so bildhaft war das für uns damals.

DB: Meinen Sie, daß diese Musik viel mehr in dieser Richtung beschrieben werden kann als andere Musik? Sie sagten, Sie können zu jedem musikalischen Satz praktisch einen Text schreiben, der dazu passen würde. Glauben Sie, das ist bei Schostakowitsch eher so als bei anderen Komponisten?

KS: Mir ging es so. Vielleicht weil ich eben Zeitzeuge war, nicht nur Zeitgenosse, auch Zeitzeuge; nur für die musikalische Ewigkeit hat das keine Bedeutung. Entweder die Musik ist so stark emotional, dann wird sie auch zu jedem anderen sprechen, oder sie ist nicht so stark, dann wird sie nach gewisser Zeit vergehen. So hatte ich zu gewissen Zeiten, kurz nach seinem Tod vor etwa zwanzig Jahren, die Befürchtung, sie wird vergessen werden, weil sie nicht mehr relevant sein wird. Heute habe ich die Befürchtung nicht mehr. Ich habe die Erfahrung gemacht, daß seine Musik im Gegenteil mehr und mehr wirkt, weil die Emotionen, die er beschreibt, eben wahrscheinlich allgemein gültige sind. Im Gegensatz zu Prokofjew, der seine emotionale Umwelt und auch vielleicht seine soziale Umwelt, nicht direkt reflektiert hat. Deshalb war Prokofjew auch immer populärer im Westen, als es Schostakowitsch war.

Aber Schostakowitsch hat doch mehr als nur rein illustrative Musik gemacht?

KS: Ja, natürlich, das, was ihn uns wertvoll macht, ist das, wo er nicht direkt illustrative Musik macht. Ich habe vorhin gesagt, ich könnte einen Text dazu sagen, ich könnte die Emotionen beschreiben, nicht ein Gedicht darüber schreiben oder eine Novelle.

DB: Sie sprachen vorhin von der Musik Schostakowitschs nach der Fünften Sinfonie, ist das ein neuer Stil, eine neue Periode, wie bei Beethoven?

KS: Ich glaube, ja. Hätte er damals nach der »Lady Macbeth« nicht die Schwierigkeiten gehabt, die er bekommen hat im damaligen Regime, er wäre so etwas geworden wie ein, verstehen Sie mich nur richtig, sowjetischer Hindemith. Erst diese persönlichen Schicksalsschläge, die ihm seine geistige Situation so ganz direkt bewußt machten, erst die haben dazu geführt, auch hier bitte ich Sie, mich richtig zu verstehen, daß er zu dem wurde, was er dann geworden ist: der Beschreiber des Stalinismus, wobei Stalinismus vielleicht allgemeiner zu verstehen ist, nicht nur als politische Haltung, sondern auch als geistige Haltung. Sehen Sie, der Gegensatz Individuum und Gesellschaft ist in der russischen Kunst, vor allem in der russischen Musik das Hauptthema. Die drei letzten Tschaikowsky-Sinfonien sind in dem Sinne Schicksalssinfonien, ich und die Gesellschaft oder die Gesellschaft und ich. Entweder ich werde untergebuttert, wie in der Sechsten und meiner Meinung nach auch in der Vierten Sinfonie, oder ich ringe mich durch zu einem Jubelfest auf dem Jahrmarkt, wie in der Fünften Sinfonie. Der Konflikt ist: Ich und die Gesellschaft. Das scheint mir auch für die russische Literatur bezeichnend zu sein. Ich sagte vorhin, Schostakowitsch wäre ein sowjetischer Hindemith geworden, er hat die gleiche musikalische Begabung gehabt wie dieser Mann, ein Musikant bis zur letzten Ader, aber Hindemith hat im Grunde doch dem Gefühl, dem wirklichen, dem entscheidenden Gefühl des Menschen im Zwanzigsten Jahrhundert wenig Ausdruck gegeben, bei allem, was ihn uns heute noch spielens- und liebenswert macht. Es muß nicht immer die große bedeutende Thematik sein, aber für mich und mein Verständnis auch der russischen Tradition hat Schostakowitsch dieses Gefühl in fast unnachahmlicher Weise wiedergegeben, wie kein zweiter Komponist dieses Jahrhunderts. Dieses Gefühl – Ich und die Gesellschaft –, besser noch: die Gesellschaft und Ich, dieses Gefühl hat eigentlich niemand so konsequent und schlagend, ja fast ausschließlich gebracht wie Schostakowitsch.

DB: Entschuldigen Sie, wenn ich die Frage wiederhole, sehen Sie eine neue Richtung nach der Fünften Sinfonie? Wie kommt das zum Ausdruck, musikalisch? Wie kann man das musikalisch erklären?

KS: Ja, hier kommt vieles zusammen. Musikalisch merkt man schon nach der Vierten Sinfonie sein Bestreben, sich in der Sprache allgemeinverständlicher auszudrücken, so daß ihn mehr Leute verstehen. Aber das Entscheidende ist nicht dieser musikalische Ruck, der vielleicht nur eine Folge des wirklichen Grundes war. Der Grund war, daß er zum Chronisten der geistigen Haltung des Landes wurde, in dem er lebte, vielleicht sollte man auch ruhig sagen: des Systems.

Aufgrund der Erfahrung mit der »Lady Macbeth«? Mußte Schostakowitsch mit dem Regime zwangsläufig über Kreuz kommen? War seine geistige und musikalische Haltung so angelegt?

KS: Ja, aber wenn es nicht die »Lady Macbeth« gewesen wäre, wäre es später gekommen, zu dem Konflikt mußte es kommen mit einem Regime, daß das Volkslied als die bedeutendste Inkarnation musikalischen Lebens betrachtete, und je näher ein Komponist diesem Ideal kam, um so besser war er.

Haben Sie mal mit ihm selber darüber gesprochen?

KS: Mit ihm selber konnte man über seine Musik überhaupt nicht sprechen. Etwa darüber zu sprechen, was dieses oder jenes bedeutet, das wäre undenkbar gewesen. Er hat immer nur Dialoge geführt, er hat niemals in

einer Gesellschaft, wie wir jetzt hier sitzen, über solche Fragen gesprochen; wenn er sie überhaupt angedeutet hat, dann nur im Gespräch unter vier Augen. Ich wurde erst in sehr späten Jahren für ihn zu jemandem, mit dem er so offen sprach. Er kam verhältnismäßig regelmäßig in die DDR, er war sehr beliebt und genoß es, daß man ihn dort von Staats wegen so behandelte, wie er es verdient hatte. Deshalb kam er gerne. Aber er hatte im Grunde genommen niemanden, mit dem er sprechen konnte, niemand, der auch die Verhältnisse kannte, aus denen er kam, ich meine jetzt nicht die sozialen Verhältnisse, sondern sein Leben. Deshalb waren unsere Gespräche in den letzten Jahren, obwohl sie sehr selten waren, weitaus offener als in früheren Jahren, aber sie haben im Grunde genommen niemals ernsthaft seine Musik betroffen, sondern er ging immer davon aus, daß man seine Musik kannte, und in meinem Fall ging er davon aus und konnte er auch davon ausgehen, daß seine Musik akzeptiert und geschätzt wurde. Er war ein sehr, sehr seltsamer Mensch, wenn ich jetzt zurückdenke. Er kannte mich gar nicht, aber er kam damals nach Nowosibirsk in die Aufführung einer seiner Sinfonien, wußte von mir nur, daß ich der erste Dirigent war, der die Sechste Sinfonie nach der Uraufführung gespielt hatte, die wurde damals aus vielen Gründen umgangen, auch von meinen Kollegen, weil sie keine Hofmusik war und man sich nach der falsch verstandenen Fünften Sinfonie etwas anderes erhofft hatte, weiter wußte er nichts. Der zweifellos beste Freund von Schostakowitsch sagte ihm, als er nach Nowosibirsk kam, mit dem kannst du, das genügte ihm, um zu mir offen zu sein. Auch das werden Sie nicht so recht verstehen, Freundschaft dort konnte es nur geben, wenn überhaupt, dann auf der Basis unbegrenzten Vertrauens zueinander. Vertrauen in dem ganz banalen Sinne, daß das, was ich jetzt sage, nicht drei Stunden später auf dem Schreibtisch des zuständigen Kommissariates liegt. Was mir übrigens häufig passiert ist, daß ich auf Proben irgendwas sagte – ich sagte ganz besonders bei Schostakowitsch einiges –, daß ich bereits in der Pause der Probe gerufen wurde und mir gesagt wurde: »Seien Sie doch vorsichtiger!«
Das war die Situation, in der man lebte. Wenn ich es nachträglich sehe, meine Freundschaft zu Mrawinski, demselben Mrawinski, der gelb, grün und krank vor Eifersucht wurde, wenn, Gott behüte, mir einmal das Publikum ein bißchen länger applaudiert hatte als ihm, gründete über Jahrzehnte darauf, daß wir in politischer Hinsicht einander vertrauten.

Ich erzähle die Geschichte, um den Hintergrund von Schostakowitschs Musik zu erklären.

DB: Aus meiner Sicht, der ich immer im Westen gelebt habe – ich bin zum ersten Mal 1965 in die Sowjetunion auf Tournee gefahren –, ist das Leben unter diesem Regime, ob es nun die Sowjetunion war oder die DDR, nicht so richtig verstanden worden. Uns wurde doch primär vermittelt, das ist ein furchtbares Regime, es gibt keine Freiheit, die Leute können nicht reisen. Als ich zum ersten Mal dort war, da war mir sofort klar, das war bei weitem nicht das Schlimmste. Ich meine, natürlich wäre es für eine Familie, die in Nowosibirsk lebt, schön, jeden Sommer auf die griechischen Inseln in Urlaub fahren zu können. Daß sie es nicht gekonnt hat, war nicht das Schlimmste. Das Schlimmste war die Furcht, die das alltägliche Leben kontrolliert hat, und daß die Menschen sich, wie Sie sagen, nur mit großen Schwierigkeiten und nur ein paar Leuten total anvertrauen konnten.

KS: Wobei ich bei den meisten der wenigen sowjetischen Freunde, die ich hatte, ein bißchen das schwarze Schaf war, denn ich hatte in meinem Hintergrund das faschistische Deutschland und den Abscheu davor, und vielleicht verschloß ich ein bißchen die Augen vor vielen Dingen, die ich vielleicht hätte früher sehen müssen, während die Freunde alle aus einer Generation stammten, die noch den Bürgerkrieg miterlebt hatte und die den Grundstock dieser schrecklichen Heuchelei mitgelegt bekommen haben, denn das gehört auch dazu: Diese schreckliche Heuchelei, zu der man dort gezwungen wurde. Ich bin aus Deutschland 1935 herausgekommen, deshalb habe ich die schlimmsten Auswüchse nicht erlebt, aber selbst wenn man in Deutschland damals nicht mit dem Hitlergruß gegrüßt hat – ich rede jetzt nicht von den Juden, sondern von den Deutschen – so wurde man vielleicht nicht befördert und die Karriere war nicht gesichert, aber an Leib und Leben geschah ihnen nichts. In der Sowjetunion war es in den schlimmen Jahren, die ich dort kennengelernt habe, undenkbar, bei irgendeiner Abstimmung nicht dafür zu sein. Das war undenkbar. Ich wäre damit erledigt gewesen, es hat deshalb auch niemanden dort gegeben, der nicht laut dafür war. Deshalb sind auch alle entsprechenden Vergleiche der DDR mit der Sowjetunion falsch. In der DDR konnten Sie überleben, physisch überleben, wenn Sie keine Sympathiebekundung gemacht haben. Das war in der Sowjetunion, wie ich sie in Erinnerung habe, undenkbar. Ende der 30er Jahre, Anfang der 40er

Gespräche

Jahre, der Krieg, der Antisemitismus direkt nach dem Krieg. Diese unglaubliche Verlogenheit, bei einem ganz offensichtlichen Antisemitismus gesagt zu bekommen: »Du benimmst Dich gesetzwidrig, denn in unserer Verfassung steht drin, alle sind gleich vor dem Gesetz, und wenn Du sagst, es gibt Antisemitismus, dann sagst Du, daß von Staats wegen unsere Gesetzgebung nicht angewandt wird. Schluß mit Dir, Ende mit Dir.« Die Folgen der Unbotmäßigkeit waren vielleicht in der DDR auch nicht gerade angenehm, um es vorsichtig auszudrücken, aber die Folgen der Nichtbotmäßigkeit, des nicht sich lautstark Einverstanden-Erklärens, die waren in der Sowjetunion tödlich. Sie brauchten gar nicht zum Tode verurteilt zu sein. Auf zehn Jahre im hohen Norden verschickt zu sein, ist vielleicht schlimmer, als erschossen zu werden.

Um den Bogen abzurunden: Wenn sich überhaupt Lebensumstände in der Kunst und speziell in der Musik widerspiegeln lassen, so ist Schostakowitsch gültig für das Leben innerhalb dieser Umstände, und seine Musik wird, so hoffe ich, überleben in dem Teil, in dem die Allgemeingültigkeit solcher Umstände evident wird. Es gibt auch hier bei uns den Gegensatz Individuum – Gesellschaft. Er ist nur physisch nicht so bedeutsam, wie er dort war. Wir spielen auch Tschaikowsky und glauben, ihn zu verstehen. Wir machen uns heute gar nicht bewußt, daß dieser Gegensatz eigentlich sein Hauptthema ist. Der homosexuelle Tschaikowsky ist so evident in seiner Musik, nämlich aus der Verzweiflung seiner Glückssuche, wenn ich es so formulieren darf, und daher kommt das, was im Westen häufig als Süßigkeit verleumdet und mißverstanden wird. Im Grunde sind das bedeutsame und große Emotionen, denen Tschaikowsky Ausdruck gegeben hat.

DB: Ich weiß nicht, wie Sie darüber denken, aber ich bin der Meinung, daß jedes Meisterwerk eigentlich zwei Gesichter hat, eines zu seiner Zeit, das andere für die Ewigkeit. Es gibt da natürlich Menschen, die für die Zeit wichtig sind, die aber 50 oder 100 Jahre später von keiner Bedeutung sind, aber wenn das zweite Gesicht wirklich wichtig genug ist, dann bleiben die Stücke. Um mal ein ganz banales Beispiel zu geben: Wenn man sich heute mit »Figaros Hochzeit« beschäftigt, dann ist das Thema vom Recht der ersten Nacht für heute von keiner Bedeutung. Das war damals revolutionär, aber trotzdem beschäftigen wir uns heute damit, es gibt auch ein anderes Gesicht von »Figaro«, der nicht nur zu seiner Zeit eine Wichtigkeit hatte. Das ist wahrscheinlich auch mit Schostakowitsch so, wie Sie jetzt sagten. Es muß in dieser Musik eine andere Dimension sein, daß dieser Musik erlaubt zu überleben.

KS: Ich würde noch weiter gehen: Es gibt Werke, die verlieren ihren Wert nach sehr kurzer Zeit, der Wert für ihre Zeit mag sehr groß gewesen sein, aber er hat keinen Bestand. In einer sich verändernden Welt ist dieser Wert nicht mehr von Interesse. Weil die Musik so ist wie sie ist, ist der Wert von Mozarts »Figaro« heute noch absolut gültig und der von Beaumarchais begrenzt, was ich über den von Ihnen neulich dirigierten »Othello« eben nicht sagen kann. Ich kann nicht sagen, daß der »Othello« von Shakespeare dadurch mehr oder weniger Wert ist als der von Verdi, mich als Musiker erschüttert der Verdi'sche mehr, aber wenn einer kein Musiker ist, wird er wahrscheinlich bei Shakespeare erschüttert sein.

DB: Hat sich das Musikleben, also die Art des Musizierens in der DDR, als Sie zurückkamen, geändert oder blieb es ähnlich? Ich sage Ihnen, warum ich die Frage stelle, ich bin aufgewachsen in Israel, und das Philharmonic Orchestra, ich spreche jetzt vom Anfang der 50er Jahre, war ein Orchester aus Emigranten aus Mitteleuropa, und der Klang, besonders der Streicher, hatte etwas ganz Besonderes. Ich fand, als ich hierher kam, daß der Klang der Staatskapelle eine gewisse Ähnlichkeit hatte. Ich frage mich, ob das nicht dadurch kommt, daß das Orchester in der DDR ähnlich geschlossen blieb, wie in Israel die Emigranten auch unberührt von den Einflüssen von außen blieben.

KS: Es gibt eine Reihe von Gründen. Obwohl die Dirigenten, die aus dem Westen in die Sowjetunion kamen, immer sehr zu kämpfen hatten mit dem Rhythmus der russischen und sowjetischen Orchester, waren sie doch alle angetan von der Besessenheit, mit der musiziert wurde. Vielleicht liegt das daran, daß das Musikmachen in größerem Maße als im Westen eine Sache des sich Auslebens sein konnte, eine Insel, auf die man sich zurückzog. Wer Musiker wurde, der wußte von vornherein, er bringt Opfer. Ich erinnere mich, das muß Anfang der 50er Jahre gewesen sein, daß die Musiker gegenüber Mrawinski klagten, daß sie zu wenig Geld bekommen. Da sagte er: »Ja, haben das Eure Eltern Euch nicht gesagt, als Ihr in das Konservatorium geschickt wurdet, daß Ihr nicht Musiker werden dürft, wenn Ihr gut leben wollt?« Ich glaube, das war in den östlichen Ländern seit jeher hervorstehend. Hinzu kommt das, was Sie

Gespräche

gesagt haben, daß sich in den abgeschlosseneren Ländern etwas mehr von diesem Geist bewahrt hat.

Herr Barenboim hat vorhin vom Streicherklang gesprochen, den er beim Israel Philharmonic Orchestra angetroffen hat. Herr Sanderling, gab es einen Unterschied zwischen dem Klang, den Sie kennengelernt hatten, bevor Sie in die Sowjetunion gegangen sind, und dem, den Sie dort vorfanden?

KS: Ja, aber nicht so, wie Sie es vielleicht von mir hören wollen: Der Streicherklang, den ich aus Deutschland im Ohr hatte, das war mein normaler Streicherklang, den habe ich nicht irgendwie eingestuft als besser, schlechter, wärmer, kälter, sondern das war das, was ich hörte. Alles andere, was später kam, wurde von mir daran gemessen, sowohl im positiven wie im negativen Sinne. Deshalb ist Ihre Frage für mich sehr schwer zu beantworten. Der Klang war anders in der Sowjetunion, das kann ich ruhig sagen: schöner, wärmer, reicher.

DB: Aber was mich interessiert, als Sie zurück in die DDR kamen, haben Sie da den Klang oder die alte Art des Musizierens wiedergefunden, den Sie von 1935 noch kannten?

KS: Auch die Frage ist für mich schwer zu beantworten, weil ich es, als ich in die DDR zurückkam, gemessen habe an dem Klang, den ich verlassen hatte. Der Klang, den ich verlassen hatte, war einer der schönsten, den es in Rußland, in der Sowjetunion gab, nämlich den der Leningrader Philharmoniker, gerade der Streicher. Deshalb war, was ich in der DDR vorfand, natürlich nicht so schön, nicht so reich, nicht so warm.

Hatten Sie Lieblingsorchester zur damaligen Zeit in Berlin?

KS: Nein, das kann ich nicht sagen. Ich stand vor jedem Orchester – nicht als Dirigent, sondern als Zuhörer – mit Staunen und Glück. Was den Klang anbetrifft, war die Staatskapelle das Orchester Nummer Eins. Die Staatskapelle auf ihren alten Instrumenten und mit wunderbaren Musikern galt als klanglich schönstes Orchester Deutschlands, was nicht die Verdienste und den Rang der Philharmoniker schmälert, aber Staatskapelle war Staatskapelle.

War das von einem Dirigenten abhängig oder galt das für alle Dirigenten, die die Kapelle dirigiert haben?

KS: Das kann ich Ihnen nicht nachdrücklich sagen. Für mich war es herrlich. Für mich waren auch die Konzerte mit Furtwängler herrlich. Aber selbst das, was Furtwängler so einmalig machte, trat in den Schatten gegenüber der Unbedingtheit von Klemperers Musizieren. Sie haben ihn nicht richtig gekannt, denn wer Klemperer nach dem Krieg gekannt hat, hat ihn nicht richtig gekannt. Das war wirklich eine einmalige Erscheinung, aber wenn ich heute zurück denke, so hat kaum jemand wie Furtwängler das Werk sozusagen geboren, wenn er dirigierte. Klemperer hat es unglaublich dargestellt. Bei Furtwängler hatte man immer das Gefühl, er gebiert in dem Moment das Werk, deshalb sind auch seine sogenannten Freiheiten nicht mehr relevant. Der Komponist hat die Freiheit. Das war ein für uns damals sehr wichtiges Kriterium. Das gilt vielleicht heute auch noch: Wie weit darf ich gehen, wie weit darf ich mir Korrekturen oder Eingriffe erlauben? Das ist ein Thema, das uns letztlich ständig beschäftigt, nur nicht – glaube ich – mit der Unbedingtheit, für die es damals stand. Damals war Toscanini das Idol bedingungslosen Musizierens. Wir sehen heute, wenn wir uns Aufnahmen von Toscanini anhören, durchaus, was er sich alles erlaubt hat, nur, es war nicht offensichtlich. Aber das ist wieder ein anderes Thema, wenn auch ein wahrscheinlich auch Sie immer wieder bewegendes Thema.

Haben Sie Furtwängler nur im Konzert gehört? Und Klemperer in der Oper?

KS: Ja, Furtwängler nur im Konzert, Klemperer in der Oper und im Konzert, wobei Klemperer umwerfend war. Furtwängler war zwingend, Klemperer war umwerfend.

DB: Ich habe Klemperer erst viel später kennengelernt, wobei er eine ungeheure Kraft und eine Neugier ausstrahlte. Ich erinnere mich, ich habe ungefähr in der gleichen Zeit, wo Sie Beethovens Klavierkonzerte aufgenommen haben, das Kammerkonzert von Verdi gespielt in London, und Klemperer kam zu jeder Probe. Er war von dem Stück fasziniert. Er war nicht mehr jung, und trotzdem hatte er eine Neugier, eine innere Kraft, die ganz erstaunlich ist. Das spürte man in seinem Musizieren, auch als er alt war. Er konnte sich kaum bewegen, aber er zwang das

Orchester zu einem besonderen Klang, den man wirklich nur mit ihm assoziieren konnte.

KS: Und nicht mit seinen Händen. Auch bei Furtwängler übrigens nicht. Die mitreißendsten Dirigenten waren nicht die, die am mitreißendsten dirigiert haben, rein von der Technik des Dirigierens. Da habe ich Dirigenten gehört, die das beneidenswert konnten, aber sie haben mich nicht so mitgerissen wie eine Reihe von Dirigenten, wie Furtwängler, Klemperer, wo die Hände eines der Ausdrucksmittel der Persönlichkeit waren, ich möchte doch diesen etwas abgebrauchten Begriff einführen. Wenn sie da standen, dann ging eben irgend etwas los, was bei anderen, die wunderbar dirigierten, nicht da war. Daher kommt auch meine bis ins hohe Alter bewahrte Skepsis, das Dirigieren lehren zu können. Ich glaube, das ist ein Beruf, der im Grunde genommen nicht erlernt werden kann, wie auch der Beruf des Regisseurs.

DB: Das sind die zwei Künstler, die so oft vom Publikum mißverstanden, besser, nicht verstanden wurden, weil auch ein nicht sehr musikalisch gebildeter Zuhörer eines Klavierkonzerts oder eines Violinkonzerts von Brahms oder Tschaikowsky einen Eindruck bekommen kann, ob der Pianist oder der Geiger das Instrument beherrscht und die Töne relativ sauber spielt oder nicht. Aber wenn ein Dirigent vor einem besonders guten Orchester steht, ist der gleiche Zuhörer nicht fähig, wirklich zu analysieren, was dieser Dirigent dem Orchester gibt und umgekehrt. Beim Regisseur ist das noch mehr der Fall.

KS: Der Zuhörer läßt sich verführen durch das äußere sprechende und weniger sprechende Bild, daß der Dirigent mit seinen Händen abgibt, aber wir wissen doch, daß die Hände nur die Telegraphenleitung sind, aber was in den Drähten drin ist ...

Herr Sanderling, ein Lieblingskomponist, jedenfalls gemessen an der Zahl der Aufführungen, ist Sibelius für Sie gewesen. Sie haben sehr viel Sibelius gemacht, Sie haben in der Sowjetunion sehr viel Sibelius gemacht. Nun haben Sie gerade über Schostakowitsch gesprochen als jemand, der aus seiner Situation heraus erklärbar ist, aus seiner ganz speziellen Situation heraus Musik gemacht hat, eine Musiksprache gefunden hat. Was hat Sie an Sibelius im Vergleich dazu gereizt?

KS: Sehr allgemein gesprochen: der Norden von Europa, der mich immer sehr gefesselt hat. Ich bin noch heute ein hingerissener Leser von Hamsun – trotz seiner politisch fast unverständlichen Haltung. In Sibelius habe ich immer die Natur des Nordens sprechen gehört, vielleicht fälschlich, vielleicht werde ich vielen Facetten seiner Kunst nicht gerecht, aber was mich an ihm gefesselt hat, das sind eben die nordischen Landschaften, nordische Wälder, die Seen in Finnland, die Fjorde, die ich in seiner Musik höre. Es ist furchtbar schwer zu sagen, was mich fesselt. Sie haben einen Ausdruck gebraucht: Lieblingskomponist. Wie Sibelius habe ich eine ganze Reihe Lieblingskomponisten, aber wenn überhaupt, also die berühmte Frage nach der einsamen Insel, dann kämen natürlich nur Mozart oder Schubert mit, für mich noch vielleicht Brahms. Aber ich gebe zu, das mag nicht allgemein gültig sein. Sibelius würde bereits nicht dazu gehören, auch Schostakowitsch würde dazu nicht gehören, so eng ich mich auch seiner Biographie verbunden fühle. Aber wenn es darum ginge, was mir immer zu jeder Lebenszeit und in jeder Situation unverzichtbar war, dann sind es Mozart und Schubert, auch unter Weglassen solcher epochaler Erscheinungen wie etwa Bach. Deshalb ist die Frage nach Lieblingskomponisten ein bißchen müßig. Das sind die beiden, die ich nannte, die sind es zu jeder Zeit und niemals zu viel, niemals zu Ende. Bei den anderen hat es Perioden gegeben, wo ich das Werk mal zur Seite stellte, dann aber wieder nahm. Ganz eminent ist für mich ein Komponist, der in diesem Rang zwar nicht hinein gehört, aber dem ich große Sympathien, vielleicht auch als Co-Emigrant, bezeuge: Das ist Rachmaninow, den ich für einen unterschätzten Komponisten des vorigen Jahrhunderts halte. Ich habe Rachmaninow manchmal jahrelang negiert und dann doch gerade die Sinfonien wieder mit großem Interesse und großer Sympathie aufgeführt, weil ich in ihm immer auch den etwas traurigen Salonkomponisten hörte, die Wehmut, die in ihm steckt.

(zu Barenboim gewandt) Sie haben ihn wenig gespielt?

DB: Überhaupt nicht.

Gibt es für Sie Favoriten unter den Komponisten?

DB: Ich weiß ganz genau, was Herr Sanderling mit Mozart und Schubert meint. Ich glaube, das ist, wenn ich ihn richtig verstanden habe, nicht so

Gespräche

sehr eine Frage von Favoriten, sondern das sind Komponisten, das ist Musik, die man jederzeit, in jedem menschlichen Zustand, in jeder Stimmung immer hören kann. Aber ich glaube, mein Lieblingskomponist ist immer der, mit dem ich mich im Moment beschäftige. Wenn ich »Othello« dirigiere, dann muß ich denken – und das tue ich auch –, daß das mein Lieblingsstück ist in dem Moment. Natürlich kann ich nicht mit »Othello« ins Orchester gehen und denken, eigentlich ist »Tristan« meine Lieblingsoper, aber heute dirigiere ich »Othello«und werde das Beste daraus machen. Nein, ich gehe rein, und in diesem Moment ist es das einzige Stück, das gilt. Daß es natürlich im nachhinein nicht so ist, das ist eine andere Frage, aber ich glaube, man muß dieses Gefühl haben in dem Moment, in dem man ein Stück spielt und dirigiert: Dieses Stück ist mein Lieblingsstück.

KS: Ich würde sogar noch weiter gehen: Das ist etwas, was von selbst kommt. Ich glaube, wenn man ein Stück spielt, hat man so viel Freude daran, daß man es in diesem Moment ziemlich ausschließlich spielt. Nur fürchte ich doch, daß es in Ihren Gefühlen ein Unterschied ist, ob Sie »Othello« oder »Tristan« spielen. Es ist sicher keine Schwierigkeit, »Othello« für die dreieinhalb Stunden, die er dauert, zu der schönsten und aufregendsten Musik zu erklären, die man jemals gespielt hat. Ob das so möglich ist, wenn man Reger dirigiert, weiß ich nicht. Ich habe es noch nicht versucht. Aber wissen Sie, ich mußte so häufig in meinem Leben Dinge spielen, obwohl ich lieber etwas anderes gespielt hätte. Um ein Beispiel zu geben: Die Sowjetunion hatte damals 16 Republiken, 16 verschiedene Nationen, es mußten in Moskau und Leningrad im Konzertplan wenigstens acht bis zehn Stücke aus diesen Republiken vertreten sein. Wir hatten das Glück, einen Dirigenten zu haben, der das gerne machte, er hat überhaupt so gerne dirigiert, daß es ihm ganz egal war, was er dirigierte. Aber manches fiel an uns, an Mrawinski und mich. Ich habe versucht, anständig zu sein, mein Bestes zu geben, und das Beste, was ich glaubte, machen zu können mit dem Stück. Aber natürlich hätte ich lieber den »Othello« dirigiert.
In der DDR war die Situation ähnlich, ja, wo soll die DDR-Musik gespielt werden, wenn nicht dort. Also mußte jedes Orchester einen gewissen, nicht festgelegten Prozentsatz an sogenannter zeitgenössischer Musik spielen, worunter eben nur die DDR-Musik verstanden wurde. Das konnte man nur, in dem man versuchte, es so anständig wie möglich zu

tun. Ich konnte es mir auch in gewisser Weise leisten, eine Selektion zu betreiben. Ich habe mir dabei nicht nur Freunde gemacht, aber es war eben notwendig.

Wie fühlten Sie sich, wenn Sie auf dem Pult standen und so etwas spielen mußten?

KS: Unser Beruf hat ein Positives: Man kann sich an der rein beruflichen Ausführung freuen. Man kann sich daran freuen, wie einem dies oder jenes gelingt. Man versucht dann, sich darüber zu freuen, wie schön das Orchester klingt, die Musik ist Mist, aber wie schön es klingt, daran kann man sich freuen. An irgendwas muß man sich freuen.

Hatte man dann Angst vor den Kritikern, die danach vielleicht sagen konnten, das war aber nicht sein Herzblut, was da floß, sondern das war nur reine Routine?

KS: Nein, die wußten gar nicht, daß man so etwas ohne Herzblut machen kann. Der von den Kritikern am schmählichsten behandelte Komponist war Schostakowitsch, ein bißchen auch Prokofjew, aber vor Prokofjew hatte man doch ein bißchen mehr Respekt. Schostakowitsch wurde von der Kritik immer schlecht behandelt, außer wenn es schien, er sei scheinbar zu Kreuze gekrochen, weil die Kritik dort auch immer offiziös war. Es durfte niemand so schreiben, wie er wollte, sondern er hatte zu schreiben, was geschrieben werden mußte. Es gab mal von ihm ein handwerklich großartiges, aber musikalisch unsägliches Werk, das hieß »Das Lied der Wälder«, das er nach dem großen Kladderadatsch von 1949 geschrieben hat. Damit ist er zu Kreuze gekrochen. Gott sei Dank, denn wenn er das nicht geschrieben hätte, dann wäre er nach »Präludium und Fuge«, die er 1950 geschrieben hat, wegen Staatsfeindlichkeit verhaftet worden. Ich erinnere mich noch, mit welcher Hingabe Mrawinski das gemacht hat.

Wußte Mrawinski damals, wie Sie gerade sagten, daß das so ein schlechtes Stück war?

KS: Natürlich, aber Schostakowitsch gegenüber durfte man das nicht sagen.

Wußte Schostakowitsch es selber?

KS: Sicher.

Gespräche

Sie haben die damalige Kritik angesprochen. Nun sind die Verhältnisse zwischen damals und heute sicher grundlegend verschieden, aber wenn ich als Laie Berliner Musikkritiken lese über Konzerte und Opern, in denen ich war, denke ich regelmäßig, ich bin in einer anderen Vorstellung gewesen. Woran liegt das, diese Uniformität, ist das eine Berliner Situation oder ist das ein Unvermögen der Kritik generell, oder was mag dahinter stecken?

KS: Wissen Sie, es klingt vielleicht absurd, aber ich möchte eine kleine Lanze für die Kritiker brechen: Wir Interpreten wissen, wieviel Mühe, Sorgen, Zweifel hinter der Aufführung jedes Werkes stecken. Und wenn ich die quantitative Begrenzung der Werke, die ich spiele, vergleiche mit denen, die ein Kritiker im Laufe eines Jahres hören muß, dann möchte ich dem viel verzeihen. Wir sind doch froh, wenn wir eine Vierte Brahms-Sinfonie so gut machen, wie es uns unsere Vorfahren gezeigt haben, vielleicht etwas besser, das wäre ein großer Gewinn, aber mindestens so gut. Die Kritiker fühlen sich verpflichtet, in der Vierten Brahms-Sinfonie jedesmal neue Entdeckungen zu machen. Ich habe in Berlin noch nicht eine Kritik gelesen, in der steht: Heute abend hat der und der gespielt oder dirigiert, es war ein sehr bewegendes Konzert, das Publikum war sehr dankbar. Dankeschön. Schluß. Nein, die Vierte Sinfonie von Brahms, die diese und jene Passage enthält, er muß zu allem seinen Senf geben, er fühlt sich dazu verpflichtet, vielleicht weil er sonst nicht weiter engagiert wird. Diese Schwierigkeit macht ihn so unsicher, korrupt kann man es auch nennen, aber ich würde sagen, zumindest so unsicher. Ich kann mir den Luxus leisten zu sagen, ich war gestern im Konzert, und es war schön. Ich brauche nicht zu analysieren, deshalb war es schön, das hätte doch etwas schöner sein können. Hingegen dieses »Naja, da war der Interpret nicht ganz auf der Höhe« das brauche ich nicht. Mir hat es gefallen, ich bin glücklich, drei schöne Stunden erlebt zu haben mit Musik, die mir Freude gemacht hat, das kann doch ein Kritiker nicht sagen, weil er das nicht darf. Er muß analysieren, das ist doch was Schreckliches. Ich gehe doch ins Konzert, um Freude zu haben, um zu genießen, um dieses Wort zu benutzen.

Waren die Kritiken in den 30er Jahren bei Klemperer und Furtwängler genauso?

KS: Das kann ich Ihnen heute nicht mehr so genau sagen, aber mir ist neulich ein Band mit Theaterkritiken von Alfred Kerr in die Hände gefallen. Ich fand es im Grunde genommen schrecklich, unglaublich klug, und er hat vielleicht viele Dinge gesehen, die ich nicht gesehen hätte, aber diese Art und Weise, aus einer Kritik ein Kunstwerk machen zu wollen, ist doch schrecklich. Das Kunstwerk ist ihm doch gezeigt worden, und er hat zu referieren. Wer von uns ist schon so schrecklich klug, wer hat damals 1913 von vornherein erkannt, was für ein einmaliges und wegweisendes Werk der »Sacre« von Strawinsky gewesen ist. Jetzt kommt wahrscheinlich noch Konkurrenz zwischen den Blättern dazu, und dann entsteht das, was die Folgen manchmal so verheerend macht. Wir erleben laufend, daß sich die Kritik auf jemanden einschießt, in Gottesnamen, das vergeht wieder, aber wie oft läßt eine Kritik eine Karriere nicht zur Karriere werden.

DB: Das ist schlimm, das ist vor allem bei jungen Künstlern schlimm. Wenn man schon etabliert ist, ist es eigentlich egal. Die Kritiker können zerstören. Das ist besonders bei Dirigenten so, die eine Chefposition haben und sehr oft in der gleichen Stadt dirigieren. Wenn sie nur reisen und spielen einen Abend hier und einen Abend da, das ist nicht so schlimm, aber in dem Moment, wenn sie Chefdirigent in einer Stadt sind, der 20, 25 oder 30 mal auftritt, und da gibt es einen Kritiker, der ihn nicht mag, der arme Kritiker, der ist total abhängig von dem Dirigenten. Er verbringt sein Leben damit, daß er über diesen Dirigenten schreibt, den er nicht leiden kann und über den er jede Woche negativ schreiben muß. Da muß es bei dem Kritiker doch kochen im Bauch.

KS: Die schönste Kritik, das muß ich Ihnen noch erzählen, stammt aus der Zeitung, die ins Deutsche übersetzt »Die Wahrheit« heißt, es ist die »Prawda« in Moskau. Da war mal eine Kritik über einen Klavierabend von Richter, wo genau beschrieben war, wie er diesen und jenen Satz gespielt hat und daß er leider nicht das gespielt hat, sondern jenes, aber das wollen wir ihm verzeihen. Und dann kam raus, daß das Konzert gar nicht stattgefunden hat.
Ich habe manchmal auch den Eindruck, daß die Kritiker vor der Pause nach Hause gehen und schreiben dann, nach der Pause war es miserabel.

KS: Als mein damaliges Orchester, das Berliner Sinfonieorchester, zum ersten Mal in Wien war, spielten wir die Erste Sinfonie Schumann und nach der Pause die vierte Sinfonie von Tschaikowsky an einem Abend, spielten beides so, wie wir es immer gespielt haben. Da Musiker gut aufpassen, sahen sie, der Kritiker war nach der Pause nicht mehr da. Aber am selben Abend um zwölf haben wir bereits im »Kurier« gelesen, daß ich Tschaikowsky zu sehr in die Nähe von Lehár rücke und daß man es heute so nicht mehr spielen sollte. Aber der war nachweisbar gar nicht mehr im Saal gewesen.

DB: Das ist eine Frage, die mich oft beschäftigt hat, wie wunderbar es ist, daß es die Freiheit der Medien gibt, daß es andererseits aber unglaublich ist, das so etwas passieren kann. Wenn man schon von Ehrlichkeit und Offenheit spricht, dann müßte man eigentlich so etwas nicht erlauben, aber das passiert immer wieder. Das ist nicht Pressefreiheit, das ist Anarchie. Das ist unanständig. Die beste Geschichte, die ich über Kritiker kenne, betrifft einen ganz berühmten Kritiker in New York, einen ganz großen Toscanini-Anhänger. Das Berliner Philharmonische Orchester kam zum ersten Mal 1955 nach New York, Karajan dirigierte, und gespielt wurde unter anderem die Fünfte Sinfonie von Tschaikowsky. Jener Mann schrieb, wenn man Toscaninis ewig gültige Interpretation dieser Musik im Ohr habe, dann sei das, was Karajan und das Orchester gemacht hätten, furchtbar gewesen. Karajan habe sich die Freiheit genommen und alles geopfert, was den noblen Ausdruck von Toscanini ausgemacht habe, und so fort. Zwei Wochen später steht ein Brief von Toscaninis Sohn in der gleichen Zeitung: »Sehr geehrter Herr, ich habe die große Kritik über das Konzert mit dem Berliner Philharmonischen Orchester gelesen, muß Ihnen aber leider mitteilen, daß mein Vater die Fünfte Sinfonie von Tschaikowsky nie dirigiert hat.« Dann kam noch ein post scriptum des Kritikers: »Ich muß mich bei meinen Lesern entschuldigen, daß ich das so geschrieben habe, aber ich bestehe noch immer darauf, hätte Toscanini die Sinfonie dirigiert, hätte er sie so dirigiert, wie ich es beschrieben habe.«

KS: Nach meinen Erfahrungen ist es absolut unsinnig, gegen Kritiken, auch wenn sie noch so blöde sind, zu opponieren. Ein Beispiel, Neunte Sinfonie von Beethoven. Kritiker: »Gar nicht schlecht insgesamt, leider haben sich im ersten Satz bei ihm alle Proportionen verschoben, weil er die Wiederholungen nicht gemacht hat«. Na, wollen Sie da protestieren?

DB: Die Kritiker müssen sich mit uns beschäftigen, aber wir dürfen uns mit denen nicht beschäftigen. So einfach ist das.

KS: Sie müssen sich an uns profilieren. Ich hätte so gerne mal eine Kritik gelesen, ich habe mich an dem Abend gelangweilt über ein Konzert. Ich hätte mich vielleicht schon geärgert, wenn er geschrieben hätte, ich habe mich wie gewöhnlich bei ihnen gelangweilt. Aber gelangweilt ist sein gutes Recht, das hängt nämlich nicht nur von mir, sondern auch von ihm ab. Genauso hätte ich auch gerne mal eine Kritik gehabt, es war ein schöner Abend, ich habe heute Freude gehabt. Nein, so eine Kritik habe ich in der Form noch nie bekommen.

DB: Aber eigentlich muß man sagen, daß alles, was man über Musik sagt oder schreibt, eigentlich nicht über die Musik ist, sondern über unser Verhältnis zu der Musik, wie Sie reagieren, wie ich reagiere, deswegen kann man sagen, für den einen ist Musik etwas Emotionales, für den anderen etwas Mathematisches und für den dritten ist es etwas Sinnliches. Musik ist das und viel mehr, nur wenn man das sagt, dann heißt es, man spricht mehr über die Beziehung dieser Person zur Musik als über die Musik selbst. Wenn ein Kritiker schreibt, auch wenn er über Sie, Herr Sanderling, schreibt, er schreibt über sich selber, er kann Sie doch nicht beschreiben. Das darf man nicht vergessen.

KS: Ich habe mit Mrawinski gelernt, in bescheidenem Maße zu kritisieren. Wir beide waren im sibirischen Nowosibirsk zwei oder drei Jahre lang aufeinander angewiesen. Es gab niemanden, Presse gab es nicht, Erfolg ist kein Maßstab. Wir waren beide junge Dirigenten, für uns war alles neu, es war die Regel, daß wir uns nach unseren Konzerten im Künstlerzimmer ein oder zwei Stunden unterhielten über das, was wir gehört hatten, und einander kritisierten. In den Jahren konnten wir offen sein, das heißt, ich konnte auch offen zu ihm sein, später war er so groß, daß das nicht mehr möglich war, aber in den Jahren haben wir sehr oft gesprochen. Da haben wir sofort nach wenigen Tagen oder wenigen Malen festgestellt, daß wir zu unterscheiden haben, wenn wir uns überhaupt kritisieren wollen, was hat er gewollt und wie hat er das, was er gewollt hat, umgesetzt. Die Kritiker schreiben immer über uns unter dem Gesichtspunkt, was sie gewollt haben. Wir haben damals sofort gelernt, es hat gar keinen Sinn, wenn ich ihn kritisiere für die Art, wie er das Werk gespielt hat, wenn ich mich nicht vorher mit dem auseinander gesetzt habe, was er gewollt hat und dann erst, wie er das umgesetzt hat, ob gut oder schlecht. Was du gewollt hast, war gut, was du gemacht hast, war schlecht oder umgekehrt, was du gewollt hast, kann mich nicht überzeugen, aber wie du es gemacht hast, das war gut. Das macht doch kein Kritiker. Das ist doch eigentlich die Grundlage der Kritik.

DB: Das kann er nicht. Ich glaube, es gibt auch noch ein anderes Problem: Wenn man in einem Saal mit zweitausend Leuten sitzt, ist man auch ein Teil dieser Masse, aber die Kritiker vergessen das, die denken immer, sie haben die Fähigkeit, sich total von den anderen zu lösen. In dem Moment, wo sie über ein Konzert schreiben, daß sehr erfolgreich ist, das sie aber nicht gemocht haben, dann kritisieren sie nicht nur den Künstler, sondern auch das Publikum, weil es dem gefallen hat. Ich habe auch eine schöne Kritik gelesen, ich glaube, das war in der Londoner »Times«: »Herr Soundso hat gestern einen Klavierabend gegeben, warum?«

Wir haben vorhin über die Haltung der Orchestermusiker zu ihrem Dienst gesprochen, wobei das Wort »Dienst« allein schon etwas ausdrückt. Hat sich diese Mentalität, die sicher in der Sowjetunion und der DDR unterschiedlich war, seit 1960 verändert, was hat sich geändert? Wie war es bei Ihnen?

KS: Ich glaube, das ist auch von Orchester zu Orchester verschieden. Mein Orchester war ein Sonderfall, da saßen sehr viele junge Leute mit sehr viel Begeisterung drin. Auch für mich war das sehr schön, plötzlich die ganze Literatur von Bach bis Bartók neu machen zu müssen, ein Orchester zu haben, das von den neun Beethoven-Sinfonien vielleicht drei Sinfonien gespielt hatte. Bei diesen Menschen als Dirigent das Interesse zu wecken, ist nicht schwer, die Schwierigkeit ist vielmehr folgende: Als junger Dirigent dirigieren Sie vielleicht zum ersten Mal die Vierte Brahms, Sie sind angefüllt mit diesem Werk, haben Wochen und Monate, manchmal auch Jahre mit diesem Werk gelebt, gekämpft, gestritten und sind erfüllt und kommen nun auf die Probe, das Orchester hat gestern abend die Achte Bruckner gespielt und die Vierte Brahms in jedem Jahr mit guten Dirigenten. Jetzt kommen Sie als junger Spund und erwarten diese Begeisterung. Die kann das Orchester nicht geben, das können Sie nicht verlangen, die hätten Sie auch nicht, wenn Sie gestern die Achte Bruckner gespielt hätten oder gar die »Götterdämmerung«. Ich muß verstehen, daß diese Sorte Begeisterung, die mich erfüllt hat, nicht den Geiger, den Oboer oder wen sonst im Orchester erfüllen kann, selbst wenn er gestern abend nicht die »Götterdämmerung« gespielt hat. Er steht diesem Werk nicht zum ersten Mal gegenüber, so wie ich als junger Dirigent. Das ist es, was jungen Dirigenten so schwer fällt und weshalb sie häufig zu früh aus dieser Begegnung ein Trauma bekommen: »Ich bin nicht in der Lage, die zu interessieren, ich bin nicht in der Lage, sie zu begeistern. Vielleicht wäre Klemperer es gewesen, aber ich bin nicht Klemperer.«

Wie gehen Sie damit um? Verzichten Sie auf Ihre Vision von dem Stück, geben Sie nach?

KS: Das ist auch von Orchester zu Orchester verschieden. Wenn ich vor die Staatskapelle komme und die Zweite Brahms machen werde, so kann ich mich doch auf ein Fundament verlassen, erstens in der Geschichte, zweitens in der unmittelbaren Musizierweise. Sie haben auch die Wochen und Monate vor mir mit guten Dirigenten musiziert und haben ihr Gutes und manchmal auch ihr Bestes gegeben. Das zu wissen, beruhigt ein bißchen. Gerade so einem Orchester gegenüber gebührt auch ein Minimum an Vertrauen seitens des Dirigenten. Das kann ich natürlich nicht haben, wenn ich in Palermo vor einem Orchester stehe. Wenn ich dort stehen müßte, dann müßte ich sozusagen von der Stunde Null anfangen, das brauche ich hier nicht. Was mir dann als Müdigkeit und Abgespanntheit gegenüber sitzt, das muß ich aktivieren können. Es gehört eben zu den Schwierigkeiten mancher Dirigenten, das niemals zu akzeptieren. Das hat auch Toscanini nicht akzeptiert, das machte die Arbeit mit ihm so schwierig. Für diese Sorte Dirigent war der Musiker der Untertan, der Motor, an dem man die Schräubchen dreht. Ich glaube, sagen zu dürfen, für Dirigenten, die aus dem Orchester kommen, ist der Musiker im größeren Maße Kollege als bei den Dirigenten, die diese Erfahrung nicht kennen.

DB: Aber Toscanini war doch Cellist. Ich weiß nicht, wie lange er da war, ich weiß nur, daß er im Orchester gespielt hat.

KS: Das ist richtig. Nun, Klemperer war zu seiner guten Zeit ein sehr guter Pianist, aber wie lange war Toscanini Cellist? Ich glaube, zwei Jahre hat er da gesessen. Nun sind das Ausnahmeerscheinungen. Im Prinzip dürfte es schon so sein, daß die Dirigenten, die in ihrer Jugend, in ihrer

Ausbildungszeit als Musiker viel Kammermusik gemacht haben, viel verständnisvoller sind. Ich weiß nicht, wie Ihre Erfahrungen sind. Meine sind, ganz pauschal gesprochen, daß es einen Musiker viel mehr interessiert, über Klang angesprochen zu werden als über rhythmische Disziplin, die folgt schon, wenn der Klang kommt. Die Dirigenten, für die rhythmische Disziplin das Vorherrschende ist, die werden im Orchester nicht ganz zu Unrecht weniger geliebt. Musik ist Klang.

Aber kann nicht ein Orchester in gewisser Weise geleitet, ja sogar zu einem bestimmten Musizieren gezwungen werden? Braucht ein Orchester eine bestimmte Führung nicht viel mehr als Entscheidungsfreiheit?

DB: Dann kommt aber ein Problem, was aus meiner Sicht für die Dirigenten genauso wichtig ist wie für die Orchestermusiker: Es sind schließlich die Orchestermusiker, die den Klang produzieren. Wie Herr Sanderling sagte, Musik ist Klang. Ich sage nicht nur Klang, sondern klingende Luft. Ein Dirigent muß sich immer daran erinnern lassen, daß die Orchestermusiker den Klang produzieren, sonst denkt er, er ist Gott. Aber die Orchestermusiker müssen sich auch immer daran erinnern, nicht einfach zu sagen: »Egal, was der dort dirigiert, ich spiele, was ich will.« Sondern sie müssen wissen, daß sie wirklich aktiv schöpferisch animiert von sich aus spielen müssen und nicht auf den Impuls vom Dirigenten warten. Diese Problematik gibt es bei Musikern, die eigentlich selbst wenig zu sagen haben, sie sitzen im Orchester und warten darauf, von einem Dirigenten animiert zu werden. Dann beurteilen sie, ob es ihnen gefällt oder nicht. Das ist auch falsch. Das ist falsch von beiden Seiten, deswegen ist es ungeheuer wichtig, daß man das wirklich nie vergißt. Letztlich sind es die Musiker, die den Klang produzieren. Der Dirigent kann so viel machen, er kann die Musiker dazu bringen, daß sie ganz anders spielen, er kann sie viel lehren, animieren, inspirieren, aber im Moment des Konzerts sind es die Musiker, die das spielen, und es sind die Musiker, die den Klang produzieren.

KS: Ich glaube, daß die Klangerzeugung auch die Freude des Musikers ist. Selbstverständlich möchte er gern gesagt bekommen, wie er das machen soll, wobei ein Übermaß auch falsch ist. Er ist ein Musiker und ihm nun sagen zu wollen, wie er es ganz genau machen soll, behindert im gewissen Maße seine Freiheit. Ich möchte nicht taktlos sein, aber wir haben in unserer jüngsten Geschichte einen Dirigenten gehabt, eine bedeutsame Erscheinung, der meinem Empfinden nach Grundlegendes falsch gemacht hat, obwohl er tolle Konzerte zusammengebracht hat. Da haben die Musiker gesagt bekommen, wie stark, wie laut, wie leise, wie schnell, wie langsam sie zu spielen haben. Es hat sich zufällig ergeben, daß ich in einer Reihe von Orchestern, die er mit Skandal verlassen hatte, der nächste Dirigent war als Gastdirigent. Vor mir haben Automaten gesessen, die darauf warteten, gesagt zu bekommen, das so, das so, das so. Ich ging nach der Probe nach Hause mit dem Gefühl, vollständig mißbraucht worden zu sein. Nichts kam mir entgegen. Wie schön ist es doch, wenn ein Musiker einem mal eine Phrase spielt. Es ist nicht ganz so, wie ich es mir vorgestellt habe, aber in seiner Weise sehr schön; ich werde ihn doch nicht verbessern, es war doch sehr schön, es muß doch nicht genau so sein, wie ich es mir zu Hause ausgerechnet habe. Das gab es bei Celibidache überhaupt nicht. Das gab es aber bei Furtwängler, dieses Aufnehmen dessen, was ein Musiker und auch ein Orchester zu geben hat.

DB: Also meine Erfahrung mit Celibidache war anders. Ich habe oft mit ihm gespielt. Ihm war schon sehr klar, was er wollte und wie er es wollte, aber es war ihm ganz bewußt, wer den Klang produziert, er wollte unbedingt das Sagen haben, aber ich habe mich als Solist immer sehr frei gefühlt. Er hat auch ganz wunderbar begleitet, ich fand diese Reglementierung bei ihm nie. Ich habe mit ihm, das muß ich sagen, nur mit den Münchener Philharmonikern gespielt, sozusagen seine letzte Station, wo er sich wohl sehr zu Hause gefühlt hat. Ich hatte diesen Eindruck vom Automaten nicht, er hat doch die Musiker dazu gebracht, die Musik zur Entstehung zu bringen. Vielleicht war es als Gastdirigent anders.

KS: Ich habe nur die Erfahrung als nächster Dirigent gemacht, und ich habe mich nirgends so hilflos gefühlt gegenüber einem Orchester, bei dem ich das Gefühl hatte: Dem mußt du alles erklären. Ich kann da nur aus meiner Erfahrung sprechen. Ich war in Stockholm der nächste Dirigent, ich war in Stuttgart der nächste Dirigent, und ich war in München der nächste Dirigent, nachdem er dort weggegangen ist. Also drei Mal eine unglaubliche Koinzidenz vom Verhalten des Orchesters, vom Erwarten des Orchesters. Ich glaube, er hatte das Gefühl, immer von Stunde Null anfangen zu müssen.

DB: Ich habe ihn einmal gefragt, ich kannte ihn wirklich gut: »Angenommen, Sie wissen alles von A bis Z und das Orchester weiß nur von A bis C, warum fangen Sie nicht bei D an, sondern bei A.« Wissen Sie, was er mir gesagt hat? »Auch wenn Sie es von A bis C genau wissen und es richtig ist, was Sie wissen, die werden dann D anders verstehen, wenn ich wieder von A anfange.«

Sie gehören zwei verschiedenen Generationen an, ist das Dirigieren oder die Auffassung vom Dirigieren auch eine Generationsfrage?

KS: Es entwickelt sich bei jedem individuell, auch gemäß seinem professionellen Stand. Ich weiß heute mehr, wie man etwas zustande bringt, als ich es vor 60 Jahren wußte, aber ich kann nicht sagen, daß das eine Generationsfrage ist, manche wissen das heute schon mit 28, was ich mir erst mit 68 mühsam erworben habe. Ich glaube, es gibt eine individuelle Entwicklung im Zugang zu seiner Profession, aber ich könnte nicht sagen, daß heute die Dirigenten anders herangehen oder es besser oder schlechter verstehen als meine Generation.

DB: Ich glaube, daß die musikalische Erziehung doch anders ist. Das beeinflußt nicht nur die Dirigenten, sondern auch die Orchestermusiker. Wie man zum Beispiel zur Harmonie steht und zur Rolle der Harmonie, die man nicht überschätzen sollte. Heute ist man in der musikalischen Erziehung nicht so stark geprägt; ein Orchestermusiker, der Bratsche oder Zweite Klarinette spielt, hat wesentlich weniger Verstand oder auch Instinkt, in welcher Position in der harmonischen Vertikalität der Musik er sich bewegt, und deswegen kann er in einem gewissen Sinne weniger Empfindsamkeit von allein aufbringen als vielleicht vor 30 oder 40 Jahren. Ich glaube, das ist ein wichtiger Punkt. Man kann nicht nur sagen, die Orchester klingen heute nicht mehr so wie sie klangen bei Furtwängler, natürlich gibt es heute keinen Furtwängler mehr – aber die Musiker haben heute auch eine andere Auffassung, eine andere Erziehung von Musik. Ich empfinde das schon relativ stark. Das hat nichts mit der Qualität der Musiker zu tun. Die sind oft technisch viel besser als früher, aber die Erwartung, was sie von einem Dirigenten bekommen müssen, ist ganz anders. Wenn ich, um ein Beispiel zu geben, nicht genau weiß, daß in der Vierten Sinfonie von Beethoven B-Dur mit dem ersten Akkord in B die Tonalität etabliert ist, und dann in der Durchführung dieser magische Moment des Fis-Dur kommt, dann kann ich das eigentlich nur verstehen und empfinden, wenn ich weiß, daß Fis-Dur tonal fremdes Land ist in B-Dur. Wenn ich dieses Gefühl von Zu-Hause-sein und Fremd-sein nicht habe, dann kann ich das doch nicht empfinden. Wenn ich so ein junger Musiker bin, der diese Beziehung nicht hat, dann weiß ich nicht, daß ich das von dem Dirigenten erwarten muß; und der Dirigent, der auch nicht wissen kann, daß der junge Musiker das nicht hat, muß deswegen anders musikalisch mit diesem Musiker oder dem Orchester umgehen als vor 50 Jahren, als das klar war. Woher man kommt, musikalisch gesprochen, ist viel wichtiger für einen Dirigenten und für einen Musiker, als die psychologische Frage: »Soll ich jetzt ein helles Hemd zu der Probe anziehen, um die irgendwie in gute Stimmung zu bringen, oder soll ich mit Humor die Probe machen.« Dieser psychologische Aspekt, über den man heute so oft spricht und schreibt, ist für mich eine totale Unwichtigkeit. Entweder der Dirigent kann das, was er tut oder er kann es nicht, und wenn er es kann, hat er den Respekt des Orchesters; wenn er es nicht kann, hat er nicht den Respekt. Wenn er noch dazu eine nette Persönlichkeit ist und außer dem Respekt noch ein bißchen Sympathie gewinnt, um so besser, aber das ist für mich nicht so wichtig. Das spüre ich mehr und mehr bei der jüngeren Generation, sowohl in Europa als auch in Amerika: Die Leute kommen, die spielen fabelhaft ihr Instrument, manchmal spielen sie mit Phantasie, aber wissen eigentlich, besonders über Harmonie, viel zu wenig.

KS: Um das noch zu unterstützen, was Sie eben gesagt haben: Furchtbar oft sage ich auf Proben ganz besonders bei Haydn, Mozart oder Beethoven: »Überlegen Sie sich mal, wie das damals gewirkt hat, nicht wie es jetzt ist, das ist harmlos.« Wir wissen heute, daß in der Neunten Sinfonie bei der Pauke das Publikum gelacht hat. Damals war es eine solche Frechheit, ein solcher Schock für die Zuhörer – das habe ich zumindest zu wissen, und wenn ich es weiß, habe ich es dem Orchester in vorsichtiger, nicht allzu belehrender Form mitzuteilen, sonst entsteht das, was Sie beschreiben. Sie spielen die sogenannte klassische Musik mit dem nicht genügenden Hineinversetzen in das, wie es damals geklungen hat, also gemeint war. Oder nehmen Sie den Anfang der Ersten Sinfonie von Beethoven, die aus dem C geht und beginnt mit dem Dominantseptakkord von F-Dur. Da kriegst du erst mal einen Schreck, um Gottes Willen, wo sind wir hingeraten. Und das wirkliche C-Dur kommt erst viel später.

Sich das erst einmal klar zu machen und dann dem Orchester, ist eigentlich das Wichtigste.

DB: Und das ist hauptsächlich durch die Entwicklung des harmonischen Gefühls bedingt, viel mehr als durch die Entwicklung in der Beherrschung der Instrumente.

Ist das eine Kritik an der Arbeit der Musikhochschulen?

KS: Die Lehrer wissen es meist selbst nicht mehr.

DB: Harmonie gibt viel mehr das Gefühl von Stabilität und Zu-Hause-sein oder Fremd-sein, viel mehr als Melodie und Rhythmus. Das ist die stärkste Komponente in der tonalen Musik. Ohne einen Akkord zu wechseln, kann man Millionen von Rhythmen spielen, und jede Melodie basiert auf der Tonaliät, ist also in Abhängigkeit von ihr. Die größte Kraft dieser drei Elemente Harmonie, Rhythmus und Melodie hat die Harmonie. Sie wären erstaunt, wenn Sie ein Orchester fragen, ein erstklassiges Orchester, wie viele der Kollegen aus dem Orchester eigentlich wissen, was am Anfang der Ersten Sinfonie von Beethoven so besonders und einmalig ist. Niemand, nicht Einer wird Ihnen sagen können, das ist ein Septakkord, und es ist die falsche Tonalität. Wie soll jemand im Orchester, der das nicht weiß und spürt, egal ob er am dritten oder vierten Pult Zweite Geige spielt oder die Zweite Klarinette, es mit dem richtigen inneren Gefühl spielen können?

KS: Das ist auch etwas, was Sie mit keinem Handschlag, mit keiner Technik, mit nichts ersetzen können. Ich möchte es so formulieren: Einer der beeindruckendsten Momente im Ersten Satz der »Eroica« ist, wenn in der Durchführung plötzlich e-moll erscheint, das ist ein unglaublicher Moment, ein so unglaublicher Moment, daß Beethoven vorher mehrere Male einen Non-Akkord, also nicht einen Septakkord, sondern einen Non-Akkord benutzt. Wenn ich dem Musiker nicht klar mache, daß dieser Akkord so schrecklich ist, weil wir jetzt irgendwo ganz woanders hinkommen, weil jetzt ein neues Thema eingeleitet wird, sagen wir ruhig ein Klagethema, in einer Tonart, die nicht nur abwegig ist, sondern absolut konträr ist – Es-Dur und e-moll nebeneinander zu stellen, solchen Wahnsinn gibt es in der modernen Musik gar nicht. Das muß ich dem Musiker klar machen. Das sind die Dinge, glaube ich, für die der Dirigent existiert und nicht dafür, ein Orchester nur zusammenzuhalten oder gar noch, mit schönen Bewegungen zusammenzuhalten. Das ist es auch, was ich vorhin meinte, als ich sagte, daß man es im Grunde genommen nicht lernen kann. Die wirkliche Funktion des Dirigenten können Sie nicht lernen. Sie können die Aufgaben des Dirigenten lernen, der in einem Badeorchester in Bad Elster von neun bis zehn Suppé-Ouvertüren spielt, das können Sie lernen, das muß irgendwie ohne Probe zusammengehen, und wenn es das tut, dann ist schon alles getan. Aber um eine Beethoven-Sinfonie zu dirigieren, das können Sie im Grunde genommen nicht dirigentisch erlernen. Wie mir mal der Sak sagte, als ich ihn fragte: »Wie lernen Sie so ein Drittes Rachmaninow-Konzert?« Da sagte er: »Lernen tun es meine Finger.« Die Finger spielen das erst einmal für ihn, lernen das erst einmal von ihm, der Dirigent hat nicht das Instrument, an dem er lernen kann. Ich komme vor das Orchester und vom ersten Schlag in der ersten Probe muß ich genau wissen, was ich will. Ich habe kein Instrument, wo ich es ausprobieren kann, soll ich die Musik ein bißchen hervorheben in dem Akkord oder soll ich, wie bei Brahms, ganze Akkorde spielen, das sind alles Dinge, die muß ich mir vorher überlegen, die kann ich nicht durch den Klang vorher ausprobieren. Das ist etwas Schreckliches, diese Seite unseres Berufes. Ich weiß nicht, wie es Ihnen ergangen ist, aber mir ist es häufig so ergangen, daß ich mir gesagt habe, das kann nicht klingen. Dann kam ich vor das Orchester, und es hat wunderbar geklungen und umgekehrt. Die C-Dur-Sinfonie von Schubert klingt zu Hause am Schreibtisch wunderbar, herrlich klingt sie, und dann kommen sie vor das Orchester, und es ist alles verquer. Das sind Dinge, die Sie vorher nicht probieren können, die unseren Beruf so schrecklich machen. Dann im Verlauf von drei, vier Proben müssen Sie eine Sinfonie hingestellt haben. Wenn ich zu Hause eine Sonate spiele, die spiele ich Wochen und Monate und kann dies oder jenes ausprobieren. Als Dirigent komme ich vors Orchester und habe vom ersten Moment an zu wissen. Wenn dann mal so ein glücklicher Moment kommt, muß ich den erwischen, muß ich sagen, um Gotteswillen, den behalt ich so. Gar nicht daran rühren. Gar nicht darüber reden. Das passiert Ihnen doch sicher auch häufiger?

DB: Natürlich.

Und hoffen Sie, daß er wiederkommt?

DB: Na, wieder nicht, aber in einer anderen Form.

KS: Das ist ein vertrackter Beruf. Ich habe mir immer gewünscht, ich wäre ein besserer Pianist gewesen.

DB: Ich auch.

Sie haben es aber nie bereut, daß Sie Dirigent wurden?

KS: Nein, bereut habe ich es nicht, und ich würde es wieder so machen, und trotzdem würde ich nicht sagen, daß ich in meinem Beruf glücklic gewesen bin. Ich würde es wieder so machen, und ich würde es wieder wollen.

Was hätte denn gefehlt zum Glücklichsein?

KS: Ach, das ist vieles: Zunächst einmal als Pianist, wenn ich die Beethoven-Konzerte spielen könnte, dann wüßte ich doch, wenn ich es gespielt habe, was ich da eben verbrochen oder nicht verbrochen habe. Es ist klar, ich weiß es, es ist zu hören. Als Dirigent gehe ich auf das Pult, und im Grunde genommen weiß ich nur, heute habe ich mich ganz gut gefühlt und ein anderes Mal habe ich mich gar nicht so gut gefühlt. Ich weiß auch heute, daß das nicht mit der objektiven Situation übereinstimmt. Ich bin häufig vom Pult gegangen und habe mir gedacht: Ach, das war eigentlich gar nicht so schlecht. Dann mußte ich feststellen, so schön war es eigentlich gar nicht. Oder umgekehrt: Ich hatte ein schlechtes Gefühl, aber rübergekommen ist mein schlechtes Gefühl nicht. Es geht Ihnen doch sicher auch häufig so, daß das subjektive Empfinden so gar nicht übereinstimmt mit der objektiven Situation. Da hat es ein Instrumentalist besser, er kann sich besser kontrollieren und kann auch besser kontrolliert werden.

DB: Obwohl man auch da manchmal den falschen Eindruck bekommen kann. Man fühlt sich nicht so besonders, und trotzdem kommt es auf einmal, ein anderes Mal ist man ausgeruht nach einem guten Mittagsschlaf, alles geübt in aller Ruhe, keine Nervosität, und dann passiert wenig Musik.

Sie haben davon gesprochen, Sie haben ein subjektives Gefühl »gut«, wenn Sie vom Pult kommen, aber später hätte es sich objektiviert. Woran messen Sie denn diese Objektivierung, weil Sie sagen, objektiv war es dann doch gar nicht so gut. Was ist denn dann objektiv?

> KS: Wenn ich nach kurzer Zeit das Stück wieder spiele und feststellen muß, daß das, was ich damals gemacht habe – sagen wir mal ganz vorsichtig formuliert – nicht optimal war. Wenn ich eine Aufnahme sofort höre, höre ich nur die Dinge, die mir nach meinem Verständnis nicht gelungen sind. Ich höre nicht das, was vielleicht anhörenswert ist, sondern ich höre so wie ein schlechter Kritiker meine Platten hören würde. Nach Jahren stelle ich dann fest: Oh, so schlecht ist das eigentlich gar nicht.

Dulden Sie Widerspruch? Nehmen Sie ihn ernst?

> KS: Ich habe ihn oft erdulden müssen. Das kommt darauf an, wer mir widersprochen hat, und auf welchem Niveau der Widerspruch war, und oft bin ich auch seiner Meinung. Wenn mir jemand widerspricht, verstehe ich, er hat im Grunde genommen Recht. Ich traue nicht denen, die so perfekt sind, daß sie sich für unfehlbar halten. Also vom Standpunkt einer Perfektion her würde ich keine Kritik akzeptieren wollen, denn wie oft habe ich schon Solisten erlebt, wo dies oder jenes danebenging, und es war wunderbar gespielt. Nicht ganz so oft, aber auch oft, habe ich Solisten erlebt, bei denen alles in Ordnung war, und nichts hat sich ereignet.

Wie ist das bei Ihnen Herr Barenboim, dulden Sie Widerspruch?

> DB: Ja, ich dulde Widerspruch hundertprozentig, wenn er aus einem Verstand kommt, wenn ich merke, derjenige, der Widerspruch übt, hat verstanden, was ich versucht habe zu machen. Aber wenn er das überhaupt nicht verstanden hat, dann kann ich das nicht ernst nehmen. Wie Herr Sanderling schon gesagt hat, erst muß man wissen, was der andere versucht hat zu erreichen und ob er das erreicht hat oder nicht.

> KS: Ein Beispiel, das diese Ansicht beleuchtet: Als ich 1956 zum ersten Mal mit den Leningrader Philharmonikern in Berlin dirigierte, hatte ich die

Zweite Sinfonie von Beethoven auf dem Programm. Einer der Kritiker schrieb, wie konnte er nur dieses köstliche Werk mit acht Kontrabässen besetzen. Der war für mich schon erledigt, weil für mich die Zweite Beethoven kein köstliches, sondern ein ekstatisches Werk ist. Was nützt mir seine Kritik? Natürlich war es für ein köstliches Werk zu dick gespielt, aber es ist kein köstliches Werk, es gibt kaum eine Sinfonie, wo so viele Sforzati drin sind, wie in dieser Sinfonie. Daß der Kritiker das so sah, hatte auch seine historischen Bezüge. Die Erste und die Zweite Beethoven-Sinfonie wurden bis weit in dieses Jahrhundert hinein angesehen als nicht ganz so spritzige Folgen der besten Haydn-Sinfonien. In meiner Jugend habe ich das meist so gehört. Das es ein ganz großer Sprung weiter war, wurde nicht zur Kenntnis genommen. Vom Standpunkt dieser köstlichen Haydn-Sinfonien – wobei köstlich auch schon falsch ist, aber akzeptieren wir das mal – von diesem Standpunkt her war das gesamte Musizieren bestimmt, auch beim Ersten und Zweiten Klavierkonzert. Ein Pianist, der etwas auf sich gehalten hat, hat diese Konzerte kaum gespielt, die galten als kindisch bis auf die Zweiten Sätze. Jetzt kam die Abgeschlossenheit Deutschlands zur Hitlerzeit. Es kultivierte sich also diese Vorstellung vom frühen Beethoven, die Vorstellung der Haydn-Nachfolge. Dann kam die nächste Abgeschlossenheit der DDR vom übrigen Europa, das sich inzwischen auch gar nicht so sehr entwickelte hatte. Und nun kam eine andere Sicht auf den frühen Beethoven. Natürlich mußte das zu diesem Widerspruch führen. Den Anfang der Ersten Sinfonie hat damals eigentlich kaum jemand verstanden. Das wurde gar nicht realisiert, daß die Erste Sinfonie die Sinfonie eines herausfordernden Genius war, der zum ersten Mal in Wien eine Akademie bekam. In Wirklichkeit ist es ein unglaublich aggressives Werk, aber man hat es nicht verstanden, weil die Mittel dem so ähnelten, was man gewohnt war von den Haydn-Sinfonien. Man nahm die Mittel für den Inhalt. Wie überhaupt die Schwierigkeit eines richtigen Verständnisses des instrumentalen Beethoven die ist, daß er inhaltlich-konzeptionell weitaus weiter war als bei der Anwendung seiner Mittel. Bei Beethoven sind es dieselben Mittel, die auch »Papa Haydn« benutzt hat, wobei dieser Ausdruck schrecklich ist. Das hat zu Mißverständnissen geführt und auch zu Mißverständnissen seitens der Kritik und vielleicht auch seitens des Publikums, das erst in den letzten fünfzig Jahren das Erste und das Zweite Klavierkonzert akzeptiert hat, das Haydn geradezu herausgefordert hat. Heute können Sie das Zweite Konzert als Hauptwerk spielen. Zu meiner Jugendzeit, wenn es nicht so grausam schwer gewesen wäre, hätte man es nur im Konservatorium gespielt.

DB: Zu meiner Jugendzeit auch noch.

KS: Es wandelt sich die Sicht auf die Werke. Man wandelt sich nicht nur selbst, auch die Zeit. Ich glaube, daß man heute den »Tristan« anders spielt als man ihn vor siebzig Jahren gespielt hat, etwas gelassener, nicht ganz so überhitzt, wie man es noch in meiner Jugend gespielt hat. Vielleicht hat das Werk dadurch gewonnen, zumindest für unsere Zeit. Wagner ist zwar immer pathetisch. Aber Pathos allein ist doch noch nichts Negatives. Leeres Pathos ist schlimm, aber Pathos an sich nicht. Bruckner ist auch pathetisch und wie menschlich und schön ist es.

Ist Schostakowitsch auch pathetisch? Das müßte er sein nach Ihrer Definition.

KS: Ja, er kann seinen Schmerz schon mit unheimlichen Pathos herausschreien. Er ist nicht immer pathetisch, aber den Schmerz kann er mit Pathos herausschreien. Jubel ist ihm überhaupt nicht gegeben. Da fällt mir ein Stück ein, daß Sie (zu Barenboim gewandt) vor kurzem gespielt haben, den letzten Satz des Quintetts. Das ist Friede auf Erden. Jubel ist ihm nicht gegeben, also ein Pathos des Jubelns und des positiven Überschwangs, wie Richard Strauss es im guten Sinne des Wortes hatte, das ist ihm nicht gegeben. Deswegen war ihm Strauss sehr fremd, er mochte Strauss nicht. Und nicht zufällig ist seine Affinität zu Mahler, ganz besonders zum späten Mahler.

DB: Woher kannte er Mahler-Stücke? Die wurden ja nicht so oft aufgeführt damals?

KS: Er kannte alles, er war unglaublich belesen als Musiker. Man konnte die Partituren bekommen. Bis auf die Moderne war eigentlich alles da. Er hat sich auf seine Art und Weise mit Zwölftonmusik auseinandergesetzt. In der 15. Sinfonie ist der Anfang des Zweiten Satzes reine Zwölftonmusik. Er hat dann alles mal irgendwo für sich ausprobiert. Er war aber mit Recht in keine Schublade zu stecken.

DB: Nachdem Sie zurückgekommen sind in die DDR, waren Sie dann noch oft in der Sowjetunion?

KS: Ja, so ungefähr sechs- bis acht Mal war ich noch dort, dann von Mitte der 8oer Jahre an nicht mehr, da war die Stadt für mich gewissermaßen entvölkert. Meine Zeitgenossen waren entweder tot oder sehr viele sind ausgewandert. Im Orchester waren vielleicht noch zwanzig, dreißig Musiker, die ich von früher kannte. Meine Zeitgenossen gab es nicht mehr, sowohl wenn es um den Kollegenkreis ging, wie um das persönliche Umfeld. Die wenigen Leute, mit denen man zusammensitzen und über alles reden konnte, die gab es nicht mehr. So hat es mich nicht mehr hingezogen. Außerdem war ich der Meinung, Newski-Prospekt und McDonalds, das geht nicht zusammen.

»Er ist als Dirigent kein Virtuose des Taktstocks, er ist ein Virtuose darin, sein musikalisches inneres Erlebnis nach außen zu tragen.«

Gespräch mit Prof. Dr. Frank Schneider

Wie würden Sie die Besonderheiten von Kurt Sanderling beschreiben?

Er war ungeheuer streng. Sanderling ist derjenige, der aus dem bunten Haufen BSO ein Orchester von Format geschmiedet hat. Die Situation war anfangs ganz schwierig, aber es lag auch ein Vorzug darin, denn nach dem Mauerbau betraf auch das BSO die Tatsache, daß ein Großteil der Musiker in Westberlin bleiben mußte, und dann wurden aus den DDR-Hochschulen die besten Absolventen zu ihm abgeordnet. Daraus entstand zunächst ein Vorteil, der aber später zum Nachteil wird: Das Orchester wurde plötzlich sehr jung. Er hat mit härtester Hand durchgegriffen, er war nicht nur beliebt, das muß man sagen, aber der Preis war, daß er innerhalb weniger Jahre das Orchester nach vorn gebracht hat, so daß man mit einem gewissen Recht sagen konnte, das ist neben der Staatskapelle das eigentliche Konzertorchester Ostberlins. Das hat er gemacht. Er ist so hart gewesen, wie sich das heute gar keiner mehr traut, nicht mal Chefdirigenten. Er hat einzeln vorspielen und vorblasen lassen, und wenn ihm das nicht genügte, dann mußten die Musiker nach Hause, die wurden in seinen Konzerten nicht mehr gesehen. Die Dienste wurden so verteilt, daß sie beim Chefdirigenten nicht mitspielten, mitunter wurde dann jemand aus der Staatskapelle geholt. Die anderen konnten spazieren gehen, wenn Sanderling dirigierte. Diese Erziehungsarbeit, die hat bis heute nachgewirkt, sie hat auch den Stil des Orchesters geprägt. Das Orchestermaterial von heute trägt immer noch die Spuren von Sanderlings Interpretationen. Es wird deshalb heute besonders dann gelegentlich schwierig, wenn es um Schostakowitsch-Sinfonien geht, wenn Sanderling gewiß mit Recht sagt: Das kenne ich aus dem »Effeff«, da bin ich auch ein bißchen des Meisters Sprachrohr. Aber andere Generationen, Dirigenten aus anderen Weltteilen dürfen mit Recht auch andere Auffassungen zu Schostakowitsch haben. Das Orchester wird dann renitent, und die Musiker sagen: »Der ist durchgefallen, denn Sanderling hat es so gemacht, und das ist der wahre Schostakowitsch, das ist unsere Tradition«. Das wirkt bis heute. Da gibt es immer mal wieder Krach mit Dirigenten, die es anders machen wollen.

Wie sehen Sie das Verhältnis zwischen Sanderling und dem BSO? Was charakterisiert ihn als Dirigenten?

Ich kann nur aus der Erinnerung der Musiker sagen: Es war keine Liebe, es war ein Verhältnis von Untertanen zu einem Tyrannen. Es hat sich jetzt natürlich völlig gewandelt. Merkwürdig ist, daß gerade durch den Abstand, durch die junge Dirigentengeneration, die Musiker plötzlich zu schätzen beginnen, was sie an ihm hatten, weil Sanderling zu dem Dirigententyp gehört, der im Grunde im Aussterben begriffen ist. Sanderling ist der Typ des Kapellmeisters, der nicht in der Welt herumflattert, der sein Orchester hat, der darin eine Aufgabe sieht und wirklich Erziehungsarbeit leistet. Er ist als Dirigent kein Virtuose des Taktstocks, er ist ein Virtuose darin, sein musikalisches inneres Erlebnis nach außen zu tragen. Das tut er sozusagen mit dem ganzen Körper, aber mit einem minimalen Aufwand an Gesten. Da ist er in der Tradition der guten deutschen Kapellmeisters, da hat er wahrscheinlich schon in der Früh die zehn Regeln für angehende Kapellmeister bei Richard Strauss gelesen, wo es heißt, »Salome« muß wie die »Zauberflöte« klingen, die Linke bleibt am besten in der Hosentasche, also minimaler Kräfteaufwand. Sanderling ist ein Profidirigent. Es ist alles bei ihm vorher festgelegt, soweit es überhaupt vorher festzulegen geht. Der Abend ist eher ein Endpunkt einer Formarbeit, es ist kein glanzvoller Extraauftritt. Dieses Charisma, das manche Dirigenten haben, das geht ihm hier ab. Er ist eher ein bißchen statisch, jetzt im Alter sowieso. Das kommt aber aus der deutschen Dirigiertradition, die höchsten Effekt mit geringstem Körperaufwand macht. Was wir heute gelegentlich erleben, diesen Zirkus, das ist für die Musiker auch völlig hirnrissig! Sanderling ist, um einen anderen Begriff zu bringen, ein vollkommener Ausdrucksmusiker. Hier hat er im Innersten auch gar nicht der DDR- oder der sowjetischen Ästhetik widersprochen. Musik erlebt Sanderling als ein Sprachmedium. Musik sagt etwas aus, auch er kann das nicht in Worte fassen, er spricht statt dessen sehr gerne bildreich. Für ihn ist Musik ein Transportmittel zum Ausdruck sehr präziser Gefühlslagen, eine echte Sprache. Seine Bilder, die er auch bei den Proben gebraucht, weisen ganz deutlich darauf hin. Er sagt nicht sehr viel, das lernt man aus der Erfahrung, daß Musiker nicht beredet werden wollen, es muß letztlich über die Körperbewegung mitgeteilt werden. Deshalb liegen seine Stärken auch auf der Linie der romantischen und klassischen Moderne also Mahler, Sibelius, Brahms, Bruckner. Beethoven, das ist immer der Grundstoff. Im Grunde ist Schostakowitsch auch noch romantische Musik. Also hier steht er geistig, ästhetisch und auch dirigiertechnisch vollkommen im Sinne der deutschen Tradition.

Dann kommt auf der anderen Seite die handwerkliche Arbeit mit dem Orchester, das Feilen, das möglichst gründliche Vorarbeiten vor der Aufführung, sodaß dann wenig übrig bleibt für den spontanen Augenblick Sie kennen die Geschichte über Klemperer? Klemperer kommt vor das Orchester, Beethoven liegt auf dem Pult, Klemperer guckt: »Meine Herren, können Sie das Stück?« Das Orchester sagt: »Ja«. »Ich auch. Danke, wir sehen uns heute abend.« So war Sanderling natürlich nicht. Ein strenger Mann, der deshalb heute vom Orchester so geliebt wird.

Wie ist sein Verhältnis zu neuer Musik? Er hat ja in der DDR mit dem BSO viel neue Musik gemacht, aber sein Verhältnis zum Beispiel zur Zweiten Wiener Schule ist eindeutig: Die mag er nicht.

Er hat sich die Dinge rausgesucht, die er spielen wollte. Ein paar Komponisten hat er ganz gern gemacht: Wagner-Régeny etwa, Dessau aber gar nicht, den hat er eigentlich nicht gemacht. Er hat auch von den Jüngeren ein paar Stücke gemacht, und zwar immer die, die aus seiner Perspektive einen sehr engen Anschluß an die Tradition hatten. Insofern bleibt dann am Ende ein recht schmaler Ausschnitt aus der Moderne übrig. An die Avantgarde ist er nicht herangegangen, da geht er auch bis heute nicht ran.

Eine schöne Geschichte habe ich beim 50. Jahrestag des Kriegsendes hier bei uns im Hause erlebt: Ich legte Wert darauf, daß mein Orchester diesen Festakt spielt. Im Vorfeld, ehe Sanderling überhaupt ins Gespräch kam als Dirigent, stand die Frage, welche Musik soll das sein zu dieser Feier? Es ging mindestens ein halbes Jahr hin und her, auch das Kanzleramt hatte einen sogenannten Musikberater, einen Musikschullehrer aus Bonn. Erst dachte ich, du nimmst am Anfang eine echte Zumutung für so einen Kreis, ein Stück von Penderecki, da hieß es dann: Kein polnischer Komponist. Dann habe ich etwas anderes vorgeschlagen. Es gab immer wieder Einwände. Zum Schluß war ich bei Mozart, Maurische Trauermusik. Auch das kam zurück, die Freimaurer seien eine existierende Sekte, ob man denn die Freimaurer weglassen kann, nur Trauermusik. Dann schlug ich vor: Bachs »Musikalisches Opfer« bearbeitet von Anton Webern für Großes Orchester. Das Kanzleramt sagte ja. Da fiel der vorgesehene Dirigent aus, und Kurt Sanderling war der Retter in der Not. Aber er weigerte sich, das »Musikalische Opfer« von Webern zu spielen, er wollte die »Coriolan-Ouvertüre« von Beethoven. Ich sagte zu ihm: »Um Gottes Willen, jetzt geht das wieder los, die werden jetzt sicherlich die gesamte Shakespeare-Trilogie bemühen, um rauszukriegen, ob nicht im ›Coriolan‹ wieder etwas ist, was verfänglich ist.« In der Tat schaltete sich der Musikberater des Kanzleramtes ein und sagte: »Wissen Sie was, nehmen Sie doch Musik ohne Titel, das ist immer das Beste.« Doch das ging mit Sanderling nicht, entweder »Coriolan« oder gar nicht. Und dazu die »Chorphantasie«.

Er hat sich in der Frage durchgesetzt. Es wurde »Coriolan« gespielt, aber Sanderling sagte: »Ich bestehe darauf, bei der ›Chorphantasie‹ nehmen wir den Text, den der Rundfunkchor immer gesungen hat und singt, eben nicht den Text von dem Herrn Kuffner, sondern eine sehr schöne, sehr poetische, singbare Nachdichtung von Johannes R. Becher.« Da sagte ich: »Herr Sanderling, das stehen wir nicht durch.« Sanderling sagte: »Ich bestehe auf dem Osttext.«. Ich fragte: »Was machen wir denn dann?« Sanderling sagte: »Gar nichts, verstehen tut man das sowieso nicht.« Die Sache war auch ausgestanden. 14 Tage vorher rief das Kanzleramt an, sie hätten gerne mal den Text der »Chorphantasie«. Ich dachte, jetzt ist das wohl nicht mehr ganz zu verheimlichen. Da habe ich einen Brief geschrieben, es gibt zwei Fassungen, wir möchten gerne, auch weil doch der Rundfunkchor auswendig singt, diesen sehr schönen Text von Johannes R. Becher, den können sie auswendig, der ist sehr allgemein, das ist eigentlich ein Lobpreis für Kunst. Dann hieß es sehr schnell: »Nein, der Text von Becher kann nicht gesungen werden.« Ich habe dann noch einen Brief geschrieben, das wäre doch mal eine Geste der Versöhnung, der arme Becher, nur weil er eben mal hier Kulturminister war, aber er war doch immerhin ein wichtiger deutscher Dichter, besser als Kuffner sei er allemal. Es ging nicht, Sanderling mußte sich beugen, es mußte der alte Kuffner-Text gesungen werden. Anschließend habe ich Helmut Kohl gefragt: »Wußten Sie eigentlich, daß wir hier aus unserer Sicht eine Chance verpaßt haben mit dem Text?«, »Oh ja«, sagte er, »das weiß ich sehr wohl. Ich habe mich darum gekümmert. Wir haben über den Text gesprochen, aber Becher geht nun einmal nicht.« Ich wollte anfangen zu argumentieren, da war er ganz schlagfertig, er fragte: »Sind sie Musiker? Dann werden Sie doch wissen, daß man Beethoven nicht korrigiert!« Das ist ein philosophisches Argument, das ist an sich auch nicht von der Hand zu weisen.

Wenn Sie eine deutsche Musikgeschichte schreiben würden, würde Kurt Sanderling darin vorkommen, und welchen Platz würde er einnehmen? Was würde unter dem Namen darunter stehen als Besonderes, was nach 100 Jahren noch Bestand hat?

Wahrscheinlich: »Eines der letzten Exemplare einer deutschen Kapellmeistertradition, die Orchestererziehung als Lebensaufgabe sieht, die etwas von individueller interpretatorischer Qualität hält, will sagen, Musik an einem bestimmten Abend muß meine Handschrift haben plus die Handschrift des Orchesters, was ein Erziehungsprozeß ist.« Ansonsten ist es wichtig zu sagen, er ist für die deutsche Schostakowitsch-Rezeption innerhalb dieses Gebildes DDR einer der großen, wichtigen Figuren, die die DDR erträglich gemacht haben als ein Land, in dem zumindest klassische Kunst gepflegt werden konnte und auch gehegt wurde. In der Geschichte des Stardirigententums wird er keine große Rolle spielen, aber wenn man Orchestergeschichte schreibt und die Geschichte von Orchestererziehung, dann wird er seinen Platz haben. Diese Leistung war großartig und enorm.

Prof. Dr. Frank Schneider ist seit 1991 Intendant des BSO und seit 1992 zugleich des Konzerthauses am Gendarmenmarkt, damals noch Schauspielhaus.

Gespräche

»Ist das nicht ein großartiges Werk?«

Gespräch mit Siegfried Matthus

Sie wurden etwa gleichzeitig wie Kurt Sanderling Mitglied der Akademie der Künste der DDR. Was können Sie über Kurt Sanderling als Akademie-Mitglied sagen?

Ich glaube, wir sind beide etwa 1969/70 in die Akademie gekommen. Er war nicht immer da, aber wenn er da war, dann war er da, und wenn er da war, dann war es immer sehr interessant, weil er es immer verstanden hat, eine Diskussion zu beleben und interessante Fragen zu stellen.
Das wesentliche waren seine treffenden Urteile, die immer – und ich sag das jetzt wirklich im allerpositivsten Sinne – aus einer sehr hohen Sicht kamen, immer eine große Weisheit hatten, eine Lebensweisheit, die versuchte, sich nicht auf einen engen Punkt einzulassen, sondern immer große Bezüge herzustellen. Dann kommt noch etwas anderes hinzu: Das sind seine jüdischen Witze – die sind so großartig und so treffend, er ist mit einem regelrechten Theaterinstinkt begabt. Wenn er auch sicherlich nicht ein Theatermusiker ist, würde ich mal meinen, daß er einen Theaterinstinkt hatte, so daß er immer den richtigen Witz zur richtigen Zeit brachte.

Können Sie mir erklären, weshalb Sanderling bei den Neuwahlen der Ostakademie nicht mehr gewählt worden ist?

Das hat mich auch sehr schockiert. Ich glaube, ich kann es erklären. Es ging damals nicht nur darum, die zwielichtigen Leute auszuschalten, es ging auch darum, den Kreis der Mitglieder überhaupt etwas zu verringern. Ich war sehr schockiert darüber, und ich habe auch noch versucht, im nachhinein etwas zu unternehmen, daß man die Entscheidung korrigiert. Ich glaube, da hat sich dann doch ein bißchen die Verärgerung von den Kollegen der Sektion gezeigt: »Der führt uns doch nicht auf!« Also ich glaube, so einfach, simpel und menschlich ist das. Und daß die Kollegen aus den anderen Sektionen damit auch wenig anfangen konnten, war sehr schlimm, denn Sanderling hat ja etwas bedeutet. Niemand konnte ihm nachsagen, daß er irgendwelche politischen Dinge gemacht hätte, für die man ihn hätte bestrafen müssen, aber diese Frage ist auch für mich bis heute ungelöst.

Womit hat sich die Sektion Musik denn in ihren Sitzungen beschäftigt?

Es wurden uns vom Ministerium Dinge zugespielt, die wir über die Akademie regeln sollten, ich glaube sogar vom Minister selbst, zum Beispiel die Namensgebung des Schauspielhauses. »Schauspielhaus« war der historische Begriff, aber natürlich ist das von vornherein, also vom Zweck her, heute unzutreffend. Nun gab es eine Reihe von Vorschlägen, dann hat in einer Politbüro-Runde – ohne uns zu fragen – Herr Honecker, so hat man uns das erzählt hat, selbstherrlich entschieden, das war das Schauspielhaus, und das wird auch das Schauspielhaus bleiben. Gott Vater hatte gesprochen, aus war es. Jetzt versuchten wir es über die Akademie, da weiß ich, daß auch Sanderling und wir alle gesagt haben, das geht doch nicht, wir können nicht internationale Künstler einladen, die treten nicht in einem Schauspielhaus auf. Das muß man sich mal so vorstellen: In einem Bäckerladen wird Brot verkauft und nicht Fleisch. Man muß dann auch schon eine richtige Bezeichnung haben. Wir haben da viele Argumente gehabt und haben das auch schriftlich gemacht und zusammengetragen. Aber da erinnere ich mich auch, daß nicht alle mitgemacht haben. Die Sache war eigentlich ganz eindeutig und war auch in keiner Weise irgendwie politisch brisant, so daß wir gesagt haben, das Haus muß Konzerthaus heißen! Aber wie gesagt, Gott Vater hatte das so entschieden. Auch Sanderling war sehr ungehalten darüber. Es war aber nichts mehr zu machen. Es gibt schlimmere Fehlentscheidungen als das, würde ich mal sagen, aber es zeigt auch, wo man hätte mehr erreichen können, wenn man konsequenter zusammengearbeitet hätte, aber das ist fast eine menschliche Sache.

Sie sind als Komponist Mitglied der Akademie der Künste geworden. Können Sie etwas über Kurt Sanderlings Verhältnis zur Moderne, zur zeitgenössischen Musik sagen?

Sein musikalisches Grunderleben in russischer Musik ist Schostakowitsch. Dagegen kann man wahrlich nichts sagen, und wie Sanderling Schostakowitsch interpretiert hat, das ist auch einmalig. Für Sanderling, der aus dieser guten deutschen Tradition kommt, war Schostakowitsch mit einzubeziehen in die Form der Sinfonie, die letztendlich auch auf das Klassische zurückgeht. Alles, was dann darüber hinausging, das war nicht so, daß er sich diesen Sachen verschlossen hätte, aber das war dann nicht mehr seine Welt. Da ist er auch als Musiker sehr ehrlich und auch sehr konsequent. Natürlich hat ein Interpret erst mal das Recht, das zu dirigieren, wohinter er steht, aber andererseits hat der Leiter eines Orchesters natürlich auch die Aufgabe und die Verpflichtung, sich um Zeitgenössisches zu kümmern; vielleicht auch da und dort mal Dinge vorzustellen, hinter denen er vielleicht nicht so hundertprozentig steht, aber da war er, das kann man positiv oder negativ sehen, immer sehr konsequent. Ich kann mir das nur so erklären, daß es nicht mehr seine Welt war. Ich glaube die Erklärung liegt darin, daß Sanderling beim Aussuchen der Stücke keine Kompromisse macht, also wenn er nicht hundertprozentig dahinter steht, dann macht er es nicht. Ich habe eine Beobachtung gemacht, wenn man ihn in der Garderobe besucht nach einem Konzert, welches Stück er auch immer dirigiert hat, wenn man dann gratuliert hat, dann hat er sofort gesagt: »Ist das nicht ein großartiges Werk?«, d.h. die Großartigkeit des Werkes, Mahler, Beethoven und Haydn, ob das Schostakowitsch oder sonstwer war, das Werk, das war an diesem Abend für ihn dann immer das Größte. Wenn er diese Haltung nicht aufbringen konnte, dann hat er die Stücke nicht gemacht. So ist das zu erklären.

Haben Sie ihn bei Proben beobachtet?

Die Proben von Sanderling sind so, daß man nur jedem jungen Komponisten raten kann, hinzugehen, so lange noch Gelegenheit ist, weil das ist exzellent, wie er Stücke erklärt, wie er sie auch den Musikern nahe bringt, auch oftmals mit sehr verbal simplen Dingen; daß er nicht sagt, ihr müßt hier leiser oder lauter werden, sondern daß er ein Bild erfindet, wo er natürlich aufgrund seiner Erfahrung genau weiß, daß Musiker so etwas umsetzen können.

Ist er ein Kopfmensch?

Naja, sicherlich mehr ein Kopfmensch als ein Bauchmensch, um das mal so zu sagen, wobei vielleicht das Zentrum das Herz ist. Das kann man bei ihm bestimmt nicht ausschließen, wie er sich in seiner sehr genau überlegten Interpretation in der Probenarbeit und auch beim Dirigieren äußert und was da herauskommt, das ist dann weder mit Kopf noch mit Bauch zu machen, sondern das ist Herzblut. Das spürt man immer wieder, daß ist das, was mich auch immer wieder in seinen Konzerten so anrührt, weil da jemand das letzte gibt. Das verlangt er auch immer wieder von sich. So wie er dann schwitzend, glücklich dasitzt und sagt, ist das nicht ein großartiges Werk.

Das ist jetzt die Frage an den Musiker: Wie kommt es, daß ein Mensch, der beherrscht ist, der alles durchplant, musikalische Ereignisse zustande bringt, die genau der Gegensatz zu dem allen sind, die sozusagen den großen Atem des Komponisten wiedergeben, die ein sinnliches, ein emotionales Erlebnis auf der Bühne darstellen?

Die Erklärung könnte darin liegen, daß er vielleicht alles das, was er als Komponist, als schöpferischer Mensch selbst gerne aufgeschrieben hätte, was irgendwo in ihm drin sein muß, in der Musik verwirklichen kann. Ich denke, daß er da immer wieder den Schlüssel hat, nicht nur findet, sondern den hat er irgendwo. Ein Stück, von dem er weiß, sein Schlüssel paßt nicht, läßt er weg.

Ich würde ihn zu den großen Dirigenten des zwanzigsten Jahrhundert zählen – Bruno Walter, Karajan, Furtwängler und andere noch – er gehört dazu. Man muß sich das mal vorstellen, daß er in Leningrad, ob Jude oder nicht Jude, aber als Deutscher eine solche Position bekam. Das ist seine uneitle Interpretation, daß er wirklich versucht hat, ein Werk auszuschöpfen, nicht um damit Erfolg zu haben, sondern um glücklich zu sein. Ich glaube, das ist es.

Prof. Siegfried Matthus, Komponist, war von 1972 bis zu ihrer Auflösung 1990 Sekretär der Sektion Musik der Akademie der Künste der DDR.

»Warum ist denn der Sanderling nicht hier?«

Gespräch mit Hans Pischner

Herr Pischner, wann haben Sie den Namen Kurt Sanderling zum ersten Mal gehört?

Ich war damals Stellvertretender Minister im Ministerium für Kultur. Ich war vor allem zuständig für Musik. Ich hatte vorher seinen Namen von dem einen oder anderen Musiker aus der damaligen Sowjetunion gehört. Erlebt habe ich ihn das erste Mal 1956, als die Leningrader Philharmoniker, wie sie damals hießen, bei uns in Berlin gastierten – mit Mrawinski natürlich –, der zweite Dirigent war Kurt Sanderling. Nach meiner Erinnerung dirigierte er damals die Zweite Sinfonie von Beethoven und die Zweite Sinfonie von Rachmaninow. Für mich war dies der Augenblick, zu überlegen: Wie kann man Kurt Sanderling nach Deutschland holen? Ich habe ihn daraufhin angesprochen, gleich nach dem Konzert bei irgendeinem Empfang. Da habe ich ihn gefragt, wie das ist, ob er nicht Lust und Interesse hätte, zu uns nach Deutschland zu kommen.
Es war dann so, daß er sagte – integer wie er ist, charakterlich von einer Sauberkeit und Schlichtheit: »Wissen Sie, Herr Pischner, ich komme wahnsinnig gerne, aber man hat sich so anständig verhalten mir gegenüber, als ich in der Emigration in der Sowjetunion war, ich kann den Antrag dort nicht stellen. Das muß von Ihrer Seite«, also damals von Seiten der DDR, »erfolgen«. Ich habe versucht, entsprechende Schritte über das Ministerium zu unternehmen, aber das Ministerium reichte dazu gar nicht aus, es hatte gar nicht die Kraft dazu. Ich versuchte dann, zumindest ab und zu, ihn zu Gastkonzerten einzuladen.

Würden Sie etwas sagen zu den Versuchen, die Sie zu diesem Zeitpunkt unternommen haben? Können Sie das etwas näher schildern?

Es war ganz einfach. Ich mußte über den Minister gehen. Der Minister mußte sich an das Zentralkomitee oder den Ministerrat wenden, wie es üblich war. Es zeigte sich aber, daß deren Kraft zu dieser Zeit nicht ausreichte. Gewollt hätten sie, aber es gab immer ein »Njet« aus Moskau beziehungsweise Leningrad. Es war sogar so, daß, wenn ich versuchte,

Sanderling zu Gastkonzerten nach Deutschland einzuladen, zumindest in die DDR, der Ponomarjow – das war der Direktor der Leningrader Philharmoniker, diesen Namen habe ich mir wirklich gemerkt, weil der immer der Hinderungsgrund war – immer den Mrawinski krank werden ließ, so daß Sanderling einspringen mußte. Es kam daher nie zu einem Gastkonzert mit Sanderling. Es wurde systematisch von Ponomarjow verhindert.

Dann passierte folgendes: Ende der 50er Jahre kam Alfred Kurella aus der sowjetischen Emigration zurück. Es war eine nicht ganz einfache Zeit, denn Johannes R. Becher, damals Minister für Kultur, war gar nicht daran interessiert, daß Kurella überhaupt wieder nach Deutschland kam, weil er seine Erfahrungen mit ihm gemacht hatte. Kurella kam offenbar auch, um »Korsettstangen einzuziehen«. Er kam zu der Kulturkonferenz 1958. Und Kurella stellte dann eines Tages die Frage: »Warum ist denn der Sanderling nicht hier, warum holt man den Sanderling nicht hierher?« Das ist gut, sagte ich, das versuche ich seit Jahren, aber mir gelingt es nicht. Dadurch, daß Kurella seine Stellung hatte als Leiter der Kulturkommission im Politbüro, konnte er also die Weichen entsprechend stellen. Es dauerte aber auch so noch recht lange. Es bedurfte wirklich einer Note von Ulbricht an Chruschtschow, um zu erreichen, daß Sanderling nach Deutschland kommen konnte.

Ich wollte mich mit ihm in Moskau treffen, um mit ihm abzusprechen, welches Orchester er bei uns übernehmen könnte und wollte. Dann aber klappte etwas nicht mit dem Flugzeug, es war schlechtes Wetter, ich konnte nicht fliegen. Ich rief bei Kurella an, Kurella hatte die Grippe und lag im Bett. Vom Telefon an seinem Bett aus habe ich dann mit Sanderling telefoniert, welches Orchester er übernehmen sollte. Das war für mich ein etwas schwieriges Gespräch, das mich nicht enttäuschte, aber mich doch sehr bedenklich stimmte. Denn ich bot ihm die Berliner Staatskapelle an, die damals frei war. Konwitschny war gestorben, die Dresdner Staatskapelle hatte keinen Chefdirigenten, und das Gewandhaus hatte in dem Augenblick auch keinen Dirigenten, ich hatte ihm also drei Spitzenorchester angeboten. Da fragte er, ob es ein viertes Orchester gäbe. »Ja«, sagte ich, »da gibt es noch das Berliner Sinfonieorchester, aber ich mache Sie gleich darauf aufmerksam, das ist im Augenblick ein sehr schlechtes Orchester.«

Ich habe ihm damals nicht den Grund gesagt, warum es schlecht ist. Ich sagte nur, es ist wirklich das schlechteste Orchester. Das Berliner Sinfo-

nieorchester bestand damals vor allem aus älteren Musikern aus ganz Berlin, aus West- wie Ostberlin, die von der Gewerkschaft ihre Existenzgrundlage sichergestellt bekamen. Wie das mit dem Musikerverband damals so oft war, der sich in Berlin durchgesetzt hatte.
Der Chefdirigent war damals ein gewisser Hildebrandt, der in Westberlin wohnte, ein nicht schlechter Dirigent, aber er konnte aus dem Orchester auch nicht mehr machen. Ausgerechnet dieses Orchester wollte nun Kurt Sanderling! Am Telefon sagte er mir auch gleich: »Ich kann Ihnen erklären, warum. Ich habe meine Erfahrungen mit den Leningradern gemacht, wenn ich das Gewandhaus oder die Staatskapelle Berlin bekomme, kann ich probieren, wie ich will, abends spielen sie so, wie sie es seit Jahrzehnten gespielt haben. Ich will ein Orchester, mit dem ich arbeiten kann. Deswegen will ich dieses Orchester haben.«
Ich sagte: »Wenn Sie es unbedingt wünschen, dann übernehmen Sie eben das Berliner Sinfonieorchester.« Sanderling kam dann nach Berlin, ich habe ihn auf dem Flugplatz empfangen. Er war damals noch mit seiner ersten Frau zusammen, Thomas Sanderling kam mit, er hat damals noch Geige studiert. Wir hatten gleich einen sehr netten persönlichen, auch familiären Kontakt, später noch mehr mit Barbara Sanderling. Er fing nun an, mit dem Orchester zu arbeiten und merkte bald, daß er kein sehr gutes Orchester übernommen hatte; aber er hat versucht, daraus etwas zu machen.
Dann kam der 13. August 1961, der Mauerbau. Ich war im Ministerium überhaupt nicht darauf vorbereitet. Das war eine Sache, die als Verschlußsache lief, so daß kaum ein Mensch damit befaßt war oder Bescheid wußte. Ich war zu diesem Zeitpunkt mit meiner Familie in einem Ferienheim am Plattensee in Ungarn. Ich kam zurück nach Berlin und fand dort bereits die Beschlüsse über die Orchester der DDR vor. Die waren so festgelegt, daß bei der Staatskapelle aus dem Rundfunksinfonieorchester Ersatz für die Westberliner Musiker, die nun nicht mehr dort musizieren konnten, geschaffen werden mußte. Die Dresdner Staatskapelle durfte nicht angetastet werden, das Gewandhausorchester durfte nicht angetastet werden, das Orchester der Komischen Oper durfte nicht angetastet werden, sondern es hieß nur, aus dem Rundfunksinfonieorchester einige Musiker an die Berliner Staatskapelle zu geben. Der Ersatz für das Rundfunksinfonieorchester würde dann aus anderen Orchestern der Republik geholt.

Wer hat den Plan gemacht?

Das war damals die Kulturabteilung des Zentralkomitees. Das hat wahrscheinlich dem Politbüro als Beschluß vorgelegen, über unseren Kopf hinweg, selbst Bentzien hat nichts davon gewußt. Ich glaube, man hatte Bentzien – seinerzeit ein relativ junger und unerfahrener Mann – zwei Jahre zuvor zum Minister gemacht, damit er das dann sozusagen am Hals hatte. Nachher wurde er auf schlitzohrige Weise wieder abgesetzt, eine ganz böse Geschichte. Jedenfalls gab es für Sanderling überhaupt keine Festlegung. Er hing völlig in der Luft. Ich fühlte mich auch besonders für ihn und das Orchester verantwortlich. Wir haben uns darauf verständigt, Sanderling und ich, daß er sich umschaut, wo er gute Musiker findet, vor allem auch an der Musikhochschule, die ein gutes Niveau hatte, gute Lehrer, und daß er einfach Studenten, wenn sie geeignet waren, auch wenn sie im dritten Studienjahr waren, in das Orchester übernimmt. Er hat sich die vorher angehört, und sie haben das Studium abgebrochen und wurden gleich übernommen. Wir haben auf diese Weise das Orchester ziemlich rasch mit jungen Leuten wieder aufbauen können. Für ihn war das, so makaber das klingen mag, ein Gewinn!

Aus welchem Grunde ist zu Sanderling nichts beschlossen worden? Haben Sie eine Vorstellung?

Das kann ich nicht sagen. Ich glaube, den Leuten ist einfach die Puste ausgegangen. Die haben gesagt, der wird sich schon irgendwie zu helfen wissen. Ich habe mich nie danach erkundigt. Wir beide haben darüber auch nicht gesprochen. Er hat sich bei mir nicht beklagt, sondern wir haben die Tatsache hingenommen. Ich möchte es so sagen, man hat vielleicht damals noch gar nicht die Qualitäten von Sanderling erkannt. Übrigens war Kurella dann auch schon wieder gestolpert, Kurt Hager wurde sein Nachfolger, insofern hatte Sanderling auch keinen Verbündeten mehr. Walter Felsenstein war ein Sonderfall. Er hat auch seine ganzen Westberliner Künstler behalten können, es wurde überhaupt nicht daran getastet. Über die Qualität von Sanderling war man sich damals noch gar nicht so bewußt.

Das BSO war ein städtisches Orchester, und man dachte, daß deren Musiker an einer anderen Stelle eingesetzt werden, für Sanderling wird man vielleicht etwas finden. Aber da hätte man sich sehr getäuscht, denn er hatte seine Prinzipien, die ich an ihm auch immer hoch geachtet habe. Da gibt es zwei Beispiele rein musikalischer Art, die ich dafür nennen kann: Als er nach Berlin gekommen ist, gab es immer diese Kunstdiskussionen. Sanderling hatte von Giselher Klebe die »Zwitschermaschine« nach Paul Klee in seinem Programm angesetzt. Paul Klee lag für Alfred Kurella und andere nicht unbedingt auf der richtigen Linie. Wir haben uns beide ganz sachlich unterhalten, und Sanderling hat mir erläutert, warum er das Stück machen will und machen muß. Er hat gesagt: »Wissen Sie, Sie haben mich davon überzeugt.« Dann hat er es aufgeführt, ganz einfach. Das ist eben typisch und echt Sanderling.

Ein anderes Mal dirigierte er zu einem Bachfest in den 70er Jahren ein Konzert in Leipzig mit dem Gewandhausorchester. Es stand kein Bach auf dem Programm, sondern eine Bruckner-Sinfonie, vorher sollte die Uraufführung einer Komponistin aus der DDR sein, der Name spielt keine Rolle. Er hatte auch in bezug auf Komponisten in der DDR seinen ganz klaren Standpunkt, wen er aufführt und wen er nicht aufführt, wer ihm lag und wer ihm nicht lag. Diese Komposition lag ihm nicht. Infolge dessen kam es zu dem Kompromiß, daß er sagte: »Ich bin einverstanden, aber dann soll die betreffende Dame ihr Stück selber dirigieren.« Das ist Sanderling! Es gab bestimmte Komponisten, die führte er auf, oder bei bestimmten Komponisten sagte er, dieses Stück ja, das andere Stück nicht, darin war er auch ganz prinzipienfest: Nur das hat er aufgeführt, wo er dahinter stehen konnte, und er wäre auch nie zu Kompromissen bereit gewesen.

Gab es deswegen Ärger mit dem Komponistenverband?

Ja, aber er hat dabei etwas Glück gehabt, weil er seltsamerweise von Ernst Hermann Meyer das eine oder andere Werk aufgeführt hat. Ich möchte sagen, die Werke von Meyer sind auch qualitätsmäßig sehr unterschiedlich. Er hat sich das eine oder andere rausgesucht. Paul Dessau hat er, glaube ich, nie aufgeführt. Daran kann ich mich gar nicht erinnern, und wenn überhaupt, dann hat er vielleicht ein einziges Werk einmal aufgeführt.

Vielleicht noch etwas über die Zusammenarbeit mit ihm, die ich als Instrumentalist persönlich erfahren habe. Ich habe mehrfach bei ihm auch als Solist in Konzerten gespielt; nicht zu der Zeit, als ich im Ministerium war, das war ein Prinzip von mir, aber ich glaube, auch von ihm.

Aus den vier Jahren, die ich beim Rundfunk war, gibt es nicht ein einziges Band von mir, weil ich mich grundsätzlich in diesen Dingen immer freigehalten habe. Als ich aber an der Staatsoper war, habe ich mehrfach mit ihm Bach-Konzerte gespielt. Es war ein so wunderbares Musizieren, weil er so blendend vorbereitet war. Man fühlte sich als Solist bei ihm so außerordentlich wohl, es ist alles von ihm vorher genau überlegt worden. Das Orchestermaterial ist von ihm vorher persönlich schon eingezeichnet worden, alles ganz genau, so daß es dann wirklich zu einem wunderbaren gemeinsamen, auch sehr ruhigen Musizieren kommt. Ich habe Konzerte von Bach mit ihm gespielt; auch das Cembalokonzert von Martinů, diese Art von Musik lag ihm durchaus. Ich erinnere mich an eine Schallplattenaufzeichnung, die wir damit hatten. Wir machten das f-moll-Konzert, dann das A-Dur- und das E-Dur-Konzert – das war so blendend von ihm vorbereitet, daß wir über dieses Programm hinaus auch noch das d-moll-Konzert aufnehmen konnten, weil wir so früh mit unseren Terminen fertig wurden, daß wir das noch schafften.
Es kommt noch etwas Wichtiges hinzu: seine sehr liebenswürdige Kollegialität. Ich weiß das auch von anderen, daß er immer bereit ist, seine Kenntnisse weiterzugeben an Kollegen und jüngere Leute. Nachdem wir diese Konzerte aufgenommen hatten, wußte ich, daß beim BSO das eingezeichnete Orchestermaterial lag. Und wenn ich auf eine Konzertreise in das Ausland fuhr und ihn fragte, ob er mir das Orchestermaterial ausleihen würde, dann konnte ich das Material mitnehmen.
Es gibt noch eine andere Geschichte, die auch eine große Bedeutung hat: Wir hatten in Berlin keinen Konzertsaal. Oistrach kam jedesmal und sagte: »Wissen Sie, Leipzig hat einen Konzertsaal, Dresden und Berlin haben keinen Konzertsaal.« Da stellte sich heraus, daß seltsamerweise die traditionellen Berliner Theater alle nicht am Schauspielhaus interessiert waren. Da kam ich auf die Idee, daß man aus dem Schauspielhaus ein Konzerthaus machen könnte. Die Sache hat sich über zwanzig Jahre hingezogen, aber ich möchte sagen, es war unser Glück, denn die ersten Architekten, die daran gegangen wären, die hätten uns einen fürchterlichen kalten Schuppen gebaut. Ob das, was dann gebaut wurde, architektonisch so ideal ist, ist eine andere Frage. Frank Schneider, der nachher der Direktor des Kuratoriums wurde, hat es mal eine »geschminkte Leiche« genannt. Trotzdem hat es seine Atmosphäre. Da Sanderling wußte, das wird sein zukünftiges Konzerthaus, hat er sich natürlich von Anfang an so darum gekümmert, daß das auch eine entsprechende

Akustik bekam. Das eine oder andere ist noch korrigiert worden; aber das war für ihn ein echter Gewinn und Triumph und Lebensabschluß, daß dieses Konzerthaus noch entstanden ist mit viel Baustreß und mit vielen Geburtswehen.

Wie hat sich Sanderling in das Projekt eingebracht?

Er hat beraten, nicht im Architektonischen, aber im Organisatorischen, im inneren Ausbau, was die Akustik betrifft und so weiter, da hat er sich doch sehr eingebracht.

Stand von vornherein fest, daß dort das BSO beheimatet sein würde?

Es sollte für alle Orchester sein, aber es stand fest, das wird der Stammsitz des BSO, denn Sanderling war am schlechtesten dran von allen Orchestern. Er wechselte für Sinfoniekonzerte zwischen dem Metropol-Theater, das auch eine schlechte Akustik hatte, und der Komischen Oper, die auch für Konzerte keine sehr gute Akustik hatte. Sanderling war also außerordentlich benachteiligt, was die gute Akustik von Konzertsälen anging.

Wenn Sie zurückdenken an Sanderling, und wenn Sie sich vorstellen, Sie müßten in 50 Jahren eine deutsche Musikgeschichte schreiben, welche Rolle und welchen Rang würde Kurt Sanderling darin einnehmen?

Wissen Sie, für mich ist Sanderling vom musikalischen her immer so eine Natur oder Typ wie Klemperer. Es gibt Dirigenten, die sind sehr gut, die verstehen aber zusätzlich noch eine Show daraus zu machen. Es gibt Dirigenten, die sind ebenso gut, aber die sind in ihrer Art einfach nicht darauf angewiesen, eine Show zu machen; die wollen und können es auch nicht. Zu solch einem Typ Dirigenten zähle ich zum Beispiel den Haitink in London. Das ist ein Mann, der viel mehr konnte als viele andere, die große Namen haben. Er ist ein unglaublicher Könner, er gibt etwas her. Dann sieht man den Spätentwickler Günther Wand. Also Haitink, Sanderling, Wand, so würde ich das heute ungefähr sehen. Es ist eigentlich bedauerlich, daß man nicht weiß, wie diese Tradition fortgeführt wird; irgendwie wird es schon weitergehen, aber wie?

Wo liegen Sanderlings Verdienste? Was hat er gegeben, was andere nicht gegeben haben? Welche Leistung, die er gebracht hat, ragt heraus?

An erste Stelle möchte ich seine Interpretationen der Werke von Schostakowitsch nennen, das ist wirklich das, was an erster Stelle stehen sollte. Dann seine Interpretationen von Brahms und von Haydn. Was Dirigenten selten und nur wenige Dirigenten wirklich sehr gut interpretieren können, ist Haydn. Haydn-Sinfonien sind sehr, sehr schwer. Abgesehen davon, daß Sanderling ein hervorragender Orchestererzieher ist, ein blendender Erzieher der Musiker, sehr klar im Musizieren, in der Zeichengebung und in der ganzen Musikalität. Das würde ich als das Entscheidende von Sanderling betrachten. Seine Palette ist sehr groß, aber das sind für mich die Schwerpunkte. Ich weiß auch, wie schwer er es sich mit der Arbeit macht, wie kritisch er ist. Wir waren zu gleicher Zeit auf Gastspielreise in Japan. Er hat dort ungefähr sechsmal die Neunte Sinfonie dirigiert. Ich weiß noch, wie er mir sehr selbstkritisch sagte: »Was denken Sie, wie schwer das ist, die Neunte Sinfonie sowieso, die dauert, und dann jeden Abend aufs neue.« Weil er sich innerlich so ernsthaft darauf vorbereitet, seine Konzeption hat, die er sehr ernst nimmt. Wenn ich jetzt in seine Konzerte gehe, und ich sehe, mit welcher Konzentration er ein solches Werk in der Hand hat, mit welcher Intensität die ganze Thematik durchgearbeitet wird und dabei die Spannung im Werk vorhanden ist, das ist einfach bewundernswert.

Hans Pischner war u.a. von 1956 bis 1963 Stellvertretender Minister für Kultur der DDR und von 1963 bis 1984 Intendant der Deutschen Staatsoper in Berlin (DDR).

Gespräche

»Er ist wirklich auf dem Altar des Bruderzwistes geopfert worden.«

Gespräch mit Klaus Geitel

Wenn Sie ein Buch über die deutschen Dirigenten des 20. Jahrhunderts schreiben würden, wie würden Sie darin Kurt Sanderling charakterisieren, was ist das Besondere an seiner Interpretation, seinem Dirigierstil?

Ich bin Sanderling bis 1989 nicht begegnet. Er hatte mich nur neugierig gemacht durch die Reputation, die ihn geradezu wie eine Glorie umgab, eine nüchterne Glorie freilich, denn das Entscheidende an ihm war, daß er ein Erbe der altdeutschen dirigentischen Nüchternheit ist, der Sorgfalt, der Aufmerksamkeit, der Devotion und der absoluten interpretatorischen Neutralität. Nie mischte er sich bei der Musik ins Spiel, sondern er stand davor und sorgte für ihre korrekte Wiedergabe.

Sanderlings Darstellungen hatten eigentlich nie eine visionäre Kraft, sondern sie übten eine Ordnungsmacht aus. Das war nie neu erfunden, sondern das war nur perfekt nachgebacken worden, wollen wir das mal so sagen, aber natürlich von einem erstklassigen Bäcker, der sein Handwerk verstand. Das Handwerk ist inzwischen auch ausgestorben, weil sich alle selbst zu viel ins Spiel bringen. Das ist die Mode – wenn man nach der heutigen Mode geht – Sanderling war nie modisch, er wurde auch in diesem Sinne nie modern, er war nie ein Kult-Star oder ein Kult-Gigant oder ein Showmensch des Musikmachens, so wie es Bernstein, Muti oder Karajan waren, sondern er war eigentlich ein Musikingenieur, er sorgte für jedes kompositorische Schräubchen, jede Niete, Musik floß infolgedessen so in den richtigen Kanal, wie ihn der Komponist gegraben hatte. Das war Sanderlings Arbeit.

Also Werktreue?

Werktreue, ja natürlich. Das kann sehr fad sein, das war aber bei ihm erstaunlicherweise nicht fad. Womit könnte man ihn eher vergleichen als mit Masur, mit dem alten Günter Wand, der ähnlicher musikalischer Herkunft ist. Nur, was Wand auszeichnet, ist natürlich seine Klarheit und die Bösartigkeit, die macht das so attraktiv, wie das Hand in Hand geht, während es bei Sanderling eher liebevoll Hand in Hand geht. Das Funkeln bei Wand ist eigentlich das Böse, dieser Bösewicht.

Und bei Sanderling funkelt es nicht?

Bei Sanderling ist es das Funkeln von Adalbert Stifter, das ist der Glanz von Innen. Es ist etwas von Wehmut in den Darstellungen von Sanderling, und es ist etwas von Stolz in den Darstellungen von Wand, das ist vielleicht der Unterschied, wissen Sie?
Die Dirigentengilde zeichnet sich vor allem durch eins aus, durch Langlebigkeit und durch schlechten Charakter. Erstens hält Dirigieren gesund, den Kreislauf in Gang, Sie können sich physisch und psychisch ausleben, frei machen, die Leute beschimpfen, anschnauzen, machen mit denen, was Sie wollen. Das erhält natürlich jung! Ich habe das Gefühl, Sanderling ist einer der weniger miesen oder unangenehmen Charaktere. Die anderen haben mit ihrer unangenehmen Art Karriere gemacht, vielleicht liegt das auch daran, daß er nicht unangenehm genug war, so daß er eine weniger große Karriere gemacht hat, was erstens natürlich politisch bedingt war, dann aber auch charakterlich. Der Mann ist zu gut für diese Welt, für diese Musikwelt.

Worauf führen Sie das zurück, daß er – wie Sie sagen – eine weniger große Karriere gemacht hat als andere? Woran messen Sie das?

Sanderling saß immer auf dem toten Ast. Er ist wahrscheinlich eine innere deutsche Angelegenheit, er ist wirklich auf dem Altar des Bruderzwistes geopfert worden, eines dreifachen Bruderzwistes, erst mal der Austreibung durch die Nazis, dann durch die Teilung von Ost und West. Das wird ihn auch daran hindern, nachher den großen Nachruhm zu ernten, aber auf den Nachruhm kann man, wenn man tot ist, sowieso verzichten. Für die Musikindustrie war er offenbar nicht attraktiv genug. Er ist auch kein Fernsehdirigent, das ist Justus Frantz, mit dem ich sehr befreundet bin; sicherheitshalber gehe ich nicht in seine Konzerte. Sanderling galt auch technisch als in der rückständigen DDR verhaftet. Als ich 1959 nach Moskau fuhr, gab es da einen Schallplattenshop, wo so getippte Dinger an die Wände gepinnt waren, alles russisch natürlich, da mußte man sich rausbuchstabieren: Aha, Tschaikowsky, aha, der und der, man sah nur diese Zettelchen, das war das, was es gab. Dann wurde man an die Kasse geführt, um zu bezahlen und ging anschließend in einen Nebenraum, wo man erst die Platte bekam. In diesem Umkreis ist Sanderling künstlerisch groß geworden. An dem Absprung ins westliche Kulturmarketing war er entweder nicht interessiert oder blind dafür oder es war ihm »piepegal«. Er hat diese Nase erstens nicht gehabt und zweitens sie nicht entwickelt, drittens war das weltweite Wirken der Schallplattenindustrie auf den Westen fixiert.

Wie würden Sie seinen Dirigierstil beschreiben?

Er läßt alles Überflüssige weg beim Dirigieren. Wenn Sie mal Szell sehen, diese Haubenlerche am Pult, der Flöteneinsätze mit einem Nachdruck und Fingerzeig gibt, daß es das ganze Publikum sieht.
Jetzt könnte der Flötist aufstehen und sagen: »Mensch gib nicht so an, das steht doch in meinen Noten, das sehe ich doch vor mir. Du mußt nicht so tun, als wäre das nun die vertrackteste Geschichte von der Welt.« All diese brachiale Wichtigtuerei fehlt ihm ganz. Er beschränkt sich auf das Notwendige. Ich selbst bin noch aufgetreten unter Richard Strauss, erstaunlicherweise, als er »Arabella« dirigierte, war ich der Kellner im Zweiten Akt und bin beinahe die Treppen runtergefallen, weil ich natürlich nicht auf die Stufen sah, sondern auf den alten Herrn, der immer die linke Hand in der Westentasche hatte. Er dirigierte nur mit der rechten Hand und mit den Augen. Er gab die Einsätze mit den Augen. Die Sänger wurden beinahe verrückt, wozu die linke Hand war, das hat man nie erfahren, so reduziert war das. Etwas davon hat der alte Heinrich Hollreiser noch gehabt, der auch an seinem Pult saß wie ein Pultmuffel. Und das ist auch der Stil des alten Sanderling, der gar nichts mehr zu machen brauchte, jeder wußte ganz genau, wo er sich befindet, an welcher Stelle, und wie es weitergeht. So haben die alten Herren alle dirigiert, deshalb spreche ich immer von dieser Tradition. Ich bin aus jeder Aufführung von Sanderling befriedigt hinausgegangen. Ich bin auf meine Kosten gekommen, musikalisch, intellektuell, seelisch, wenn Sie so wollen, und habe den Mann immer empfunden als ein Geschenk an die junge Generation. Ich sehe ihn schon als Denkmalsfigur des Musikmachens in Deutschland.

Klaus Geitel ist Musikkritiker.

»Künstler werden hier als das akzeptiert, was sie sind, egal ob sie aus Ostdeutschland oder aus Westdeutschland oder vom Südpol oder aus Alaska kommen – man sieht sie als das, was sie sind: Musiker!«

Gespräch mit David Whelton in London

Wann und wie haben Sie Kurt Sanderling kennengelernt?

Das war in den 70er Jahren, als er hier herüber zu den Londoner Philharmonikern kam, um den indisponierten Otto Klemperer zu vertreten. Ich war zu der Zeit noch Student. Ich erinnere mich nicht mehr genau an das damalige Programm, aber ich erinnere mich sehr gut an einen Dirigenten, der wirklich eintauchte in die deutsche Tradition.

Wissen Sie, warum sich das Orchester für ihn als Ersatz des erkrankten Klemperer entschieden hatte?

Weil er in Deutschland hoch angesehen war als ein Dirigent, der dem Geist – oder der Seele – der Musik treu ist. Auch wenn andere Dirigenten dieser Zeit mehr an extravaganter Farbigkeit ausstrahlten, war er ein Dirigent, der wirklich ins Herz der Sache traf. Das Orchester war immer auf der Suche entweder nach einem jüngeren Dirigenten oder nach einem Dirigenten, der wirklich etwas zu sagen hatte. Und hier war uns klar, daß wir einen sehr besonderen Dirigenten gewonnen hatten, dem man eine Chance geben sollte, mit uns zu arbeiten. Für uns in England bedeutet die deutsche Tradition in der Musik einen großen Respekt vor der Partitur, sie bedeutet eine große Verpflichtung zur Qualität im Musizieren, aber auch einen Weg, das Herz des Musikmachens zu erreichen ohne unnötige stimmungsmäßige Extravaganzen. Hier fanden wir jemanden, der Musik mit einer großen Integrität machte. Das ist es, was wir als deutsche Tradition und deutsche Qualität definieren.

Wie hat das Publikum darauf reagiert?

Es gab eine sehr, sehr warme Reaktion, und das Publikum hat sofort verstanden, daß hier jemand ganz Außergewöhnliches vor ihm stand – und das Orchester hat ihn sofort wieder eingeladen.

Wußte das Publikum, daß er von der anderen Seite des »Eisernen Vorhangs« kam?

Ja, es gab hier bei uns bis in die Mitte der 80er Jahre ein großes Interesse an Musikern aus dem Osten Deutschlands, denn man hatte das Gefühl, daß sich in Ostdeutschland etwas erhalten hatte, was im Westen durch kommerzielle Einflüsse verfälscht worden ist.

Sie meinen ›amerikanisiert‹?

Ja, genau das. Wir suchten nach einem besonderen, deutlichen Klang, nicht nach Uniformität. Das Orchester hat sich immer in dieser Richtung orientiert.

Gab es Kommentare zu seiner Herkunft – daß er von der anderen Seite der Mauer kam? Politische Kommentare?

Nein, überhaupt nicht. Auf der politischen Seite gab es überhaupt keine Probleme, hier mit dem Orchester zu arbeiten. Wenn wir in diesen Jahren mit russischen Dirigenten arbeiteten, wurde einem manchmal die politische Dimension bewußt, was es für sie bedeutete, im Westen arbeiten zu dürfen. Das war mit Sanderling nicht der Fall, es war einfach ein großes Vergnügen, weil er in dieser Tradition groß geworden war. Deshalb wollten wir gerne eine engere Beziehung zu ihm knüpfen, weil er diese Tradition verkörperte. Denn diese Tradition war ja, wie ich schon sagte, im Westen zerstört worden.

Das unterscheidet sich völlig von den Reaktionen in Westdeutschland. Als Sanderling einige Male – nicht sehr oft – in der Bundesrepublik dirigiert hat, hieß es in den Überschriften der Konzertkritiken »Kurt Sanderling aus der DDR« oder »Kurt Sanderling aus Ostdeutschland«, was heißt, daß es ein unausgesprochenes politisches Mißtrauen ihm gegenüber gab.

Das wundert mich sehr. Hier, in diesem Land, funktioniert das ganz anders, ich meine, Künstler werden hier als das akzeptiert, was sie sind, egal ob sie aus Ostdeutschland oder aus Westdeutschland oder vom Nordpol oder von Alaska kommen – man sieht sie als das, was sie sind: Musiker! Was für uns interessant zu beobachten war: Als sich die Musikszene im Westen entwickelte, gab es im Osten nicht diesen kommerziellen Druck, deshalb konnte sich dort diese Musikauffassung erhalten.

Wie entwickelte sich das Verhältnis zwischen dem Orchester und Kurt Sanderling?

Das Orchester spürte, daß da ein Dirigent kam, der musikalisch in einer ähnlichen Welt lebte, der dasselbe Gefühl für Werte hatte, deshalb sollte er Teil des Orchesters werden. Deshalb wurde er sofort wieder eingeladen, er wurde ein Teil des Orchesterlebens, er gehörte zu den regelmäßigen Gästen des Orchesters. Er wurde auch Ehrenmitglied des Orchesters – und sein einziger Vorgänger war Otto Klemperer. Und seit seinem letzten Konzert hat er die Position eines »conductor emeritus« angenommen, eine Ehren-Position, die das Orchester noch nie vorher verliehen hat.

Was bedeutet das in England? In Deutschland verleiht man jemanden einen solchen Titel eigentlich erst dann, wenn man ihn auf freundliche Art loswerden will.

Es heißt, er ist ein Dirigent, der über allen anderen Dirigenten steht. Jetzt verstehe ich erst, wieso Sanderling, als wir ihm diesen Vorschlag unterbreiteten, sagte: »Na gut, wie lange läuft mein Vertrag noch?« (lacht) Das habe ich nicht gewußt. Hier bedeutet ein solcher Ehrentitel, daß man eigentlich noch mehr arbeiten muß. England ist eben was Besonderes.

Welche Programme hat er hier mit dem Orchester gemacht?

In den letzten Jahren hat er einen Brahms-Zyklus mit uns gemacht, aber besonders konzentriert hat er sich immer auf ein Musik-Repertoire, das seinem Herzen nahesteht, mit anderen Worten: Die Bruckner-Sinfonien Vier und Acht, dann Bruckner Neun und Sieben und dann die Mahler-Sinfonien, insbesondere Mahler Neun. Außerdem die Beethoven-Sinfonien, von denen er auch eine Reihe mit dem Orchester aufgenommen hat – und natürlich Schostakowitsch Acht und Neun, Fünfzehn und Sechs, dann die Neunte Schubert und Schumann, also die klassische Tradition. Die große klassische Tradition – plus Schostakowitsch, plus Rachmaninow, plus Tschaikowsky.

Gab es in seinen Aufführungen von Schostakowitsch etwas Besonderes?

Gespräche

Vorab muß ich dazu sagen: Alle seine Konzerte sind etwas Besonderes! Aber Schostakowitsch ist selbstverständlich ein besonderes Terrain, denn sein Blick auf die Musik von Schostakowitsch unterscheidet sich sehr von anderen.

Können Sie erklären, wie Sie das meinen?

Es ist für mich leichter zu sagen, was es nicht ist: Es ist in keiner Weise oberflächlich. Er macht keine Show – Show ist vielleicht das falsche Wort – aber wenn Sie zum Beispiel Schostakowitschs Achte von ihm hören, die als eine große Erzählung über das russische Volk daherkommt, so hören Sie bei ihm tief im Innersten seinen Zugang zu dieser Musik, sein Vermeiden von Sensationalismus, seine Weigerung, diese Musik für Effekte zu gebrauchen. Im Grunde vermittelt seine Interpretation das Gefühl von Authentizität, er dringt in ihr Herz vor. Oder bei der Fünfzehnten Schostakowitsch, dem Ende seines Werkes, hört es sich an, als sei dies auch das Ende der Welt. Ein anderer Aspekt seiner Arbeit ist, daß er ein Werk von der allerersten Note an so dirigiert, wie es enden wird: Er weiß, wie es enden wird. Er hat von Anfang an eine ganz klare Konzeption.

Sehen Sie seine Interpretation von Schostakowitsch auch als ein Vorbild für andere Dirigenten?

Ja unbedingt, sie sollten ein Vorbild sein! Und ich denke, sein Verständnis von Schostakowitsch als Musiker unterscheidet sich von dem vieler seiner Kollegen. Er dirigiert diese Musik ohne Effekthascherei, aber mit einer unglaublichen Intensität.

Wenn Sie die anderen Dirigenten Ihres Orchesters betrachten, wie sehen Sie die Position von Kurt Sanderling?

Während meiner Zeit mit dem Orchester war er wirklich der großartigste Dirigent, der mit dem Orchester gearbeitet hat, und zwar einfach deshalb, weil seine Arbeit von einer großen Humanität geprägt ist. Wenn man in einem seiner Konzerte war, dann ist das eine Erfahrung fürs ganze Leben. Die wird man so leicht nicht wieder los.

David Whelton ist Managing Director des London Philharmonia Orchestra

»Ich bin seit den letzten zehn Jahren dabei, Klischees zu widersprechen«

Gespräch mit Markus Wolf

Wann ist Ihnen der Name oder die Person Kurt Sanderling das erste Mal begegnet?

Ich glaube, vor dem Krieg beim Besuch eines Konzerts im Moskauer Konservatorium, das von ihm dirigiert wurde, das müßte also 1939/40 gewesen sein. Wir wohnten in Moskau praktisch um die Ecke des Konservatoriums, das ist meiner Ansicht nach auch heute noch der beste Konzertsaal Moskaus. Ich ging in eine russische Schulklasse, die sehr intellektuell geprägt war durch die Eltern meiner Mitschüler und so auch der Mitschüler selbst, und wir besuchten ziemlich regelmäßig die Theater und auch das Moskauer Konservatorium. Da gab es eines Tages Plakate mit dem Namen Kurt Sanderling als Dirigent des Leningrader Philharmonischen Orchesters. Ich kann mich nicht mehr erinnern, ob das ein Konzert mit dem Leningrader Philharmonischen Orchester oder der Moskauer Philharmonie war, aber Sanderling war d e r Dirigent. Sanderling galt schon damals als der Leningrader Dirigent. Das war ein Ereignis für das Moskauer Konzertpublikum.

Ich erinnere mich sehr genau – das war zwischen 1949 und dem Sommer 1951, als ich bei der Botschaft in Moskau als erster Botschaftsrat arbeitete – an den Besuch eines Konzerts, bei dem Sanderling wieder dirigierte. Das könnte vielleicht im Säulensaal des Gewerkschaftshauses gewesen sein, aber vielleicht auch im Konservatorium. Auf jeden Fall weiß ich, daß ich entweder in der Konzertpause oder nach dem Konzert meine Visitenkarte als Diplomat abgegeben habe und dann auch kurz mit Sanderling sprechen konnte.

Darf ich noch einmal zurückgehen auf das Jahr 1941: Nach dem Überfall auf die Sowjetunion sind Sie wie Sanderling auch nach Alma-Ata evakuiert worden. Es wäre ein wahnsinniger Zufall, wenn Sie ihn dort getroffen hätten. Können Sie mir über die Atmosphäre in Alma-Ata etwas sagen?

Nein, getroffen habe ich ihn dort nicht. Als wir nach Alma-Ata kamen, war dort eine absolute Kriegsstimmung, Alma-Ata war schon total übervölkert – ich rede jetzt von Ende November 1941 –, und ich war in Alma-Ata bis Juli/August 1942. Ich weiß nicht, wieviele Bewohner die Stadt vorher hatte. Jetzt kamen sowohl vom Westen Flüchtlinge als auch aus Leningrad Evakuierte. Ich erinnere mich sehr genau an diese Eis-Trasse über den See, einige starben noch unterwegs, die aus Leningrad Evakuierten waren in einem erbärmlichen Zustand. Dann kamen von Osten aus den Lagern die polnischen Flüchtlinge, einige waren Offiziere, daran erinnere ich mich sehr gut. Sie machten zum Teil nur Zwischenstation in demselben Hotel, in dem ich zeitweilig untergebracht war.

Unendlich viele Evakuierte von Kriegsbetrieben aus allen Gegenden waren da. Auch ich war mit meinem Institut für Flugzeugbau evakuiert, und wir produzierten als Studenten in den Werkstätten, die zu unserem Institut gehörten, Meßinstrumente für die Artillerie. Dann waren natürlich die Filmleute von Mos-Film und Len-Film nach Alma-Ata evakuiert. Es gab ein Filmstudio, das ich auch kennenlernte, denn ich verdiente mir mit anderen Studenten als Statist bei den damals üblichen Kriegsfilmen ein Zubrot, und mit meinen Deutschkenntnissen kriegte ich sogar ein doppeltes Honorar für diese nächtlichen Aufnahmen. Das war ein buntes Gemisch. Am Anfang war die Versorgung noch etwas besser. Denn durch die extremen Engpässe im Verkehr konnten die in Kasachstan reichlich produzierten Lebensmittelgüter nicht abtransportiert werden. So bekam man immer noch in diesen sogenannten Kommerzgeschäften zum doppelten Vorkriegspreis – das war immer noch ein lächerlicher Preis – Dinge, die es sonst in Moskau und auf der ganzen Strecke gar nicht mehr gab. Aber mit dem Jahr 1942 hat sich das auch geändert. Wir hatten dann nur noch recht karge Lebensmittelrationen.

Kommen wir zum Jahr 1960, in dem Sanderling in die DDR ging. Sie waren damals beim Ministerium für Staatssicherheit tätig. Das Zentralkomitee, so habe ich in den Unterlagen gelesen, hat sich regelmäßig damit befaßt, welche Emigranten zurükkkamen. Es gab Listen darüber und Beurteilungen. Sanderling kam im Juli 1960 zurück, sein Name taucht in diesen Akten nie auf, was heißt das?

Ein echtes Wissen darüber habe ich nicht, sondern nur Vermutungen. Das ist am Anfang eher restriktiv gehandhabt worden oder zurückhaltender als angebracht gewesen wäre, aber das war so in den ersten Nachkriegsjahren. Dann sind zunehmend Listen gemacht worden, und es hing von sehr vielen Zufälligkeiten – auch persönlichen freundschaftlichen

Beziehungen – ab, wer auf diese Listen kam. Man mußte überhaupt erst wissen, daß da noch irgendwo einer existierte, um ihn auf diese Liste zu setzen, von solchen Umständen hing das eben auch ab. Ich glaube, daß die Parteiführung das nur sehr unvollständig hatte, ich kenne es von anderen Beispielen. Ich glaube mich bei Sanderling auf jeden Fall daran erinnern zu können, daß die entscheidende Rolle dann Hans Rodenberg gespielt hat.

Sie sagen, Sie selber haben es sozusagen nicht gewußt, aber aus Ihrer Kenntnis des Systems halten Sie es für denkbar, daß weder im Politbüro noch im Zentralkomitee, noch im Staatsrat darüber gesprochen wurde, Sanderling zurückzuholen. Ich weiß, daß Hans Pischner sich bemüht hat, ich weiß, daß Alfred Kurella sich bemüht hat, und ich habe einen Zettel in den Unterlagen gefunden, auf dem Alfred Kurella Pischner oder Hager mitteilt, daß man Walter Ulbricht einen Zettel mitgegeben habe, auf dem stand, er solle Sanderling loseisen. Daß Ulbricht bei irgendeinem Bankett neben Chruschtschow sitzt und es über die ganz kurze persönliche Leine gemacht hat, halten Sie so etwas für denkbar?

Das ist absolut denkbar. Da kann natürlich bei so einer Gelegenheit auch Chruschtschow irgendeinem Dolmetscher oder einem zuständiger Mitarbeiter der Abteilung, der dabei saß, gesagt haben: »Nun kümmern Sie sich mal darum.« Und Ulbricht hat dann dem Dolmetscher gesagt: »Also, macht die Sache klar.« Es hat sich vieles in der DDR außerhalb der Akten abgespielt, also gerade auf solche Weise.

Hatten Sie in der DDR einen persönlichen Kontakt zu Sanderling? Oder hatten Sie dienstlich mit ihm zu tun?

Ich erinnere mich an einen Besuch bei Kurt Sanderling in seinem Haus in Pankow. Er hat mich, meine ich, angerufen, ich habe ihn daraufhin besucht. Es ging um eine Reisegenehmigung – ob da Barbara mitbetroffen war oder ein Musiker oder mehrere Musiker – also es ging um die Westreisen und die Probleme, die es gibt, wenn diese Genehmigung jetzt nicht kommt. Das hat mir der Kurt nun lang und breit dargestellt. Ich war dafür überhaupt nicht zuständig, aber ich habe es entgegen genommen. Ich meine, ich habe auch mit meinem zuständigen Kollegen, also dem stellvertretenden Minister, gesprochen. Möglicherweise habe ich auch einen Vermerk dazu gemacht, und ich gehe davon aus, daß dieses dann auch zufriedenstellend umgesetzt worden ist, denn ich habe von Kurt Sanderling nichts mehr gehört.

Waren Sie überrascht, als er Sie angerufen hat? War das üblich, daß jeder, der eine gewisse Stellung in der DDR hatte, Generaloberst Wolf anrufen und um einen persönlichen Besuch bitten konnte?

Nein, eigentlich nicht. Wahrscheinlich bekam ich auf irgendeinem Weg einen Hinweis, daß er den Wunsch habe, mich zu sprechen. Wahrscheinlich habe ich ihn dann angerufen. Das ist wahrscheinlicher, als daß er mich angerufen hätte, ich wüßte gar nicht, wie er mich hätte anrufen können. Da war irgendwo eine Beziehung, über meinen Bruder sind oft solche Dinge an mich herangetragen worden. Es war wohl bekannt, daß man über diesen Weg mehr erreichen kann, als wenn man den zuständigen Offizier ansprach. Sicher hat der Kurt Sanderling auch irgendeinen zuständigen Offizier der Staatssicherheit gekannt, mit dem solche Fragen im Normalfall auch abgehandelt worden sind.

War das üblich, weil er als Orchesterchef eine Institution leitete?

Ja, sicher. Ich weiß auch von unserem prominentesten Dirigenten aus dem Gewandhaus, Masur, daß die Leipziger Staatssicherheit zu ihm die engsten und besten Beziehungen hatte, umgekehrt genauso; deswegen konnte er wahrscheinlich auch in den komplizierten Tagen in Leipzig diese Rolle spielen. Wenn ich mit einem prominenten Kollegen aus Moskau in Leipzig war, dann sind wir auch zu Masur gegangen, er hat uns empfangen und uns die Sachen vor Ort gezeigt. Dabei hat man natürlich auch mal solche Dinge klären können. Er konnte mit dem Chef der Leipziger Staatssicherheit solche Probleme wahrscheinlich leichter klären, als es Sanderling in Berlin konnte.

Kurt Sanderling war weder in der UdSSR noch in der DDR in einer Partei oder in einer Massenorganisation, er ist aus dem Komponistenverband nach viermonatiger Zugehörigkeit ausgeschieden, weil er sich sehr unwohl gefühlt hat. Er war zwar der Chef eines der großen Orchester der DDR, aber war, wenn Sie so wollen, politisch überhaupt nicht engagiert. Trotzdem hatte er seine Beziehungen, wenn er etwas wollte, wenn er Probleme mit dem Orchester hatte, waren seine Adressaten immer die höchsten Stellen, entweder der Minister oder der Stellvertreter oder Sie oder der Oberbürgermeister, und er hat meistens bekommen, was er wollte. Wie erklären Sie sich das? War das nur seine Herkunft aus der UdSSR, aus dem Vaterland der Werktätigen, oder wie konnte er sich eine solche Stellung schaffen?

Meiner Ansicht nach hat sich das schon mit seinem Herkommen entwickelt. Es war auch sein Name, er war eine Kapazität, die man brauchte, etwa vergleichbar mit Felsenstein oder ähnlichen Namen. Musiker mit solchen Namen, Schriftsteller wie Ehrenburg, für die gab es die und die Möglichkeit. Wenn Väterchen Stalin angerufen hatte, dann gab es auch die Aufführungen von Bulgakow im Künstlertheater in Moskau, und Ehrenburg konnte seinen Roman veröffentlichen, obwohl alle dachten, das geht überhaupt nicht. Diese Prominenz und die schöpferische Qualität schufen schon Möglichkeiten, die sonst auf dem normalen Wege gar nicht erreichbar waren.

Obwohl nun die Staatsspitze der DDR nicht unbedingt durch kulturelle Kreativität glänzte.

Nein, aber es gab die für mich immer noch rätselhafte Freundschaft zwischen Ulbricht und Becher, die vom Charakter, von ihrem Wesen her so verschieden waren: Becher entsprach all dem nicht, was Ulbricht bei einem Parteifunktionär voraussetzte, das gab es schon, diese seltsamen Phänomene. Honecker hatte eben auch ein offenes Ohr für bestimmte Anliegen, auch für meinen Bruder, für Hermlin oder andere. Er wollte eben kein Kulturbanause sein. Da er selbst von seiner Entwicklung, von seinem Wissen her nicht die Voraussetzungen hatte, bei diesen Dingen mitzureden, hatte er eben ein Ohr für Leute, denen er vertraute. Es konnte sich eben einer auch mal etwas leisten, es konnte auch mal in der Familie etwas passieren, dann wurde großzügig verfahren.

Es gibt in der Gauck-Behörde über Kurt Sanderling, soweit sie bisher jedenfalls dechiffriert sind, lediglich zwei Karteikarten, auf denen steht, daß einmal zwei Inoffizielle Mitarbeiter etwas berichteten über ihn, ansonsten nur ein paar Akten über Thomas und seine Republikflucht, wie erklären Sie sich das?

Das halte ich für durchaus normal, daß von Personen einer bestimmten Kategorie die Mitarbeiter die Finger gelassen haben, weil sie wußten, da gibt es eine Protektion. Ich gehe davon aus, daß es bei Felsenstein ähnlich sein könnte, daß Dinge, die sonst beim Normalbürger oder Normalkünstler sicher das Interesse des Sicherheitsorgans erweckt hätten, vielleicht nicht so beachtet wurden. Ich weiß es nicht, es kann auch anders gewesen sein, daß es im Umfeld von Felsenstein Personen gab, die nun sehr wohl das Interesse beansprucht haben, aber er selbst als Zielobjekt der Bearbeitung sagte: »Laßt mal lieber die Finger davon.«

Was Sie sagen, widerspricht sämtlichen Klischees, die man hat.

Ich bin seit den letzten zehn Jahren dabei, Klischees zu widersprechen, das ist jetzt meine Hauptbeschäftigung. Das muß an die Öffentlichkeit gehen.

Sanderling mußte als Chef eines hauptstädtischen Orchesters natürlich mit der Staatssicherheit umgehen, aber es gibt keine Unterlagen darüber? Hörte das dann auf, wenn man einen bestimmten Level der Prominenz überschritten hatte?

Dafür gab es auch eine Ordnung, daß also ZK-Mitglieder und andere Parteifunktionäre nicht erfaßt werden durften und mit ihnen nur offiziell zusammengearbeitet werden darf, nicht konspirativ. Das wurde eben sinngemäß – dafür gab es meiner Meinung nach keine Weisung – auch bei Personen wie Sanderling oder Masur ähnlich gehandhabt.

Markus Wolf war u.a. von 1949 bis 1951 1. Rat an der DDR-Mission in der UdSSR in Moskau und 1955 bis 1986 Stellvertretender Minister für Staatssicherheit der DDR.

Bei einer Tournee durch Japan vor dem Tokioer Kaiserpalast: Sanderling (2. v. r.) im Kreis von Parteifunktionären, Ende der 50er Jahre

Kurt Sanderling in Los Angeles mit dem »Los Angeles Philharmonic Orchestra« , 1991

Stimmen

Stimmen

Efim Belskij

ehemaliges Mitglied der Ersten Violinen beim Staatlichen Leningrader Philharmonischen Orchester

»… Sanderling unterschied sich sehr von Mrawinski. Obwohl er Jude war, war er doch in erster Linie Deutscher. Solange ich ihn kenne – bis zu seiner Rückkehr nach Deutschland – hat er deutsch gedacht. Er sagte zum Orchester immer : (auf russisch) – ›Laßt uns beginnen‹ – (auf deutsch) – ›eins, zwei, drei‹ (weiter auf russisch) – ›sechs Takte mit dem Buchstaben P‹. Er begann in seinen Gedanken immer auf deutsch zu sprechen und übertrug das ins Russische. Als Dirigent kam er immer mit einem exakten Probenplan. Wenn zum Beispiel die Probe von 11 bis 15 Uhr angesetzt war, konnte man sicher sein, daß er zwei Minuten vor 15 Uhr die Probe beendete – und nicht eine Minute später! Wenn er die Probe unbedingt verlängern mußte, wandte er sich an das Orchester mit der Bitte, ihm heute doch zu erlauben, 15 Minuten länger zu proben, und versprach, ihnen diese 15 Minuten am nächsten Tag zurückzugeben. Ein russischer Dirigent macht so etwas niemals. (…)
Es gibt eine wunderbare Geschichte, die hat mit Sanderlings Arbeitsstil zu tun: Während eines Gastspiels in Finnland gab es ein Konzert in Helsinki – ich weiß jetzt nicht mehr in welchem Saal –, wir spielten die Vierte Tschaikowsky. Als der Zweite Satz begann, ging im ganzen Saal das Licht aus, da war irgendwas kaputt gegangen. Das Orchester spielte im Dunklen weiter bis zum Ende. Beim letzten Takt ging plötzlich das Licht wieder an und man sah, daß Sanderling dirigierte. Hinterher stand in der Zeitung, das wäre ein speziell inszenierter Trick gewesen! (…)
Am Konzertabend war er emotional, natürlich – manchmal sogar zu viel. Dann hat er vor emotionaler Anspannung gezischt und mitgesungen, daß es sehr unangenehm war, am Ersten Pult zu sitzen (lacht)! Meiner Ansicht nach gelang Sanderling von der russischen Musik die Dritte Sinfonie Rachmaninow am allerbesten. Das war auch die erste Sinfonie, die wir mit ihm im Westen aufgenommen haben – mit sehr großem Erfolg! Sie gelang ihm aus meiner Sicht deshalb so gut, weil in dieser Sinfonie sehr wenig vom russischen Ursprung zu hören ist. Rachmaninow hat sie ja auch geschrieben, als er schon in Amerika war …«

Leonid Gakkel

Musikkritiker und Journalist

»… Damals herrschte die Meinung, niemand könne die russischen Komponisten besser dirigieren als die Deutschen. Die russische Musik ist sehr frei. Aber die Deutschen haben ein Gespür für die typisch russische Kantilene, das Legato, das Tempo. Sanderling war durch seine Herkunft aus der deutschen Schule sehr wichtig für das Leningrader Musikleben. (…) Er wirkte allein dadurch, daß er ein deutscher Dirigent war und die deutsche Schule vertrat. Jedes Orchester, das etwas auf sich hielt, strebte danach, mit deutschen Musikern, mit Vertretern der deutschen Schule zu arbeiten. Die Leningrader Dirigentenschule baute auf der deutsch-österreichischen Dirigententradition auf, besonders auf Stiedry. (…) Sanderling hat zeitweise mehr dirigiert als Mrawinski. In Rußland ist eine solche Konstellation nicht ungewöhnlich, da die Deutschen im St. Petersburger Kulturleben immer eine bedeutende Rolle gespielt haben. Mrawinski war nominell der Chefdirigent, im administrativen wie im künstlerischen Sinn. Sanderling verkörperte eine traditionelle kulturelle Komponente. Ich glaube, alle Orchester der Welt vertrauen den Deutschen instinktiv. Um so mehr, als Sanderling ein sehr toleranter, intelligenter Musiker war. Er war ein Geschenk für das Orchester. Mrawinski hingegen war autoritär. (…) Mrawinski verfügte über eine magische Persönlichkeit, Sanderling war der Träger der deutschen Tradition. Sanderling war die Freiheit, er stand für freie Meinung. Dadurch war seine Arbeit produktiver als die der sowjetischen Schule. Sanderling hatte auch bei seinem Repertoire sehr eigenständige Vorlieben, wie zum Beispiel für Mahler. Erst durch Sanderling kam auch Mrawinski dazu, Mahler zu dirigieren. Sanderling legte die Grundlage für eine Mahler-Tradition in der Stadt. Weitere Vorlieben Sanderlings war Hindemith, die junge Klassik des 20. Jahrhunderts. (…) Er war sehr gut orientiert. Er hat sich nicht abgegrenzt und Kontakt zu vielen Künstlern gehabt. Man muß zu seiner Ehre sagen, er war ein echter Leningrader. Er hat die Ereignisse jener Zeit wie alle anderen durchlebt. Vor allem gab es diese ungeheure Ideologisierung, die alle Bereiche bestimmt hat, die Auswahl der Stücke, der Musiker. Die sowjetische Musik wurde mit großem Druck in den Vordergrund geschoben. Schließlich war das Hauptdogma der Realismus …«

Stimmen

Alexeij Lasko

*ehemaliges Mitglied der Cellogruppe des Staatlichen
Leningrader Philharmonischen Orchesters*

»… Sanderling war eine eigene schöpferische Persönlichkeit, wie es sinngemäß bei Puschkin heißt: ›Ausgetauscht, aber nicht ersetzt hat man eure Idole.‹ Man konnte Sanderling austauschen, aber nicht ersetzen. Sanderling hatte sein eigenes Gesicht, sein Profil, seinen Charakter. Mit ihm fühlten sich die Musiker freier, befreiter als mit Mrawinski. Mit Mrawinski fühlten sie sich angespannt, er hielt sie etwas in Furcht. Er war ein intelligenter Mensch, aber während der Probe herrschte eine strenge Atmosphäre. Mit Sanderling war es ein anderer Umgangston, viel leichter, viel freier. Verschiedene Menschen machen ein und dasselbe, einer mit einem Lächeln, ein anderer mit einem viel strengeren Gesichtsausdruck. Deshalb fehlte er der Philharmonie sehr, als er wegfuhr. Jansons hat seinen Platz eingenommen, ein Mensch mit einem anderen Charakter. Das Orchester war sehr traurig. Und alle bedauerten, daß er wegging …«

Weniamin Margolin

ehemaliger Erster Trompeter (1947 bis 1974) beim Staatlichen Leningrader Philharmonischen Orchester

»… Sanderling war der Zweite Dirigent – und der Erste war Mrawinski. Und der Dritte war Arvid Jansons. Aber das ist einfach nur so eine Nomenklatura: eins, zwei, drei. Die Dirigenten waren alle sehr unterschiedlich. Jeder war ein einzigartiger Musiker und es ist schwierig, sie zu vergleichen. Von der Arbeit mit ihm konnte man nicht sagen, daß er der ›Zweite‹ war. Das war nur eine amtliche Bezeichnung. Mrawinski galt als künstlerischer Leiter, Kurt als Zweiter, und der Dritte war Arvid – als Angestellter (lacht). Ich habe sowohl mit Mrawinski als auch mit Sanderling sehr viel gespielt und Programme aufgeführt, beide waren hervorragende Musiker. Sanderling hat nach dem Krieg viele deutsche Klassiker hier aufgeführt – aber auch russische Musik. Ich vergesse nie, wie wir mit dem Orchester in Wien und in London die Zweite Rachmaninow gespielt haben – das war sozusagen seine ›Zugnummer‹. Die Dritte Rachmaninow auch.
Ich erinnere mich an einen denkwürdigen Abend im Herbst 1960 in London: Mrawinski dirigierte die Achte Schostakowitsch. Und Kurt dirigierte die ›The Young Persons Guide to the Orchestra‹ von Benjamin Britten. Und Schostakowitsch wie auch Britten und Karajan saßen im Publikum. Das war wunderbar! Die Presse schrieb damals viel darüber. Karajan war begeistert. Ich bin viel mit Sanderling zu Gastspielen gereist. An ein anderes Konzert in der Schweiz mit drei Berühmtheiten erinnere ich mich noch, Kurt Sanderling dirigierte die Zweite Rachmaninow, und Oistrach spielte das Violinkonzert von Mozart. Und im Saal saßen drei berühmte Geiger: Heifetz, Milstein und Menuhin. Das war 1958 in Zürich oder Bern. Es saß dann noch ein berühmter Dirigent im Saal, der für Sanderling ein Abgott war. Wie heißt er? Ein bekannter, genialer, großer Musiker. Ein deutscher Dirigent: Otto Klemperer. Er war auch in diesem Konzert, und ich habe ihn zum ersten Mal gesehen. Seine Hand war verbunden, sie war schon gelähmt. Sanderling war sehr aufgeregt, weil Otto Klemperer doch sein Abgott war, und Oistrach war ganz blaß – wahrscheinlich wußte er schon, daß seine Kollegen im Saal saßen. Hinterher kamen sie alle hinter die Bühne, und wir konnten sie sehen. Das werde ich niemals vergessen, es war ein interessanter Augenblick …«

Stimmen

Grigorij Meerowitsch

Bratscher im Staatlichen St. Petersburger Philharmonischen Orchester

»… Mrawinski ist in der russischen Dirigentenschule erzogen, und Sanderling natürlich in der Tradition, die er von Deutschland mitbrachte. Er hatte in Berlin viele Konzerte von berühmten deutschen Dirigenten wie Bruno Walter oder Otto Klemperer gehört und war an der Oper in Berlin beschäftigt gewesen. Also kurz gesagt: Mrawinski war der Romantiker, ein Romantiker russischer Art, und Sanderling war der deutsche Klassiker.
Auf der anderen Seite war Mrawinski sehr detailversessen, er konnte bis zu den Kleinigkeiten alles aus der Partitur herausziehen. Auch Sanderling achtete sehr auf Details, aber nicht in dem Maße. Mrawinski ging bei den Proben dermaßen ins Detail, daß bei der Aufführung jeder Musiker bei jeder Note wußte, was er machen soll. Und Sanderling sagte nach der letzten Probe vor dem Konzert: ›Am Abend spielen Sie dann, wie das Herz zu Ihnen spricht.‹ Auch Sanderling hat sehr intensiv geprobt, der Unterschied war: Mrawinski probte mit dem Kopf und Sanderling mit dem Herzen. (…) Man kann sagen, er hat dem Orchester für seine musikalische Entwicklung einen Anstoß gegeben, indem er Werke einstudierte, von denen wir vorher keine Ahnung hatten. Es gibt jetzt noch sechs Musiker im Orchester, die schon vor 1960 mit ihm gearbeitet haben, und alle haben ihn in sehr guter Erinnerung. Mrawinski hat wenig zur Musik gesagt, er liebte nicht die ›Literaturistik‹, wie er es nannte (lacht). Er legte die Noten aufs Pult und fing an. Sanderling sprach oft während der Proben über die Musik. Wenn wir zum Beispiel die Dritte Brahms gespielt haben, hat er die Landschaft beschrieben und die Natur, die den Komponisten bei seinem Werk inspiriert hat …«

Sodim Noskow

Zweiter Konzertmeister des Akademischen Orchesters der Staatlichen Leningrader Philharmonie

»... Meiner Meinung nach kann man alle Dirigenten in zwei Kategorien aufteilen. Ihr Vorgehen bei den Proben ist absolut unterschiedlich. Sowohl die einen wie die anderen können wunderbar sein und waren wunderbar. Zu den Dirigenten eines romantischen und improvisierenden Stils gehört zum Beispiel N.G. Rachlin, ein Improvisator, der auf den Proben Wunder hervorbringen konnte, indem er einen Takt probte, und dabei blieb es dann. Am Abend dann hat er improvisiert und ganz intuitiv dirigiert. Das war genial und hat dem Publikum sehr gefallen. Zu diesem Improvisationstyp gehörte auch Arvid Jansons. Kurt Ignatijewitsch rechne ich zum absolut entgegengesetzten Typ des Dirigenten: Er kam zur Probe und wußte genau, was er wollte, was er in jedem einzelnen Takt wollte und wie er das erreichen kann. Seine Lieblingsworte waren: ›Genau und präzis‹. Er konnte auch improvisieren, aber im Rahmen des Üblichen. (...) Das Orchester erwartete von ihm hauptsächlich deutsche Musik. Aber er hatte eine sehr naive Beziehung zur Musik von Rachmaninow, und es gab von ihm geniale Aufführungen aller drei Sinfonien, insbesondere der Zweiten. Er hat ihn geliebt. Er vergötterte Rachmaninow, meiner Meinung nach mehr als Tschaikowsky. Zum 30-jährigen Jubiläum des Akademischen Orchesters fuhren wir mit ihm nach Moskau und gaben zwei Konzerte in der Universität. Am ersten Abend gab es das Fünfte Klavierkonzert von Beethoven mit Maria Grinberg und die Zweite Rachmaninow. Und im zweiten Konzert die ›Aria‹ von Bach, ein Menuett von Boccherini und dann ›Zwölf russische Lieder‹ von Schostakowitsch. Das war genial: von Bach bis Schostakowitsch! An dieses Konzert erinnern sich heute all unsere noch lebenden Musiker-Rentner wie an einen lichten Moment. Kurt Ignatijewitsch öffnete uns auch die Augen für die zeitgenössische Musik. Denn wir saßen bis dahin doch wie in einem luftleeren Raum, und wir hatten überhaupt keine Vorstellung von dieser ausländischen modernen Musik. In der stürmischen Welle der Zwanziger Jahre hat man sie hier zwar gespielt. Aber nach dem Krieg war er der erste überhaupt, der hier Hindemith, Honegger und Poulenc aufgeführt hat ...«

Stimmen

Ilja Spielberg

ehemaliger Erster Konzertmeister (1938 bis 1977) des Staatlichen Leningrader Philharmonischen Orchesters

»... Wann ich Sanderling kennengelernt habe, kann ich aufs Datum genau sagen. Es war fast zur selben Zeit, als Stiedry Chefdirigent war, vor 1937. Ich war Solist beim allgemeinen sowjetischen Rundfunk und im Staatsorchester bei Gastspielen und auf Konzertreisen. (...) Es gab niemals Streit mit ihm bei den Proben, niemals. Er war völlig von der Musik eingenommen, verstehen Sie. Das hat mir an ihm gefallen. Er hat auf alles reagiert, auch auf das, was er schon wußte. Die Strichtechnik, zum Beispiel. Er konnte sich wie ein Kind freuen. Er war darin niemals hilflos. Einmal, wir spielten, glaube ich, Mozart, oder vielleicht etwas anderes, da bat er mich, nicht an das Stück zu rühren. Ich sollte es ihm allein überlassen, die Striche einzurichten. Ich hätte ihn nur an ein oder zwei Stellen korrigiert, und er war sehr glücklich, als er das zum Orchester sagte. (...) Jeder Musiker konnte nur zufrieden sein, als Solist eingeladen zu werden, um unter Sanderling zu spielen. Er war nicht so ein ›Dirigentlein‹, der mal ›Hü‹ und mal ›Hott‹ sagt. Mit diesem Dirigenten konnte sich jeder nur glücklich schätzen, das steht ganz außer Zweifel. Unter ihm habe ich immer sehr gerne gespielt, weil ich da nie dieses Gefühl hatte ... (Spielberg macht eine Geste, die Furcht ausdrückt und das Gefühl, als läge eine schwere Last auf seinen Schultern.) Es lag nie an mir persönlich. Alle wußten, daß meine Nerven nicht so schwach waren, daß ich Angst gehabt hätte vor Jewgenij Alexandrowitsch Mrawinski. Gott vergeb's ihm. Aber man soll über Verstorbene nicht schlecht sprechen. Das ist gegen das Gebot. Aber es war schwer mit ihm. Sehr schwer. Und alles lag auf meinen Schultern, denn das Bittere gehört nun einmal dazu, wenn man Konzertmeister ist. (...) Mrawinski mußte immer alles sehr sorgfältig, sehr ausgiebig vorbereiten. Selbst die Werke, die er bereits viele Male dirigiert hatte. Dieses Herumreiten und Auseinandernehmen noch der geringsten Kleinigkeit, verstehen Sie. Sorgfalt ist eine wichtige Tugend, aber dieses Zerpflücken, wo es nicht nötig ist. Der Eindruck bei Sanderling war, daß er immer wußte, was wichtig ist. Er wußte immer genau, wovon er noch ein bißchen mehr haben wollte. Das ist leider nicht jedem gegeben, und der Grad der Begabung ist eben von Bedeutung ...«

Ein Ausdruck der Wertschätzung: Mrawinski und Sanderling verabschieden sich aus Nowosibirsk mit eigenen Konzertabenden, 20./21. Juli 1944

Stimmen

Hans Bitterlich

ehemaliger Leiter des künstlerischen Betriebsbüros (1966 bis 1991), Dramaturg und schließlich Chefdramaturg des Berliner Sinfonie-Orchesters (BSO)

»... Ich weiß nicht, wie entsetzt Sanderling war als er das BSO kennengelernt hat. Aber er hat dann die Gelegenheit gehabt, daraus etwas zu machen, und er hat etwas daraus gemacht. Da hat alle Welt nur den Kopf geschüttelt und gestaunt. Mit eiserner Hand, das muß man dazu sagen; sonst geht das überhaupt nicht. Nachdem er seinen Willen erst einmal durchgesetzt hatte, sowohl in technischer Hinsicht, mit vielen jungen Musikern gibt es technische Probleme, als auch im Zusammenspiel, hat er ihnen Freiheiten gelassen. Er hat niemals gesagt – ich habe es jedenfalls nicht einmal gehört – ›Bieten Sie mir mal was an.‹ Nein, er sagte immer: ›So und nicht anders.‹ Das hat er rigoros durchgesetzt. (...)
Ich weiß noch, als er das erste Mal die New Yorker Philharmoniker dirigierte – eine Schubert-Symphonie stand auf dem Programm – haben alle gefragt, was will er uns denn mit diesem Stück zeigen, was will er da probieren. Da hat er so eisern probiert, daß die ihm hinterher fast um den Hals gefallen sind. Das ist ein völlig anderes Stück unter ihm und mit ihm geworden. Ohne Hemmungen geht er da heran und versucht, seine Auffassung durchzusetzen, in Grundzügen zumindest, egal, ob das die Philharmoniker oder die New Yorker sind. (...) Wenn er eine neue Komposition uraufgeführt hat, sagte er auch schon mal zu dem Komponisten: ›Ach wissen Sie, ich kann ja verstehen, Ihr Herz hängt an jeder Note, aber können wir hier ein kleines bißchen straffen und da noch ein Stückchen?‹ Er hat ihnen das so lange eingeredet, bis sie ja gesagt haben. Sie waren froh, daß sie durch Sanderling aufgeführt wurden, also haben sie nachgegeben. Meines Erachtens ist nicht ein Stück von zeitgenössischen Komponisten, also von DDR-Komponisten, herausgegangen, an dem er nicht rumgedoktert, geschnitten und gefummelt und gefeilt hätte. Auch an der Instrumentation hat er rumgefummelt, wo Ungeschicklichkeiten vorhanden waren, oder in der Stimmführung, da hat er die Betreffenden überredet: ›Es wäre doch besser, wenn Sie ...‹ Die haben das meistens eingesehen, weil sie ja aufgeführt werden wollten. Er hat eine starke Stellung gehabt, und er hat das sehr geschickt gemacht ...«

Jürgen Buttkewitz

seit 1961 Fagottist des BSO

»… Die erste Probe ist bei Sanderling immer die allerwichtigste, da geht er auch ganz besonders aus sich heraus, das ist die große Arbeitsprobe. Zum Konzert hin wird es kontinuierlich etwas konzertmäßiger, es werden auch größere Passagen gespielt, wobei er es nicht undiplomatisch macht. Zum Einspielen läßt er auch erst mal ein Stück bis zum Wiederholungszeichen spielen, und dann fängt er sehr genau an zu probieren, Stück für Stück, dann wird aber auch mit Vorliebe der Satz am Ende noch einmal durchgespielt. Was nachher, in späteren Jahren, kam, war, daß er die Stücke in den weiteren Proben nicht mehr so auseinander gepflückt hat. Am Ende der Probe den Satz noch einmal durchzuspielen, das hat er in den letzten Jahren schon ganz besonders gepflegt. (…)
Er ist in jeder Beziehung sehr verantwortungsvoll gewesen. Wenn er in Berlin war, war er wenigstens einmal in der Woche im Konzert anwesend bei jedem Programm. Also er saß nahezu permanent im Saal, auch wenn er keinen Dienst gehabt hat – in einem der Konzerte war er. Das zeigte auch dem Orchester das Zusammengehörigkeitsgefühl. So eine Präsenz eines Chefs ist auch wichtig und eine gute Sache. Ich muß schon sagen, daß er im wahrsten Sinne des Wortes wirklich ein echter Chef war, denn später hatten wir eigentlich nur noch Chefdirigenten, wenn Sie den feinen Unterschied verstehen. (…)
Weil er sich um alles gekümmert hat, merkte man, daß das Orchester eben sein Orchester war, für das er verantwortlich zeichnete, für das er sich verantwortlich gefühlt hat. Dafür hat er auch alles gegeben. Er war schon der Vater des Orchesters, aber er blieb immer Autorität, verbrüdert hat er sich nicht mit den Musikern, das ist vielleicht auch gar nicht gut, das wäre nicht gut gewesen. Er ist immer Autorität geblieben, aber eine väterliche Autorität. (…)
Was hat er bewirkt? Er hat im Prinzip erreicht, was er erreichen konnte. Er hat ein mittelmäßiges Orchester zu einem Spitzenorchester gemacht – und das in relativ kurzer Zeit. Wozu andere Spitzenorchester hundert Jahre gebraucht haben, das hat Sanderling in 13 Jahren geschafft …«

Stimmen

Heiner Herzog

seit 1961 Solopauker des BSO

»… Es gab gewisse Dinge, die er nicht gestattet hat. Er hat zum Beispiel nicht gestattet, daß wir Tanzmusik machten, das wollte er aus dem Grunde nicht, damit es nicht heißt, ach, das ist ein Musiker, der tingelt noch nebenbei. Ich meine, ich habe damals schon hin und wieder Tanzmusik gemacht, und ich habe mit ihm auch darüber gesprochen. Ich sagte zu ihm, wir spielen oft Stücke, in denen Techniken vorkommen, die lernt man nur in der Tanzmusik. Das lernt man nicht auf der Hochschule, sondern man muß Tanzmusik gemacht haben, um das zu können. ›Nein‹, sagte er, ›das stimmt nicht, können müssen Sie es, aber machen dürfen Sie es nicht.‹ Er war der Meinung, wenn jemand aus dem Publikum sieht, daß der Solopauker nebenbei Schlagzeug macht in einer Tanzkapelle, das würde das Ansehen des Orchesters beschädigen. Ich erzählte ihm, bei den Philharmonikern habe der Konzertmeister nachmittags im ›Cafe Kranzler‹ gespielt. Da sagte er: ›Das ist was ganz anderes. Philharmoniker haben so ein hohes Niveau, die können das machen, aber wir müssen erst dorthin kommen.‹ Ich meine, irgendwie mag das richtig gewesen sein. Sehen Sie, es gab den Spruch bei uns: Was ist Meinungsaustausch? Wenn du mit Deiner Meinung zum Alten ins Zimmer gehst, und mit seiner Meinung wieder rauskommst. (…)
Es gab damals dieses Gesetz zur Wehrpflicht, das gibt es jetzt auch noch, aber damals in der DDR war es schwieriger, darum herumzukommen. Ich war auch davon betroffen und hatte schon einen Einzugsbefehl. Da hat er irgendwann mal einen ziemlich hohen Militär bei uns zur Probe eingeladen, der sich eine halbe Probe angehört und sich anschließend mit ihm unterhalten hat. Daraufhin hat dieser Mann eingesehen, daß man nicht einfach einen Musiker aus dem Orchester rausnehmen kann. Wir hatten dann über viele Jahre hinweg Ruhe mit irgendwelcher Wehrpflicht! (…)
Sanderling hat das Orchester nach außen hin immer sehr in Schutz genommen. Zum Beispiel: Wir waren irgendwo in der Nähe von Chamonix und hatten abends Konzert, waren aber schon am Tag vorher angereist und sind zu sechs oder sieben Leuten von da aus nach Chamonix gefahren. Wir hatten geplant, hochzufahren und wieder runter und

hatten das auch genau abgesichert, nach der Bahn in Frankreich kann man ja die Uhr stellen. Wir hatten das so geplant, daß wirklich nichts passieren konnte und wir rechtzeitig mit dem Zug zurück waren. Irgendwie ist diese Reise der Vertreterin der Künstleragentur, die damals mit war, zu Ohren gekommen. Da ist sie zu Sanderling gegangen und hat gesagt: ›Hören Sie mal, wissen Sie eigentlich, daß heute sechs Musiker in Chamonix waren und wieder zurückgekommen sind?‹ Da muß er einen Moment Luft geholt und dann gesagt haben, ja, er wisse davon. Dann kam er aber zu uns und sagte: ›Meine Herren, nächstes Mal fragen Sie mich doch bitte.‹ …«

Stimmen

Günter Sennewald

ehemaliger Solocellist (1955 bis 1989) des BSO

»… Es gibt keine Frage, die er nicht beantworten kann, wenn man zu ihm kommt und irgendwas will. Er beherrscht die Stücke, die er erarbeitet. Es gibt Stücke, die er dann nicht erarbeitet, weil er sie nicht beherrscht. Er ist kein Dirigent, der sehr viel durch seine Gesten zu vermitteln vermag, sondern er ist eine Persönlichkeit, die überzeugt. Das, was er einem vielleicht auch manchmal mit etwas blumigen Worten in den Proben nahe bringt, so daß man auch mal lächelt und nicht nur über den jüdischen Witz, sondern auch mal so – das ist etwas, was ihn in seiner Arbeit doch sehr auszeichnet. Er ist aber nicht immer ein guter Psychologe gewesen. Aber was ist ein guter Orchestererzieher? Es ist schon ein bißchen ein komisches Wort, das hat sowas von ›schwer erziehbar‹, natürlich ist ein Orchester schwer erziehbar, klar, wie soll man Hundert Leute unter einen Hut bringen. Da gibt es doch auch Individualitäten, die sich vielleicht mal ein bißchen in einem größeren Rahmen ausbreiten möchten, mehr Platz haben wollen. (…)
Es hat natürlich auch geblüht im Konzert, aber die freie Improvisation irgendeines genialen Deuters, mit einer Geste im Moment etwas zu entwickeln, wo alle mithören und mitempfinden und wirklich alle gleich waren, das ist nicht Kurt Sanderlings Stärke gewesen. Es war immer ein klein wenig so, daß die Hauptarbeit in unserem Handwerksberuf, in unserem handwerklichen Berufselement lag, und was dann drüber liegt an künstlerischem Schaffen, das ist bei ihm in der Hauptsache im Probenprozeß entstanden – mit den vielfältigsten Mitteln: durch Erzählen von Geschichten und auch durch Hartnäckigkeit, manchmal auch durch ein bißchen Terror, aber immer mit ganz, ganz großer Sachkenntnis …«

Reinhard Ulbricht

*ehemaliger Konzertmeister (1947 bis 1996) der
Zweiten Violinen in der Staatskapelle Dresden*

»… Es ist mir eine denkwürdige Ansprache von ihm in Erinnerung, es war mehr eine Betrachtung, vor einer Schallplattenaufnahme in der Lukaskirche. Ich glaube – es war die Fünfte Schostakowitsch – , er merkte eine gewisse Reserve des Orchesters gegenüber dem Stück. Da hat er abgebrochen und den ganzen Werdegang dieser Sinfonie erzählt, alles, was an Furchtbarem nicht bloß dem Schostakowitsch passiert ist, sondern all den großen Künstlern, die damals in der Sowjetunion leben mußten. Das hat uns so angerührt, und seitdem besteht eigentlich meine große Verehrung für Sanderling, weil er das so menschlich gemacht hat. (…)
Wir hatten wirklich eine hohe Meinung von ihm. Wir brauchten einen Chef, wir wollten allerdings auch einen Chef, der ein bißchen Oper macht, das ist eigentlich der Grund gewesen, warum Blomstedt weggegangen ist. Blomstedt ist ein Konzertdirigent, der sich an der Oper versucht hat, was aber nie seiner Qualität als Konzertdirigent entsprach. Für die Oper braucht man noch anderes, das brauche ich jetzt hier nicht zu erörtern: Die Weite zwischen dem Orchestergraben und dahinter die Bühne, das Zusammenfassen eines Geschehens, was sich im nächsten Moment ändern kann, dazu ist nicht jeder geeignet. (…)
In der deutschen Musikgeschichte hat Sanderling in meinen Augen den Status eines menschlich wie charakterlich, vor allem humanistisch unglaublich integren, sehr, sehr guten Musikers, der durch seine Gesamtpersönlichkeit, nicht durch sein Dirigieren allein, Beispiel gegeben hat in einer Zeit, auch im Westen, in der es mehr auf Karriere ankam, einer, der seinen Weg kompromißlos gegangen ist. Deswegen verdient er einen Platz in der deutschen Musikgeschichte als Gesamtpersönlichkeit mit diesen außerordentlichen und außergewöhnlichen Charaktermerkmalen. Ich kann mich nicht entsinnen, daß er einmal ›jein‹ gesagt hätte oder ›nein‹ und woanders ›ja‹ oder umgekehrt. Sein Wort galt für ihn als absolut, und das ist schon enorm. Er war ein sehr frei sprechender Mensch, also wenn wir auf dieses Kapitel kommen, dann muß ich nur sagen: ›Hut ab vor dem Mann.‹ Es wird heute noch davon gesprochen: Er hat niemals

mitgemacht. Er hat immer den Leuten, von denen er nichts hielt, auch gezeigt, daß er von ihnen nichts hielt. Da waren natürlich auch viele obere DDR-Leute dabei. Er hat sich immer dahingehend geäußert, daß er das, was gut ist, auch gut nennt, und was die Politiker an Bösartigkeiten und Bösem getan haben, auch so benennt. Er hat auch öffentlich, auch vor dem Orchester, Bemerkungen gemacht, wo wir gesagt haben, das zeugt von einer Zivilcourage, die ist enorm ...«

Professor Werner Scholz
ehemaliger Erster Konzertmeister im BSO (1956 bis 1974)

»… Sanderling kennt sich vor allen Dingen unglaublich gut in der Orchesterküche aus, er weiß ganz genau Bescheid. Ich bin von 1956 bis 1974 Konzertmeister im BSO gewesen, und er war kein Streicher, hat aber alle Striche selber gemacht. Das war für uns ganz neu. Er kam aus Leningrad, hat von dort sein Material mitgebracht, die ganze Standardliteratur, Beethoven, Brahms und so weiter, das hat er hingelegt mit den Leningrader Strichen, wir brauchten nur zu spielen. (…)
Wir hatten eine Uraufführung, ich glaube es war Ernst Hermann Meyer, und er hat dann folgendes gemacht: Er hat das Stück umgestellt, Teile umgestellt, andere Teile weggestrichen. Jetzt kam Meyer zur Generalprobe und Sanderling sagte zu ihm: ›Herr Professor, setzen Sie sich bitte hin, bitte lassen Sie die Partitur beiseite, hören Sie sich ihr Werk ganz unvoreingenommen an.‹ Dann haben wir gespielt. Meyer saß da und hat sein Werk nicht mehr wiedererkannt, dann aber sagte er: ›Ja, so habe ich mir das vorgestellt.‹ (…)
Eine ganz wesentliche Seite an ihm war seine Konsequenz. Er hatte einen bestimmten Standpunkt, das war es. Er ging keine krummen Wege, keine Umwege, um zu einem Ziel zu kommen, sondern er ging immer geradeaus und hat das vertreten. Er war in der Beziehung sehr prinzipienfest, das kann man sagen. Auf der anderen Seite war er – das war am Anfang nicht zu erkennen – ein sehr gütiger Mensch. Er hat es bloß am Anfang nicht gezeigt. Er hat einen Schutzwall um sich gehabt, wir haben uns, zumindest später, oft unterhalten. Ich glaube, er hat in Leningrad böse Erfahrungen gemacht mit dem Orchester. Deshalb war er unnahbar, hat sich keine Blöße gegeben, hat aber auch überhaupt keine Gefühle oder Regungen gezeigt. Das wurde später besser, nachdem sich unsere Zusammenarbeit eingespielt hatte. Man kann nicht eine Stunde ununterbrochen dabei sein, das geht nicht, man muß Pausen machen, das hat er sehr gut gemacht, hat zwischendurch Witze erzählt, was er sehr gern und gut macht. Er war auch sehr offen für persönliche Dinge. Wenn man zu ihm gegangen ist, dann hat er sich das angehört und versucht zu helfen, er hat nicht gesagt, das geht mich nichts an …«

Cornelia Schmid

*Geschäftsführerin der Konzertagentur
Hans-Ulrich Schmid (Hannover)*

»… Ich weiß noch genau, daß es am Anfang nicht so leicht war, ihn zu vermitteln. Es war nicht so, daß die Telefone nicht stillstanden. Er galt so ein bißchen als Kapellmeister, das war durchaus nicht bei allen Leuten ein Kompliment, also als ein bißchen trocken, ein bißchen langweilig, das will ich mal so ganz hart sagen. Das war so sein Image. Sanderling war damals ein absoluter Geheimtip für einige, es gab damals immer schon so eine eingeschworene Sanderling-Gemeinde, die ihn kannte, wahrscheinlich hauptsächlich aus London oder den USA. USA war übrigens ein Markt, der ihm sehr geholfen hat – plötzlich haben ihn die großen amerikanischen Orchester entdeckt. Hier war am Anfang so der Tenor: ›Ach ja, stimmt, den kennen wir doch irgendwie.‹ (…)
Was mich besonders beeindruckt hat, ist eigentlich seine sehr sparsame Art zu dirigieren, es war damals schon so, es ist vielleicht heute noch mehr so, daß sich das reduziert hat auf die notwendigsten Gesten und gleichzeitig eben trotz oder vielleicht aufgrund dieser sparsamen Art wirklich ein ganz enger Kontakt zum Orchester entstand, so daß man wirklich das Gefühl hatte, er kann das so unglaublich umsetzen, ohne zu viel Aktion zu machen, ein ganz direkter und intensiver Kontakt zum Orchester, was ich so noch nie erlebt hatte. Diese Arbeitsauffassung und dieses Musikverständnis, die eben auch noch aus einer ganz anderen Zeit kommen, die gibt es heute nicht mehr, für mich ist er dadurch natürlich ganz singulär. (…)
Wir haben, glaube ich, jetzt immer noch dasselbe Foto von Herrn Sanderling, das wir von Anfang an hatten, aber es interessiert ihn einfach nicht, wenn man sagt: ›Wir bräuchten eigentlich mal ein neue Pressefoto.‹ – ›Ja, Sie haben doch ein Foto, das muß reichen.‹ In dieselbe Richtung geht natürlich auch seine recht konstante Weigerung den meisten Plattenfirmen gegenüber. Es gab mal eine Zeit, da haben die Plattenfirmen bei ihm Schlange gestanden. Aber er wollte nicht so richtig. Im Rückblick war Kurt Sanderling eigentlich ein bißchen fast eine Entdeckung der Amerikaner für Deutschland! Ernest Fleischman aus Los Angeles ist auf

jeden Fall einer seiner Entdecker, vielleicht sogar der Entdecker gewesen, der ihm in den USA den Weg geebnet hat. Dann hat plötzlich jeder in Deutschland gesagt: ›Das gibt es doch wohl nicht, der dirigiert in Los Angeles, das ist ja unglaublich!‹ Da kriegte er so einen gewissen Glamour, sage ich mal, den er vorher nicht hatte. Vorher war das schon ein bißchen zähflüssig. Aber dann hat sich sein Image ein bißchen gewandelt – auch wieder durch Amerika, weil in Amerika plötzlich die Dirigenten, die in Deutschland nicht so wahnsinnig glamourös waren, wie zum Beispiel Sawallisch oder Dohnányi, entdeckt wurden; denn gerade für die Amerikaner war das Wort Kapellmeister eigentlich ein Kompliment, denn das ist, was die wollten: die deutsche Kapellmeistertradition …«

Hans-Ulrich Schmid

Gründer der gleichnamigen Konzertagentur in Hannover

»... Ich habe von Sanderling schon zu seiner Leningrader Zeit gehört, ich kann das jetzt nicht mehr auf Tag, Stunde und Minute sagen, aber Sanderling war das Typischste eines Geheimtips, den es überhaupt gab. Man sagte immer, ja, da ist Mrawinski, aber da ist noch ein Deutscher, der nach Rußland emigriert ist, in welcher Zeit wußte man nicht, das soll ein ganz großer Dirigent sein. Das hat man so erzählt, so daß zum Schluß alle ganz heiß auf den Namen waren und gesagt haben: ›Herr Gott noch einmal, wann kommt er denn nun endlich einmal, wo kann man den Mann mal hören?‹

Der Begriff Vermarktung in Verbindung mit Sanderling ist für mich ein ausgesprochener Antagonismus. Der will sich nicht vermarkten, und wenn sich jemand nicht vermarkten will, dann eignet er sich dafür auch nicht. Sanderling ist kein Mann, den sie beliebig in eine Pressekonferenz schleppen können, um einer Schallplattenfirma Genüge zu tun, wenn er das nicht sowieso täte. Er tut eigentlich nichts um eines persönlichen Triumphes oder Vorteiles willen. Wenn ich mich jetzt so mit Ihnen unterhalte, wird mir klar, daß ich wenige Leute kenne, die von einer solchen persönlichen und beruflichen Integrität sind. Von seiner Bedeutung als Dirigent einmal ganz abgesehen. (...)

Zunächst einmal zählt er zu der Handvoll überregionaler großer Dirigenten weltweit, dazu bedarf es aber nicht, daß ein Herr Schmid das sagt, es ist einfach so. Ich würde das so begründen, daß er die alten deutschen Kapellmeistertugenden aus den 20er und 30er Jahren, vielleicht auch noch davor, die vereint mit einem sehr am 20. Jahrhundert orientierten Repertoire-Bewußtsein. Das ist ein Grenzgänger mit den positiven Seiten vom alten Quartal. Ich weiß aus Gesprächen mit einer Reihe dieser Orchestermanager, mit denen ich persönlich sehr befreundet bin, Sanderling könnte, wenn er wollte, pro Jahr 150 Konzerte geben, die Leute würden ihm in Philadelphia, Boston, New York und Los Angeles die Engagements aus der Hand reißen, aber ich glaube, er reist nicht mehr gerne. Also in Amerika wird er schon wie eine Legende gehandelt. Ich würde sagen, Kurt Sanderling ist – seine Laufbahn und er als Person – ein Phänomen, daß ich nie woanders in dieser Form erlebt habe ...«

Monika Ott

ehemalige Mitarbeiterin der Künstleragentur der DDR (1980 bis 1990), später gründete sie die Berliner Konzertagentur »Monika Ott«

»… Ich habe 1980 bei der damaligen Künstleragentur der DDR angefangen zu arbeiten, und man hatte mich dort eingestellt, um den Bereich ›Dirigenten‹ zu übernehmen. Ich erinnere mich noch ganz genau an diesen Tag, als die Tür aufging und Kurt Sanderling in mein Büro in der Künstleragentur in der Krausenstraße kam. Mir schlug natürlich das Herz bis zum Hals, das ist ganz klar. Ich habe gemerkt, er hat einen sofort eingenommen mit seiner Liebenswürdigkeit, mit seiner menschlichen Art, mit einem umzugehen, auch zu spüren, daß das Gegenüber jetzt vielleicht ein bißchen in einer schwierigen Situation ist. Er hat mir sofort jegliche Befangenheit genommen. (…)
Für mich hatte er immer eine herausgehobene Stellung. Er war der Nestor der DDR-Dirigenten. Von seinem künstlerischen Lebensweg her, von dem, was er geleistet hat, von seiner ganzen Persönlichkeit, auch von seinem persönlichen Lebensweg her: Die Jahre in der Emigration, dann der Ruf zum Berliner Sinfonieorchester und daß er dieses hauptstädtische Orchester erst zu einem Klangkörper von Ansehen geformt hat. Das wird in den Annalen stehen. Wir haben ihn alle bewundert, und er war für uns derjenige, der ganz oben stand. Er hat der Jungdirigenten-Generation wichtige Maßstäbe gegeben, Werke zu interpretieren. Es kommt auch hier des öfteren vor, daß mich Dirigenten fragen, sie möchten gerne Informationen haben, wie besetzt er denn was, welche Streicherstärken nimmt er denn. Einer hat sogar gefragt, ob man Partituren von ihm haben kann. Es ist das Interesse an seiner Interpretation. Solche Anfragen kommen speziell aus England, wo es junge Dirigenten gibt, die immer wieder in den Proben sitzen möchten, da wird angefragt, ob er etwas dagegen hätte; auch aus Zürich gibt es immer wieder Anfragen von Dirigenten, die dabei sein möchten, die die Probenarbeit verfolgen möchten. (…)
Er hat für fast alle Programme von ihm selbst mit Strichen und Notizen versehene Partituren, die schickt er bei Gastspielen immer voraus, er arbeitet immer mit seinem eigenen Material. Manchmal, bei Begleitun-

gen, muß das Orchester das Material stellen, aber seine großen Sinfonien, die hat er alle mit seinen Strichen. Ich gebe ihm immer regelmäßig die Adressen, genau mit dem Namen desjenigen, der die Partitur bekommen soll, weil er sehr, sehr sorgsam mit seinem Material umgeht, denn das ist ja sein künstlerisches Lebenswerk. Da frage ich dann immer nach einer bestimmten Zeit nach, ob die Partituren auch angekommen sind. Erst dann ist er wieder innerlich ruhig. (...) Als dann die Wende kam, hat mich Kurt Sanderling eines Tages zu sich nach Hause eingeladen zu einem Kaffee am Sonntagnachmittag und zu mir gesagt: ›Frau Ott, wie soll es denn nun mit Ihnen weitergehen?‹ Da habe ich gesagt, ich weiß nur, daß mein Herz an den Dirigenten hängt, ich werde wohl für die Dirigenten weiterarbeiten. Man wußte ja nicht, wie das so wird mit der Künstleragentur. Er hat dann geantwortet : ›Wenn Sie sich selbständig machen wollen, ich arbeite mit ihnen weiter.‹ ...«

In voller Konzentration – Arbeitsportraits während eines Gastdirigats in Madrid, Anfang der 90er Jahre

Kurt Sanderling dirigiert die »Entführung« in Leningrad, 18. Januar 1947

Dokumente

Dokumente

Der Künstler im Visier sowjetischer Ideologen

Der im Januar 1950 erschienene Artikel in der Zeitschrift »Sowjetische Musik« steht im Zusammenhang mit der »Formalismus-Debatte« in der Kunstpolitik der Sowjetunion, mit der etwa die Orientierung an westlichen Vorbildern – in diesem Falle Gustav Mahler – als »dekadent« und »kosmopolitisch« verurteilt wurde. Der Vorwurf des »groben ideologischen Fehlers« in der Interpretation Schostakowitschs konnte zu diesem Zeitpunkt lebensbedrohende Konsequenzen nach sich ziehen.

> »... Uns ist unverständlich, welches Ziel Sanderling verfolgte, als er gegen die herausgebildete Tradition der Aufführung der Fünften Symphonie verstieß. Falls er seine Auslegung der Symphonie so anlegen wollte, daß sie auf keinen Fall der Interpretation Mrawinskis ähnelt, so ist sie leider weit entfernt von der Absicht des Komponisten Schostakowitsch. Falls der Dirigent ehrlich danach strebte, die Kontinuität hervorzuheben, auf den Einfluß Mahlers zu verweisen, so ist das ein großer und prinzipieller Fehler. Uns ist bekannt, daß der junge Schostakowitsch in einer Atmosphäre der Hochachtung vor dem Schaffen Mahlers und Bruckners aufwuchs. Aber bei der Aufführung der Fünften Symphonie sollen uns nicht die Reste des ehemaligen Einflusses interessieren, den man noch formell in der äußeren Ähnlichkeit einer Reihe von Themen oder kompositorischen Handgriffen erkennen kann; uns soll das Neue interessieren, das im Schaffen Schostakowitschs – des sowjetischen Künstlers – hervortrat. Deshalb ist die ›Mahlerisierung‹ Schostakowitschs ein grober ideologischer Fehler ...«

Rückkehr nach Deutschland – Alfred Kurella als Helfer

Über die Schwierigkeiten, Sanderlings Weggang aus Leningrad zu initiieren und die lange Dauer der Bemühungen informiert ein Schriftwechsel zwischen Hans Pischner, ehemaliger stellvertretender Minister für Kultur und dem Zentralkomitee der SED. Bereits am 20. Juli 1956 formulierte Pischner eine Vorlage an das Sekretariat des ZK der SED:

»*Das Sekretariat beschließt, an sowjetische Stellen einen Antrag auf Rükkkehr des Dirigenten Kurt Sanderling, im Augenblick tätig an der Leningrader Philharmonie, zu stellen.*
Begründung:
Trotz aller bisherigen Bemühungen ist die Dirigentensituation in der Deutschen Demokratischen Republik noch sehr schwierig. Es sei nur noch darauf hingewiesen, daß namhafte Orchester, wie das Gewandhausorchester Leipzig, die Staatskapelle Dresden und die Rundfunk-Sinfonie-Orchester keine eigenen Leiter haben. Im Augenblick gibt es in der Deutschen Demokratischen Republik nach dem Ableben Hermann Abendroths nur noch als einzigen bedeutenden Dirigenten Franz Konwitschny. (…) In Leningrad befindet sich der ausgezeichnete, verhältnismäßig junge Dirigent Kurt Sanderling, (…) Sanderling könnte sofort eine erste Position (…) angeboten werden. (…) Mit der Übernahme eines unserer namhaften Orchester durch Sanderling würde sowohl politisch wie auch künstlerisch eine wesentliche Tatsache geschaffen werden, da damit bewiesen wäre, daß wir in einer solchen Frage nicht vom Westen abhängig sind. Wie bekannt wurde, hat der bekannte Komponist Schostakowitsch seinerzeit in der Sowjetunion Erkundigungen bei staatlichen Stellen und offenbar auch beim Parteiapparat eingezogen. Nach diesen Auskünften besteht durchaus die Möglichkeit, daß Sanderling nach Deutschland kommen könnte. (…) Aus Gesprächen mit Sanderling während seines Gastspiels in der Deutschen Demokratischen Republik ging hervor, daß er selbst offenbar durchaus interessiert ist, nach Deutschland zurückzukehren. Von seiten der sowjetischen Freunde scheint man einem solchen Unternehmen sympathisch gegenüberzustehen, um eben auch Sanderling in Deutschland weitere Entwicklungsmöglichkeiten zu geben.«
(SAPMO, BArch, DY 30 / IVZ / 2026 / 29)

Sein Vorstoß wird jedoch am 07. August 1956 abgelehnt, die Vorlage gar nicht erst behandelt:

»*… Es erscheint uns zweckmäßiger, daß Sanderling von sich aus die Frage an – zwecks Ausreise – die Sowjetregierung stellt und wir ein Angebot machen, wo er bei uns eingesetzt werden kann. Eine weitere Möglichkeit wäre lediglich, eine Anfrage an das Zentralkomitee der KPdSU zu richten in der Form, daß wir ihnen mitteilen, daß wir beabsichtigen, mit Sander-*

ling in Verbindung zu treten, wenn von ihrer Seite einer Ausreise Sanderlings nichts im Wege steht ...«
(SAPMO, BArch, DY 30 / IVZ / 2026 / 29)

Das Wirken Kurellas im Hintergrund beschleunigte offenbar die Gespräche auf höchster Ebene. In einer Notiz als SED-Hausmitteilung schreibt er an Alfred Neumann am 10. Juni 1959:

»... *Vor der Abreise nach Moskau empfahl ich Genossen Walter Ulbricht, dort die Rückkehr des deutschen Dirigenten Kurt Sanderling aus Leningrad einzuleiten.*
Eben bekomme ich das beiliegende Material der SED-Betriebsparteiorganisation Deutsche Staatsoper zur Frage des Dirigenten Konwitschny. Im Zusammenhang mit der entstandenen Lage ist die Rückkehr Sanderlings besonders dringlich geworden. Ich würde empfehlen, daß Du Genossen Walter Ulbricht ganz kurz über diese Lage informierst.«
(SAPMO, BArch, DY 30 / IVZ / 2026 /29)

Sanderlings Ansprechpartner bei der Klärung offener Fragen im Zusammenhang mit seiner Rückkehr und der neuen Position war meist das Ministerium. Das bestätigt auch eine Notiz, die Hans Pischner am 30. März 1960 nach einem Telefonat mit Sanderling (bereits am 23. März 1960) angefertigt hat.

»*Herr Sanderling möchte wissen, ob sich in der näheren Perspektive die Bezahlung des Orchesters regeln läßt dahingehend, daß das Städtische Sinfonie-Orchester keine Nachteile gegenüber den anderen Berliner Orchestern hat. Er bittet, diese Frage neu auf die Tagesordnung zu stellen. (...) Herr Sanderling betonte ausdrücklich, daß er von dem Platz, den er einnehmen soll, unter keinen Umständen einen anderen Dirigenten verdrängen möchte. Es interessiert ihn, wie hoch das Valutakontingent für Werke ist, die nicht bei uns verlegt sind. Er hat grundsätzlich eine außerordentlich gute Einstellung zu dieser Frage.*
Herr Sanderling ist geneigt, hier und da ein Gastdirigat anzunehmen, jedoch interessieren ihn zunächst Gastdirigate weniger. Für ihn besteht zunächst als Hauptfrage, mit diesem Orchester, das ihm anvertraut wird,

etwas zu erreichen. Aus diesem Grunde will er sich keinesfalls zerteilen. Er ist evtl. geneigt, Aufnahmen mit dem Orchester durchzuführen.«
(SAPMO, BArch, DY 30 / IVZ / 2026 / 29)

Kurt Sanderling selbst formuliert seine »Visionen«, aber auch pragmatischen Erwartungen an die neue Dirigenten-Aufgabe in einem Brief an Alfred Kurella vom 04. Februar 1960:

> »Ich möchte nun gern noch ein paar Gedanken und Wünsche über und für meine zukünftige Arbeit äußern und bitte Sie mir mitzuteilen, wenn ich etwas falsch sehe oder im Unrecht bin. (…) Zunächst einmal, was ich nicht will: ständige Arbeit in der Oper. Und zwar habe ich einfach nicht das Repertoire, das ein ständiger Opernkapellmeister braucht. Schließlich und endlich habe ich in meinem ganzen Leben nicht mehr als 7 Opern dirigiert, dafür aber gegen 70 Sinfonien! Selbstverständlich schließt das eine sporadische Operntätigkeit nicht aus, im Gegenteil, Sie erinnern sich vielleicht, daß ich Opern sehr liebe, und ich würde gern, falls die Möglichkeit dazu besteht, an dem einen oder anderen Theater eine Einstudierung machen (sehr gern z.B. den ›Boris Godunow‹ in der Redaktion von Schostakowitsch).
> Das zweite, was ich nicht möchte: eine Tätigkeit als Dirigent – Fliegender Holländer mit 5 Stellungen, deren keine vollwertig ausgeübt wird.
> Was ich möchte: eine Arbeit mit Wirkung in der Breite und auf längere Sicht, nicht nur für den gegebenen Konzertabend. Aus diesem Grunde übernähme ich gern eins der großen Rundfunkorchester (…). Ebenso gern übernähme ich ein Orchester vom Typ des Berliner Sinfonie-Orchesters, (…). Sehr gern würde ich die Dresdner Kapelle und das Gewandhaus dirigieren, aber nur sporadisch, da ich auf keinen Fall in der DDR anfangen will auf einer Stelle, auf die Konwitschny verzichten müßte (trotz seiner Überbelastung) …«

(SAPMO, BArch, DY 30 / IVZ / 2026 / 29)

Dokumente

Musik nach dem Mauerbau

Sanderlings erste Zeit beim BSO stand vor allem unter dem Eindruck des Baus der Berliner Mauer. Das politische Ereignis hatte direkte Auswirkungen auf die Personalpolitik, die durch das Politbüro des Zentralkomitees der SED festgelegt wurde. Dies geht aus einem Protokoll vom 22. August 1961 hervor:

»... *In den Theatern, Orchestern, in der DEFA und im Friedrichstadtpalast sowie in den Orchestern des Staatlichen Rundfunkkomitees arbeiten insgesamt 697 Künstler oder künstlerisch-technische Kräfte, die in Westberlin wohnen. Durch die Brandt-Rede ist bekannt geworden, daß der Lohnausgleich, d. h. der Umtausch von DM der Deutschen Notenbank in Westgeld für diesen Kreis wegfällt. Nach Auskünften der Lohnausgleichskasse soll die Zahlung nur noch im August erfolgen und im September eingestellt werden. Zur Zeit bestehen keine Anzeichen dafür, daß diese Maßnahme vom Westberliner Senat rückgängig gemacht wird. Diese Tatsache schafft eine völlig veränderte Situation u.a. (...) im Berliner Städtischen Sinfonie-Orchester. (...)*
In den Klangkörpern Berlins arbeiten 287 Westberliner Musiker, die nicht ohne weiteres zu ersetzen sind. Alle Orchester sind durch einen Ausfall dieser Musiker betroffen. Daraus ergibt sich, daß Klangkörper aufgelöst werden müssen, um den Spielbetrieb in der Staatskapelle, im Metropol-Theater und im Friedrichstadtpalast vordringlich zu sichern. Nach Lage der Dinge ist es nur möglich, indem auf Musiker des Staatlichen Rundfunkkomitees zurückgegriffen wird. Obwohl dadurch Schwierigkeiten im Rundfunk auftreten, verfügt der Rundfunk jedoch im ganzen über 5 große Orchester und weitere Tanzorchester. Das Ministerium für Kultur wird helfen, die entstehenden Lücken durch vorzeitigen Einsatz von Absolventen der Musikhochschulen zu schließen ...«
(SAPMO, BArch, DY 30 / 3 IV 212-787)

Mitgliedschaft in der Akademie der Künste, Sektion Musik

Sie sei ihm »passiert« erzählt Sanderling über seine Mitgliedschaft in der Akademie der Künste. Im Akademie-Archiv findet sich ein Dokument über die Sympathien für und Ablehnungen gegenüber Sanderling. In einem Schreiben an Jochen Mückenberger, Abteilungsleiter beim ZK der SED, Abteilung Kultur, berichtet Nina Freud am 12. Januar 1961 vom Verlauf einer Parteigruppensitzung der Akademie. Demnach wurde Sanderling entgegen einer Absprache – ebenso wie Helmut Koch und Hans Pischner – von Ernst Hermann Meyer vorgeschlagen und nominiert. Sie führt aus:

> »*Gegen Koch und Schwaen sind Eisler und Dessau. Gegen Pischner und Sanderling sind alle ...*«
> (SAPMO, BArch, DY 30 / IVZ / 202 / 29, Bestand Alfred Kurella)

Abschied vom BSO

Seine Motive, sich als Dirigent des BSO mit Erreichen des Rentenalters im September 1977 zurückzuziehen, erläutert Sanderling in einem Brief vom 15. Juli 1975 an Dr. Horst Oswald, den damaligen Berliner Stadtrat für Kultur.

> »... *Mir fällt dieser Entschluss nicht leicht, Sie wissen ja, wie sehr ich an der Arbeit mit und in diesem Orchester hänge. Ich bin aber davon überzeugt, daß diese meine Entscheidung im Interesse der weiteren kontinuierlichen Entwicklung des Orchesters liegt. Oft genug haben wir es ja erlebt, wie langjährige und durchaus auch verdienstvolle Leiter ihren Stuhl über den Zeitpunkt hinaus besetzt hielten, zu dem sie noch über genügend Spannkraft verfügten, ihres Amtes mit der notwendigen Energie zu walten. Diesen Fehler möchte ich unbedingt vermeiden, und indem ich für mein Ausscheiden eine Frist von so langer Zeit im voraus setze, gebe ich Ihnen überdies die beste Möglichkeit, den bestmöglichen Nachfolger für mich zu finden. (...) Trotzdem glaube ich heute schon sagen zu dürfen, daß der mir erteilte Auftrag erfüllt ist: Das Berliner Sinfonie-Orchester ist zum wesentlichen Träger des sinfonischen Lebens der Hauptstadt der DDR geworden, und seine Existenz ist, wie ich glaube, aus dem Musikleben Berlins*

nicht mehr wegzudenken. und für die Qualität des Orchesters mögen die Erfolge zeugen, die es überall im Ausland hatte, wo immer es auch für die Musikkultur der DDR und seiner Hauptstadt Zeugnis ablegen konnte. Selbstverständlich ist dies nicht allein mein Verdienst. Harte Arbeit jedes Mitgliedes des Orchesters steckt dahinter ...«

(Landesarchiv Berlin, C-Rep. 121, Nr. 242)

Das BSO in der westdeutschen Pressekritik

Als Kurt Sanderlings BSO auf Einladung der DKP in Duisburg und Hamburg spielte, war die Häme groß. In der »Frankfurter Rundschau« vom 15. Dezember 1971 war unter der Überschrift »Beethoven und der Klassenkampf« zu lesen.

> *»In den prasselnden Applaus nach Beethovens Fünfter Sinfonie schwangen sich die aus der DDR-Hauptstadt zu zwei Konzerten in Duisburg und Hamburg angereisten Musiker des Berliner Sinfonie-Orchesters mitsamt ihrem Chefdirigenten Kurt Sanderling zur gedanklich seichten Triumph-Geste des Vorspiels zum dritten Akt von Wagners ›Lohengrin‹ auf. Die Dankbarkeit der Genossinnen und Genossen in der Duisburger Mercator-Halle überwand daraufhin die letzten Grenzen innerdeutscher Mauern und stimmte in den Jubelschrei ein. Zurück blieb, von Euphorie fast verdeckt, Wagners Themaeinfall: ›Nie sollst du mich befragen‹.*
> *So werden es die Genossinnen und Genossen denn wohl auch gehalten haben, und die Erörterung der anstehenden Frage bleibt der bürgerlichen Kritik überlassen: Was soll es, ein proletarisches Publikum zum spottbilligen Einheitspreis in die nicht numerierte Bestuhlung eines Konzertsaals zu holen, ihm dort die Musik vorzusetzen, die es in beiden Teilen Deutschlands auch in normalen Konzerten hören kann? Willi Gerns vom Präsidium der Deutschen Kommunistischen Partei hatte solche Fragestellung in seiner Begrüßungsansprache zu beantworten versucht. Und sicherlich stand er dabei auf dem festen Boden der kulturpolitischen Richtlinien der DKP, die das Konzert veranstaltete. Mit Beethovens Fünfter also ›Mut schöpfen zum tagtäglichen Klassenkampf‹, angehen ›gegen die Kulturvernichtung des imperialistischen Monopolkapitals‹ ...«*

Bei einem Bach-Konzert in Leningrad, 1950, von links nach rechts: Semjon Schack, Violine, Kurt Sanderling am Klavier und Issaja Brando am Klavier

Kurt Sanderling in Leningrad zusammen mit Jakow Sak am Klavier, 10. Oktober 1949

Anhang

Aufführungsverzeichnis

Die unter der Leitung von Kurt Sanderling in der Sowjetunion erstaufgeführten Werke:

1. *Johann Sebastian Bach.* Orgeltoccata in d-moll. Bearbeitung von Kurt Sanderling. 19.02.1943
2. *Johann Sebastian Bach.* Fünf Fugen. Bearbeitung von Kurt Sanderling. 3.02.1960
3. *Michail Weinberg.* Sinfonietta. 15.01.1958
4. *Alexander Glasunow.* Mazurka für Violine und Orchester. 25.04.1950
5. *Claude Debussy.* »Children's Corner«. 27.02.1944
6. *Edvard Grieg.* »Bergliot« (zum ersten Mal in der UdSSR als Ganzes). 29.12.1956
7. *Orest Ewlachow.* Sinfonie No. 1. 26.03.1947
8. *Orest Ewlachow.* Szene aus dem Ballett »Das Weidezweigchen«. 23.11. 1955
9. *Kara Karajew.* »Leila und Medshnun«, die sinfonische Dichtung. 8.11.1948
10. *Juri Kotschurow.* »Macbeth«. 11.12.1948
11. *Boris Kljusner.* Sinfonie. 13.04.1957
12. *Abram Lobkowsky.* Konzert für Violine und Orchester. 6.05.1947
13. *Nikolai Mjaskowski.* Sinfonie No. 23. 14.11.1942
14. *Arthur Honegger.* Sinfonie No. 5. 19.11.1959
15. *Nikolai Pejko.* Sinfonie No. 2. 6.05.1947
16. *Sergej Prokofjew.* Sinfonisches Konzert für Violoncello und Orchester. 1.02.1956
17. *Jean Sibelius.* Sinfonie No. 2. 15.12.1946.
18. *Jean Sibelius.* Sinfonie No. 7. 24.02.1958
19. *Galina Ustwolskaja.* »Kindersuite«. 23.11.1955
20. *William Walton.* Konzert für Violine und Orchester. 15.12.1946
21. *Paul Hindemith.* »Sinfonische Metamorphosen über Themen von Carl Maria von Weber«. 15.01.1958
22. *Chodža-Ejnatow.* Sinfonie in a-moll. 10.11.1954
23. *Chodža-Ejnatow.* »Fantasie für Klavier und Orchester«. 23.11.1955

24. *Chodža-Ejnatow.* »Dichtung für Solist, Chor und Orchester«.
11.06.1953
25. *Leoš Janáček.* Sinfonietta. 3.01.1948
26. *Franz Schubert.* Rondo. Bearbeitung von Kurt Sanderling. 10.01.1948

Die unter der Leitung von Kurt Sanderling in der Sowjetunion aufgeführten Werke von Dmitrij Schostakowitsch:

1. *Sinfonie No. 1:*
   18. April 1942 in Nowosibirsk
   27. Juni 1942 in Nowosibirsk
   3. und 4. März 1951 im Großen Saal der Leningrader Philharmonie
   15. Oktober 1953 im Großen Saal der Leningrader Philharmonie
   12. und 13. März 1955 im Großen Saal der Leningrader Philharmonie
   (insgesamt 7 Mal aufgeführt)

2. *Sinfonie No. 5:*
   15. Oktober 1943 in Taschkent
   19. September 1947 im Konzertsaal »Estland« in Tallinn
   Ende 1947 im Säulensaal in Moskau (im Rahmen der drei Konzerte des Rundfunkkomitees)
   29. März 1957 im Großen Saal des Konservatoriums in Moskau mit dem Staatssymphonieorchester der UdSSR
   27. und 28. Januar 1959 im Großen Saal der Leningrader Philharmonie
   (insgesamt 6 Mal aufgeführt)

3. *Sinfonie No. 6:*
   27. Januar 1941 im Konzertsaal der Philharmonie in Charkow
   11. Juni 1960 im Großen Saal der Leningrader Philharmonie
   (insgesamt 2 Mal aufgeführt)

4. *Sinfonie No. 10:*
   12. und 13. November 1956 im Großen Saal der Leningrader Philharmonie

Aufführungsverzeichnis

November-Dezember 1956 im Haus für Kultur names »Kirow« in Leningrad
21. Oktober 1957 im Großen Saal des Konservatoriums in Moskau
7. März 1960 im Großen Saal der Leningrader Philharmonie
(insgesamt 4 Mal aufgeführt)

5. *Konzert für Klavier und Orchester:*
27. Juni 1942 in Nowosibirsk mit dem Autor als Solist
(insgesamt 1 Mal aufgeführt)

6. *Konzert für Violine und Orchester:*
29. März 1957 im Großen Saal des Konservatoriums in Moskau mit David Oistrach als Solist und dem Staatssymphonieorchester der UdSSR
11. Dezember 1957 im Großen Saal der Leningrader Philharmonie mit Michail Weimann als Solist
19. Dezember 1957 im Großen Saal der Moskauer Philharmonie mit Michail Weimann als Solist
(insgesamt 3 Mal aufgeführt)

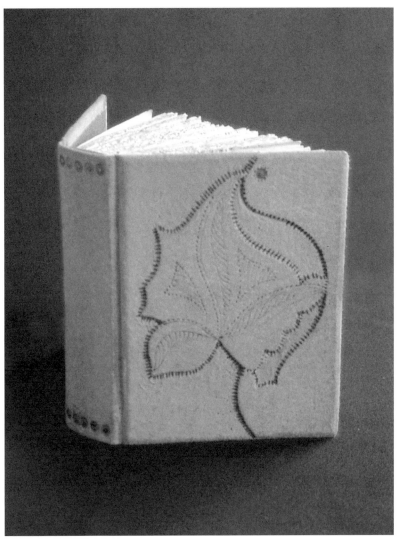

Das handschriftlich geführte Werkverzeichnis Kurt Sanderlings

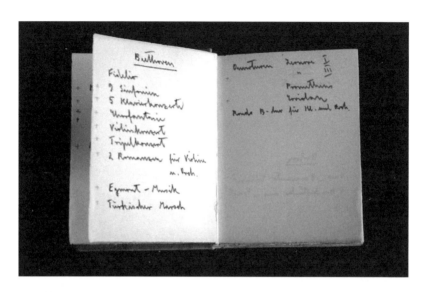

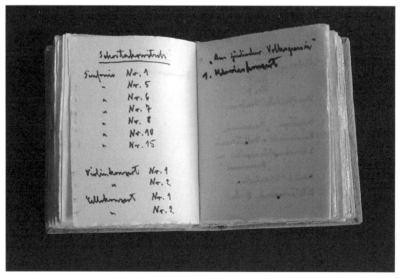

Diskographie

Mehrfachnennungen sind möglich, da manche Aufnahmen unter verschiedenen Labels veröffentlicht worden sind. Sampler wurden nicht aufgenommen. Die Schreibweise habe ich von den Hüllen der Schallplatten oder CDs übernommen. Das Kürzel VEB steht für »VEB Deutsche Schallplatten Berlin, DDR«. »Berliner Symphoniker« meint generell »Berliner Sinfonie-Orchester« (BSO).

Johann Sebastian Bach

Suite für Orchester Nr. 1 C-Dur, BWV 1066
Orchester der Leningrader Staatlichen Philharmonie
Nach 1945

Konzert für Cembalo und Streichorchester A-Dur, BWV 1056
Hans Pischner, Cembalo
Berliner Sinfonie-Orchester
1963, Christuskirche Berlin, VEB (mit anderen)

Konzert für Cembalo und Streichorchester d-moll, BWV 1052
Hans Pischner, Cembalo
Berliner Sinfonie-Orchester, VEB (mit anderen)

Konzerte für Cembalo und Streichorchester f-moll, BWV 1056, A-Dur, BWV 1055 und E-Dur, BWV 1053
Hans Pischner, Cembalo
Berliner Sinfonie-Orchester, VEB

Klavierkonzert in d-moll
Sergeij Rachmaninow
Klavierkonzert
Swjatoslaw Richter, Klavier
Moskau Radio Sinfonie Orchester
Staatliches Sinfonieorchester der UdSSR
Sinsekai Records, Aufgenommen 1955

Diskographie

Englische Suite Nr. 3 g-moll, BWV 808
Konzert für Cembalo, Streicher und B.c. Nr. 1 d-moll, BWV 1052
Staatliches Sinfonieorchester der UdSSR
Swjatoslaw Richter Edition Vol. 1 (Bach)
Melodia

Konzert für Cembalo, Streicher und B. c. Nr. 4 A-Dur, BWV 1055
Konzert für Cembalo, Streicher und B. c. Nr. 5 f-moll, BWV 1056
Hans Pischner, Cembalo
Berliner Sinfonie-Orchester
In: Cembalokonzerte
Coronata Classic Collection

Nr. 2 E-Dur, BWV 1053, Nr. 4 A-Dur, BWV 1055,
Nr. 5 f-moll, BWV 1056
Hans Pischner, Cembalo
Berliner Sinfonie-Orchester
Berlin Classics

Ludwig van Beethoven

Sinfonie Nr. 2 D-Dur op 36
Leningrader Staatliche Philharmonie
Übernahme der Aufnahme von 1956 für
Deutsche Grammophon

Sinfonie Nr. 2 D-dur op 36
Leningrader Staatliche Philharmonie
Deutsche Grammophon

Sinfonie Nr. 5 c-moll op. 67
Berliner Symphoniker
Die Welt der Symphonie Vol. 5 (Beethoven)
Laser Light

Sinfonie Nr. 5 c-moll op. 67 und
Carl Maria von Weber, Ouvertüre zu »Der Freischütz«
Konzertmitschnitt aus dem Festkonzert zur Wiedereröffnung
des Schauspielhauses Berlin am 1. Oktober 1984, VEB

Sinfonien Nr. 1- 9
The Philharmonia Orchestra
1981, EMI

Phantasie für Fortepiano, Chor und Orchester op.80,
Swjatoslaw Richter, Solist
Sweschnikowa, Chor
Sinfonieorchester des Unionsrundfunks und Fernsehens
Nach 1945

Fantasie für Klavier, Chor und Orchester c-moll op. 80 (Chorfantasie)
Staatlich-Akademisch-Russischer Chor
Sinfonieorchester des Unionsrundfunks und Fernsehens
Swjatoslaw Richter Edition Vol. 2 (Beethoven)
Melodia

Klavierkonzert Nr. 3 c-moll op. 37
Rondo für Klavier und Orchester B-Dur op. posth.
Swjatoslaw Richter, Klavier
Wiener Symphoniker
Deutsche Grammophon

3. Klavierkonzert
Swjatoslaw Richter, Solist
Rondo für Klavier und Orchester
Wiener Philharmonisches Orchester
Deutsche Grammophon
1961

Klavierkonzert Nr. 4
Emil Gilels, Klavier
Leningrader Staatliche Philharmonie
1957, Shinkesai, Tokio (Sanderling)

Diskographie

Konzert für Klavier und Orchester Nr. 4 G-Dur op. 58
Maria Yudina, Klavier
Leningrader Staatliche Philharmonie
Dante

Klavierkonzert Nr. 5 Es-Dur op. 73
Dieter Zechlin, Klavier
Gewandhausorchester Leipzig
Eterna, VEB

Klavierkonzert Nr. 5
Emil Gilels, Klavier
Leningrader Staatliche Philharmonie
1957, Shinkesai, Tokio (Kurt Sanderling)

Klavierkonzert Nr. 5
Emil Gilels, Klavier
Leningrad State Philharmonic Society Symphony Orchestra

Konzert für Klavier und Orchester Nr. 5 Es-Dur op. 73
Dieter Zechlin, Klavier
Gewandhausorchester Leipzig
Coronata Classic Collection,
auch bei Berlin Classics

Konzert für Klavier und Orchester Nr. 5 Es-Dur op. 73
Mitsuko Uchida
Symphonieorchester des Bayerischen Rundfunks
Philipps Classics

Konzert für Klavier und Orchester Nr. 1 C-Dur op. 15
Konzert für Klavier und Orchester Nr. 2 B-Dur op. 19
Mitsuko Uchida, Klavier
Symphonieorchester des Bayerischen Rundfunks
Philipps Classics

1., 2., 3. und 5. Konzert für Fortepiano und Orchester
Emil Gilels, Solist
Leningrader Staatliche Philharmonie
Zwischen 1956 und 1960

Konzert für Klavier und Orchester Nr. 3 c-moll op. 37
Konzert für Klavier und Orchester Nr. 4 G-Dur op. 58
Mitsuko Uchida, Klavier
Concertgebouw-Orchester Amsterdam
Philipps Classics

Die Klavierkonzerte
Emil Gilels, Klavier
Tschechische Philharmonie
Multisonic

Die Klavierkonzerte
Mitsuko Uchida, Klavier
Symphonieorchester des Bayerischen Rundfunks
Concertgebouw-Orchester Amsterdam
Philipps Classics

Rondo für Klavier und Orchester B-Dur, WoO 6
Swjatoslaw Richter, Klavier
Wiener Symphoniker
In: Swjatoslaw Richter, Klavier, Meisterkonzerte
Deutsche Grammophon

Alexander Borodin

Sinfonie Nr. 2 h-moll op. 5
»Eine Steppenskizze aus Mittelasien« und
Pjotr Tschaikowsky
Ouvertüre zu »Romeo und Julia«
Sächsische Staatskapelle Dresden
Deutsche Grammophon
Dieselbe Aufnahme, ohne Datum, 1963 oder früher von VEB produziert

Diskographie

Sinfonie Nr. 2 h-moll op. 5
»Eine Steppenskizze aus Mittelasien«
Sächsische Staatskapelle Dresden
In: Orchesterwerke
Coronata Classic Collection

Sinfonie Nr. 2 h-moll op. 5
»Eine Steppenskizze aus Mittelasien« und
Pjotr Tschaikowsky
»Romeo und Julia«, Fantasie-Ouvertuere
Sächsische Staatskapelle Dresden
Berlin Classics

Johannes Brahms

1. Sinfonie
Sächsische Staatskapelle
1971, erschienen 1973 bei RCA

2. Sinfonie
Leningrader Staatliche Philharmonie
Nach 1945

Sinfonie Nr. 2 D-Dur op. 73
Sächsische Staatskapelle Dresden
1972, VEB

Sinfonie Nr. 3 F-Dur op. 90
Sächsische Staatskapelle Dresden
1972, VEB

Sinfonie Nr. 4 e-moll op. 98
Sächsische Staatskapelle Dresden
1972, VEB

Sinfonien Nr. 1-4
Sächsische Staatskapelle Dresden
1971/72, Lukaskirche Dresden, VEB

Sinfonien Nr. 1-Nr. 4 Alt-Rhapsodie c-moll op. 53
Annette Markert (Alt)
Rundfunkchor Berlin
Variationen op. 56a über ein Thema von Joseph Haydn
für Orchester
Berliner Symphoniker
Capriccio

Tragische Ouvertüre d-moll op. 81
Sächsische Staatskapelle Dresden
1972, Lukaskirche Dresden, VEB

Klavierkonzert Nr. 1
Solist Martino Tirimo, Klavier
London Philharmonic Orchestra
1980, All Saints Church, Tooting, EMI

Konzert Klavier und Orchester Nr. 1 d-moll op. 15
Helene Grimaud, Klavier
Staatskapelle Berlin

2. Konzert für Fortepiano und Orchester op. 83
Jakow Sak, Solist
Leningrader Staaliche Philharmonie
Nach 1945

Violin-Konzert D-Dur op. 77
Lydia Mordkovitch
Philharmonia Orchestra
1979, RCA

Diskographie

Anton Bruckner

Sinfonie Nr. 3 d-moll (1889) und
Richard Wagner,
»Siegfried-Idyll«
Gewandhausorchester Leipzig (Doppelalbum), VEB

Sinfonie Nr. 3 d-moll (1889)
Gewandhausorchester Leipzig
1963, VEB

Sinfonie Nr. 3 d-moll
Gewandhausorchester Leipzig
Berlin Classics

Sinfonie Nr. 3 d-moll
Gewandhausorchester Leipzig
In: Gewandhausorchester Leipzig, Legendäre Aufnahmen
Coronata Classic Collection

Sinfonie Nr. 7
Danish Radio Symphony Orchestra
1977, Danmarks Radio Concert Hall 1977

Sinfonie Nr. 7 E-Dur
SWR-Radio-Sinfonie-Orchester Stuttgart
Faszination Musik

L. Chodža-Ejnatow

5 Tänze für Sinfonieorchester
Sinfonieorchester des Unionsrundfunks und Fernsehens
Nach 1945

César Franck

    Sinfonie d-moll
    Sächsische Staatskapelle Dresden
    Berlin Classics

    Sinfonie d-moll
    Sächsische Staatskapelle Dresden
    Coronata Classic Collection

Edvard Grieg

    Werke für Klavier und Orchester und
    Robert Schumann, Werke für Klavier und Orchester
    Fang Chen, Klavier
    London Philharmonic Orchestra
    Castle Communications

Georg Friedrich Händel

    »Wassermusik Suite« (Bearbeitung Kurt Sanderling)
    Leningrader Staatliche Philharmonie
    Nach 1945

Joseph Haydn

    13. Sinfonie (neue Zählung: 88. Sinfonie)
    Leningrader Staatliche Philharmonie
    Nach 1945

    Sinfonie Nr. 45 fis-moll
    Sinfonie Nr. 104 D-dur
    Sächsische Staatskapelle Dresden, VEB

Diskographie

»Die Pariser Sinfonien I-III«
Berliner Sinfonie-Orchester
1971, VEB

Arthur Honegger

5. Sinfonie »Di tre re« und
Igor Strawinsky, Concerto »Dumbarton Oaks«
Leningrader Staatliche Philharmonie
Nach 1945, Melodia

Günter Kochan

Sinfonie Nr. 2 (1968)
Berliner Sinfonie-Orchester
1970, VEB (mit anderen)

Sinfonie Nr. 2 (Sinfonie in einem Satz)
Berliner Sinfonie-Orchester
In: Musik in Deutschland
Musikbiennale Berlin: Uraufführungen 1969 – 1995
RCA-Classics

Gustav Mahler

Sinfonie Nr. 9 D-Dur
Berliner Sinfonie-Orchester
Übernahme der Tokuma Industries Ltd.

Sinfonie Nr. 9 D-Dur
Berliner Sinfonie-Orchester
Berlin Classics

Sinfonie Nr. 10 Fis-Dur
Fertiggestellt von Deryck Cooke und Berthold Goldschmidt

Berliner Sinfonie-Orchester
1979, Christuskirche Berlin, VEB

Sinfonie Nr. 10 Fis-Dur
Berliner Sinfonie-Orchester
Berlin Classics

»Lieder eines fahrenden Gesellen«
Hermann Prey, Bariton
Berliner Rundfunk-Sinfonie-Orchester (mit anderen), VEB

»Das Lied von der Erde«
Birgit Finnilä, Alt
Peter Schreier, Tenor
Berliner Sinfonie-Orchester
1983, Christuskirche Berlin, VEB

»Das Lied von der Erde«
Birgit Finnilä, Alt
Peter Schreier, Tenor
Berliner Sinfonie-Orchester
Berlin Classics

»Lieder eines fahrenden Gesellen«
Nr. 1: »Wenn mein Schatz Hochzeit macht«
Nr. 2: »Ging heut morgen übers Feld«
Nr. 4: »Die zwei blauen Augen von meinem Schatz«
Hermann Prey, Bariton
Berliner Sinfonie-Orchester
Berlin Classics

Bohuslaw Martinů

Konzert für Cembalo und kleines Orchester
Zuzanna Rucikova, Cembalo
Prager Kammer Solisten und
Francis Poulenc

Diskographie

»Concert Champêtre« für Cembalo und Orchester
Czech Philharmonic Orchestra
1967, Paris, Supraphon, Edition Salabert
Auch bei Supraphon (tschechische Ausgabe)

Ernst Hermann Meyer

Orchesterlieder
Jutta Vulpius, Sopran
Sona Červená, Mezzosopran
Peter Schreier, Rolf Apreck, Tenor
Mißner, Günther Leib, Bariton
Solistenvereinigung des Berliner Rundfunks
Städtisches Berliner Sinfonie-Orchester, VEB

»Serenata pensierosa 1965« (Kurt Sanderling gewidmet)
Berliner Sinfonie-Orchester
1966, VEB (mit anderen)
Auch VEB 1968

Wolfgang Amadeus Mozart

41. Sinfonie (Jupiter)
Leningrader Staatliche Philharmonie
Nach 1945

Divertimento Nr. 17
Leningrader Staatliche Philharmonie
Nach 1945
Serenade »Kleine Nachtmusik«
Leningrader Staatliche Philharmonie
Nach 1945

Ouvertüre und Ausschnitte aus »Figaros Hochzeit«
Sinfonieorchester des Unionsrundfunks und Fernsehens
Nach 1945

Allan Pettersson

    Sinfonie Nr. 8
    Rundfunk-Sinfonie-Orchester Berlin
    cpo

Francis Poulenc

    »Concert Champêtre« für Cembalo und Orchester
    Czech Philharmonic Orchestra und
    Bohuslav Martinů
    Konzert für Cembalo und kleines Orchester
    Zuzanna Rucikova, Cembalo
    Prager Kammer Solisten
    1967, Supraphon, Edition Salabert, Paris
    Auch bei Supraphon (tschechische Ausgabe)

Sergej Prokofjew

    2. Konzert für Klavier und Orchester op. 16
    Sinfonieorchester des Unionsrundfunks und Fernsehens
    Nach 1945

    Sinfonisches Konzert für Violoncello und Orchester e-moll op. 125
    Mstislav Rostropowitsch, Violoncello
    Leningrader Staatliche Philharmonie
    Multisonic
    Konzert für Cello und Orchester
    Mstislaw Rostropowitsch, Violoncello
    Leningrad State Philharmonic Society Symphony Orchestra
    (Sanderling)
    Melodia, UdSSR
    ca. 1959

Sergei Rachmaninow

1. Sinfonie op. 13
Leningrader Staatliche Philharmonie
1959

Sinfonie Nr. 2, e-moll, op. 27
Leningrader Staatliche Philharmonie
1956, während der Deutschland Tournee, Deutsche Grammophon

Sinfonie Nr. 2, e-moll, op.27
Philharmonia Orchestra
Teldec Classics

Sinfonie Nr. 2 e-moll op. 27
Leningrader Staatliche Philharmonie
Deutsche Grammophon

1. Klavierkonzert
Swjatoslaw Richter, Klavier
Leningrader Staatliche Philharmonie
Nach 1945

1. Klavierkonzert fis-moll op 1
Swjatoslaw Richter, Klavier
Sinfonieorchester des Unionsrundfunks und Fernsehens
Übernahme von Melodia, UdSSR für VEB
Auch bei Ariola

2. Konzert für Klavier und Orchester
Swjatoslaw Richter, Klavier
Leningrader Staatliche Philharmonie
Nach 1945

2. Klavierkonzert op. 18
Swjatoslaw Richter, Klavier
Leningrader Staatliche Philharmonie

Klavierkonzert
Swjatoslaw Richter, Klavier
Moskau Radio Sinfonie Orchester und
Johann Sebastian Bach, Klavierkonzert in d-moll
Swjatoslaw Richter, Klavier
Staatliches Sinfonieorchester der UdSSR
Sinsekai Records, Aufgenommen 1955

Konzert für Klavier und Orchester Nr. 1 fis-moll op. 1
Konzert für Klavier und Orchester Nr. 2 c-moll op. 18
Peter Rösel, Klavier
Berliner Sinfonie-Orchester
1982/81, Christuskirche Berlin, VEB

Konzert für Klavier und Orchester Nr. 1 fis-moll op.1
Konzert für Klavier und Orchester Nr. 2 c-moll op. 18
Peter Rösel, Klavier
Berliner Sinfonie-Orchester
Berlin Classics

Konzert für Klavier und Orchester Nr. 2 c-moll op. 18
Peter Rösel, Klavier
Berliner Sinfonie-Orchester
Berlin Classics

Konzert für Klavier und Orchester Nr. 1 fis-moll op. 1
Sinfonieorchester des Unionsrundfunks und Fernsehens
Konzert für Klavier und Orchester Nr. 2 c-moll op. 18
Leningrader Staatliche Philharmonie
Swjatoslaw Richter, Solist
In: Swjatoslaw Richter Edition Vol. 7 (Rachmaninow)
Melodia

Konzert für Klavier und Orchester Nr. 3 d-moll op. 30
Konzert für Klavier und Orchester Nr. 4 g-moll op. 40
Peter Rösel, Klavier
Berliner Symphoniker
Berlin Classics

Diskographie

Dmitrij Schostakowitsch

Sinfonie Nr. 1 f-moll op. 10
Berliner Sinfonie-Orchester
1983, Christuskirche Berlin, VEB (mit anderen)

Sinfonie Nr. 5 d-moll op. 47
Berliner Sinfonie-Orchester
1982, Tokuma, Übern. VEB

Sinfonie Nr. 5 d-moll op. 47
Berliner Sinfonie-Orchester
1982, Christuskirche Berlin, VEB

Sinfonie Nr. 5 D-Dur op. 47
Berliner Symphoniker
Berlin Classics

Sinfonie Nr. 6 h-moll op. 54
Berliner Sinfonie-Orchester
1979, Christuskirche, VEB

Sinfonie Nr. 6 h-moll op. 54
Berliner Sinfonie-Orchester
1979, Tokuma, Übern. VEB

Sinfonie Nr. 8 c-moll op. 65
Berliner Sinfonie-Orchester
1976, Christuskirche Berlin,
VEB Breitkopf & Härtel, Leipzig (VEBL)

Sinfonie Nr. 8 c-moll op. 65
Berliner Sinfonie-Orchester
1976, Tokuma. Übern. von VEB

Sinfonie Nr. 8 c-moll op. 65
Berliner Symphoniker
Berlin Classics

Sinfonie Nr. 10 e-moll, op. 93
Berliner Sinfonie-Orchester
1977, Christuskirche Berlin,
Internationale Musikbibliothek, Berlin

Sinfonie Nr. 10 e-moll op. 93
Berliner Sinfonie-Orchester
1977, Tokuma Musical Industries Ltd.
Übernahme von VEB

Sinfonie Nr. 10 e-moll op. 93
Berliner Symphonie-Orchester
Berlin Classics

Sinfonie Nr. 15 A-Dur op. 141
Berliner Sinfonie-Orchester
1978, Christuskirche Berlin
Internationale Musikbibliothek Berlin

Sinfonie Nr. 15 a-moll (A-Dur) op. 141
Berliner Sinfonie-Orchester
Berlin Classics

Sinfonie Nr. 1 f-moll op. 10
Sinfonie Nr. 6 h-moll op. 54
Berliner Sinfonie-Orchester
Berlin Classics

Sinfonie Nr. 1 f-moll op. 10
Sinfonie Nr. 5 D-Dur op. 47
Sinfonie Nr. 6 h-moll op. 54
Sinfonie Nr. 8 c-moll op. 65
Sinfonie Nr. 10 e-moll op. 93
Sinfonie Nr. 15 a-moll (A-Dur) op. 141
Berliner Sinfonie-Orchester
Berlin Classics

Diskographie

»Aus jüdischer Volkspoesie« op. 79 (148/49)
Maria Croonen, Sopran
Annelies Burmeister, Alt
Peter Schreier, Tenor
Berliner Sinfonie-Orchester
ca. 1961, VEB

Lieder op. 79 (»Aus jüdischer Volkspoesie«) No. 1-11
Maria Croonen, Sopran
Annelies Burmeister, Alt
Peter Schreier, Tenor
Berliner Sinfonie-Orchester
Berlin Classics

Suite op. 145 a (nach Gedichten von Michelangelo)
Hermann-Christian Polster, Bass
Rundfunk-Sinfonie-Orchester Berlin
Berlin Classics

Franz Schubert

Ouvertüre zu »Rosamunde«
Sinfonieorchester des Unionsrundfunks und Fernsehens
Nach 1945

Ouvertüre und Musik zum Schauspiel »Rosamunde«
Sinfonieorchester des Unionsrundfunks und Fernsehens
Nach 1945

Robert Schumann

Konzert für Klavier und Orchester a-moll op. 54
Alfred Brendel, Klavier
Philharmonia Orchestra
Philipps Classics

Werke f. Klavier und Orchester und
Edvard Grieg, Werke f. Klavier und Orchester
Fang Chen, Klavier
London Philharmonic Orchestra
Castle Communications

Jean Sibelius

Sinfonie Nr. 1 e-moll op. 39
Berliner Sinfonie-Orchester
1976, Christuskirche Berlin, VEB

Sinfonie Nr. 1 e-moll op. 39
»En Saga« op. 9
»Finlandia« op. 26 Nr. 7
Berliner Sinfonie-Orchester

2. Sinfonie
Leningrader Staatliche Philharmonie
Nach 1945

Sinfonie Nr. 2 D-Dur op. 43
Berliner Sinfonie-Orchester
1974, Christuskirche Berlin, VEB

Sinfonie Nr. 2 D-Dur op. 43
Sinfonie Nr. 3 C-Dur op. 52
Berliner Sinfonie-Orchester
Berlin Classics

Sinfonie Nr. 3 C-Dur op. 52
»En Saga«, Tondichtung für großes Orchester op. 9
Berliner Sinfonie-Orchester, VEB

Diskographie

Sinfonie Nr. 4 a-moll op. 63
»Nächtlicher Ritt und Sonnenaufgang« op. 55
Berliner Sinfonie-Orchester
1977, Christuskirche Berlin, VEB

Sinfonie Nr. 4 a-moll op. 63
Sinfonie Nr. 5 Es-Dur op. 82
Berliner Sinfonie-Orchester
Berlin Classics

5. Sinfonie
Leningrader Staatliche Philharmonie
Nach 1945

Sinfonie Nr. 5 Es-Dur op. 82
»Valse triste« op. 44
»Finlandia«, Sinfonische Dichtung op. 26 Nr. 7
Berliner Sinfonie-Orchester, VEB

Sinfonie Nr. 6 d-moll op. 104
Sinfonie Nr. 7 C-Dur op. 105
Berliner Sinfonie-Orchester
1974, Christuskirche Berlin, VEB

Die Sinfonien
»En Saga« op. 9
»Finlandia« op. 26 Nr. 7
»Nächtlicher Ritt und Sonnenaufgang« op. 55
Berliner Symphoniker
Berlin Classics

»En Saga« op. 9
»Finlandia« op. 26 Nr. 7
»Kuolema« op. 44 (Der Tod)
»Valse triste« op. 44 Nr. 1
»Nächtlicher Ritt und Sonnenaufgang« op. 55
Berliner Sinfonie-Orchester
In: Sinfonische Dichtungen, Coronata Classic Collection

Igor Strawinsky

    Concerto »Dumbarton Oaks« und
    A. Honegger
    Sinfonie »Di tre re«
    Leningrader Staatliche Philharmonie
    Nach 1945, Melodia

Karol Szymanowski

    Konzert für Violine und Orchester Nr. 1 op. 35
    David Oistrach, Violine
    Leningrader Staatliche Philharmonie
    Forlane

Pjotr Tschaikowsky

    Sinfonie Nr. 4 f-moll op. 36
    Berliner Sinfonie-Orchester
    1978, Christuskirche Berlin, VEB
    Coproduction Nippon/Columbia, Tokio/Japan

    Sinfonie Nr. 4 f-moll op. 36
    Berliner Symphoniker
    Denon

    Sinfonie Nr. 4 f-moll op. 36
    Leningrader Staatliche Philharmonie
    Deutsche Grammophon
    Ausgezeichnet mit dem »Grand prix du disque«, Paris 1957;
    Dieselbe Aufnahme bei Deutsche Grammophon,
    in: Tschaikowsky (Sinfonien)

    Sinfonie Nr. 5 e-moll op.64
    Berliner Sinfonie-Orchester
    1979, Christuskirche Berlin, VEB

Diskographie

Sinfonie Nr. 5 e-moll op. 64
Berliner Symphoniker
Denon

Sinfonie Nr. 6 h-moll op. 74 »Pathetique«
Berliner Sinfonie-Orchester
1979, Christuskirche Berlin, VEB

Sinfonie Nr. 6 h-moll (»Pathetique«)
Berliner Symphoniker
Denon

Ouvertüre zu »Romeo und Julia« und
A. Borodin Sinfonie Nr. 2 h-moll
»Eine Steppenskizze aus Mittelasien«
Sächsische Staatskapelle Dresden
Deutsche Grammophon
Dieselbe Aufnahme 1963 oder früher von VEB produziert

»Romeo und Julia«, Fantasie-Ouvertüre
Sächsische Staatskapelle Dresden
In: Sinfonische Musik
Coronata Classic Collection

Rudolf Wagner-Régeny

»Einleitung und Ode für symphonisches Orchester«
Berliner Sinfonie-Orchester, VEB

Carl Maria von Weber

Ouvertüre zu »Der Freischütz« gemeinsam mit
L. van Beethoven Sinfonie Nr. 5 c-moll op. 67
Berliner Sinfonie-Orchester
Konzertmitschnitt aus dem Festkonzert zur Wiedereröffnung
des Schauspielhauses Berlin am 1. Oktober 1984, VEB

Ouvertüre »Der Freischütz«
»Jägerchor«
Berliner Sinfonie-Orchester
Konzertmitschnitt aus dem Festkonzert zur 750-Jahr-Feier Berlin am
1. Januar 1987, VEB

Konzert für Klarinette und Orchester Nr. 1 f-moll op. 73
Konzert für Klarinette und Orchester Nr. 2 Es-Dur op 74
Oskar Michallik, Klarinette
Sächsische Staatskapelle Dresden, VEB

Konzert für Klarinette und Orchester Nr. 1 f-moll op. 73
Konzert für Klarinette und Orchester Nr. 2 Es-Dur op. 74
Oskar Michallik, Klarinette
Sächsische Staatskapelle Dresden
Coronata Classic Collection

Register

A

Abbado, Claudio 206
Abendroth, Hermann 11, 199, 223
Abusch, Alexander 172f., 214, 236, 240
Achmatowa, Olga 160
Adenauer, Konrad 11, 176
Adler, Hermann 92
Andresen, Ivar 71ff.
Archipenko, Alexander 8

B

Bach, Johann Sebastian 28, 108, 144, 157, 203, 224, 305, 312, 328, 338f., 363
Balakschejew 148
Balzac, Honoré 33
Bartók, Bela 203ff., 220, 238, 312
Barenboim, Daniel 293ff.
Bassermann, Albert 37
Baumann, Kurt 45
Becher, Johannes R. 328, 335, 353
Beethoven, Ludwig van 11, 37, 42, 48, 83, 90, 107f., 112, 119ff., 125f., 142, 157, 163f., 175, 200, 205f., 283f., 244, 250, 263, 269, 278f., 295f., 303, 310, 312, 316-322, 327ff., 332, 343, 347, 363, 373
Belskij, Efim 358
Bentzien, Hans 236, 239f., 337
Beresowski, Bogdan 145, 167ff.
Berg, Alban 51, 293
Bergner, Elisabeth 47
Berija, Lawrentij 171
Berlioz, Hector 143, 156, 175
Bernstein, Leonard 168, 294, 342
Biermann, Wolf 229, 268
Bitterlich, Hans 13, 366
Bizet, Georges 156
Blech, Leo 45, 50, 177
Blech, Liesel 50
Blok, Alexander 156
Boccherini, Luigi 126, 363
Bodanzky, Arthur 79
Bongartz 246
Borchard, Leo 8
Borodin, Alexander 121, 126
Brahms, Johannes 33, 83, 108, 121, 125f., 157, 163, 174, 184, 224, 266ff., 304f., 308, 312f., 319, 327, 341, 347, 362, 373
Brando, Issaja 391
Brandt, Willy 11
Braun, Otto 49
Brecht, Bertolt 234
Bredel, Willi 259
Breisach, Paul 41ff., 58f., 69,78
Britten, Benjamin 241, 361
Bruckner, Anton 125, 136ff., 141, 185, 200, 239, 251, 312, 323, 327, 338, 347
Buchsbaum 55
Bulgakow, Michail 353
Bülow, Hans Freiherr von 8
Burghardt, Max 177
Busch, Fritz 44, 60, 154
Butting, Max 213, 239
Buttkewitz, Jürgen 367

C

Celibidache, Sergiu 8, 315
Chruschtschow, Nikita 98, 169, 173, 335, 351
Chopin, Frédéric 36, 104
Corelli, Arcangelo 187

422

D

Debussy, Claude 156, 242
Denzler, Robert F. 43
Dessau, Paul 213ff., 327, 338
Dohnányi, Christoph von 375
Dostojewski, Fjodor 91, 155
Dvořák, Anton 133, 224

E

Ebel, Arnold 36, 62
Ebert, Carl 9, 42, 46, 58, 60ff., 69
Ehrenburg, Ilja 155, 353
Eichenbaum 166
Einstein, Alfred 47
Eisler, Gerhart 259
Eisler, Hanns 213, 233f.

F

Fehling, Jürgen 45
Feininger, Lyonel 158
Felsenstein, Walter 337, 353f.
Fleischman, Ernest 374
Flohr, Klaus-Peter 245, 260ff.
Frank, Hans-Peter 250
Frantz, Justus 343
Fricke, Heinz 263
Fried, Oskar 83
Furtwängler, Wilhelm 8, 12, 50f., 116ff., 137, 177, 303f., 308, 315f., 333

G

Gál, Hans 34
Gakkel, Leonid 359
Geitel, Klaus 342ff.
German, Jurij 169

Gilels, Emil 89, 139ff., 163f., 246, 253, 284
Glasunow, Alexander K. 91
Glikmann, Isaac 121
Goebbels, Joseph 50
Göring, Hermann 50
Goldschmidt, Berthold 46, 58, 60f. 69, 273
Golowanow, Nikolai 104
Graebler, Abraham 25
Graebler, Leo 79
Graebler, Max 35, 43
Grieg, Edvard 126
Grillparzer, Franz 142
Grinberg, Maria 363
Grinberg, Moissè 150
Gründgens, Gustaf 44ff.
Gurlitt, Manfred 61
Gysi, Klaus 236

H

Hager, Kurt 244f., 261, 337, 351
Händel, Georg Friedrich 187
Haitink, Bernard 340
Hanslick, Eduard 48
Hartung, Hugo 31
Hauptmann, Gerhart 29
Haydn, Joseph 125, 278, 317, 322, 332, 341
Heifetz, Sascha 175, 361
Heine, Heinrich 156
Herbig, Günther 244, 260ff.
Hermlin, Stephan 198, 353
Herzog, Heiner 368f.
Herzog, Roman 267
Heym, Stefan 289
Hildebrandt, Hermann 197, 336

Register

Hiller, Kurt 56
Hindemith, Paul 15, 34, 39, 125, 147, 205, 220, 238, 241, 296, 359, 363
Hindenburg, Paul von 53f.
Hitler, Adolf 54f., 58, 64, 75, 78f., 105, 111, 170, 322
Hoffmann, Klaus 230, 237
Hollreiser, Heinrich 344
Honecker, Erich 332, 245, 263f., 267, 331, 353
Honegger, Arthur 363
Hugenberg, Alfred 53

I

Ibsen, Henrik 36
Iwanow 150

J

Jansons, Arvid 145, 360ff.
Jewtuschenko, Jewgenij 220
Joachim, Joseph 25

K

Karajan, Herbert von 8, 63, 181, 293, 310, 333, 342, 361
Kennedy, John F. 98
Kerr, Alfred 47f., 308
Kestenberg, Leo 49
Kipnis, Alexander 74
Klebe, Giselher 235, 242, 338
Klee, Paul 235, 338
Kleiber, Erich 50f., 117, 157, 177, 245
Klemperer, Otto 10f., 44ff., 50ff., 79, 89, 117, 175, 184, 251, 303f., 308, 313, 327, 340, 345, 347, 361f.

Knappertsbusch, Hans 154
Kohl, Helmut 267, 328
Kokoschka, Oskar 293
Kondraschin, Kirill 123
Konwitschny, Franz 145, 182, 197f., 207, 223, 226, 242f., 278, 335
Koslowski, Iwan 84
Krug, Manfred 226ff., 231
Kupfer, Harry 46, 230f.
Kurella, Alfred 94ff., 173, 195, 198f., 213f., 232ff., 237, 335ff., 351

L

Langhoff, Wolfgang 99, 210
Lasko, Alexeij 360
Lehár, Franz 247, 310
Lenin, Wladimir Iljitsch 83, 94, 98, 153, 161, 214
Lenya, Lotte 37
Leskow, Nikolaj 156
Lichtenstein, Hans 32
Luxemburg, Rosa 57

M

Mahler, Gustav 36, 45, 56, 83, 91, 123ff., 143, 203, 223ff., 278, 323, 327, 332, 347, 359
Maizière, Lothar de 266
Mann, Thomas 83
Margolin, Weniamin 361
Martinů, Bohuslaw 339
Masur, Kurt 212, 216f., 283, 342, 352, 354
Matthus, Siegfried 233, 263, 330ff.
Meerowitsch, Grigorij 362
Mendelssohn, Fanny 159
Mendelssohn-Bartholdy, Felix 34

Menuhin, Yehudi 361
Mehta, Zubin 293
Meyer, Ernst Hermann 216, 239, 282, 338, 373
Meyerhold, Wsewolod 166
Milstein, Natan 361
Moholy-Nagy, László 45
Moser, Hans 37
Mozart, Wolfgang Amadeus 34, 36, 89, 107, 121, 125, 174f., 238, 301, 305, 317, 327, 361, 364
Mrawinski, Jewgenij 12, 14, 92, 116ff., 133ff., 162ff., 172, 174ff., 298ff., 311, 334f., 358ff., 376
Müller, Hans Udo 60
Mussorgski, Modest 221
Muti, Ricardo 342

N

Nabokov, Vladimir 220
Neher, Caspar 45, 60
Nettesheim, Konstanze 59
Neuhaus, Heinrich 108
Nikisch, Arthur 8, 157, 184
Noskow, Sodim 363
Notowicz, Nathan 233, 259

O

Oistrach, David 138ff., 163, 175, 178, 187, 205, 246, 253ff., 284f., 295, 339, 361
Ossietzky, Carl von 57, 65
Ott, Monika 377f.

P

Panejew 91
Papen, Hans von 54
Pasternak, Boris 155, 186
Penderecki, Christoph 327
Pfahl-Wallenstein, Margarethe 73
Pitra, Hans 259
Pischner, Hans 198, 208, 234ff., 240, 258, 334ff., 341, 351
Ponomarjow, Affanassij 141, 335
Poulenc, Francis 363
Price, Leontine 273
Prokofjew, Sergej 223, 241, 293ff., 307
Puschkin, Alexander 91, 155f., 360

R

Rabinowitsch, Nikolai 130f., 143ff., 154, 167
Rabmund, Ruth 66f, 70, 77ff., 82ff.
Rachlin, Nathan 92, 363
Rachmaninow, Sergeij 9, 175, 179f., 191, 223ff., 278f., 305, 319, 334, 347, 358, 361, 363
Rackwitz, Werner 212, 230f., 236, 240, 244, 248
Radek, Karl 161
Ragwitz, Ursula 245, 260, 263
Ravel, Maurice 126, 133, 156, 241f.
Reger, Max 306
Reimann, Aribert 214
Reinhardt, Max 37, 48
Repin, Ilja 156
Reuter, Rolf 263
Rhode, Wilhelm 72
Ribbentrop, Joachim 105
Richter, Swjatoslaw 108, 128, 139ff., 163, 227, 246, 252, 284, 309

Register

Richter-Haas, Hans 211
Rimski-Korsakow, Nikolaj 90, 174
Rodenberg, Hans 94, 133, 214, 233, 351
Rodenberg, Ilse 259
Romanow, Semjon 104ff.
Rosenstock, Joseph 45, 74
Roshdestwenski, Gennadij 100
Rostropowitsch, Mstislaw 140, 295

S

Sak, Jakow 319
Sallertinski, Iwan 113, 120, 142
Sanderling, Barbara 10, 12, 15, 203, 230f., 251, 256, 270, 275, 278ff., 336, 351
Sanderling, Ignaz 9, 20ff., 77, 80, 82, 111
Sanderling, Michael 10, 270
Sanderling, Nina 10, 113, 121, 336
Sanderling, Recha 9, 23ff., 55, 77, 79, 111, 177, 276, 286
Sanderling, Stephan 10, 42, 221, 230, 270, 285
Sanderling, Thomas 10, 121, 130, 168, 212ff., 229ff., 336, 353
Sawallisch, Wolfgang 375
Schey, Nina siehe unter Sanderling, Nina
Sebastian, George 41f., 89, 91, 95
Seghers, Anna 259
Sennewald, Günter 370
Shakespeare, William 143, 301, 328
Sibelius, Jean 124, 163, 223f., 278, 304f., 327
Silberstein, Ernst 38, 41, 69, 78
Simon, Hermann 217
Singer, Kurt 45, 72ff.
Smirnow 176
Solschenizyn, Alexander 221, 228

Sostschenko 160
Spielberg, Ilja 364
Stalin, Josef 16, 97, 105, 111, 148, 153ff., 157, 161, 166ff., 170, 220ff., 353
Stanislawski, Konstantin 148
Stern, Isaac 274
Stiedry, Fritz 60, 69, 80f., 89ff., 117, 204, 359, 364
Stifter, Adalbert 343
Strassberg, Emil 82ff., 98f., 102, 113
Strassberg, Rahel 86, 95, 284
Strauß, Franz Josef 229
Strauß, Johann 126
Strauss, Richard 34, 43, 45, 56, 113, 124, 223, 323, 326, 344
Strawinsky, Igor 125, 147, 164, 205, 218, 238, 241, 309
Strelitzer, Hugo 74
Suitner, Otmar 198, 263
Szell, George 344
Szeryng, Henryk 205, 211
Szymanowski, Karol 163

SCH

Schack, Semjon 391
Schalk, Franz 42
Scheel, Walter 11
Schiller, Friedrich 33, 91
Schillings, Max von 59f., 62, 68
Schirach, Baldur von 59
Schirach, Rosalind von 59
Schleicher, Kurt von 54
Schmid, Cornelia 374f.
Schmid, Hans-Ulrich 374, 376
Schneider, Frank 325ff., 339
Schönberg, Arnold 146, 158, 205, 219f., 293

Scholz, Werner 257, 373
Schostakowitsch, Dmitrij 11, 14, 113, 120ff., 126, 133, 138, 142ff., 199, 205, 218ff., 232, 241, 244, 249f., 258, 290, 293ff., 304, 307, 323, 325, 327, 329, 331f., 341, 347f., 361, 363, 371
Schostakowitsch, Irina A. 258
Schreier, Peter 260
Schubert, Franz 119ff., 125, 192, 263, 281, 305, 319, 347, 364
Schukarew 144
Schumann, Robert 108, 174, 187, 309, 347
Schuricht, Carl 11

T

Tairow, Alexander J. 166
Tanejew, Sergej 126, 133
Thimig, Helene 37
Tietjen, Heinz 52
Tolstoi, Lew 91, 136, 155, 166, 221
Tonosow, Nikolai P. 100
Toscanini, Arturo 117, 123, 303, 310, 313
Trotzki, Leo 161
Tschaikowsky, Pjotr 91, 117, 121, 126, 138, 148, 157, 165, 169, 174, 180, 184, 205f., 224, 238f., 247, 300, 304, 309f., 343, 347, 358, 363
Tscherkassow, Nikolai K. 167
Tuchatschweski, Michail N. 160
Tucholsky, Kurt 56f., 65, 96
Turgenjew, Iwan Sergejewitsch 155

U

Ulbricht, Reinhard 371f.
Ulbricht, Walter 173, 232, 237, 247, 259, 335, 351, 353

V

Vallentin, Maxim 259
Verdi, Giuseppe 34, 60, 301, 303
Vivaldi, Antonio 108

W

Wagner, Heinz 256
Wagner, Richard 11, 33f., 125, 174, 227, 312, 323
Wagner-Régeny, Rudolf 213, 216f., 234, 327
Walter, Bruno 38, 49, 69, 117, 177, 33, 362
Wand, Günter 340, 342f.
Wangenheim, Gustav von 133
Webern, Anton 328
Weill, Kurt 60
Whelton, David 345ff.
Wiechert, Ernst 31
Wolf, Christa 289
Wolf, Markus 349ff.
Wolkow, Solomon 150, 219
Wyneken 27

Z

Zador, Emma 73
Zemlinski, Alexander 45
Zenkar 91
Zimmermann, Udo 215
Zurin 115f.
Zweig, Arnold 359

Abbildungsnachweis

Archiv der Leningrader Staatlichen Philharmonie, Seiten 355, 365, 384, 391f.
Barbara Köppe, Seite 270
Siegfried Lauterwasser, Seiten 252
Hansjoachim Mirschel, Seiten 255f., 271

Alle anderen Fotos sind dem Privatarchiv Kurt Sanderlings entnommen.

Nicht in allen Fällen war es möglich, die Rechteinhaber der Abbildungen ausfindig zu machen. Berechtigte Ansprüche werden selbstverständlich im Rahmen der üblichen Vereinbarungen abgegolten. Der Parthas Verlag ist dankbar für Hinweise auf nicht identifizierte Urheber.

Alle Rechte vorbehalten. Für die Fotos liegen die Veröffentlichungsrechte bei den Urhebern. Kein Teil dieses Werkes darf in irgendeiner Form reproduziert werden, insbesondere nicht als Nachdruck in Zeitschriften oder Zeitungen, im öffentlichen Vortrag, für Verfilmungen oder Dramatisierungen, als Übertragung durch Rundfunk und Fernsehen. Das gilt auch für einzelne Bilder oder Textteile. Ausgenommen bleiben einzelne Bilder in direkter Verbindung mit Rezensionen dieses Buches. Der Verlag erteilt gern Auskunft.

Danksagung

Als mich Kurt Sanderling im Juni 1997 zu ersten Gesprächen bei sich zu Hause in Berlin-Pankow empfing, ahnten wir Beide nicht, daß bis zur Veröffentlichung seiner Lebenserinnerungen fünf weitere Jahre ins Land gehen sollten.

Aber schon bald war mir klar, daß es nötig sein würde, Zeitzeugen zu befragen und in Archiven nach Dokumenten zu forschen, um ein möglichst anschauliches Bild von Werdegang und Persönlichkeit Kurt Sanderlings zeichnen zu können. Allzu Privates habe ich dabei auf ausdrücklichen Wunsch Sanderlings weggelassen.

So bleibt mir am Ende dieser langen Reise, Dank zu sagen.

In allererster Linie gilt dieser Dank Kurt Sanderling selbst. Über viele arbeitsreiche Stunden haben wir zusammengesessen, und in Frage und Antwort sein Leben nachzuzeichnen versucht, das laufende Tonband zwischen uns auf dem Tisch. Seine Geduld dabei war mehr als einmal bewundernswert groß.

Fast dreißig Zeitzeugen aus Deutschland, Großbritannien und Rußland habe ich im Zeitraum zwischen 1997 und 2001 befragt. Ihnen gilt mein Dank für Ihre Auskunftsbereitschaft und ihr Vertrauen. Ein besonderer Dank gilt Barbara Sanderling dafür, daß ich mich im Hause Sanderling immer willkommen fühlen durfte. Daniel Barenboim danke ich dafür, seinem Gespräch mit Kurt Sanderling gelauscht haben zu können.

Im Landesarchiv Berlin, im Bundesarchiv, in den Archiven der Akademie der Künste zu Berlin, des Konzerthauses Berlin und des Staatlichen St. Petersburger (ehemals: Leningrader) Philharmonischen Orchesters konnte ich meinen Recherchen nützliche Dokumente einsehen. Auch dafür sei an dieser Stelle herzlich gedankt.

Ein solches Buch wie dieses kann nicht ohne viele helfende Hände fertiggestellt werden. Für diese Hilfe bedanke ich mich bei der St. Petersburger Musikwissenschaftlerin Dr. Marina Malkiel, die meine Recherchen vor Ort vorbereitet und bei den Gesprächen mit den russischen Zeitzeugen als Dolmetscherin mitgewirkt hat, bei Simone Heller-Schmidt für das Abschreiben der unzähligen Tonbänder und bei Juliane Meyer-Clason für erste redaktionelle Vorarbeit.

Last but not least danke ich meiner Frau, Dr. Christine Fischer-Defoy, dafür, daß sie mir in der Endphase der Bearbeitung ihre Erfahrung als Biographin beim Kürzen und Zusammenfassen des schier unübersichtlich gewordenen Materials mit Rat und Tat zur Verfügung gestellt hat. Ohne ihre Hilfe könnte ich heute dieses Buch nicht vorlegen.
Um die Unmittelbarkeit und Authentizität des selbsterzählten Lebens zu bewahren, wird auf stilistische Änderungen weitgehend verzichtet.

Berlin, im September 2002

Ulrich Roloff-Momin